权威·前沿·原创

皮书系列为
"十二五""十三五""十四五"时期国家重点出版物出版专项规划项目

BLUE BOOK

智 库 成 果 出 版 与 传 播 平 台

粤港澳大湾区蓝皮书

BLUE BOOK OF GUANGDONG-HONG KONG-MACAO
GREATER BAY AREA

粤港澳大湾区建设报告（2022）

ANNUAL REPORT ON GUANGDONG-HONG KONG-MACAO
GREATER BAY AREA CONSTRUCTION (2022)

主　　编／郭跃文　王廷惠
执行主编／任志宏　符永寿　刘　伟

社会科学文献出版社
SOCIAL SCIENCES ACADEMIC PRESS (CHINA)

图书在版编目（CIP）数据

粤港澳大湾区建设报告. 2022 / 郭跃文，王廷惠主编；任志宏，符永寿，刘伟执行主编. --北京：社会科学文献出版社，2023.4
（粤港澳大湾区蓝皮书）
ISBN 978-7-5228-0485-9

Ⅰ.①粤… Ⅱ.①郭… ②王… ③任… ④符… ⑤刘… Ⅲ.①区域经济-经济建设-研究报告-广东、香港、澳门-2022 Ⅳ.①F127.6

中国国家版本馆 CIP 数据核字（2023）第 059448 号

粤港澳大湾区蓝皮书
粤港澳大湾区建设报告（2022）

主　　编／郭跃文　王廷惠
执行主编／任志宏　符永寿　刘　伟

出 版 人／王利民
组稿编辑／邓泳红
责任编辑／陈　颖
责任印制／王京美

出　　版／社会科学文献出版社·皮书出版分社（010）59367127
　　　　　地址：北京市北三环中路甲 29 号院华龙大厦　邮编：100029
　　　　　网址：www. ssap. com. cn
发　　行／社会科学文献出版社（010）59367028
印　　装／三河市东方印刷有限公司

规　　格／开　本：787mm×1092mm　1/16
　　　　　印　张：28.75　字　数：429 千字
版　　次／2023 年 4 月第 1 版　2023 年 4 月第 1 次印刷
书　　号／ISBN 978-7-5228-0485-9
定　　价／198.00 元

读者服务电话：4008918866

主编简介

郭跃文 广东省习近平新时代中国特色社会主义思想研究中心副主任，广东省社会科学院党组书记，广东省社会科学界联合会副主席，广东省政协委员，研究员。历任中共广东省委办公厅秘书会务处副处长、省委常委会秘书（正处职）、综合处处长、信息调研处处长、办公厅副主任；2015 年 1 月起任中共广东省委老干部局局长、省委组织部副部长（兼）。主要研究方向为公共行政管理、广东改革开放史、粤港澳大湾区建设。代表作有《国家能力支撑下的市场孵化——中国道路与广东实践》（人民出版社，2019）、《中国经济特区四十年工业化道路：从比较优势到竞争优势》（社会科学文献出版社，2020)、《粤港澳大湾区建设报告（2020~2021）》（社会科学文献出版社，2021)、《使命型政党塑造的有效国家》（社会科学文献出版社，2021）等。曾获广东省哲学社会科学优秀成果二等奖。

王廷惠 广东省社会科学院党组副书记、院长，经济学博士，教授，博士生导师。曾任广东商学院党委常委、副院长，广东财经大学党委常委、副校长，广东外语外贸大学党委常委、副校长，全国高等财经院校《资本论》研究会副会长。主持国家社会科学基金重大课题等 10 余项省部级以上课题，出版《微观规制理论研究》《竞争与垄断：过程竞争理论视角的分析》等专著 4 部，在《中国工业经济》《光明日报》等发表论文 80 余篇，研究成果获 10 余项省、市级奖励，获授"广东省劳动模范"称号。

序　言

2021 年是党和国家历史上具有重要里程碑意义的一年。粤港澳大湾区建设走过了极不寻常、极不平凡的历程。

百年变局和世纪疫情相互交织，经济全球化遭遇逆流，世界进入新的动荡变革期。我国发展战略机遇期内涵发生新变化，机遇更具战略性、可塑性，挑战更具复杂性、全局性。中国共产党隆重庆祝百年华诞，团结带领全党全国各族人民接续进行了许多具有新的历史特点的伟大斗争，统筹中华民族伟大复兴战略全局和世界百年未有之大变局，统筹疫情防控和经济社会发展，统筹发展与安全，"十三五"圆满收官，小康社会全面建成。粤港澳大湾区的建设发展是中华民族伟大复兴战略全局和世界百年未有之大变局两个大局中、"两个一百年"奋斗目标交汇点上的豪迈篇章①。

这一年牢记重托。以 2019 年《粤港澳大湾区发展规划纲要》的颁布实施为标志，建设粤港澳大湾区作为一项国家区域重大战略安排正式实施，自此大湾区一年一个政策利好、一年一个重大合作平台。2021 年 4 月习近平总书记主持召开中央政治局常委会会议，审议《横琴粤澳深度合作区建设总体方案》《全面深化前海深港现代服务业合作区改革开放方案》，并由中共中央、国务院于当年 9 月公布实施，香港、澳门融入国家发展大局迈出新步伐；同年 9 月中央人才工作会议提出，要在粤港澳大湾区建设高水平人才

---

① 2021 年 7 月 1 日，在庆祝中国共产党成立一百周年大会上，习近平总书记庄严宣告：我们实现了第一个百年奋斗目标，在中华大地上全面建成了小康社会……意气风发，向着全面建成社会主义现代化强国的第二个百年奋斗目标迈进（参见《习近平谈治国理政（第四卷）》，外文出版社，2022，第 3 页）。

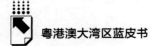
高地；11 月，习近平总书记向 2021 年大湾区科学论坛致贺信，寄语"粤港澳大湾区要围绕建设国际科技创新中心战略定位，努力建设全球科技创新高地，推动新兴产业发展"。2021 年见证以习近平同志为核心的党中央对粤港澳大湾区的高度重视和亲切关怀。大湾区朝着党中央、国务院擘画的打造充满活力的世界级城市群、具有全球影响力的国际科技创新中心、"一带一路"建设的重要支撑、内地与港澳深度合作示范区、宜居宜业宜游的优质生活圈的战略定位砥砺前行、风雨兼程①。

这一年感恩奋进。粤港澳始终把落实大湾区建设国家战略作为重大使命、重大责任，作为立足新发展阶段、贯彻新发展理念、服务构建新发展格局的重大抓手，携手推动大湾区发展《粤港澳大湾区规划纲要》落地落实，引领粤港澳合作深化增效，带动创建规则衔接示范地、内外循环链接地、科技产业创新策源地、高端要素集聚地、安全发展支撑地②。大湾区 2021 年 GDP 达到 12.6 万亿元，拥有 5 个 GDP 万亿元量级城市、25 家世界 500 强企业③，经济总量持续增长，综合实力显著增强，国际一流湾区和世界级城市群建设步伐坚实有力。开放型经济新体制、创新型发展新机制加快形成，大湾区国际科技创新中心的影响力显著增强。"湾区通"工程深入实施，"轨道上的大湾区""1 小时生活圈"基本实现，宜居宜业宜游的优质生活圈持续构建。横琴、前海两个合作区起步成势，重大合作发展平台示范引领，中心城市辐射带动作用有效发挥。一年的砥砺前行，大湾区建设丰富了"一国两制"的实践内涵，显著增强了国家和粤港澳经济生存力、创新力、竞争力、发展力、持续力，促进构建开放型经济新体制、新平台和新发展格局，推动港澳更好融入国家发展大局、保持长期繁荣稳定。

---

①　这是《粤港澳大湾区发展规划纲要》赋予粤港澳大湾区的五大战略定位。

②　李希：《不忘初心牢记嘱托　奋力实现习近平总书记赋予广东的使命任务》，《人民日报》2021 年 5 月 25 日。

③　《广东举行新闻发布会介绍"双区"建设成效》，南方网，https://nflive.southcn.com/index？id=434，2022 年 4 月 19 日。

　　这一年笃行不息。在遭遇"三期叠加""三重压力"①的重大考验下，粤港澳三地携手抗击疫情，持续深化合作、充分发挥各自优势，进一步发挥粤港澳大湾区在国家经济发展和对外开放中的战略支点作用。广东坚持中央要求、湾区所向、港澳所需、广东所能，推动新发展阶段总定位总目标服务对接大湾区建设国家战略。把大湾区建设作为"1+1+9"工作部署中九项重点工作任务之首，制定贯彻落实《粤港澳大湾区发展规划纲要》的实施意见、三年行动计划等政策文件，主动认领推进大湾区建设的任务书、路线图、责任状。出台进一步推动竞争政策在粤港澳大湾区先行落地、推进粤港澳大湾区药品医疗器械监管创新发展等一批政策措施，全力推进粤港澳密切合作、融合发展，有力有序推进大湾区建设各项项目任务，为贯彻落实在全面建设社会主义现代化国家新征程中走在全国前列、创造新的辉煌总定位总目标写下了生动注脚。香港"一国两制"实践重新回到正确轨道，实现从由乱转治到由治及兴的重大转折，积极主动融入国家发展大局，参与和对接大湾区国家科学中心、"1小时生活圈"，规划布局"北部都会区"，促进港深融合发展、湾区紧密联系，"东方之珠"璀璨依然，必将更加耀眼。澳门紧紧围绕促进经济适度多元发展这条主线，以积极参与高质量建设粤港澳大湾区为抓手，发挥"双循环"交汇点特色优势，推进粤澳合作走深走实，琴澳一体化发展格局初步建立，横琴粤澳深度合作区建设起步走稳，阶段性目标顺利实现。经过新冠肺炎疫情这场大考，澳门社会各界对澳门经济结构方面存在的问题认识更加清醒，对澳门发展的路向思考更加深刻。②

　　为了完整客观展现大湾区建设这一鸿篇巨制，讲好大湾区故事，记录并传播好大湾区建设新成就，编纂《粤港澳大湾区蓝皮书：粤港澳大湾区建设报告》作为我院重点科研工作之一，自2018年项目启动以来，伴随大湾区建设已出版了三部，紧贴湾区建设实情，全面分析发展实效，提出湾区建设发展实招。本年度蓝皮书在保留前三部设定篇章的基础上，更加注重粤港

---

①　"三期叠加"，是指中国经济增长速度换挡期、结构调整阵痛期、前期刺激政策消化期同时集中出现；"三重压力"，是指需求收缩、供给冲击和预期转弱。

②　《习近平谈治国理政（第四卷）》，外文出版社，2022，第409页。

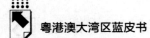
澳规则衔接、机制对接等堵点、难点。全书设有总报告、基础设施、公共服务、经济贸易、合作平台、人文湾区、法治湾区 6 篇章，共含 23 篇研究报告，1 篇专家观点、1 篇大事记，涉及粤港澳大湾区综合交通网络、数字新基建、质量基础设施、生态环境、公共文化服务、人才高地、现代制造业、对外经贸、科创产业园区、跨境金融合作创新、横琴粤澳深度合作区、前海深港现代服务业合作区、文旅融合、青少年研学交流、智库建设、规则衔接、民商事司法合作、仲裁调解合作、个人信息保护等领域的建设发展情况。每一篇研究报告均力争全面反映一个领域建设发展的举措与成效，分析现状与趋势，提出问题与建议。

一切过往，皆为序章。习近平总书记亲自擘画的宏伟蓝图正一笔一画在《粤港澳大湾区发展规划纲要》不断落地中呈现，提出的战略目标和重点任务正在逐步落细落实，国际一流湾区建设方向更加明确，世界级城市群发展轮廓愈加清晰。2022 年是大湾区《规划纲要》实现近期目标的"节点年"①。6 月，国务院印发实施《广州南沙深化面向世界的粤港澳全面合作总体方案》，把南沙的地位作用和发展格局提升到了新的高度②。习近平主席出席庆祝香港回归祖国 25 周年大会暨香港特别行政区第六届政府就职典礼，并发表重要讲话，充分肯定香港回归祖国 25 年来，"一国两制"实践在香港取得的举世公认的成功，总结了宝贵经验和深刻启示，并对新一届特别行政区政府和香港社会各界提出了殷切期望。中国共产党二十大即将胜利召开，科学谋划未来 5 年乃至更长时期党和国家事业发展的目标任务和大政方针。③ 广东省第十三次党代会报告明确提出，要纵深推进"双区"和两个

<hr />

① 《粤港澳大湾区发展规划纲要》规划近期至 2022 年，远期展望到 2035 年。明确到 2022 年，国际一流湾区和世界级城市群框架基本形成，并具体确定了五个方面的发展目标。

② 《广州南沙深化面向世界的粤港澳全面合作总体方案》明确把南沙打造成为立足湾区、协同港澳、面向世界的重大战略性平台，携手港澳建设科技创新产业合作基地、创建青年创业就业合作平台、共建高水平对外开放门户、打造规则衔接机制对接高地、建设高质量城市发展标杆等五个方面重点任务。

③ 《奋力谱写全面建设社会主义现代化国家崭新篇章——论学习贯彻习近平总书记在省部级专题研讨班上重要讲话》，《人民日报》2022 年 8 月 2 日。

合作区建设，持续释放战略叠加效应和强大驱动效应，发挥粤港澳综合优势，打造引领高质量发展的重要动力源；坚持软硬联通并举，打造国际一流湾区和世界级城市群；加强横琴、前海、南沙等重大合作平台建设，打造高水平对外开放门户枢纽，建设世界级的湾区、发展最好的湾区，充分彰显习近平新时代中国特色社会主义思想的强大真理力量、实践伟力。① 我们坚信，只要粤港澳三地齐心协力、积极主动作为，加快实现硬联通、软联通、心联通，必定不辜负习近平总书记的殷切期望和厚爱重托，推动大湾区建设不断取得更大成效，为全面建设社会主义现代化国家奏响时代最强音！

广东省社会科学院党组书记、研究员　郭跃文

2022 年 8 月于广州

---

① 李希：《忠诚拥护"两个确立"　坚决做到"两个维护"　奋力在全面建设社会主义现代化国家新征程中走在全国前列创造新的辉煌——在中国共产党广东省第十三次代表大会上的报告（2022 年 5 月 22 日）》，《南方日报》2022 年 5 月 31 日。

摘　要

继《粤港澳大湾区建设报告（2018）》《粤港澳大湾区建设报告（2019）》《粤港澳大湾区建设报告（2020~2021）》连续发布并取得良好的社会反响后，广东省社会科学院再次组织有关专家学者编撰了《粤港澳大湾区建设报告（2022）》。本书全面梳理了2021年至2022年第二季度若干重大领域的建设成果，研判和解读了若干热点问题，并尝试以此为基础对未来发展趋势做出合理预测。全书包括1个总报告、6个分篇章以及专家观点和大事记。总报告围绕"粤港澳大湾区从全面协同走向深度融合"主题，全面、辩证地论述和探讨了粤港澳大湾区深度融合的机遇与策略。基础设施篇从交通网络、信息技术设施、质量基础设施、科技基础设施等方面展现近年来，尤其是2021年以来大湾区基础设施建设的成就、不足与前景；公共服务篇从绿色低碳、公共文化设施、人才储备、疫情防控等四个方面，分析社会关注的公共领域热点问题；经济贸易篇全面展现了大湾区制造业、外贸、科创、现代服务业的建设进展；合作平台篇聚焦横琴、前海，探讨两个合作区建设发展的热点、痛点问题；人文湾区篇挑选了青少年研学、智库发展、友好城市等主题，凸显了人文湾区建设的生动画面；法治湾区篇既有继续探讨大湾区规则衔接的总体研究报告，也有聚焦律师、个人信息保护等领域的具体研究报告，从不同角度呈现了大湾区法治建设的新进展。2021年，粤港澳大湾区建设再上新台阶：软联通进一步加强，经济民生合作稳步推进，湾区竞争实力日趋强劲，软硬环境对接逐步深化，研发产业化顺畅，重大合作平台破冰深耕，人员要素有序流动。"十四五"时期，横琴、前海和南沙三大平台承担着大湾区深度融合的重要使命，将通过要素高效流动的机制设计、文化交流互鉴的人文培育、环境稳定透明的形象造就和规则衔接机制对接的制度探索等实践，回应大湾区肩负的一系列新使命任务，抢抓和用好新发展机遇。

关键词： 协同发展　深度融合　两个合作区　粤港澳大湾区

目 录 ⟪⟫

Ⅰ 总报告

Ⅱ 基础设施篇

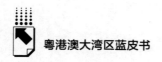

Ⅲ 公共服务篇

Ⅳ 经济贸易篇

Ⅴ 合作平台篇

Ⅵ 人文湾区篇

Ⅶ　法治湾区篇

Ⅷ　附录

皮书数据库阅读**使用指南**

总 报 告
General Report

B.1

从全面协同走向深度融合

——2021~2022 年粤港澳大湾区的建设与发展

任志宏　钟　韵*

摘　要： 2021 年粤港澳大湾区建设再上新台阶，交通网络、规则机制、社会民生、科技竞争以及合作平台等方面可圈可点。2022 年，粤港澳大湾区将加快推动国际科技创新中心建设、加快推进横琴深合区丰富"一国两制"实践、加快推进前海示范区建设现代服务业对接持续深化合作，扩建国际消费枢纽促进湾区高质量发展。站在"两个一百年"奋斗目标的历史交汇期，面对更好的发展机遇和更高的发展要求，大湾区要继续深化机制设计、制度探索、形象塑造和人文培育。

---

* 任志宏，金融学博士，广东省社会科学院港澳台研究中心主任、研究员，主要研究方向为"一国两制"、金融安全；钟韵，理学博士，暨南大学经济学院副院长、研究员，主要研究方向为港澳经济、粤港澳合作、服务业与区域发展。

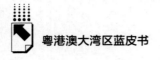

关键词： 规则衔接　营商环境　粤港澳大湾区

　　粤港澳大湾区是习近平总书记亲自谋划、亲自部署、亲自推动的重大国家战略。自《粤港澳大湾区发展规划纲要》颁布以来，粤港澳大湾区建设利好频出，在广东改革开放史上少有鲜见。广东始终牢记总书记的殷殷嘱托，全面准确把握总书记、党中央的战略意图，全面准确贯彻"一国两制"，坚持"中央要求、湾区所向、港澳所需、广东所能"，充分考虑港澳所需所盼，积极回应港澳重大关切，更好地支持港澳融入国家发展大局。2021年以来，粤港澳大湾区不负众望、共克时艰，稳步推进各项建设，活力和竞争力进一步提升，与一流湾区和世界级城市群的差距进一步缩小，交上了一份祖国和人民满意的答卷。

一　2021年粤港澳大湾区的合作建设情况

　　全力推进粤港澳大湾区建设，是广东新时代改革开放的重大战略机遇。广东省成立了省主要领导担任组长的省推进大湾区建设领导小组，强化统筹推进和组织实施，紧紧围绕《粤港澳大湾区发展规划纲要》出台相关实施意见、三年行动计划、年度工作要点及系列专项配套政策，全方位、立体化构建起推进大湾区建设的任务书、路线图和施工图，有力有序推进大湾区各项目标任务顺利落实和开展。围绕推动区域经济协调发展、构建开放型经济新体制、打造高质量发展典范和探索"一国两制"新实践等目标使命，2021年，粤港澳大湾区建设再上新台阶，在民生合作推进、竞争实力增强、软硬环境对接、科创金融互促、重大合作平台建设及人员要素流动等方面可圈可点，大湾区发展从全面协同转入深度融合。

（一）民生合作稳步推进

　　2021年，粤港澳大湾区经济总量达12.6万亿元人民币，有高新技术企业 6 万家，25 家企业进入世界 500 强。经济增长推动了民生领域多方面的合作，包括就业创业、住房、教育、医疗以及社会保障等在内的民生合作，多措并举助力港澳人士融入湾区生活，使得湾区综合实力和集聚效应进一步显著增强。

1. 民生建设快马加鞭

持续深化经济领域合作。从民生建设领域看，大湾区在民生领域的融合取得了显著成效。一方面，为港澳居民来粤工作、发展提供了更便利的环境。在就业方面，取消了港澳居民在内地就业许可审批，港澳人员在大湾区内地求职和工作同等享有就业创业扶持政策和服务。符合条件的港澳居民，可以报考广东省事业单位，第一批考取的港澳居民均已聘用到岗。在创业方面，广东已建成以大湾区（广东）创新创业孵化基地为龙头、12 家重点基地为骨干、珠三角 57 家特色基地为基础的"1+12+N"港澳青年创新创业孵化基地体系。目前，培育成功 2300 余个港澳项目，3400 余名港澳青年成功就业。[①] 另一方面，为进入大湾区内地城市居住生活的港澳居民提供了更为舒适的环境。例如，便利港澳居民在粤安置房产，制定政策进行部分材料豁免，允许港澳地区银行按规定参与按揭购房支付环节。

2. 教育合作稳步前进

大力建设高水平大学体系。近两年来，大湾区内地城市与港澳高校合作办学已达 8 所，筹建或动工的新高校 20 所。大湾区的建设发展对国际化人才的需求与日俱增，三地教育资源优势互补关系日渐加强，是港澳和大湾区内地城市共同推进教育合作的内在动力。香港目前有 8 所研究性大学，其中过半数位居世界百强，但由于受到发展空间的限制，香港高校的产业化水平相对较低。而近年来，广东省高等教育的整体水平在逐步提升，办学空间广阔，产业化水平较高，双方正可优势互补，各取所需。[②]

各地在教育民生及资格互认方面纷纷出台具体措施。广州市出台全国首

---

① 《广东举行新闻发布会介绍"双区"建设成效》，南方网，https://nflive.southcn.com/index? id=434，2022 年 4 月 19 日。

② 王平：《粤港澳大湾区发力打造教育高地》，《人民日报》（海外版）2021 年 8 月 20 日。

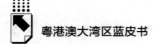

个港澳专业人才在内地申报职称的规范性文件和首个 21 批跨境电商专项政策，广州市认可港澳职业资格（工种）已达 32 项，29 项专业技术资格考试中，已有 26 项面向港澳开放。开设港澳子弟班 44 个，缔结穗港澳姊妹学校303 对。成立港澳青年创业基金并注资 10 亿元，建成 46 个港澳青年创新创业基地。筹集定向提供港澳居民人才公寓 1000 套，超过 3 万名港澳居民享受广州社会医疗保险待遇。深圳全面落实进一步便利港澳居民在深发展的18 条措施，从学习、就业、创业、生活等 4 个方面推动港澳居民享有深圳市民待遇。在前海，税务、建筑和核数师、会计等 14 类港澳专业人士备案后就可执业，目前已完成了 380 多位港澳专业人士的职业登记备案。深圳推动建立深港深澳合作专班工作机制，深港专班共包括 19 大类 35 项具体任务。2021 年珠海发放港澳青年各项补助 1294 万元，统配公共租赁住房的港澳家庭 121 户，对 59 家建筑企业及其 308 名专业人员进行备案，开放给予港澳导游 589 个执业资格，开放给予 60 名澳门医师短期行医执业证书①。佛山 2021 年受理符合相关优惠政策境外高端人才和紧缺人才个人所得税优惠申报 589 件，补贴金额 4.9 亿元。惠州深入推动与大湾区城市交流合作，企业困难直通车平台累计解决企业诉求 933 宗，满意率达 96%，2021 年优化营商环境工作清单 1087 项，政务服务实现全市通办，与省内外 20 个城市实现 354 个事项"跨省通办"，1146 个事项"跨城通办"，全市累计设立惠港澳青少年交流学习实践基地 67 家。中山市推动建立 62 个村（社区）内地港澳同胞服务中心和 105 个青年创新创业基地，在园孵化 44 个港澳创业团队。肇庆市港澳青年创新创业基地引进创业项目 185 个，新增引进港澳项目 20 个，累计带动就业 777 人，在孵项目年产值 5855.3 万元。

3. 医疗服务"堵""痛"双疏

瞄准堵点和痛点问题，不断简化港澳在大湾区内地办医审批流程，进一步放宽港澳药品和医疗器械的市场准入限制。已在香港和澳门上市的药品和

---

① 《2021 年珠海市推进粤港澳大湾区建设十个新成效》，珠海市发展和改革局网站，http：// fgj. zhuhai. gov. cn/zwgk/gzdt/content/post_ 3074678. html，2022 年 3 月 23 日。

医疗器械，大湾区内地符合条件的医疗机构可按照规定使用。"港澳药械通"政策试点启动并扩展实施，审批内地临床急需进口港澳药品13种、医疗器械3种。广东"社保通"使粤港澳人员"足不出境"就近参保。制定食品、中医药、交通等23个领域共70项首批"湾区标准"。粤港澳大湾区心脏研究院、珠澳中医药协作创新基地、珠澳妇儿心理研究实习基地等平台相继落户大湾区，进一步推进了珠澳医疗合作平台建设。医疗合作属特殊领域，需要在医疗服务制度和运行机制创新方面寻求新突破，满足湾区人民的健康需求。大湾区内地和港澳拥有不同的制度环境、不同的法律体系，只有破除资格认证障碍，才能实现真正的便利化。当前，职业资格认可已开始实现，医疗服务的跨境衔接仍在继续。2021年，深圳市审议通过《关于加快推动医疗服务跨境衔接的若干措施》，在审批服务、跨境支付、转介服务、医学培训以及职称评价等方面持续深化医疗服务的"软联通"，香港医生可为深圳居民看病，港澳居民在内地就医也更方便。[①] 为促进政策落地实施，深圳在香港大学深圳医院等13个深港医疗合作平台进行试点，并加快建设"香港大学深圳医院转化医学研究中心"。此外，深圳不断缩短港澳医师、外籍医师注册短期行医的审批和续签时限。

4. 社会保障全面深化

港澳居民可以参加社保并享有与内地居民同样的社保待遇，内地与港澳社会保障的制度衔接正在有序推进[②]。大湾区养老事业融合发展已经成为大湾区融合发展绕不开的话题。《粤港澳大湾区发展规划纲要》6次提及"养老"，包括加强跨境公共服务和社会保障的衔接、支持港澳投资者在珠三角九市按规定兴办养老等社会服务机构。2019年起，广东省启动"南粤家政"工程，将养老服务项目作为四个重点培训项目之一。广东省民政厅提出，力争到2022年底能够累计培训12万名养老护理员及养老管理人员。珠海横琴预计于2023年建成的综合民生项目"澳门新街坊"，集医疗、住房、教育

---

① 罗莉琼、袁晓麦：《深圳：放宽国际新药准入 完善医疗服务跨境衔接》，《深圳特区报》2021年10月21日。

② 何立峰：《深化粤港澳合作，推进大湾区建设》，《求是》2021年第11期。

和社区服务等功能于一体,有望为大湾区"跨境养老"服务市场提供可资借鉴的示范样本。

(二)湾区竞争实力日趋强劲

作为全球经济发展的重要增长极,湾区经济已经成为世界经济发展趋势的重要风向标和温度计。2021年的世界500强企业中,粤港澳大湾区首次超越纽约湾区,上榜企业数量扩展至25家(见表1),相比上年新增4家。[①]粤港澳大湾区城市实力、科技实力、社会发展实力大增,更多领域比肩世界三大湾区。

表1 2021年粤港澳大湾区世界500强企业一览

总部城市	香港	深圳	广州	佛山	珠海
企业名称	中国华润、联想集团、招商局集团、友邦保险集团、中国太平保险集团、长江和记实业、怡和集团、华润置地、万洲国际	中国平安保险(集团)股份、华为投资控股、正威国际集团、中国恒大集团、腾讯控股、万科企业股份、招商银行、深圳市投资控股	中国南方电网有限责任公司、广州汽车工业集团、雪松控股集团、广州市建筑集团、广州医药集团	碧桂园控股、美的集团股份	珠海格力电器股份

资料来源:根据《2021年〈财富〉世界500强排行榜》整理。

1.城市实力再上台阶

2021年,粤港澳大湾区有5个城市进入GDP万亿元俱乐部,地区经济影响力持续上升。其中,继上海(2017年)、北京(2018年)之后,深圳成为国内第三个地区GDP超过3万亿元的城市。此外,2021年东莞市地区

---

① 《2021年〈财富〉世界500强排行榜》,财富中文网,https://www.fortunechina.com/fortune500/c/2021-08/02/content_394571.htm,2021年8月2日。

生产总值为 10855.35 亿元，成为广东省继广州（2010 年）、深圳（2011 年）、佛山（2020 年）之后，第四个 GDP 超万亿元的城市。2021 年以来，广东省积极探索实施"链长制"，旨在打通研发设计、生产制造、集成服务等产业链条，进而构建核心技术自主可控的全产业链生态。各级政府出台相应的合作政策，强化区域产业协调，着力打造粤港澳大湾区先进制造业与现代服务业有机协同的现代产业体系，扶持价值链上游企业，并努力培育"专精特新"企业梯队，围绕创新链布局产业链，不断夯实战略性新兴产业的发展根基。

粤港澳大湾区科技创新走廊布局带来的科技外溢和虹吸效应愈加显著。《粤港澳大湾区发展规划纲要》提出建设广州—深圳—香港—澳门科技创新走廊，这一宏大设想将大湾区最核心的地区联结起来，进一步扩大粤港澳三地创新、创业的集群规模，四大城市科技创新走廊成为孕育生命科技、大数据和人工智能等尖端科技与现代产业体系的孵化器。

2. 科创集群加快建设

根据《2021 年全球创新指数》，"深圳—香港—广州科学技术集群"连续两年在世界知识产权组织的创新指数排名中位居第二。在基础研究方面，重点实验室和大科学装置建设加速推进。鹏城实验室、广州实验室加快建设，粤港澳大湾区国家技术创新中心、5G 中高频器件国家制造业创新中心、天然气水合物勘查开发国家工程研究中心获批建设，散裂中子源二期等 5 个国家重大科技基础设施获批布局。在创新成果转化方面，产学研深度融合推进一体化发展。

广州人工智能与数字经济等 4 家省实验室、10 家粤港澳联合实验室加快建设。总规模 1000 亿元的粤港澳大湾区科技创新产业投资基金落户在广州黄埔。深圳进一步拓展港澳青年的创业空间，当前，前海企业已经吸收超过 3600 名港籍人才，在前海深港青年梦工场孵化的 549 家创业团队中，香港团队就有 266 家。河套深港科技创新合作区深圳园区已建成约 37 万平方米科研空间，集聚了金砖国家未来网络研究院中国分院等 140 多个科研平台和项目，引入港籍团队 30 多个。粤澳两地在横琴设立规模 200 亿

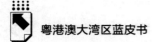

元的粤澳合作发展基金，完成了对珠海大横琴科学城等 19 个项目的投资。珠海市建立创业孵化基地 29 家，累计孵化港澳创业项目超千个。珠海的生物医药产业集群入选国家工程，IC 设计规模全省排第二。佛山成立总规模 300 亿元的广东（佛山）制造业产业转型发展基金。季华实验室科研人才超 1500 人，成功研发佛山一号卫星，博士后工作站数量在全国的地级市中位居前列。与大院大所共建中科院苏州纳米所广东佛山研究院、清华大学佛山先进制造研究院等创新载体 100 家。惠州强流重离子加速器装置、加速器驱动嬗变研究装置累计完成投资分别占总投资的 21% 和 5.1%。惠州的先进能源科学与技术广东省实验室引进 12 个高端科研团队，其中 7 个科研团队约 100 人率先入驻潼湖园区，获省级科研项目立项 7 项。广佛惠超高清视频和智能家电集群入选全国首个跨区域、跨领域建设先进制造业产业集群。东莞松山湖科学城发展总体规划经省政府审定通过，规划面积 90.5 平方公里，大力建设大湾区综合性国家科学中心先行启动区，东莞中国散裂中子源加快产业化应用自主研制成功，我国首台加速器硼中子俘获治疗实验装置已完成六轮用户实验，全球用户注册超过 3400 人，完成课题 600 多项。东莞成功举办 2021 年粤港澳院士峰会，以"数字驱动芯创未来"为主题，来自粤港澳的 200 多位顶级知名学者、专家和科技企业高管出席峰会。中山联合广州、澳门等大湾区 9 个地区 15 家医院组建大湾区 ECMO 联盟，推动建立区域 ECMO 学习交流机制。江门方面，70 多个港澳的创新创业团队在"珠西创谷"入驻孵化，建成 11 家国家院士工作站。在全球 9 个国家和地区设立"联络五邑"海（境）外服务工作站，在省内首建外国人才驿站。肇庆市港澳青年创新创业基地引进创业项目 185 个，新增引进港澳项目 20 个，累计带动就业 777 人，在孵项目年产值 5855 万元。

3. 数字经济领跑湾区

数字经济发展为粤港澳大湾区在新一轮科技前沿竞争中赢得了宝贵的弯道超车时间窗口。一是大湾区已抢跑在数字经济的新赛道领跑者的 C 位上。广东明确提出建设成为国家数字经济发展先导区、数字丝绸之路战略枢纽和全球数字经济创新中心。二是湾区价值创新链条体系正不断完善优化。大湾区已经成为全球科技创新高地和新兴产业重要策源地。数字化将成为"广州—深圳—香港—澳门"科技创新走廊的重要内容，对产业链优化升级产生深远影响。三是大湾区拥有庞大的年轻群体，数字经济所需的应用环境优越。粤港澳大湾区接近60%的人才集中在25～34岁，Z世代群体十分集中，人才队伍非常年轻。与之相比，旧金山湾区的这一比例仅仅超过40%。①

（三）软硬环境对接逐步深化

通过强化规划协同、政策协同、市场协同，消除大湾区内地城市与港澳之间要素流动的行政性障碍，加快推进城市之间的信息互通，大湾区的软联通与硬联通再上新台阶。一方面，粤港澳三地共同推进基础设施互联互通，不断完善交通体系，大湾区"1小时生活圈"基本形成，城市间往来更加便捷，口岸通关效率也大幅提升。另一方面，粤港澳三地在民生融通方面也推出了一系列重大举措，如资质互认、港澳药械通等，为区域内居民及企业跨境执业、就医、就学、居住、理财提供了更多便利。在一系列"硬联通"和"软联通"措施的促进下，粤港澳三地居民的民心也进一步相通，越来越多的港澳人士选择到大湾区内地城市工作和生活。

1. "轨道湾区"再创佳绩

中共中央、国务院印发的《国家综合立体交通网规划纲要》提出，要建设面向世界的粤港澳大湾区国际性综合交通枢纽集群。广东省政府工作报告也提出，要加快打造"轨道上的大湾区"。大湾区各城市也纷纷出台规划，推动大湾区干线铁路、城际铁路、市域（郊）铁路、城市轨道交通在内的"四网融合"，推进珠三角地铁互联互通，实现主要城市间1小时通达的目标。未来，大湾区的铁路建设将以都市圈为主导进行优化调整，大湾区交通一体化将深入推进。

在基础设施建设的"硬联通"方面，大湾区的轨道连接极大地缩短了

---

① 任志宏：《粤港澳大湾区定位于"数字湾区"发展的意义价值》，《新经济》2019年第10期。

大湾区的时空距离。粤港澳大湾区的城际铁路加速建设：作为澳门与横琴粤澳深度合作区之间的重要纽带，澳门轻轨延伸横琴线项目目前已全面进入隧道施工阶段。"1 小时生活圈"已基本形成，粤港澳大湾区"1 小时城轨交通圈"将极大改善大湾区出行状况。截至 2021 年底，高速公路通车里程达到 4972 公里，路网密度每百平方公里 9.1 公里，在国内外主要城市群中居前列。在口岸通关效率方面，粤港澳三地口岸的通关效率显著提升。2021 年 9 月，青茂口岸正式开通启用。粤澳两地边检部门共享一套自助通关设备查验出入境证件，通过这种"合作查验，一次放行"的通关模式，旅客只需"一个大厅、排一次队"即可完成通关。在新的通关查验模式下，旅客通关时间最快为 20 秒。为了进一步优化运力资料，提高运输效率，大湾区实施空铁联运，以促进大湾区交通一体化发展。"硬联通"建设有效打通了粤港澳三地有形空间，提振了人流、物流的效率。

加快打造"轨道上的大湾区"，其意义不言而喻，在加快城市间交通互联互通的背景下，湾区内部各类生产要素在时间和空间上进一步发挥效能，通过互联互通进一步拓展城市发展空间，扩大了经济辐射半径，实现不同城市间的要素和产业发展联动。随着大湾区轨道圈的不断扩大，交通一体化带来的人流、物流、资金流的集聚效应，也必将进一步提升大湾区市场一体化水平，为大湾区经济社会深度融合奠定坚实基础。

2. 电信网络加快建设

在湾区基础设施建设方面，大湾区信息基础设施互联互通实现重大突破。香港电讯与国家（深圳·前海）新型互联网交换中心合作项目正式启动。作为香港主流电讯服务提供商，香港电讯在金融和科技等领域拥有丰富的服务经验，客户群体十分庞大。前海交换中心是深圳市第一个国家级信息通信基础设施，正在探索互联网顶层架构多层次、立体化调整，肩负着促进深圳互联网和数字经济产业集聚发展、推动深港信息通信领域合作共赢，以及助力大湾区信息基础设施互联互通的重要使命。通过这一合作项目，前海交换中心可以引进香港电讯在信息通信领域的行业服务方式和经验，进一步提升其为内地涉港企业服务的水平，为未来粤港澳大湾区信息基础设施互联互通和产业融合发展探索新的路径。①

3. 跨境对接逐步深入

在以规则机制对接为内涵的"软联通"方面，亦取得新的突破。广州市湾区通工程两批 72 项与港澳规则衔接事项清单有效落实。广州市还成立粤港澳大湾区研究院并聘请港澳代表专家担任理事和顾问。深圳市推出深港通注册易和深澳通注册易服务，使港澳企业设立商事登记实现了一网通办；同时，开展前海港澳 e 站通建设，港澳投资者同样可以一站式办理前海政务服务。佛山市的"秒速直达+现实直达""证照联办、一照通行"系列改革经验获得全国推广。实现开办企业"一表填报，一网通办，一窗领取"，零成本、一环节办理、0.5 天内办结。惠州市出台"融深 35 条"，深入实施融深融湾行动，推动实现与大湾区城市交流合作更加广泛深入。

截至 2021 年底，来自金融、建筑、律师等 16 个领域的港澳专业人才享受了跨境执业便利。② 在公共服务一体化建设方面，广东推进"湾区通"工程落地落实，全面对接港澳教育、医疗、住房和社会保障等公共服务体系，不断深化规则衔接和机制对接，以期助力港澳人士加速融入大湾区工作和生活当中。其中，粤港澳三地在医疗卫生合作与防疫数据信息共享等方面已经实现了重要突破。例如，"港澳药械通"通过对接粤港澳相关监管机制，为临床急需、已在港澳上市的药械开辟了入境新通道。③ 在金融市场互联互通方面，为居民提供更加便捷的跨境金融服务，开立内地银行个人账户的港澳居民已高达 18 万人。截至 2021 年底，已有逾 2 万人次的大湾区居民体验了"跨境理财通"的试点业务，汇划 5855 笔资金，数额达 4.86 亿元，交易活跃度明显提升，资金双向流动更加均衡，大湾区内地城市与港澳间累计跨境人民币结算量高达 21.01 万亿元。④

---

① 苑伟斌：《香港电讯牵手前海交换中心》，《深圳商报》2021 年 12 月 13 日。

② 汪灵犀：《昂扬奋进，大湾区建设动能澎湃》，《人民日报》（海外版）2022 年 3 月 7 日。

③ 王帆、郭玫君：《从"软硬联通"到"民心相通"，粤港澳大湾区优质生活圈正加速形成》，《21 世纪经济报道》2021 年 12 月 21 日。

④ 程远州：《粤港澳合作 互联互通正加速》，《人民日报》2022 年 4 月 20 日。

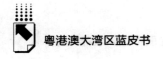

（四）科创产业与金融互促共荣

《粤港澳大湾区发展规划纲要》明确提出，要将粤港澳大湾区建设成为具有国际竞争力的科技成果转化基地。大湾区科创产业与金融发展结合程度日益深化。

1. 创新协同日益深化

2021年，粤港澳三地在科创互动、科创能力等方面取得不俗成效。大力推动本地的科技创新产业发展，加大研发投入，已成为大湾区各城市的共识。2021年大湾区落地建成一系列重大科技基础设施，以及重大创新合作平台。粤港澳大湾区在数字经济赛道上已经比肩世界湾区，处于领跑和并跑并行发展阶段。《粤港澳大湾区发展规划纲要》明确提出，探索建立统一标准，开放数据端口，建设互通的公共应用平台，积极推进智慧交通、智慧能源、智慧市政和智慧社区发展；共建粤港澳大湾区大数据中心和国际化创新平台，探索有利于人才、信息、技术、资本等创新要素跨境流动和区域融通的政策举措；推进智能交通系统建设，加快云计算、大数据、物联网等信息技术在交通运输领域的创新集成应用。《粤港澳大湾区发展规划纲要》为大湾区在数字经济领域以深度融合的模式推进发展指明了方向。

2. 创新环境逐步完善

广东省通过完善财政科研资金过境港澳使用管理制度，建立资金拨付科研资金的绿色通道，以推动粤港、粤澳科技创新联合资助计划的稳步实施；内地与港澳科研机构和人员实现重大科技基础设施和大型科研仪器共享使用，科研用品跨境使用进出口手续也进一步简化。在科研人才政策方面，给予境外高端人才和紧缺人才的个人所得税优惠，降低税收负担。科技创新平台方面，广东已启动超30个粤港和粤澳科技合作资助项目，初步构建起以广州实验室、鹏城实验室两个国家实验室为引领，10家省级实验室、20家粤港澳联合实验室组成的高水平实验室体系，吸引了近200位院士和40多位港澳科学家。在河套深港科技创新合作区、广州人工智能与数字经济试验区、中新广州知识城、东莞滨海湾新区、中山翠亨新区等地，一大批特色平台均已吸引了一批港澳及国际优质科研机构和人才。依托这些创新载体，粤港澳三地联合开展关键技术攻关，共同提升大湾区产业发展能级，打造全球科技创新高地。

3. 成果转化落地落实

在科技产业协同发展模式方面，"港澳高校—港澳科研成果—珠三角成果转化"模式日渐成熟。2020年5月20日，澳门大学在横琴粤澳深度合作区启用了"珠海澳大科技研究院微电子研发中心"新址。以此为基地，该校将以科技创新发展为主导，形成特色芯片设计、测试和检测的微电子产业链，推动科研成果从"实验室"走向"生产线"。在经济影响力提升的过程中，制造业尤其是高科技制造业在地区经济发展中的地位进一步彰显。2021年7月印发的《广东省制造业高质量发展"十四五"规划》表明，广东省高度重视制造业高质量发展，坚持制造业立省不动摇，加快建设制造强省。东莞GDP的跃升证明，工业经济对城市经济再上新台阶有着重要影响。"十三五"时期，东莞规上工业实现的工业增加值由2015年的2711.09亿元提高到2020年的4145.64亿元，五年间东莞规上工业增加值分别突破3000亿元、4000亿元关口，工业经济体量跃上新台阶。2016~2020年，东莞规上工业增加值五年中共有4年增加值增速都高于全国和全省平均水平，五年年均增长6.1%，比全国年均增速高0.6个百分点，比全省年均增速高0.8个百分点。截至2021年底，东莞全年规模以上工业增加值达到5008.81亿元，较2020年同比增长10.2%。其中，高技术制造业产品产量快速增长。从先进设备产品产值看，2021年，工业机器人增长66.8%，服务机器人增长42.7%。从高端电子产品看，集成电路增长22.5%，智能手表增长209.6%。从新能源产品产值看，新能源汽车增长62.5%，充电桩增长115.7%，锂离子电池增长24.4%。GDP已突破万亿元的佛山市，其顺德区2021年工业总产值亦突破了万亿元大关。

（五）重大合作平台向改革深水区突破

2021年9月，中共中央、国务院先后发布了《横琴粤澳深度合作区建

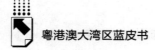

设总体方案》和《全面深化前海深港现代服务业合作区改革开放方案》。2022 年 6 月，国务院印发《广州南沙深化面向世界的粤港澳全面合作总体方案》，南沙粤港澳重大合作平台被寄予厚望。开放能级提升和层级提高，必然能带来更多的制度创新，改革向深水区突破将有助于粤港澳的深度融合。

横琴粤澳深度合作区、前海深港现代服务业合作区作为粤港澳大湾区中的先行区、试验区和特区中的特区，无论是在规则衔接、机制对接以及构建开放型经济新体制等方面，还是在为粤港澳三地带来合作共享发展的新机遇、新动力方面，都能够发挥更大的作用。其中，横琴粤澳深度合作区建设是支持澳门经济适度多元化、为澳门长远发展注入动力的重要举措。前海合作区坚持 1/3 以上土地面向港企出让，企业所得税优惠类目已经扩增至五大类 30 项。此外，河套深港科技创新合作区、深圳园区皇岗口岸重建、香港科学园深圳分园等加快推进，大湾区首个 5G 绿色低碳港口妈湾智慧港开港。

2021 年 2 月，广东省推进粤港澳大湾区建设领导小组印发《广州南沙新区创建国际化人才特区实施方案》《广州穗港智造合作区建设实施方案》《佛山三龙湾高端创新集聚区发展总体规划（2020—2035 年）》《佛山顺德粤港澳协同发展合作区建设方案》四个重点平台规划，在河套深港科技创新合作区、广州人工智能与数字经济试验区、中新广州知识城、东莞滨海湾新区、中山翠亨新区等地，一大批特色平台充分发挥各自优势，正在开足马力驱动粤港澳融合发展疾速向前。

（六）人员要素流动有序进行

"湾区通"工程有效促进了粤港澳三地互联互通的融合水平，三地持续不断深化规则衔接和强化机制对接，加快形成开放型经济新体制。"湾区通"工程以"软联通"成功打通了"心联通"，不仅加快了大湾区人员和要素流动，更是为港澳各领域人士在就业、创业和生活方面打造了更加良好的聚居地，也为大湾区发展提供了新的空间。

1. 创新要素惠及港澳

科技部全力支持大湾区科技创新，深入落实中央惠港惠澳科技政策。中央财政科研经费支持港澳科技发展；国家重点研发计划、自然科学基金等都对港澳开放，试点人类遗传资源过境香港等。支持港澳建设国家级科研平台。截至 2021 年底，香港拥有国家重点实验室 16 个、国家工程技术研究分中心 6 个、国家高新技术产业化伙伴基地 3 个、国家级科技企业孵化器 2 个。澳门正在建设的国家重点实验室有 4 个，此外还有联合实验室以及澳门海岸带生态环境野外科学观测研究站。此外，助力港澳青年投身创新创业。组织香港创业青年内地行，近千名香港青年参访内地 33 家国家高新区、134 家企业。举办中国火炬创业导师大湾区行、中国创新创业大赛港澳台赛等一系列活动。

2. 跨境金融持续深化

在跨境金融合作发展方面，粤港澳大湾区国际金融圈正在形成良性发展生态。大湾区金融从实践探索，到顶层设计，再到金融监管机构政策实施，国际金融核心圈轮廓越来越清晰可见。《关于金融支持粤港澳大湾区建设的意见》进一步扩大粤港澳大湾区金融开放力度，助力大湾区打造成为国际一流湾区和世界级城市群，以及中国最具开放活力的地区之一。与京津冀和长三角相比，粤港澳大湾区的金融核心优势以金融对外开放为主，尤其体现在与港澳资金的互通方面。"跨境理财通""南向通""北向通"有序推进，投资产品类别和投资渠道不断丰富。横琴、前海、南沙的离岸金融业务快速发展。截至 2021 年底，广东企业在香港交易所发行存量债券 83 只、澳门金交所债券 2 只。香港企业 2021 年在沪深交易所融资额规模较 2018 年同比增长 1.26 倍。此外，上海证券交易所南方中心和全国股转系统华南基地等项目相继落地，有力推动了大湾区建设和发展多层次的资本市场体系。其中，澳门金交所的成立，不仅为澳门债券发行提供了金融平台，更重要的是为澳门直接融资渠道和金融基础设施填补了空白。

为了支持金融要素有效赋能湾区一体化发展，各项跨境投融资便利化措施在大湾区遍地开花。跨境金融区块链服务平台上线"出口信保保单融资"

应用场景，"粤信融"平台推出"跨境金融"模块，让数据多跑路、企业少跑腿；跨国公司跨境资金集中运营管理业务从粤港澳大湾区向粤东、粤西延伸，持续优化跨境资金集中运营管理业务办理流程；降低贸易外汇收支便利化试点企业的收支规模要求，进一步压缩企业办理收付汇业务所需时间；不断扩大跨境人民币使用，人民币持续成为粤港澳大湾区第一大结算货币；协助地方将合格境内有限合伙人（QDLP）境外投资试点推广至全省，支持广州南沙自贸区开展跨境贸易投资高水平开放试点。

在跨境合作方面，湾区内地九市结合本地发展需求加快与港澳资源对接。广州市出台贯彻落实金融支持大湾区 66 条措施，港澳保险服务中心启动建设，深交所广州基地投入运营，广州地铁成功在港发行 2 亿美元绿色债券。深圳成功赴港发行 50 亿元地方政府债券，是我国内地地方政府首次赴境外发行离岸人民币债券。推动建立深港深澳合作专班工作机制，其中，深港专班包括 19 大类 35 项具体任务。珠海市粤澳合作中医药科技产业园注册企业达 210 家，培育澳门企业 50 家，吸引了 33 家涉澳跨境金融企业或服务机构进入粤澳跨境金融合作（珠海）示范区。珠海市主导建立 29 处创业孵化基地，已孵化 1000 余个港澳创业项目。江门在全省率先实现可在港澳远程办理离岸商事登记、外资备案登记与智能办税业务，在金融合作方面，与澳门业务量突破 2000 亿元大关。港澳跨境通办政务服务综合专区这一全国首创的便捷政务项目，可提供超过 400 项不出关办理的江门政务服务，极大地方便了港澳同胞。

同时，大湾区在防范金融风险、构筑监管防火墙方面也未雨绸缪。尤其在跨境金融要素加速流动监管、跨境金融监管合作方面可圈可点。三地金融稳妥有序推进各项金融开放创新措施，持续优化民生金融服务，深化金融监管合作，携手共建大湾区国际金融枢纽，以金融创新支持大湾区建设成为富有活力和具有一流国际竞争力的世界级城市群。广东金融监管机构持续加强粤港、粤澳金融沟通联络机制，进一步深化金融监管合作：一是聚焦金融科技创新监管，强化粤港澳跨境合作，促进人民银行金融科技创新监管工具与香港金融科技网络"沙盒"间的互动；二是聚焦金融纠纷调解，建立健全粤澳跨境金融纠纷调解机制，设立横琴（珠澳）金融纠纷调解室，丰富大湾区金融纠纷化解渠道；三是聚焦反洗钱监管，提高粤澳监管协作能力，健全跨境信息交流机制，提高跨境风险防控能力。

二 2021年粤港澳大湾区重点建设领域取得突出进展

（一）基础设施互联互通加快推进

粤港澳三地遵循习近平总书记在关于做好粤港澳大湾区建设"大文章"中的指示精神，根据《粤港澳大湾区发展规划纲要》，以一张蓝图干到底的勇气和魄力，有力有序推进大湾区建设，描绘和书写最新最美的时代画卷。尽管突发疫情在部分地区产生了一定消极影响，但大湾区基础设施建设步伐从未停止。当前，大湾区国际科技创新中心正在形成更强大的国际影响力，广东省把建设大湾区综合性国家科学中心作为重点，推动建成"两廊两点"创新载体，以广深港、广珠澳"两廊"，以深圳河套、珠海横琴"两点"作为大湾区黄金内湾的骨架和支撑，加快促成粤港澳科技创新资源区域合作，逐步释放大湾区国际科技创新中心的影响力和放大创新中心技术溢出效应。加快推进"湾区通"工程进展，打造宜居宜业宜游的大湾区"1小时生活圈"，提供更加优质的生活圈，同时港珠澳大桥、广深港高铁等标志性工程相继建成并投入运营，形成了以"轨道上的大湾区"为重点，以"轴带支撑、极轴放射"多层次铁路网络为特色的大湾区"123轨道交通圈"，为湾区出行提速。

贯通珠江口东西两岸跨海跨江建设的通道群、世界级机场群和港口群，使得大湾区基础设施硬联通能力和服务水平再上台阶，并成为黄金内湾"V"字形布局的骨干网架，形成了以广州、深圳、香港、珠海为主要沿海港口，以佛山、肇庆为内河港口，其余5个地区性重要港口为补充的分层次发展格局。大湾区交通服务基础设施软联通和数字化建设同步推进，在粤港澳大湾区数字新基建发展方面，大湾区新一代信息通信网络全面构建，5G

基站约占全国的 1/8，世界级宽带城市群如期建成，新型互联网交互中心建立，超级光网深化建设，数据基础设施体系稳步健全，广深超级计算中心双核驱动，算力节点优化布局，智能计算资源形成产业集群，这些均有力支撑了大湾区经济社会高质量发展。

在环境质量基础设施建设方面，截至 2022 年 4 月 8 日，广东在全国团体标准信息平台公示的省级团体标准共 1974 条。另外，广州市发布的团体标准 268 条，深圳市 618 条，佛山作为广东省重要制造业城市发布团体标准 633 条，东莞市 196 条，中山市 140 条，珠海市 80 条，惠州市 60 条，江门市 57 条，肇庆市 43 条。截至 2022 年 4 月底，粤港澳大湾区已建、在建和拟建的大科学装置与预研项目达 25 个，部分装置已取得世界级领先水平的科研成果，大科学装置的运行也呈现湾区特有的投资主体多元化、面向对象多元化、区位布局集聚化、功能定位差异化和港澳合作紧密化的特点。广深"双城联动"有序推进，正逐步建成国际消费中心、新兴产业集群、综合交通枢纽和世界级科技创新中心，未来将成为亚太地区乃至全球的重要力量。

基础设施互联互通打通三地往来，基本形成大湾区"1 小时生活圈"。

一是建成一批重大基础设施。建成运营港珠澳大桥、广深港高铁等标志性交通基建，加速形成"轨道上的大湾区"，湾区内已建成运营的铁路里程达 2500 公里。陆续建成珠江口东西两岸跨江通道，5 条通道已建成，其中有 4 条公路跨江通道及 1 条铁路通道，分别是黄埔大桥、南沙大桥、虎门大桥、广深港高铁、港珠澳大桥；4 条通道在建，分别是狮子洋通道、深江铁路、佛莞城际铁路、深中通道；2 条"十四五"规划中建设通道，分别是中南虎城际通道、莲花山通道；此外，还有远期规划 1 条，为大型的综合性通道（伶仃洋通道）。

二是口岸通关更加快速便捷。相继开通莲塘/香园围口岸、新横琴口岸、青茂口岸三个口岸，并提供"一站式通关""合作查验、一次放行"等多种便利化创新通关模式，可实现 2/3 出入境旅客自助通关，大大缩减排队时长。

三是打造世界级机场群、港口群。加快深圳机场三跑道、白云机场三期、香港机场扩建等建设，扩大现有湾区机场群规模。此外，大湾区机场旅客吞吐能力已超过 2 亿人次、港口集装箱吞吐量已超过 8000 万标箱。

（二）公共服务融通共享全面对接

粤港澳大湾区作为粤港澳合作的"全新升级版"，构成了不同制度和经济、社会、文化环境下共生共荣的发展空间，很多政策和措施必须通过协作治理的手段推动。大湾区建设不仅表现在地理和物理层面的一体化，更需要制度和机制维度的对接。在一定程度上，公共品供给特别是公共服务的提供水平和大湾区三地的融合程度，决定了三地融合程度，反之亦然。只有通过公共品的协作供给，提供优质的营商环境和优质生活空间，有效提升区域基本公共服务均等化水平，才能在统一大市场环境下充分实现要素高效便捷流动并发挥最大效用。

在绿色低碳发展方面，持续改善生态环境成为建设美丽湾区的重要内容。大湾区坚持结构驱动，以绿色低碳发展方式带动整体环境改善；持续推进产业结构调整和能源结构优化，在技术效应边际递减的情况下，向结构效应拓展空间，加快释放结构效应驱动经济社会低碳转型的重要作用，加速绿色低碳转型。

2021 年粤港澳大湾区在公共文化服务布局一体化、公共文化服务水平、专业公共文化服务供给方式多元化以及公共文化服务产品数字化、智能化等多方面取得了显著成效。这一年，粤港澳大湾区以释放"一国两制"优势、推动人才协同治理和融合发展为着力点，始终抓住"双区"和两个合作区建设机遇，强化规则衔接及平台建设，促进创新创业，人才高地建设进入新的发展关键期。

大湾区加快推进民生合作，便利港澳居民来粤生活，推进建设大湾区物质上和精神上的双重家园。值得一提的是，2021 年，在以习近平同志为核心的党中央坚强领导下，粤港澳大湾区坚持人民至上、生命至上，落实"外防输入、内防反弹"总策略与"动态清零"总方针，统筹疫情防控和经济社会发展，勠力同心联手抗疫，既守住了疫情防控阵地，也实现了"十四五"良好开局。

（三）经济贸易创新发展有序推进

经济贸易是粤港澳大湾区经济社会发展的底盘。作为引领国内外双向开放的重要区域和高质量发展的重要示范区，大湾区在构建新发展格局中具有独特的优势。在新一轮科技革命与产业变革的影响下，全球创新版图和全球经济结构正在重构，各国正努力在新一轮竞争中抢占发展制高点。粤港澳大湾区作为全球供应链、产业链、价值链不可或缺的一部分，正在新赛道上不断凸显智造 IP 并传递中国价值。在时代赋予的试卷面前，大湾区以智慧和汗水书写时代答卷：粤港澳科技创新资源合作力度加大，大湾区国际科技创新中心的全球影响力得到极大提升。与此同时，大湾区贸易便利化取得突破性进展。大湾区落地实施了大湾区行动计划、把握年度工作要点及推行系列专项配套政策文件，建设任务书、路线图、施工图有序推进，各项目标任务顺利落实和开展，未来产业发展蓝图清晰可见。

大湾区协同创新的成效成为 2021 年湾区深度融合发展的重要标志。粤港澳科技创新资源加快集聚，大湾区国际科技创新中心的影响力显著增强。

一是逐步建成具有世界级影响力的创新载体。广东的科技研发经费支出占 GDP 比重达到 3.14%，粤港澳大湾区拥有全国最多的孵化器、众创空间，发明专利的有效量、PCT 国际专利有效申请量高居全国首位。粤港澳大湾区重大科技基础设施"十四五"时期规划数量居全国首位，规划建设 5 个重大的科技基础设施。不断优化大湾区高水平的实验室体系，全国 9 个国家级实验室中大湾区占据 2 席，分别是深圳的鹏城实验室和广州的实验室。此外，按照国家部署要求，广东省以人才强省"五大工程"为抓手，打造粤港澳大湾区高水平的人才高地。

二是便利便捷创新要素跨境流动。创新资源共享方面，持续推进科技创新资源开放共享，支持港澳高校和科研机构参与广东省财政支持科技计划，已为 10 余所港澳高校和科研机构带来便利。个人所得税方面，全面落实大湾区个人所得税相关优惠政策，截至 2021 年底，受理申请人超过 2 万，补贴总金额达到 55 亿元，大力吸引国外高端人才到粤港澳大湾区来创新、创业、合作。

三是高效转化科技成果应用。形成新的科技产业协同发展模式——"港澳高校—港澳科研成果—珠三角应用转化"。近年科技创新、孵化、众创成果，以及产业高质量发展，为广东培育打造了一大批创新产业集群。这些成果都是在粤港澳大湾区科研人才工作者的共同努力下，产学研三方共同推动完成的。

四是制造业已经成为湾区发展的核心竞争力。增强制造业核心竞争力是《粤港澳大湾区发展规划纲要》要着力的重要内容，与国际湾区相比，粤港澳大湾区科技和产业发展量强链弱、缺芯少核、软硬失衡和坚而不韧的问题始终没有有效解决。粤港澳大湾区整体研发费用（R&D）超过 3600 亿元，占中国全社会研发投入 2.79 万亿元的 12.9%，占 GDP 比重超过 3.7%，远远高于全国 2.44% 的水平。其中，深圳研发费用（R&D）占大湾区的 41.78%，占 GDP 比重达到 5.46%。粤港澳大湾区已经进入全球科技创新集群前十位，深圳、香港、广州科技创新集群连续两年排名全球第二，但湾区总体创新状况在部分领域和链条仍面临着基础研究水平较弱、全球竞争力不强、创新产业集群和综合生态不够便利等突出问题。

（四）合作平台开放高地再上台阶

《横琴粤澳深度合作区建设总体方案》《全面深化前海深港现代服务业合作区改革开放方案》提到的物理扩区和政策扩区，为大湾区未来发展提供了无限空间，赋予了更多可能性，将大湾区建设推进到一个崭新阶段。目前，横琴、前海合作区已初步成势。实际上，这两个重要的平台已经成为粤港澳大湾区重要的先行区和试验区，也成为特区之特区。在规则衔接、机制对接、构建开放型经济新体制方面，积极推动粤港澳三地合作，依托横琴和前海两个合作区发展加快进程，让粤港澳三地民众共享繁荣与发展，湾区建设正以更大的作用、更快的进度、更强的力度全速前进。

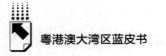

前海经济发展成效显著，深港合作持续深化，尤其在前海深港现代服务业合作方面，继续深耕制度创新，在 RCEP 带来的重大机遇和挑战面前未雨绸缪。在香港现代服务业与粤港澳大湾区融合发展进程方面，一些长期制度机制运行方面的深层次问题仍然存在，体制机制运行差异导致对新型服务业缺乏有效指导与市场监管、专业服务业利益协调不足、发展要素自由流动不足等突出问题还未有效解决。2021 年，粤港澳大湾区也面临着需求收缩、供给冲击和预期转弱的三重压力叠加，但大湾区保持强大的发展韧性和活力，主要金融指标继续领跑全国，金融增加值占广东 GDP 的 90%，金融有效支持和服务大湾区的实体经济，为大湾区的平稳运行和快速走出低谷做出了贡献。

2021 年，前海合作区的 GDP 同比增长 10.5%，自贸区口岸出口总额同比增长 20.28%，税收收入同比增长 15%；制度创新新增成果 75 项，总计达 685 项，全国复制推广新增 7 项，总计达 65 项。2021 年，前海发展成效显著。

一是产业合作向纵深领域拓展。2021 年，前海合作区港资企业数量较上一年增长 156%，实际使用港资占总实际使用外资的比重达到 93.8%。在香港中华总商会、全港各区工商联等 11 家工商协会的通力合作下，不断健全对港合作交流机制。通过出台支持产业集聚、金融业发展等政策，不断支持港资企业拓展发展空间，按一般扶持标准的 1.2 倍扶持港企。促进粤港澳青年交往交流交融，前海深港青年梦工场北区的建成，使得创业空间拓展至 13.9 万平方米，新孵化 87 家创业团队；前海港澳青年招聘计划发布岗位 1498 个。促进大湾区基础设施互联互通，投入使用深圳机场卫星厅，开工建设深大城际、穗莞深城际（深圳机场前海段），加快推进机场三跑道、深中通道建设。

二是全面深化改革创新试验平台建设加快。不断推进现代服务业创新发展，"粤港澳大湾区首个 5G 绿色低碳智慧港口"妈湾智慧港开港；2021 年减税降负达 23.6 亿元，前海企业所得税优惠目录拓展至五大类 30 个小项。加快科技发展体制机制改革创新，国家（深圳·前海）新型互联网交换中心上线试运行。打造国际一流营商环境，启动前海港澳 e 站通建设；德勤评估显示，前海营商环境跻身全球第一梯队。创新合作区治理模式，编制前海合作区总体发展规划、国土空间规划。

三是高水平对外开放门户枢纽建设持续推进。深化港澳服务贸易自由化，港澳税务师等 16 类专业人士只须备案即可执业。不断扩大金融业对外开放，前海落地实施了全国首批本外币合一银行账户试点、大湾区首批"跨境理财通"等业务，已有 161 家金融机构在前海深港国际金融城签约入驻，其中港资占三成。提升法律事务对外开放水平，启用了前海深港国际法务区，粤港澳大湾区国际仲裁中心顺利挂牌成立。高水平参与国际合作，建设前海国际人才港，一站式提供 451 项国际人才服务。

横琴粤澳深度合作区的横空出世，加速推进并促进澳门经济形成了适度多元的新产业动能，科技研发和高端制造产业、文旅会展商贸产业、中医药等澳门品牌工业、现代金融产业四大产业市场主体持续增加，与澳门一体化高水平开放的新体系框架初步搭建，横琴完成分线管理，人员进出便利，跨境金融管理等方面的核心政策及实施方案陆续出台。同时，澳门旅游业面临前所未有的挑战与冲击，但澳门政府和人民以积极姿态始终贯彻国家防疫政策，打造健康宜游形象，精准引领规划部署，促进跨界协同效应，努力增强多元化的旅游体验。

2021 年，横琴粤澳深度合作区稳步推进，突破性成效明显。

一是共商共建共管共享的管理机制运行良好。粤澳共商共建共管共享的新体制已在横琴全面建立，同时横琴也建立了包括合作区管理委员会、执行委员会、广东省委和省政府派出机构在内的管理架构，2021 年 9 月 17 日，韩正副总理出席合作区管理机构揭牌仪式并讲话，标志着合作区建设进入全面实施、加快推进的新阶段。广东省人大常委会及时出台关于横琴合作区有关管理体制的决定，实现挂牌及依法履职运作。通过召开相关管委会和执委会会议，出台了执委会议事规则、管委会工作规则、执委会主要职责工作机构和人员额度等一系列重要规章制度。

二是稳步构建"1+1+1+N"政策框架体系。框架中的首个"1"为合作区条例，由于横琴粤澳深度合作区涉及"一国两制"，很多事权在中央，双方目前也在努力争取中央的相关立法部门尽快制定合作区有关条例。实施方案是第二个"1"，目前已经顺利制定出台。总体发展规划是框架中的第三个"1"。框架中的"N"指的是相关配套政策，各项政策目前已在扎实推动、落地。值得特别指出的是，2022年1月1日，个人所得税15%优惠政策开始实施，同时境内外高端人才和紧缺人才清单及管理办法等配套政策也纷纷出台，企业所得税优惠目录等重点政策的制定顺利推进。根据横琴的独特性，积极部署"一线"放开、"二线"管住的"分线管理"政策，加快建设"一线"口岸和"二线"通关基础设施。

三是渐次布局重大产业科技项目。中医药等品牌工业、文旅会展商贸产业、科技研发和高端制造业、现代金融业作为横琴的"四大产业"，是横琴开放坚持的主攻方向，把握"吸引新澳企、壮大新澳资"的原则，通过不断加快吸收更多的具有粤澳特色、根植性强、带动力强的相关产业项目，可以使横琴发展的产业基础得以夯实。2021年，横琴中药新药技术创新中心、空客直升机中国总部、粤澳半导体基金等首批13个重点项目集中签约落户，成为合作区加快建设的示范样本。

四是社会民生领域加快融合。澳门最重要的问题是民生问题，横琴努力创造与澳门相近的宜居宜业生活环境，全力推进规则衔接、机制对接，提高澳门居民在合作区生活就业的便利水平。"澳门新街坊"项目快速推进，为澳门居民提供了4000套住房。2021年底，503位澳门居民在合作区登记就业，同比增长114%。正式启用了全国首个港澳建筑工程和专业人士跨境备案系统，累计63家港澳企业和324名专业人士获得了跨境执业资格。澳门居民累计有8679人办理了居住证、424人签订门诊统筹，并购置各类物业7426套，全年澳门居民有超5.3万人次在横琴就医；澳门机动车入出合作区配额总量增加至1万台；优质教育资源持续投入使用，新增各类学位4100个。

（五）人文湾区行稳致远从"心"出发

"共建人文湾区"处于《粤港澳大湾区发展规划纲要》单提显设的重要

位置，是大湾区建设的重中之重。"塑造湾区人文精神""共同推动文化繁荣发展""加强粤港澳青少年交流""推动中外文化交流互鉴"成为"人文湾区"建设的基本框架和主线。以"文化兴湾"推动人文湾区建设也是大湾区发展更深刻、更具体的价值导向。相对于"经济湾区""产业湾区""科技湾区"等"硬实力"概念而言，"人文湾区"的"软实力"对于大湾区更具穿透力影响力。粤港澳三地应继承并弘扬粤港澳三地文脉相亲、人文相近、同根同源的历史纽带优势，"从心出发"向未来任重而道远。从更深一层来看，"人文湾区"着眼于港澳同胞人心回归的最终实现。

2021年，文化和旅游融合发展取得重大推进，进一步彰显了粤港澳大湾区历史悠久文化底蕴丰富以及文旅产业发展资源丰富的内涵，粤港澳大湾区文化和旅游在融合发展的路径、形式和项目上都有了实质性的突破和推进。

岭南文化进一步推动大湾区文化旅游深度融合。源远流长的岭南文化丰富而多元，以"广东音乐""粤菜""醒狮""广绣""广彩""广雕""岭南画派""镬耳屋""岭南园林""粤剧""粤曲"等为代表，成为发掘、弘扬、优化、保护和丰富大湾区文化的资源库，促进了大湾区文化旅游深度和广度上的相互融合，实现了文化旅游业内的良性互动、共赢发展。

围绕共建"人文湾区"，突出粤港澳大湾区作为改革开放前沿地、中国近现代革命策源地、岭南文化发祥地、中西文化交融地的人文特色，建设具有国际水准的社会主义先进文化和岭南优秀传统文化展示地、传播地、体验地。以深圳建设中国特色社会主义先行示范区、广州"老城市、新活力""四个出新出彩"为重点，高水平创建了珠三角文明城市群，建设宜居宜业宜游的优质生活圈，全面提升都市旅游品质，打造了承载广东改革开放伟大历程的文旅地标群，建成国内外游客观察中国特色社会主义现代化建设辉煌成就的重要窗口。"大湾区故事"更加具有文化内涵和丰富张力，粤港澳大湾区愈加成为中西历史文化交融的纽带，大湾区是重要开放门户、"海上丝绸之路"主要始发地，拥有著名侨乡的共同记忆和文化情感，依托历史遗迹、民居建筑、特色风貌街巷等串联升级"西学东

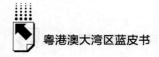

渐"、近代商埠等节点、线路，作为世界级旅游目的地进一步展现了中西文化交汇交融的魅力。

疫情对粤港澳大湾区青少年研学旅行影响较大，随着疫情的缓解，粤港澳大湾区的研学旅行需求会井喷式增长。智库建设是现代国家治理体系的重要内容，2021年，粤港澳大湾区智库联盟在研究成果、学术交流、跨地区合作方面都取得了卓有成效的进展，为粤港澳大湾区高质量发展提供了充沛的知识动能。在湾区城市与国际友好城市交往与传播方面，广州发展可圈可点，这一年来，广州始终坚持推进国际友城拓展战略，对外友好交往网络持续扩大，与友城之间加强各领域的交流合作，截至2021年11月，广州已与66个国家的100个城市建立了友好关系。

（六）法治建设法制环境护航发展

在"一国两制三法域"背景下，粤港澳大湾区如何用好不同规则的特点和优势促进所在区域求同存异和谐共生，不仅是一个世界性难题，更是粤港澳大湾区有别于世界其他三大湾区的最显著特征。一个国家、两种制度、三个独立关税区、四个核心城市，粤港澳大湾区的"一二三四"格局是最大的特点和优势，也是大湾区融合的难点与痛点。在全球化与逆全球化浪潮此起彼伏的国际环境下，探索并寻找不同制度美美与共、和谐共生，是人类社会发展要思考的核心问题。推动民商事规则接轨国际，成为推进大湾区法治建设先行先试的新路径。横琴、前海两个合作区建设方案重磅发布，标志着两个合作区在法治领域将进一步探索前人没有走过的路。加强法治湾区建设的意义在于在"一国两制"方针下，密切内地与港澳司法法律界交流合作，为粤港澳大湾区建设提供有力司法服务，将会为香港澳门长期繁荣稳定、筑牢中华民族共同体意识、实现中华民族伟大复兴的中国梦做出贡献。

"湾区通"工程的不断加快推进，使得粤港澳三地的规则衔接、机制对接不断深化，促进了湾区快速形成高水平开放型经济新体制。"硬联通"主要是现代化交通基础设施，软联通主要是规则衔接、机制对接，推动建设市场化法治化国际化的营商规则，由此带来的变化有三点。

一是营商环境持续优化。CEPA 框架下，港澳之间负面清单变短，基本实现了港澳服务贸易自由化，在法律、会计、建筑等领域，港澳企业投资者逐步享受国民待遇。港澳企业商事登记"一网通办"，极大缩短了企业开办时间，1 个工作日内即可办结相关业务。

二是金融市场互联互通有序推进。"深港通"、债券"南向通"、"跨境理财通"等措施的出台，促使人民币在粤港澳跨境支付结算货币中占据主流地位。通过代理见证，港澳居民已开立内地银行个人账户超 18 万户，在移动支付应用场景方面拓展开发了银联港澳版"云闪付"App、微信和支付宝香港电子钱包等新的渠道，为大湾区居民提供了便利的跨境金融服务。

三是标准衔接范围、职业资格认可不断拓宽。受益于单边认可带动双向互认的模式，医师、教师、导游等多个领域中 3000 余名港澳专业人士已取得内地注册执业资格。涵盖食品、粤菜等 23 个领域 70 项标准的首批"湾区标准"清单的制定，为湾区统一生产提供了参考。包括贸易、营商环境、职业资格等方面在内的规则衔接、机制对接，使得粤港澳大湾区，特别是广东的珠三角地区，成为香港、澳门各行业人士的聚居地和新空间，为港澳各业人士就业、创业、生活提供便利。

规则衔接，是大湾区法治化建设的重要抓手和核心关键。推进湾区规则衔接，就是要从有效促进和要素融合发展转向适应性的制度性和机制性保障。随着大湾区融合程度的逐步加深，规则衔接对于大湾区互联互通、金融服务科技创新、数字服务人才交流创业就业、文化教育、医疗健康、社会保障等领域，都有着现实的需求。在具体司法实践方面，2021 年对于粤港澳律师服务业是具有里程碑意义的一年。粤港澳大湾区律师执业首次考试开考，打开了港澳律师在内地执业的大门。港澳律师进入内地执业的门槛在逐步降低，方式也更加多元化，粤港澳律师合作交流也在进一步增强，粤港澳法律服务市场进一步走向融合发展，具备国际化水准的港澳律师服务进入湾区成为常态。在数据信息资源越发重要的背景下，加强粤港澳大湾区个人信息跨境合规与治理显得相对紧迫和重要。粤港澳三地个人信息保护法律制度存在巨大差异，如何建立网络安全与个人信息分类分等级评估和救济机制，

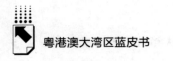

防范大型跨境数据平台隐私保护政策的漏洞以及法律风险等问题，非常值得三地法律界认真研究并加以解决。

三 2022年粤港澳大湾区发展与趋势

2022年是"十四五"开局之年，粤港澳大湾区面临一系列的严峻挑战，同时也面临新发展要求与新发展机遇。

（一）大湾区国际科技创新中心建设将逐年由"蓝图"变"美景"

创新是引领发展的第一动力，"十四五"时期双循环新发展格局构建、高质量发展都将科技创新作为战略基点，充分强调创新发展的核心地位。作为构建双循环新发展格局的枢纽节点和高质量发展的示范性区域，粤港澳大湾区始终坚持创新引领建设发展。

进入新发展阶段，在国家构建双循环新发展格局和高质量发展的战略背景下，粤港澳大湾区作为国际科技创新中心的建设要求进一步明确。习近平总书记指出："构建新发展格局最本质的特征是实现高水平的自立自强，必须强调自主创新，全面加强对科技创新的部署，集合优势资源，有力有序推进创新攻关的'揭榜挂帅'体制机制，加强创新链和产业链对接。"一方面，粤港澳大湾区建设国际科技创新中心，应解决我国核心技术"卡脖子"问题，强化国家战略科技力量；另一方面，为加快落实高质量发展要求，应助力推动国家科技自立自强、坚持创新驱动发展的要求。

与发展要求相对应，在"十四五"时期工作计划中，各级政府已对加速推进粤港澳大湾区建设国际科技创新中心做出了相关部署。首先，国家"十四五"规划纲要专题设置了"积极稳妥推进粤港澳大湾区建设"一节，其中明确了科技创新领域建设的重点任务。其次，广东省政府在政府工作报告中对科技创新中心建设做了详细的工作安排，涵盖了综合性国家科学中心、国家技术创新中心、科学城和各类实验室及大科学装置的建设。最后，各级政府已形成一系列具体想法和布局。

（二）横琴粤澳深合区将成为粤港澳大湾区建设"新高地"

作为粤澳合作模式创新的试验田，协助澳门经济适度多元发展是横琴粤澳深度合作区的主要目标。同时，合作区还要通过粤澳共商共建共管共享的新体制，探索三地经济社会融合发展。

2021年初公布的国家"十四五"规划纲要将"支持粤澳合作共建横琴"作为支持港澳巩固提升竞争优势、支持港澳更好融入国家发展大局的具体工作内容，指出要"高质量建设粤港澳大湾区，深化粤港澳合作、泛珠三角区域合作，推进深圳前海、珠海横琴、广州南沙、深港河套等粤港澳重大合作平台建设"。广东省"十四五"规划纲要和珠海市的"十四五"规划纲要亦多处提出涉及横琴粤澳深度合作区建设的内容。可见，横琴深合区的建设将不仅是澳门特区政府的重要工作内容，也将服务国家发展大局，推动粤港澳大湾区发展，推进琴澳一体化发展是粤澳合作的创新实践。

2021年9月出台的《横琴粤澳深度合作区建设总体方案》（以下简称《横琴总体方案》）指出，横琴的战略定位是"一国两制"实践的新示范。《横琴总体方案》对货物、人员、资本、国际互联网数据的流动都制定了相应的创新政策，例如，推动横琴深合区金融市场与港澳离岸金融市场联动，探索构建电子围网系统等。《横琴总体方案》提出的共商共建共管共享的新体制是一系列体制机制创新中的一大亮点，这将激发对国际和国内投资者参与合作区建设的热情。《横琴总体方案》提出在粤港澳大湾区建设领导小组的领导下，由广东省和澳门特区政府共同决策、执行、管理合作区的发展事项，建立收益共享机制和常态化评估机制。由广东省和澳门特区政府共同推进合作区的建设和管理、共享收益，这是前所未有的区域合作模式，是"一国两制"实践的创新尝试。这一全新的合作空间建设模式，将有助于提高粤澳合作建设合作区的效率，而由琴澳一体化发展格局激发的国际和国内投资者参与合作区建设的热情，终将通过合作区传递至粤港澳大湾区。

可以预计，"十四五"时期在《横琴总体方案》的指引下，琴澳一体化发展水平逐步提升，将为粤港澳大湾区建设持续赋能。

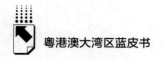

（三）前海合作区将成为引领新时代大湾区高质量发展"新引擎"

中办、国办于 2020 年 10 月印发《深圳建设中国特色社会主义先行示范区综合改革试点实施方案（2020—2025 年）》（以下简称《深圳先行示范区方案》），赋予深圳在重点领域和关键环节改革更多自主权。例如，在产业和人才方面，重点关注扩大金融业、航运业等对外开放，推动金融规则体系国际化，探索完善国际船舶登记制度；建立具有国际竞争力的引才育才用才制度，赋予外国高端人才确认函权限等。

前海深港现代服务业合作区（以下简称"前海合作区"）设立于 2010 年。《全面深化前海深港现代服务业合作区改革开放方案》（以下简称《前海总体方案》）于 2021 年 9 月正式出台，健全联通港澳、接轨国际的现代服务业发展体制是主要发力点，涉及服务业职业资格、服务标准、认证认可、检验检测、行业管理等领域，具有全球竞争力的营商环境将为深港现代服务业合作提供基础。前海以制度创新优化营商环境，为粤港澳大湾区建设过程中营商环境的优化起到示范引领作用。前海合作区根据《前海总体方案》设立了阶段性发展目标：到 2025 年，建立健全更高层次的开放型经济新体制，具有全球竞争力的营商环境初步形成，高端要素集聚、辐射作用突出的现代服务业蓬勃发展，多轮驱动的创新体系成效突出，对粤港澳大湾区发展的引擎作用日益彰显；到 2035 年，前海的高水平对外开放体制机制更加完善，营商环境达到世界一流水平，建立健全与港澳产业协同联动、市场互联互通、创新驱动支撑的发展模式，建成全球资源配置能力强、创新策源能力强、协同发展带动能力强的高质量发展引擎，改革创新经验得到广泛推广。前海将叠加经济特区、粤港澳大湾区、深圳先行示范区、自贸试验区和深港合作区政策利好，成为引领大湾区新时代发展新引擎。

（四）规则衔接、机制对接将成为大湾区持续深化合作"新领域"

软硬联通是粤港澳大湾区建设发展的基础。《粤港澳大湾区发展规划纲要》中"加强基础设施互联互通"一章，提出构建现代化的综合交通运输体系、优化提升信息基础设施等措施，打造布局合理、功能完善、衔接顺畅、运作高效的基础设施网络，为粤港澳大湾区经济社会发展提供有力支撑。一方面，以硬联通支撑粤港澳大湾区建设。高水平打造"轨道上的大湾区"，推进广佛环线、广清、深惠、广佛江珠等城际项目，提升干线铁路、城际铁路、城市轨道融合发展水平；实施基础设施互联互通专项规划，推动三地协同提升现代航运服务水平。此外，探索完善城市群和城镇发展体系，构建结构科学、集约高效的大湾区发展格局，更好融入全球市场体系，增强全球资源配置能力。另一方面，持续加强规则衔接与机制对接。"湾区通"工程和"数字湾区"的建设不断深入推进，在职业资格互认、商事制度、标准对接等方面有显著进步，推出了"一事三地""一策三地""一规三地"等改革创新举措。

（五）大湾区国际消费枢纽将进一步提高大湾区高质量发展"新能级"

粤港澳大湾区具备建设国际消费枢纽的需求和基础。粤港澳大湾区作为世界级的超大城市群，常住人口逾 8000 万，2021 年经济总量超过 12 万亿元人民币，消费市场巨大，扩大内需、畅通国内大循环是粤港澳大湾区发展的着力点。其中，2021 年，广东社会消费品零售总额达到 4.42 万亿元，连续 39 年位居全国第一；香港是世界著名的贸易中心，澳门是世界级的旅游休闲中心。庞大的市场规模、高水平对外开放、强劲的制度创新等优势为粤港澳大湾区建设国际消费枢纽奠定了基础。

第一，广深创建国际消费中心城市将支撑大湾区深度参与"双循环"。《广东省国民经济和社会发展第十四个五年规划和 2035 年远景目标纲要》提出，支持广州、深圳等基础条件好、消费潜力大、国际化水平较高的城市创建国际消费中心城市，培育形成具有国际水准和全球影响力的消费中心城市群，推动国际品牌集聚。与此同时，广深两地对于建设国际消费中心亦有清晰的规划：《深圳市商务发展"十四五"规划》提出了 2025 年、2030 年、2035 年三个阶段发展目标，为深圳建设成为国际消费中心城市谋划了具体

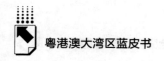

路线图;《广州市商务发展"十四五"规划》明确至 2025 年"十四五"期间,广州市将锚定"双循环"发展目标,对外进一步提升进出口贸易水平,对内则着力拉动内需增长,促进广州市国际消费中心城市建设。

第二,数字经济将赋能粤港澳大湾区高质量发展。新冠肺炎疫情期间,新消费业态、新消费模式成为助力经济发展,拉动国内消费的重要引擎之一,数字经济的发展也彰显了大湾区消费升级的新阶段。广州和深圳,位于我国城市数字经济竞争力第一梯队。广东数字经济产业增加值占全省 GDP 近一半,规模居全国第一。2021 年,广州名列第二批国家人工智能创新应用先导区名单,成为广东省继深圳之后的第二个入选的城市。广东成为拥有 2 个国家人工智能创新应用先导区的唯一省份。按照规划,广东要建设国家数字经济创新发展试验区,将加强关键核心技术攻关、建设安全高效的数据要素市场,带动数字湾区的建设,为大湾区建设提供新的机遇。

第三,现代流通基础设施网络拓宽大湾区消费市场。硬联通基础设施让要素可达性和效率更高,软联通让要素跨境流动更加畅通,助推粤港澳大湾区发挥港澳的国际化资本市场优势和珠三角的产业链及市场空间优势。以中欧班列为例,作为产品出口欧洲的常态化物流方式,其已成为广东打造立体化国际物流网络的"骨架"之一。随着海陆空港网络体系的加快形成,物流供应链中的"堵点"逐渐畅通,各贸易通道有效贯通,推动市场向腹地纵深辐射,助力粤港澳大湾区国际消费枢纽建设。

四 推进粤港澳大湾区深度融合的实施策略

在习近平总书记的亲切关怀下,中央先后发布多个关于粤港澳大湾区的政策规划:2019 年发布《粤港澳大湾区发展规划纲要》,出台支持深圳建设中国特色社会主义先行示范区的意见,深圳综合改革试点实施方案于 2020 年发布,横琴、前海两个合作区建设方案于 2021 年出台,南沙深化粤港澳全面合作总体方案也在本研究报告成文之际颁布。"粤港澳大湾区"已连续 6 年在政府工作报告出现,"高质量建设粤港澳大湾区"既是国家"十四五"

规划的重要内容，也是 2035 年远景目标纲要的明确要求。在这样的背景下，进一步推进粤港澳大湾区深度融合发展，是大湾区行稳致远、基业长青的有效保障。

（一）要素高效流动的机制设计

加快构建粤港澳大湾区产业要素高效流动的体制机制。有效破解粤港澳三地经济制度、法律体系、行政体系和社会文化惯性差异所导致的协调成本居高不下问题，使湾区内人才、资本、技术、数据、货物等产业要素流畅便捷。建立和健全湾区要素发展对接机制。首先要在内地 9 个城市之间打通要素流畅的堵点和痛点。其次，在"9+2"都市圈逐步探索要素便捷流畅的运行机制，适应疫情防控常态化背景下湾区发展的趋势和特征，研究制定粤港澳大湾区基础设施建设、科技创新、产业合作、人文交流等一系列问题，打造具有粤港澳大湾区发展特色的一体化区域发展的新格局。

加快实现大湾区创新资源的高效统筹和优化配置，充分发挥粤港澳三地各自的资源禀赋优势，构建以科技协同创新为主线的生态创新系统，推进创新资源在大湾区内部便捷流动，持续推动与港澳地区要素跨境流动便利化。在具体技术操作层面加大创新实施力度，探索和推广广东海关货物查验"跨境一锁"模式。解决粤港澳三地涉及生物样本与仪器设备出入境流程、临时入境机动车牌证有效期、车辆出入境担保、机动车保险的问题。将金融要素资源流动作为大湾区发展"十四五"重要内容，探索开展本外币合一银行账户试点和跨境贸易金融、外汇管理便利化和国际支付清算新机制，强化粤港澳三地跨境金融监管协同。加快实现大湾区建设由以"制造+贸易"为主要合作领域向政府公共服务、智慧政府、科技研发、金融货币、"碳中和"合作等多领域合作转化。携手港澳研究数据跨境有序安全流动，以及本地化存储的标准、规则和政策安排。建立国际一流的信息安全体系、保障措施与应急体系，最大限度地实现对网络攻击、违法信息等可防、可控。

以人员流动作为破解要素便捷高效有序流动的钥匙，尤其是扩大港澳青年创新创业渠道与空间。继续丰富和完善大湾区各地市港澳青年创业园，引导与鼓励珠三角九市内港澳青年创业园与当地港澳企业对接。支持和鼓励港澳企业与港澳青年创业园紧密结合，使港澳企业成为创业园成果转化和培训基地，港澳青年创业园也成为港澳企业的知识、创新成果以及人才来源地和储备地，从而加强港澳企业与港澳青年创新创业的联动，形成三地青年融合发展共促繁荣的新生态。

（二）规则有效衔接的制度探索

《粤港澳大湾区发展规划纲要》提出"加快构建适应开放型经济发展的法律体系，加强深港司法合作交流"目标。大湾区"三法域"涵盖世界主要法系，在大湾区规则有效衔接并在部分成熟的营商环境领域先行先试，促进大湾区打造市场化法治化国际化营商环境并吸引更多国际投资，进一步发挥大湾区高度开放的鲜明特色以及"一国两制三法域"的独特优势。

将湾区内部规则衔接、机制对接不断深化，将"制度之异"转化为"制度之利"。以"两个方案"为引领在深化改革开放道路上不断大胆探索和突破创新。深化与港澳规则对接，对获得资质在内地开业和工作的专业人士实现"准入准营"。简化人员跨境通关的手续，确保单次查验。签发在"三地"多次往来的科技、金融、商贸等人才通行证。在疫情防控常态化条件下研究简化专业人士、商务人员等在大湾区通关的开放措施。探索粤港澳三地在司法、仲裁和调解等相关法律规则方面的衔接。支持在"两个合作区"和南沙粤港澳全面合作示范区等大湾区重大合作平台建设国际法律服务中心和国际商事争议解决中心。支持鼓励外国和港澳律师事务所在"两个合作区"设立代表机构，深化律师事务所合伙联营机制改革，探索完善适用港澳法律和选用港澳作仲裁地解决民商事案件的机制。本着先易后难、先急后缓的原则，先从粤港澳三地合作的项目、案例和事件入手，一事一策、一例一策，通过试点总结经验，逐步形成民商事规则衔接港澳、接轨国际的制度体系。建议设立一站式的大湾区商事纠纷解决平台。有关方面也可深入研究相关法律问题，在不影响三地法域的独特性下探讨相关建设的可行性。

在金融要素流动制度方面逐步探索借鉴欧盟"单一通行证"制度和与之对应的互认机制，在金融监管有效管制区内促进区内金融业务规则对接，提高金融资源配置效率。同时注重与高标准的国际区域组织进行经贸规则衔接。对标 RCEP 规则，梳理出与港澳对接相一致的和不一致的规则，在粤港澳三地经贸发展中，下好先手棋，打好主动仗。开展对全面与进步跨太平洋伙伴关系协定（CPTPP）新规则的对接性研究，如相互开放政府采购市场，给予数字产品非歧视性待遇，实现市场监管"竞争中立"等，进而推动粤港澳三地营商环境共同迈向更高水平。

（三）环境稳定透明的形象塑造

公平透明可预期将作为大湾区未来一段时间内营商环境水平提升的重要内容。习近平总书记多次强调，"要营造公平透明、可预期的营商环境"。在当前宏观经济充满不确定性的条件下，珍惜宏观环境稳定这一稀缺资源十分必要。

优良的营商环境是大湾区核心竞争力所在，也是经济高质量发展的助推器。在地缘政治发生重大变化的新的国际贸易和全球治理环境下，及推进建设更高水平的开放新格局使命下，粤港澳大湾区的营商环境优化，具有更加突出意义。一要全面实行准入前国民待遇加负面清单制度。推动落实"非禁即入"的准入前国民待遇加负面清单制度，扩展"负面清单"管理模式从经贸领域扩展到三地专业人才资格互认、人才和数据跨境流动准入以及与此相关的法律法规、审批体制、监管机制和社保体系。坚持平等对待各类市场主体，着力取消企业在资质资格获取、招投标、政府采购、权益保护等方面存在的差别化待遇，完善公开透明、简明易行的监管规则和标准，注重政策稳定性与波动性之间、政策制定与落实之间相衔接，助力推动营商环境向市场化法治化国际化方向发展。二要推进政务服务标准一体化建设。有效运用大数据、物联网等技术手段，加快构建全省一体化在线监管平台，促进标准互信互认、数据汇聚共享。推进市场主体事中事后监管，营造规则统一、公开透明的监管环境。打造高效便捷统一的政务服务生态。以数字技术广泛应用为基础，推动政务服务流程、环节、标准、清单管理和收费等方面的标准一体化建设。推进服务数字化、规范化、移动化、智能化。三要加强营商环境法治建设。依法保护不同市场参与者的合法权利和利益，完善沟通、审计、调查、援助机制，增加市场经济主体的投资信心；建立重大政策事前评估和事后评价制度，推进公平竞争审查和第三方评估；健全政府承诺守信以及政府失信补偿、赔偿与追究制度，畅通失信投诉群众举报渠道，严格兑现相关承诺，并废除不合时宜的法律法规。四要引导全社会积极参与营商环境建设。深化"放管服"改革，探索把具备条件的行业服务管理职能交给社会组织承担，建立健全行业协会法人治理结构。搭建粤港澳三地行业协会商会定期交流与合作平台，推动行业协会商会等社会组织的交流与沟通常态化。推动行业协会商会自律自治，发挥行业协会商会在行业标准、社会监管、专业互补和市场拓展等方面对接的积极作用。探索经济区与行政区适度分离的管理体制，推进与港澳跨境政务服务便利化。

（四）文化交流互鉴的人文培育

加快构建大湾区共同人文价值链。促进粤港澳融合发展，更基础、更广泛、更深厚、更长久的是要强化文化融合。树立共同的信仰追求，培育共同的价值观念，弘扬共同的民族精神，遵守共同的道德规范，才能真正构建大湾区共同体。实现区域经济、政治、文化、社会、生态的全方位创新发展，将助力粤港澳大湾区成为具有全球影响力的国际文化传播交流中心。加快粤港澳大湾区一体化生活圈建设。加强医疗合作，共同应对湾区公共卫生安全问题。

加快推进粤港澳大湾区建设世界级旅游目的地，建设宜居、宜业、宜游的国际一流湾区，建设富有活力和国际竞争力的一流湾区和世界级城市群、打造高质量发展的湾区发展典范，为国家构建新发展格局探索新路径新经验。积极主动融入共建"一带一路"高质量发展，加强"一国两制"实践新探索，支持港澳旅游发展更好地融入国家发展大局，践行新发展理念，把科学系统的战略部署转化为鲜活可感的成效亮点，不断丰富"一国两制"

伟大实践，支持港澳长期繁荣稳定，践行人类命运共同体理念，构建国内国际"双循环"新发展格局，为共建"一带一路"高质量发展提供更强动力。

以打造粤港澳大湾区世界级旅游目的地为契机，有效提升大湾区在国际上的整体形象和体验感受，积极践行人类命运共同体理念、融入共建"一带一路"高质量发展，做好规则衔接，以"双循环"新发展格局为引领，紧扣"大湾区文明之光、大湾区科技之光、大湾区时尚之光"理念，建设滨海旅游带（港澳—珠三角沿海区）、广府文化体验核心带（珠三角中圈层）、生态康养带（珠三角北部圈层），构筑广佛肇、深莞惠—香港、珠中江—澳门三大旅游圈，构筑发展与安全统筹协调的系统观念，着力推动文化和旅游深度融合；强化与世界旅游目的地规则衔接，着力完善治理体系和治理能力现代化，构建更加开放、更高质量、更有效率、更加公平、更可持续、更为安全的旅游业发展新格局。

基础设施篇
Infrastructual Construction

B.2
粤港澳大湾区国际性综合交通枢纽
集群建设报告

杨海深*

摘　要： 2021年，粤港澳大湾区综合交通枢纽集群建设跃上新台阶，既表现在"轨道上的大湾区"、珠江口跨江通道群、世界级机场群和港口群等"硬联通"建设取得新进展，也突出表现在交通服务、管理数字化等"软联通"建设得以整体推进，交通规划布局也得到持续优化提升。展望未来，大湾区应加快建立城市群交通协同发展机制，系统优化综合交通枢纽集群布局，提升交通基础设施"直连直通"水平和运输智能化运行管理水平。

关键词： 综合交通枢纽集群　交通强国　粤港澳大湾区

---

* 杨海深，管理学博士，广东省社会科学院国际问题研究所副研究员，主要研究方向为全球物流与供应链管理、经济政策评估等。

综合交通枢纽集群是包括轨道交通①、公路、机场和港口及其航道等在内的保障海陆空运输工具通畅运行和相互高效连接的基础设施体系，是推动区域要素流动、产业融合、经济辐射带动的先导性基础工程。2021年10月14日，习近平总书记在第二届联合国全球可持续交通大会开幕式上的讲话中指出，交通是经济的脉络和文明的纽带，倡议各国要加强基础设施"硬联通"、制度规则"软联通"，促进陆、海、天、网"四位一体"互联互通。这是站在世界发展大势和人类前途命运的高度，针对可持续交通发展提出的重要倡议，体现中国担当，为推进全球可持续交通发展注入强大动力和坚强信心。粤港澳大湾区作为中国对外开放的战略合作平台和共建"一带一路"的重要支撑区域，被党中央赋予建设面向世界的国际性综合交通枢纽集群的历史重任。因此，大湾区国际性综合交通枢纽集群建设至关重要，不仅是增强内部联系和市场一体化发展的重要保障和支撑，也是联通全球形成国际性可持续交通枢纽的重要基础条件。

一 粤港澳大湾区国际性综合交通枢纽集群建设进展与成效

2021年，粤港澳大湾区以打造"轨道上的大湾区"为重点，以贯通珠江口东西两岸的跨海跨江通道群建设为突破口，大力建设世界级机场群和港口群，加快提升基础设施"硬联通"能力和服务水平，形成内通外联、高效便捷的综合交通网络，综合运输服务水平有较大提升，国际性交通枢纽地位日益突出。

（一）大湾区国际性综合交通枢纽集群建设跃上新水平

1."轨道上的大湾区"加快形成

粤港澳大湾区形成以高速铁路、城际铁路、城市地铁为主的快速轨道交

---

① 按服务范围差异分，轨道交通一般包括传统铁路（普速铁路和高速铁路）、城际轨道交通、城市轨道交通三大类。

通网络，主要城市间 1 小时通达目标基本实现，粤港澳大湾区成为国内城市群轨道交通最发达的区域之一。截至 2021 年底，粤港澳大湾区铁路通车总里程已超过 2500 公里，其中高铁里程 1430 公里。[①] 随着广深港高铁、穗莞深城际铁路等建成运营，广湛、深江、深汕高铁，澳门轻轨延伸横琴线，珠肇高铁、广花城际等项目开工建设，大湾区城市之间轨道交通互联互通水平显著提高。2021 年 12 月，京港高铁赣州至深圳段（赣深高铁）通车运营，形成大湾区连通华中地区（长三角城市群）的快速通道。2021 年，大湾区城市轨道交通运营里程新增 109 公里，珠三角九市城市轨道运营里程达 1137.5 公里，广州、深圳城市轨道交通客运量占比超过 50%，时速高达 160 公里/小时的广州地铁 18 号线开通运营，核心城市内部通勤效率进一步提升。[②] 在铁路货运建设方面，大湾区铁路货运网络逐步完善，广州铁路枢纽东北货车外绕线建成投入运营，南沙港铁路即将建成，疏港铁路通达率超过 50%，深圳平湖南一期、广州增城西等铁路物流基地项目建成投产，大湾区首批中老铁路国际货运列车分别从上述两地首发，标志着大湾区开辟了一条直达东盟的陆上物流新通道。截至 2021 年 12 月 31 日，粤港澳大湾区中欧班列开行数量创历史新高，同比增加 123 列，增幅 46.9%，日均开行 1 趟以上，中欧班列开行线路已增至 19 条。2021 年以来，大湾区中欧班列已累计运送口罩、药品、消毒用品等防疫物资 3524 万件，共计 14.67 万吨，为驰援全球抗疫贡献"中国力量"。铁路运输企业在佛山、肇庆、江门等地率先探索建设"无轨铁路港场网"。

2. 高速公路和珠江口世界级跨江通道群建设布局进一步完善

在高速公路建设方面，大湾区已初步形成主要城市间 1 小时通达的多层次交通网络，形成连通粤东西北，连接华东、中南、西南等地区的放射状对外通道格局。截至 2021 年底，大湾区已建成通车高速公路 4972

---

① 《广东举行新闻发布会介绍"双区"建设成效》，南方网，https：//nflive.southcn.com/index? id=434，2022 年 4 月 19 日。

② 李妍：《2025 年珠三角各市将实现高铁"一小时通达"》，《广州日报》2022 年 1 月 18 日，第 8 版。

公里，城市群（内地九市区域）高速公路密度达每百平方公里9.1公里，达到世界级城市群水平。① 珠江口跨江通道陆续建成。珠江口已经建成港珠澳大桥、南沙大桥、虎门大桥、黄埔大桥4条跨江通道，深中通道和佛莞城际、深茂铁路深江段2条铁路正加快建设，狮子洋通道于2021年12月获批，莲花山通道、中南虎城际开展前期工作，珠江口东西两岸持续增长的交通需求未来将予以充分满足。此外，进一步强化与港澳高速公路联通，珠三角地区与香港、澳门之间已分别建成3条和2条高速公路通道。

3. 世界级机场群加快形成

广州白云机场三期扩建、深圳机场第三跑道建设、珠海机场改扩建、澳门机场改扩建等正加快推进，香港机场第三条跑道于2021年9月完成铺设，珠三角枢纽（广州新）机场选址已获批复。2021年，受疫情影响，大湾区机场群珠三角九市旅客吞吐量8724.1万人次，香港国际机场客运吞吐量为135万人次，澳门国际机场客运吞吐量为114万人次，与2020年相比下降幅度显著，但广州白云国际机场完成旅客吞吐量4025万人次，继续排在全国首位。② 货运方面，2021年，香港国际机场、广州白云国际机场、深圳宝安国际机场货邮吞吐量分别为500万吨、205万吨和157万吨，分别排在全球的第1位、第12和第16位（见表1）。

表1　2019～2021年粤港澳大湾区城市群航空枢纽客货吞吐量及全球排名

年份	机场	旅客吞吐量（万人次）	全球排名	货邮吞吐量（万吨）	全球排名
2019	广州	7338	11	192	17
	深圳	5293	26	128	23
	香港	7129	13	481	1

---

① 《广东举行新闻发布会介绍"双区"建设成效》，南方网，https：//nflive.southcn.com/index? id=434，2022年4月19日。

② 中国民航局：《2021年全国民用运输机场生产统计公报》，http：//www.caac.gov.cn/XXGK/XXGK/TJSJ/202203/t20220322212478.html，2022年3月22日。

年份	机场	旅客吞吐量（万人次）	全球排名	货邮吞吐量（万吨）	全球排名
2020	广州	4376	1	200	15
	深圳	3792	5	140	19
	香港	881	—	447	2
2021	广州	4025		205	12
	深圳	3636		157	16
	香港	135		500	1

资料来源：国家民航局：《2021年全国民用运输机场生产统计公报》。

4. 世界级港口群建设进入平稳发展期

大湾区港口群形成以广州、深圳、香港、珠海为主要沿海港口，以佛山、肇庆为内河港口，其余5个地区性重要港口为补充的分层次发展格局。2021年，广州港南沙港区三期工程、深圳港盐田港区西作业区集装箱码头工程等一批具有国际先进水平的大型化专业码头建成，大湾区港口集装箱吞吐量超过8000万标箱，居世界四大湾区第一（见表2）。港航建设方面，新增万吨级泊位47个，万吨级及以上泊位预计达到338个。广州、深圳、东莞、珠海等港口已迈入亿吨大港行列，深圳港、广州港集装箱吞吐量分列全球第四和第五位，广州南沙开建粤港澳大湾区首个全自动化码头，上线试运行大湾区南沙智慧港口区块链平台。广州港已开通114条往来"一带一路"沿线国家和地区的航线，覆盖印度、马来西亚、俄罗斯等40多个共建"一带一路"国家。

表2 2019~2021年粤港澳大湾区城市群主枢纽港集装箱、货物吞吐量及全球排名

年份	港口	集装箱吞吐量（万标箱）	全球排名	货物吞吐量（亿吨）	全球排名
2019	广州港	2283	5	6.1	5
	深圳港	2577	4	2.6	17
	香港港	1836	8	2.6	16

年份	港口	集装箱吞吐量(万标箱)	全球排名	货物吞吐量(亿吨)	全球排名
2020	广州港	2351	5	6.1	4
	深圳港	2655	4	2.7	21
	香港港	1797	9	2.5	23
2021	广州港	2447	5	6.2	5
	深圳港	2877	4	2.8	21
	香港港	1779	10	2.1	32

资料来源：广州、深圳统计局和香港政府统计处官网。

5. 航道建设整体格局基本形成

大湾区航道形成沿海、内河分功能、分层次发展格局，沿海航道以进港航道为主，与沿海各港区相适应。以广州、深圳为核心的国际航运服务水平不断提升，远洋集装箱运输发展迅速（见表3）。水上客运系统进一步完善，新增珠海九洲至深圳机场、东莞至澳门等水上高速客运航线，粤港澳大湾区水上高速客运航线达29条。广州南沙国际邮轮母港开港运营，广州、深圳邮轮业务跃居全国前列。内河水运基础设施建设成效显著。佛山港三水港区、东莞港石龙作业区等重点港区码头项目建成，内河港口通过能力进一步提升。

表3　2021年大湾区沿海港口主要进港航道简况

港口	航道名称	里程(公里)	航道现状	航道水深(米)
广州港	广州港出海航道（南段）	87.1	主航道为10万吨级集装箱船不乘潮单向通航、5万吨级集装箱船不乘潮双向通航、兼顾12万吨级散货船乘潮单向通航	-17.0
	广州港出海航道（北段）	69.1	主航道为5万吨级船舶乘潮通航	-13.0
深圳港	深圳港盐田港区航道	2.3	10万吨级集装箱船相向通航	-15.8
	深圳港铜鼓航道	22.6	10万吨级集装箱船单向通航	-19.0

续表

港口	航道名称	里程（公里）	航道现状	航道水深（米）
珠海港	珠海港高栏港区主航道	16.3	15万吨级油船、散货船满载船舶单向乘潮通航	−19.0
惠州港	惠州港马鞭洲进港航道	22.0	通航25万吨级油船	−20.8
中山港	中山港进港航道	48.0	通航3000吨级船舶	−6.0
江门港	江门港台山电厂进港航道	38.1	通航5万吨级船舶	−13.5

资料来源：广东省交通运输厅：《广东省航道发展规划（2020—2035年）》。

（二）大湾区交通服务"软联通"和数字化建设正逐步推进

1. 轨道交通的"软联通"服务加快推进

随着轨道交通基础设施（包括城际轨道、地铁和高铁）网络"硬联通"的完善，"软联通"成为提升大湾区人员高效便捷流动的重要支撑。面对新的需求，大湾区提出"一张网、一张票、一串城"的轨道交通"公交化"运营理念，依托多元化票务支付手段，创新性地提出两套票务系统在同一城际铁路车站并行的"湾区方案"，逐步打通大湾区城际铁路、城市地铁、高铁之间的"票务隔离"。目前，广清城际、广州东环城际各车站均已实现多元支付方式购票乘车；"岭南通"已实现覆盖粤港澳三地城市公交以及广州、深圳、佛山、东莞地铁，做到一卡在手、畅行湾区。此外，"跨境一锁模式"粤港清关点网络已覆盖大湾区9个城市，进口"船边直提"、出口"抵港直装"等跨境贸易便利化在广深两市港口普遍使用。

2. 基础设施数字化水平不断提升

大湾区数字交通感知网络覆盖面不断扩大，大部分城市建立了交通信息自动采集系统，广州、深圳、珠海、佛山等城市不断升级公交场站智能道闸。智慧公路建设已见成效。由粤港澳三地研究机构和高科技企业共同编写制定的全国首个智慧道路建设标准《粤港澳大湾区城市道路智能网联设施技术规范》发布，为大湾区乃至全国城市智能网络设施建设提供参考，并使大湾区成为我国首批智慧城市基础设施与智能网联汽车协同发展试点区域。[①] 此外，港口数字化建设加快推进。深圳港率先在国内升级改造，由传统散杂货码头升级为汇集自主知识产权和智能技术的智慧港（妈湾智慧港口），并成为全国首个 5G 绿色低碳智慧港口。深圳盐田港亚太—泛珠三角—欧洲国际集装箱多式联运项目，通过信息化建设实现不同运输方式的一体化衔接，被交通运输部授予"国家多式联运示范工程"称号。

（三）大湾区交通基础设施规划布局持续优化提升

2021 年 12 月 9 日，国务院出台的《"十四五"现代综合交通运输体系发展规划》将粤港澳大湾区列入国际性综合交通枢纽集群建设行列，包括建设城市群城际铁路网、世界级港口群和机场群，以支持提升香港国际航运、国际航空枢纽地位，提升大湾区与全球互联互通水平和辐射能级。"十四五"期间，根据国家和广东交通规划发展目标，粤港澳大湾区综合交通发达程度的规划目标总体上要达到目前国际一流湾区水平，基础设施基本实现由互联互通向直联直通转变，运输服务和管理机制形成鲜明体系，基本建成以高速铁路、高速公路、城际轨道为主体的陆路快速交通网络，实现大湾区内部 1 小时通勤时空圈（见表 4）。

表 4　2021 年国家和广东推进大湾区交通基础设施建设规划布局情况

发布时间	规划文件名称	规划目标	大湾区交通建设任务
2021 年 1 月 19 日	《广东省航道发展规划（2020—2035年）》	到 2035 年，形成布局合理、适应度高的高等级航道网	建设珠江三角洲高等级航道网，成为珠江三角洲经济发展和对外贸易的主要连接通道及江海中转联运的网络

[①] 《全国首个城市级道路智能网联设施标准在粤发布》，大智云物链创新平台（搜狐号），https：//www.sohu.com/a/498902014_120062286，2021 年 11 月 3 日。

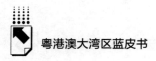

续表

发布时间	规划文件名称	规划目标	大湾区交通建设任务
2021 年 2 月 24 日	《国家综合立体交通网规划纲要》	到 2035 年，基本建成现代化高质量国家综合立体交通网	形成以广州、深圳、香港为核心，联动珠海、澳门等城市的粤港澳大湾区枢纽集群，并定位为国际性综合交通枢纽集群
2021 年 9 月 29 日	《广东省综合交通运输体系"十四五"发展规划》	到 2025 年，大湾区基本建成"12312"[①]现代化综合运输服务体系	加快建设以广州、深圳、香港为核心，联动珠海、澳门等城市的粤港澳大湾区枢纽集群，打造高水平的"轨道上的大湾区"
2021 年 11 月 2 日	《广东省数字交通"十四五"发展规划》	到 2025 年，全面建成交通要素感知全面、运输服务便捷智能的数字交通体系	建设粤港澳大湾区交通智慧管控系统，开展粤港澳大湾区"一票式"联程客运服务试点示范，推动建设粤港澳大湾区"一票式"联程客运服务平台
2021 年 11 月 5 日	《广东省铁路货运"十四五"发展规划》	到 2025 年，建成"便捷畅通、绿色集约、经济高效、智慧共享、安全可靠"的现代化铁路货运体系	率先开展大湾区铁路多式联运"一单制"应用试点，支持依托广州大田、深圳平湖南等建设一批铁路冷链物流基地，鼓励加大粤港澳大湾区-东盟国际班列开行力度
2021 年 12 月 29 日	《广东省综合立体交通网规划纲要》	到 2035 年，"12312"出行交通圈和"123"快货物流圈[②]全面实现。大湾区综合交通发展水平进入全球先进行列	打造完善的综合立体交通网，打造广州、深圳国际性综合交通枢纽城市，携手香港、澳门建设具有国际影响力的大湾区客运枢纽集群，携手香港共建世界级国际货运枢纽城市，携手港澳共建大湾区世界级港口群和机场群
2021 年 12 月 29 日	《广东省普通国省道"十四五"发展规划》	到 2035 年，全面形成布局合理、覆盖广泛、功能完善、安全可靠的普通国省道路网	加快建设大湾区联通东西两翼沿海地区和北部生态发展区的国省干线大动脉，实现粤港澳大湾区内国省道扩容提质
2021 年 12 月 30 日	《广东省水运"十四五"发展规划》	到 2025 年，携手港澳基本建成粤港澳大湾区世界级港口群	推动港口群与产业群城市群都市圈深度融合，继续完善珠三角高等级航道网，携手港澳共同构建优势互补、互惠共赢的水运服务体系

发布时间	规划文件名称	规划目标	大湾区交通建设任务
2021 年 12 月 31 日	《广东省农村公路"十四五"发展规划》	到 2025 年,全面形成互联互通、安全便捷、舒适美丽的农村公路网络体系	"十四五"期间,珠三角农村公路建设规模为 6416 公里,总投资约 317 亿元。珠三角地区完成农村公路优化提升项目

注:①即大湾区内部实现 1 小时通达,大湾区至粤东西北各市实现 2 小时通达,至周边省会城市实现 3 小时通达,与全球主要城市 12 小时通达。

②即国内 1 天送达,东南亚主要城市 2 天送达,全球主要城市 3 天送达。

在轨道交通规划建设方面,大湾区将重点放在强化极点城市联系、联通珠江口两岸、连接内地与港澳上,规划建设广州到珠海(澳门)高铁、珠海至肇庆高铁、广州至深圳高铁新通道,推动广深港高铁和广珠城际进入广州中心城区(广州站),建设广深港、广珠澳快捷通道,同时还将建设佛山经广州至东莞城际等 3 条横向铁路通道和珠海经南沙至深圳的环珠江口直连铁路通道。在跨市地铁方面,广州地铁 18 号线将向南北延伸,贯穿珠海、中山、广州、清远 4 座城市,成为粤港澳大湾区的重要轨道交通枢纽线路;广州地铁 22 号线也将延伸到东莞与深圳地铁形成大湾区轴心地铁线路网。在《广东省综合交通运输体系"十四五"发展规划》的总投资中,轨道交通建设占比近一半,达 2.2 万亿元。

在高速公路规划建设方面,广东到 2025 年新开工高速公路建设里程将达 1837 公里,总投资 5199 亿元,主要用于珠三角地区干线扩容、跨江跨海通道、辐射粤东西北地区的干线通道和出省通道等工程项目。在大湾区核心区域的珠江口,至 2035 年共规划建设 14 条公路铁路跨江通道。其中公路通道 9 条,已建成 4 条,在建 2 条,2021 年新开工建设 1 条(狮子洋通道),开展前期研究工作 1 条(莲花山通道),远景展望 1 条(伶仃洋通道);铁路通道 5 条,包括广深港客专通道、深圳至珠海城际轨道等。此外,将"研究深圳经港珠澳大桥至珠海、澳门通道",探讨港珠澳大桥从"单 Y"变"双 Y"。珠江口通道群的建成将有利于加强港澳与内地交通联

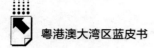

系，强化前海深港合作区、横琴粤澳合作区、广州南沙自贸区等之间的交通联系。

在机场规划建设方面，以民用运输机场和通用机场建设为重点，携手港澳打造具有国际竞争力的世界级机场群；探索建立粤港澳大湾区联合管制中心，推进大湾区机场间信息共享和协同管控；强化机场交通枢纽功能，推动广州、深圳等珠三角枢纽机场引入高速铁路、城际铁路、城市轨道以及高速公路等多种交通方式。

在港口和航道规划建设方面，以建设珠三角世界级港口群为目标，强化广州、深圳国际枢纽海港功能，带动包括珠海在内的周边港口加快发展，携手港澳共同构建优势互补、互惠共赢的港航服务体系；加快建设广州、深圳、珠海等江海联运枢纽，充分利用珠江—西江黄金水道等内河航道发展驳船运输。

二　大湾区综合交通枢纽集群建设存在的问题

对标国际一流湾区交通发展水平，与高质量发展特别是建设现代化经济体系以及市场一体化发展的要求相比，粤港澳大湾区存在综合交通结构性短板突出、全方位辐射影响能力不充分、跨越珠江东西两岸通道交通饱和、湾区内部路网结构局部不适应、交通供需矛盾日益尖锐化等问题。

（一）大湾区城市群交通协同发展机制亟须建立

《粤港澳大湾区发展规划纲要》明确将"推进基础设施互联互通"作为湾区发展的重中之重。但大湾区现有的区域交通发展模式存在各城市间交通设施缺乏协调、与实际需求错配等发展问题，难以适应新时代大湾区交通一体化发展要求。并且高度的开放性与强烈的对外联系需要，使跨区协调成为共同诉求，这为大湾区城市群交通协同发展机制的建立提供可能。此外，与港澳协调管理有待深化，规划衔接、建设协调、运营管理、通关便利化等方面还需进一步加强合作。

（二）快速轨道交通还未形成高效便捷通行网络

大湾区出行人群对湾区内轨道交通之间，尤其是城际铁路和地铁网络之间的互联互通、便捷换乘、一票通达的需求越来越高。但由于目前不同制式轨道交通的线网功能与通道规划统筹和线网资源共享不足，粤港澳大湾区轨道交通在票务系统、运营机制、运输组织、调度指挥、车站布局、服务标准、管理规则、票价政策、优惠政策等方面存在较大差异，不同制式线网的互联互通尚存在障碍，尚未建立一体化的技术标准，尚需完善的区域协同票务管理体系，实现区域内多制式、多主体间运营管理等方面的融合发展尚存在障碍和挑战。

（三）交通运输服务发展协同融合程度不足、运输结构亟待优化

大湾区多式联运发展水平偏低，联运产品和组织形式较为单一，联运设施不完善导致效率不高。铁路多式联运发展仍然滞后，铁水联运发展处于起步阶段，铁路货运组织模式仍存较大改进空间。铁路与港口的"一体融合"水平较低，内河港口疏港公路等级偏低，部分内河重要港区通达干线公路"最后一公里"存在短板。全链条一站式多元化交通服务体系尚未形成。大湾区仅建立以公路为主且独立发展的出行服务系统，但覆盖水路、铁路、民航、公交和共享单车等全类型运输方式的一体化公共服务平台尚未建立。此外，大湾区运输结构矛盾突出表现在：铁路货运在综合运输体系中作用发挥不足，铁路货运量占比明显低于全国平均水平，沿海港口集散的集装箱通过内河水路运输的比例偏低，通用机场规模较小，城市公共交通的主体地位仍待提高。

（四）大湾区港口、航道服务功能和数字化建设水平不足

港口整体水平与世界一流港口建设目标仍有差距。大湾区港口群开始进入以结构调整和转型升级为重点的提升发展阶段，港口功能还以传统物流活动为主，金融保险、海事仲裁等现代航运服务能力有限、层级偏低，现代航运服务在整体规模和服务水平上与世界航运中心相比仍有较大差距。已建港

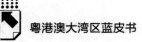

口岸电利用率不高，沿海港口岸电建设进展缓慢。航道管理养护尚未实现数字化、智能化，航运物流信息的数字化水平不高；"互联网+"航运、航运电商等新型航运业态目前仍处于发展初期阶段。此外，大湾区港口节约集约利用海域、岸线资源尚须加强，航道资源受到挤压或破坏的情况加剧，难以满足港口持续发展和船舶大型化趋势的需要，内河港口基础设施建设也滞后于航道发展，影响水运与铁路、公路的高效衔接，对产业转移的支撑和引导作用不足。

三 大湾区综合交通枢纽集群建设展望

作为经济社会发展的"先行官"，大湾区交通基础设施建设要坚持适度超前原则，才能为经济社会发展提供坚实基础和有力保障。因此，要站在全局的高度，着眼打造新发展格局战略支点，加快构建内外高效联通的综合立体交通运输网络，实现大湾区城市间交通的无缝对接，不断提升交通运输效率和品质，不断增强区域发展协调性，充分发挥交通运输先行引领功能，高水平推进基础设施"硬联通"和服务"软联通"，推进基础设施"直连直通"，在交通强国建设中走在全国前列，实现2035年粤港澳大湾区综合交通发展水平进入全球先进行列的目标，形成全面支撑开放创新、区域协同和宜居宜业的世界一流湾区的典范和名片。

（一）加快建立大湾区城市群交通协同发展机制

在遵循"共建、共享、共治"的原则下，建立交通协同发展机制是快速破解综合交通枢纽集群建设过程存在的行政壁垒、服务标准差异、行业藩篱等问题，构建大湾区一体化综合交通运输体系，提升大湾区综合交通服务质量的根本保证。这一机制的建立需要由国家层面直接引导和牵头，粤港澳三地政府共同对接参与，并要以整体交通效益最优为核心，以交通枢纽集群全链条快速化为导向，探索符合三地相关法律法规的交通枢纽集群的共性规划编制和执行机制。在此过程中，这项机制应保证各政府主体之间的充分磋商和协调，落实国家交通规划战略意图，协调大湾区轨道交通、高速公路网、机场群、港口群和航道网络等战略资源的空间配置，在更深层次不断增强粤港澳大湾区城市群的空间联系，真正实现大湾区交通基础设施无缝对接，不断满足人民群众日益增长的美好生活对交通的需求。

（二）完善和畅通大湾区内部快速交通网络

系统优化大湾区综合交通枢纽集群布局，加快包括高速公路、城际铁路、城市轨道等在内的现代快速交通一体化网络建设，以连通港澳以及珠江口东西两岸为重点，加快推进港珠澳大桥"双Y"方案、狮子洋通道、莲花山通道、伶仃洋通道、湾区干线高速扩容等项目的规划建设，积极谋划高等级市域（郊）铁路网络，促进大湾区交通均衡发展。畅通大湾区对外综合运输通道，重点打造提升沿海通道、京港澳通道、西江流域通道等国家及区域综合运输通道，提高粤港澳中心城市的辐射能力。完善世界级机场群总体发展规划，强化广州、深圳国际航空枢纽功能，加快枢纽机场扩能提质和国内国际航线网络拓展，加大对通用机场建设的支持力度，在通用航空器材的制造及相应院校培训等方面建立体系化的制度，促进通用航空事业的发展。积极推进以香港为国际航运中心，广州、深圳为国际航运枢纽的港口群总体布局，加快构建优势互补、错位发展、互惠共赢的港口、航运、物流和配套服务体系，优化大湾区港口联盟生态圈。

（三）提升交通基础设施"直连直通"水平

加大交通融合力度，有序推进粤港澳大湾区各城市间的轨道交通、公共交通、慢行系统等设施对接融合和信息融合，形成高效便捷智慧的融合交通网络，实现各城市间交通的无缝对接。大力推进同城化地区的跨市地铁"一张网、一张票、一串城"建设，重点加强广州、深圳与周边城市的轨道交通衔接，优化线路间换乘站点的衔接。建立公交化、多元化的城际客运系统和以江海河联运为特色的多式联运体系，进一步提升运输服务一体化水平。加强在通关政策等软性条件方面的改善，包括深化通关模式，提升港澳

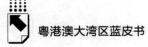

居民前往湾区城市工作的通勤便利，促进人员、货物、车辆在不同城市的高效便捷流动。积极探索推进内地与港澳运输的便利化以及交通运输的开放式发展。

（四）全面提升交通运输智能化运行管理水平

顺应新一轮科技革命和产业变革，全面提升交通运输智能化水平，加强人工智能、物联网、云计算、大数据、BIM、5G 和北斗导航等信息技术的应用，在交通运输领域实现创新应用场景，推动 5G 网络基本覆盖高速公路干线及主要服务区、高铁站和机场，加快建设大湾区国家交通控制网和智慧公路试点工程，打造适应智能经济和智能社会发展的智能交通系统。逐步整合大湾区交通基础设施领域的数据资源，研究推进跨区域、跨部门交通基础设施数据资源信息共享机制。推动电子客票、交通一卡通等数字化产品广泛应用，建立分领域多元共享的交通信息服务平台，研究和开发无人驾驶、车路协同（智慧公路）等新型智能交通技术，提高交通出行和物流运输实时信息服务的精准性。推进港口航运和机场自动化智能化水平，加大对广州港和深圳港集装箱码头智能化改造的支持力度，开展白云、宝安等骨干机场的智慧化改造项目。

B.3
粤港澳大湾区数字新基建发展报告

符永寿　刘国雄*

摘　要： 粤港澳大湾区信息通信网络、数据与算力设施、融合型基础设施建设持续推进。新一代信息通信网络全面构建，5G 基站约占全国 1/8，世界级宽带城市群如期建成，新型互联网交换中心、超级光网深化建设。数据基础设施体系逐步健全，广深超级计算中心双核驱动，算力节点优化布局，智能计算资源形成集群。智慧工程推动融合型基础设施持续涌现，工业互联网规模化、场景化应用，人工智能、区块链通用技术能力支撑体系探索建立。面向国家"十四五"，粤港澳大湾区亟待描绘新愿景、构筑新支撑、发展新应用，不断推进数字新基建取得新发展。

关键词： 数字新基建　新一代信息基础设施　粤港澳大湾区

数字和信息技术代表新的生产力和发展方向。数字新基建是数字经济社会的底座，以新一代信息技术为基础，突出创新应用信息通信和数字技术，服务支撑信息化转型、智慧化融合、数字化发展，正在推动经济社会发展从"互联网+"向智能互融、万物互联的"+互联网"时代发展演化。数字新基建对于粤港澳大湾区而言意义尤为特殊，发展前景特别广阔。近一年多来，粤港澳大湾区数字基础设施建设保持较大力度，信息通信网络、数据与

---

* 符永寿，广东省社会科学院港澳台研究中心副主任、副研究员，主要研究方向为粤港澳合作、信息社会治理；刘国雄，广东省社会科学院图书馆系统分析师，主要研究方向为信息技术、区域信息化。

算力设施、融合型基础设施建设全面推进，成为引领大湾区建设新方向、推动社会生产新变革、塑造粤港澳紧密相连新形态的动力源。与此同时，亟待深入认识数字新基建的突出特性和所产生的深刻影响，紧密结合实际，稳步推动粤港澳大湾区数字新基建高质量发展。

一　高速泛在的新一代信息通信网络

2021 年，香港、澳门智慧城市、智能城市建设不断深化，珠三角世界级宽带城市群如期建成，粤港澳大湾区"5G+千兆光网+智慧专网+卫星网+物联网"基础通信网络体系逐步构建，高速、移动、安全、泛在的新一代信息基础设施不断夯实。

（一）固定宽带网络

高速光网建设持续下沉，基本实现全面覆盖，粤港澳大湾区基本实现光纤宽带深度覆盖，全光网城市群基本建成。2021 年广东全省光纤接入端口数（FTTH/O）为 9291 万个，较 2020 年底增加 782.6 万个，占固定宽带接入端口总量的 93.5%；[①] 全省有 4277.7 万户固定宽带接入用户，家庭固定宽带接入普及率为 128.3 部/百户，其中有 4019.9 万户为光纤接入用户（FTTH/O 用户），占比达 94%。珠三角九市固定宽带接入户数为 2907.9 万户，光纤接入端口 2907.9 万个、光纤接入用户 2723 万户。截至 2021 年底，香港住户宽频接入户有 257.9 万户，渗透率为 96.6%，光纤到户或到楼的住户有 216.2 万户，渗透率达到 81%[②]，澳门有 17.29 万户使用家居宽频，住户宽频渗透率为 85.3%[③]（见表 1、表 2）。

---

① 资料来源：广东通信管理局：《2021 年 12 月基础电信业运行情况》。
② 资料来源：香港通讯事务管理局办公室。
③ 资料来源：澳门特别行政区政府统计暨普查局。

表1 粤港澳地区固定宽带网络用户简况

单位：万户

入户数	广东全省	珠三角九市	香港	澳门
固定宽带接入户数	4277.7	2907.9	257.9	17.29
光纤接入户数	4019.9	2723	216.2	—

资料来源：截至2021年12月的情况，根据广东通信管理局、香港通讯事务管理局办公室、澳门特别行政区政府统计暨普查局数据综合整理。

表2 珠三角九市固定宽带网络用户情况

单位：万户

地市	固定宽带接入用户	FTTH/O光纤接入用户
广州	701.4	648.3
深圳	628.5	593.3
珠海	114.1	101.4
惠州	255.2	247.1
东莞	397.7	371.1
中山	192.1	178.6
江门	175.2	164.2
佛山	326.1	307.5
肇庆	117.6	111.5

资料来源：截至2021年12月的情况，广东通信管理局。

（二）移动宽带网络

广东5G移动通信网络建设水平领先全国各地，无论是基站设施建设规模还是用户规模，均位居全国第一。根据广东省通信管理局发布的数据，2021年全省新建5G基站4.67万座，建成5G基站共17.1万座，约占全国1/8。2021年，广东实现全省所有县级行政区域主城区5G室外连续覆盖，80%以上乡级行政区主要区域5G基本覆盖。[①] 全省3G、4G用户分

---

① 《基站占全国八分一，2022广东5G网络建设投资将超81亿》，《南方都市报》2022年1月20日。

别为 171.8 万户、10986.4 万户，5G 用户达到 4096 万户，占全省移动宽带用户总数的26.9%。①② 珠三角九市 3G 用户为 117.9 万户，4G 用户为 7743.4 万户，分别占全省用户总量的 68.6%、70.5%，5G 商用更是领先于全省发展。2021 年珠三角 5G 网络城市群建设力度加大，基本实现 5G 广覆盖（见表3）。

表3　珠三角九市 3G、4G 移动宽带网络用户情况

单位：万户

地市	3G 用户	4G 用户
广州	33.1	2147.2
深圳	27.3	1838.9
珠海	4.4	255.1
惠州	5.9	488.6
东莞	16.5	1077.3
中山	6.9	449.8
江门	5.5	366.6
佛山	14.1	842.9
肇庆	4.2	277.0
合计	117.9	7743.4

资料来源：截至 2021 年 12 月的情况，广东省通信管理局。

2021 年 10 月印发的《广州市加快 5G 应用创新发展三年行动计划（2021—2023 年）》明确提出，到 2023 年，将广州打造成网络支撑完备、应用场景丰富、核心技术领先、生态环境优越的 5G 应用示范城市。广州实现 5G 信号主城区连续覆盖，成为全省首个 SA 网络测试通过率 100% 的城市。截至 2021 年 11 月，深圳已建成基站 133951 个，其中 5G 基站 50031 个，占比 37.4%，深圳重点场所 5G 网络通达率 91%、每万人拥有 5G 基站

① 资料来源：广东省通信管理局。
② 张露：《2021 年广东省互联网行业 "成绩单" 公布》，大洋网，2022 年 5 月 18 日。

数 28.5 个，5G 用户占比 30.1%①。东莞 2019 年开始推行 5G 产业加快发展的三年行动计划，5G 基站、5G 网络覆盖率快速提升，至 2021 年底，5G 基站站址累计达到 5885 座，规模居全省第三。依托华为、OPPO、vivo 等 5G 终端制造和 5G 网络架构、基站系统的基础性优势，东莞建设松山湖高新区等 5G 综合试验网，5G 网络在中心城区和松山湖、滨海湾新区、水乡功能区四大片区率先实现连续覆盖和应用。2021 年 3 月 26 日，《佛山市推进新型基础设施建设行动方案（2020—2022 年）》提出到 2022 年，全市建成 5G 基站 1.5 万座、实现全市中心城区和重点镇街 5G 网络全覆盖、培育不少于 50 个工业互联网应用示范项目、推动工业互联网平台建设带动 2 万家企业"上云上平台"的工作目标。2020 年 6 月 10 日，珠海市人民政府办公室印发《珠海市促进 5G 网络建设及产业发展若干政策措施》，加快全市 5G 网络建设，到 2021 年底实现全覆盖。中山预计到 2022 年底主城区实现 5G 网络连续覆盖，5G 基站累计达 8000 座，5G 个人用户数达 200 万。《江门市 2020—2022 年 5G 基站建设专项规划》明确要按市区—各县（市）城区—城镇区域—农村重点区域的次序推进基础设施建设。2021 年底，全市共有 6500 个 5G 基站建成②，2022 年底全市 5G 基站数量达到 8891 个、主城区和重点功能区基本实现 5G 覆盖的预期目标预计将如期达成。2019 年 3 月 18 日，肇庆市在肇庆新区体育中心开通首个 5G 基站，自此进入加快发展 5G 的三年行动计划时期。到次年（即 2020 年）6 月底，肇庆全市就建成 5G 基站 1500 多个，至 2021 年底，仅中国移动就建成 2000 座③。《肇庆市加快 5G 发展实施方案（2020—2022 年）》提出的 2022 年实现全市 5G 基站累计达 5000 座、5G 个人用户数达 50 万的目标胜利在望。

---

① 深圳市工业和信息化局：《深圳千兆城市发展白皮书》（2021 年 12 月），深圳政府在线，2021 年 12 月 7 日。

② 严亮：《老年群体遇上 5G 时代：江门打出组合拳 助跨"数字鸿沟"》，《南方都市报》2022 年 5 月 17 日。

③ 《肇庆市税务部门问需问计全国人大代表 全力打造一流税收营商环境》，国家税务总局广东省税务局网站，2022 年 2 月 25 日。

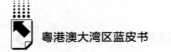

香港商用 5G 于 2020 年 4 月推出，中国移动、HKT、和记电讯、数码通电讯等电讯运营商铺设的 5G 基站覆盖香港九成以上人口。澳门于 2020 年 6 月完成 5G 移动通信首阶段建网工程，至 2021 年底已完成室内外 5G 信号全覆盖，澳门特区政府计划于 2022 年发放 5G 牌照，开启 5G 商用。

（三）未来网络

建设新型互联网交换中心。工业和信息化部批复深圳前海作为我国首批四个新型互联网交换中心（IXP）试点之一。早在 2000 年前后，国家在北上广三地先行设立骨干直连点和互联网交换中心（NAP），新形势下广州将互联网交换中心引入中新广州知识城，建立工业互联网交换中心实验室，聚焦工业互联网探索国家级新型互联网交换中心。

打造信息基础设施 IPv6（互联网协议第六版）新底座。广州南沙在 IPv6 根服务器系统以及相关基础设施、服务平台等方面持续发力，多措并举打造粤港澳下一代互联网产业集群，建设下一代互联网国家工程中心粤港澳大湾区创新中心，国际性 IPv6 创新服务综合高地初具形态。建成了华南唯一的 IPv6 根服务器系统（全球仅 25 台），在全国创新推出 IPv6 安全认证领域行业的首个标准。2020~2021 年，南沙先后揭牌设立全球 IPv6 测试中心广州实验室、广州南沙新区纯 IPv6 示范基地、粤港澳下一代互联网产业创新中心、下一代互联网新技术联合实验室等，建设基于 IPv6 技术研发的澳门科技大学大湾区科研专网、基于广州"南沙—澳门"版本的 IPv6 新基建大湾区扩展延伸版①。

未来网络试验设施项目全面推进。鹏城实验室牵头推进实施国家重点研发计划"宽带通信与新型网络应用示范"项目于 2021 年 5 月 13 日正式启动，面向粤港澳大湾区稳步研究规划超级光网络、多模态智慧网络，试验示范典型行业 5G 技术在典型行业和室内空间的应用。粤港澳大湾区超级光网

---

① 柳时强、余丽颖等：《粤港澳下一代互联网产业创新中心揭牌》，《南方日报》2021 年 10 月 22 日。

络建成后，将成为世界上距离最长、容量最大的空分复用光通信"超级高速公路"。广佛肇量子安全通信示范网建设取得突破性进展，广佛肇量子安全通信示范网于 2022 年 2 月实现线路开通，成为粤港澳大湾区量子通信首条示范干线（一期工程），粤港澳量子通信骨干网建设有序推进。深港科技创新合作区部署构建未来网络创新设施，以链路层虚拟化为基础，试验发展新型虚拟网络。

二 绿色高效的数据与算力设施

（一）数据中心

广东发布实施《广东省科技创新"十四五"规划》《广东省数字政府改革建设 2022 年工作要点》，推进建设粤港澳大湾区大数据中心，健全大湾区数据基础设施体系。广州汇云数据中心、深圳宝安云计算数据中心入选工信部公布的"2021 年国家新型数据中心典型案例名单"。将粤港澳大湾区地理科学数据中心列入广东省 2021～2022 年平台基地及科技基础条件建设名单，将于2022 年底基本建成。《惠州市发展数据中心及 5G 产业行动计划（2020—2025）》明确搭建数字产业发展平台、建设绿色新型数据中心等任务，力争到 2025 年，建成"湾区智谷"。粤港澳大湾区（惠州）数据产业园被列为广东省发改委重点预备项目库，预计总投资逾 200 亿元，累计占地 764 亩，规划建设机架共 12.7 万，已落户中国移动、云宏、润泽、珠江投资 4 个项目。

（二）广深超级计算高地

粤港澳大湾区广州、深圳超级计算高地加快构建。超算中心是综合性国家科学中心的科技创新基础设施，国家超级计算广州中心、深圳中心"双核"做大做强，地位作用更加显著。广州超算中心计算能力持续提升，在全国布局的 16 个分中心中 10 个位于大湾区，湾区用户占中心用户总数超过40%。2020 年以来，推动设立国家超算广州中心越秀、黄埔、前海分中心，还在粤东的汕头、粤北的梅州开设分中心，广州超算中心新一代国产超算系统开建，已成为港澳地区用户规模最大的国家级超算中心，以广州为中心的算力网络越来越密实。深圳超算中心云计算、大数据和人工智能机构用户超过 2 万家，个人用户超过 1200 万。2020 年启动二期建设工程，部署应用 E 级计算机，预期到 2022 年建成后算力会提升 1000 倍，为湾区基础科学研究、云计算、大数据和人工智能提供技术支持。

（三）算力资源优化布局

国家级算力节点优化布局。在国家发展改革委、工业和信息化部等部门的支持下，全国一体化算力网络国家枢纽节点率先在粤港澳大湾区启动建设，粤港澳大湾区发挥技术、资金、市场等优势，着力部署发展"两高一低"（高密度、高效能，低碳）的数据中心集群，优化广东东西部区域之间的互利网络和枢纽节点自连网络，以新型数据中心和优化网络确保数据供给的质量。规划设立韶关数据中心集群作为粤港澳大湾区国家算力枢纽的重要节点，承接广州、深圳等地实时性算力需求，构建"东数西算"大数据和算力发展新格局、新场景和新应用。

鹏城"云脑"、珠海横琴、东莞大科学等智能计算平台资源推动搭建云计算集群。鹏城实验室研发的"鹏城云"系列是国产自主的超级 AI 算力平台，2021 年形成了全球首个知识增强千亿大模型——鹏城-百度·文心等多项应用成果。横琴先进智能计算平台 2019 年正式揭牌后，推动二期工程建设，继 2019 年设立澳门中心后，2021 年筹备设立香港分中心，于 2022 年进入了三期扩建阶段。2020 年 10 月，东莞市工信局出台《关于进一步加强数据中心管理和发展的工作方案》，明确新引进和增资扩产数据中心项目的准入门槛、实施路径，促进数据中心高质量发展。

三 数智赋能的融合基础设施

借助先进泛在的信息通信网络、绿色高效的数据算力设施，粤港澳大湾区新型数字基础设施在经济发展、智慧城市、公共民生各领域得到创新应用，经济社会系统与信息网络系统产生协同、实现对接，工业互联网、人工智能、区块链、智慧城市等融合型基础设施持续涌现。

（一）工业互联网

工业互联网是新工业革命的关键性基础设施，它基于5G技术、大数据、人工智能等聚集资源和能力，构建起赋能广大中小型制造企业、推进工业智能化发展的综合平台。工业互联网标识解析体系是全球工业互联网的核心基础设施，其中的标识解析体系顶级节点是国家工业互联网核心资源和重要基础设施，被视为支撑工业万物互联互通的神经枢纽。粤港澳大湾区拥有的国家工业互联网标识解析顶级节点（位于广州）于2018年底正式开通，在顶级节点带动下，大湾区陆续建成一批标识解析二级节点并接入顶级节点，2019年底，湾区内14个二级节点正式接入广州国家顶级节点，而到2022年1月10日，广州国家顶级节点累计标识注册量82.4亿个，累计标识解析量63.2亿次；接入二级节点33个，集聚二级企业4200多家，涵盖25个重点行业[①]。依托广州国家顶级节点，大湾区工业互联网发展迎来一个崭新的里程碑，进入标识解析集成创新的规模化、场景化应用阶段。

粤港澳大湾区是世界级制造业基地，制造业企业众多，加上互联网和信息通信技术创新应用活跃，在制造业龙头企业的带动下，工业互联网较早得到应用推广，并不断升级、发展，形成了较为厚实的工业互联网基础。2019年国家工信部首次遴选跨行业跨领域工业互联网平台，至2022年已动态遴选出29家，广东有6家，包括华为、腾讯、富士康、树根互联、美云智数、格创东智（企业总部在深圳，申报主体在湖北），率先完成了《广东省制造业数字化转型实施方案（2021—2025年）》提出的"到2023年打造5家左右国家级跨行业、跨领域工业互联网平台"的目标（见表4）。工信部国家

[①] 中国信通院：《工业互联网标识解析国家顶级节点（广州）标识注册量突破80亿》，《人民邮电报》2022年1月14日。

级跨行业跨领域工业互联网平台是国家为"在重点行业和区域建设若干国际水准的工业互联网平台"而遴选出来的代表国家最高水平的工业互联网平台，代表着一个行业、一个地区工业互联网发展的水平。加快发展工业互联网，自 2017 年始，广东省还组织开展了"广东省工业互联网产业生态供给资源池暨上云上平台供应商"申报和评审工作，至今已开展 6 批次，约 400 家企业被列为工业互联网产业生态供给资源池企业、工业互联网上云上平台供应商，助力构建广东省工业互联网产业生态体系。以国家级"双跨平台""省工业互联网产业生态供给资源池""上云上平台供应商企业"为引领，大湾区加快企业数字化转型升级步伐，工业互联网应用规模日益壮大，持续推动越来越多的企业"上云上平台"。

表 4 粤港澳大湾区国家级双跨平台名单

企业	双跨平台
华为	华为 FusionPlant 工业互联网平台
腾讯	腾讯 WeMake 工业互联网平台
富士康	富士康 FiiCloud 工业互联网平台
树根互联	根云工业互联网平台
美云智数	美擎工业互联网平台
格创东智	东智工业应用智能平台

资料来源：根据相关资料综合整理。

（二）人工智能和区块链

人工智能、区块链等通用技术能力支撑体系逐步建立。广州、深圳国家新一代人工智能创新发展试验区加快建设，新一代国家人工智能基础开源平台、国家级区块链行业平台以及新一代人工智能开放创新系列平台初步建成，包括有基础软硬件、医疗影像、智能视觉、普惠金融等。粤港澳大湾区人工智能基础设施发展势头良好。华为、腾讯、中兴等信息产业龙头企业先人一步、占据高点，光启、云从、普渡科技等新锐企业在各自细分领域深耕细作、开疆拓土；在人工智能与实体经济的融合领域，格力、美的、广汽等制造业龙头企业积极探索，不断深化应用。2022 年 3 月，粤澳跨境数据验证平台上线运行。该平台是面向粤澳两地的应用行业和重点机构，提供跨境数据验证的基础设施和综合应用平台，由粤澳多家机构联手，基于国产开源区块链底层平台 FISCO BCOS 开发，确保数据真实可靠及隐私安全。平台以金融信息为先行应用领域，向粤澳金融机构跨境服务提供支持，粤澳多个银行机构正在洽商于平台上推出服务。随着平台运作测试成熟，下一步探索将平台服务推广至其他应用范畴。

（三）智慧城市

在粤港澳大湾区较为领先的智慧城市建设中，融合基础设施得到广泛应用。2021 年除了传统基础设施数字化的深入推进外，粤港澳大湾区智慧医疗、交通、气象等大数据平台也基本建成。粤港澳大湾区气象监测预警预报中心应用超算平台提升气象数据测算速度，化解欧洲在气象预报资料极速测算上对我国的"卡脖子"困局。深圳以城市大脑为依托，以数字政府和应急管理平台为支撑，以经济、社会、政府的数字化联动建设为重点，着力建设城市数字化治理综合基础设施，打造国家新型智慧城市的标杆，数字孪生城市、腾讯云智慧城市底层平台 CityBase 等城市空间数字平台创新推出。2020 年 12 月 10 日发布的《香港智慧城市蓝图 2.0》提出覆盖智慧出行、智慧生活、智慧环境、智慧政府、智慧经济等方面的超过 130 项智慧城市措施。全国首个跨境服务创新平台和基于该平台的全国首个跨境服务 App"琴澳通"发布，构建起一个跨境多维大数据服务云平台，通过打通横澳公共服务部门、社会组织、企业以及个人之间的信息通道，在居住、出行、投资等多个方面为澳门企业及个人提供商事、民生便利服务，助力解决横琴和澳门两地的信息协同和联动。

四　展望与建议

数字新基建具有众多的突出特性，对经济社会发展产生深远影响，世界各国各地区无不抓紧研究、实践，争先恐后获取数字新技术、新设施、新应用的正面效益。没有高质量的数字新基建，就难言建成高水平的国际一流湾区和世界级城市群。与数字新技术、新应用高速发展的现实状况以及粤港澳加快全面深入合作、实现融合发展的实际需求相对照，粤港澳大湾区数字新基建力度还有待加大，发展成效尚有较大的提升空间。正因如此，广东研究部署加强数字新基建，将粤港澳大湾区大数据中心建设、数据基础设施体系健全等列入《广东省数字政府改革建设"十四五"规划》，全面推进市域基础平台互联互通，全面推进数字基础设施建设应用。面向国家"十四五"时期甚至更长远的时期，粤港澳大湾区亟待描绘新愿景，构筑新支撑，发展新应用，不断推进数字新基建取得新发展、新成效。

（一）研究规划数字湾区建设新图景

跟踪研究数字和信息技术发展应用前沿，比较借鉴世界各地特别是各大湾区数字化、智慧化的建设举措和发展趋向。研究规划与粤港澳大湾区世界级都市圈相匹配的数字湾区发展蓝图。以美好的数字化发展前景推动大湾区各市目标一致、步调协同，共同建设数字新湾区。在谋划建设人文湾区中，融入数字人文新理念、新技术，打造现代智能、特色鲜明的人文湾区。

在大湾区整体塑造上，要赋能建设粤港澳紧密相连新形态。互联网时代，数字信息技术的深化应用，通过互联网、物联网实现虚拟空间与现实空间、网络空间和物理空间更直接的贯通。随着5G宽网、"千兆"级固网等新型网络的全域深度覆盖，通过高速、移动、安全、泛在的新一代信息基础设施以及"无处不有"的服务提供能力，地区间人员的流动、联结将更加紧密。数字新技术、新设施赋能大湾区智慧城市群、优质生活圈建设，企业、个人在粤港澳三地的生产生活将更加便捷、无障碍，粤港澳三地地域相邻、人文相通、合作紧密，数字新基建将推动三地形成亲如一家的命运共同体新形态。

在经济发展上，要筑牢粤港澳制造商贸新优势。新一代信息技术具备特殊的技术经济特征，对产业结构和经济增长产生全方位深刻影响。粤港澳大湾区制造业、商贸业发达，数字新基建引发的乘数效应、聚变效应相较于其他地区将更加直接和显著。通过创新应用数字和信息技术手段，要应用数字信息技术破除地理空间和行政区划的固有限制，创新优化粤港澳大湾区城市之间的资源要素供需匹配关系，以智慧的手段促进经济的融合，深化粤港澳跨境发展合作，实现跨区域协同发展。借助数字新技术设施，构建起人流、数据、资金等要素快速流通的"大动脉"，推动经济产业发展质量不断提升。数字新基建将直接带动粤港澳大湾区基础电信业、电子信息制造业、软件和服务业及互联网行业的创新发展，并渗透、支撑传统产业向网络化、数字化、智能化方向升级，产生新的附加值。数字新基建将助力显著增强粤港澳大湾区制造、商贸发达的综合优势，助力培育发展数字新经济。

（二）强化大湾区数字新基建新支撑

数字新基建需要强大的资源条件支持，没有足够的实力难以实现全面领先的数字新基建。粤港澳大湾区拥有多个世界级的超算中心、新一代信息技术国家重点实验室，快速发展的数据中心、云计算、区块链等设施和平台，链条完整的数字和信息产业体系。要强化政企、社企合作，推动粤港澳大湾区数字新基建领域的科技、企业、社会组织建立下一代互联网技术、新一代物联网技术等发展联盟、合作组织，促进粤港澳数字新基建有关架构、技术和平台的兼容融合、互联互通。创新设立和有效利用发展基金，优化调整粤港澳信息化、数字新基建建设工作协同机制。要探索基本建设、产业应用、公共服务的有效衔接转化模式，培育跨领域、协同化、网络化创新平台，为数字新基建提供源源不断的资源支持和动力驱动。

（三）打造大湾区数字新基建新应用

要紧扣《粤港澳大湾区发展规划纲要》中提出的大湾区建设发展目标，强化数字新基建的应用实效，以不断涌现的新应用、新示范激励形成持续不断的建设发展热潮。着力建设大湾区世界级智慧城市群，推动横琴粤澳深度合作区、前海深港现代服务业合作区打造全国数字新基建示范区。大力推进

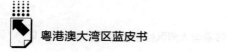
"横琴先进智能计算平台项目""广州市 5G 自动驾驶应用示范岛"建设，持续发展深圳、珠海等地无人机智慧配送试验区，高水平建设国家生物信息中心粤港澳大湾区节点。着力发展工业互联网，推动技术创新和产业应用无缝衔接，不断催生颇具粤港澳大湾区特色的新技术、新业态、新模式和新产品。

在全球各个技术创新领域中，现代信息技术无疑是研发投入最集中、创新活动最活跃、实际应用最广泛、对各行各业各领域辐射带动作用最大的领域，是新一轮科技革命的核心性支撑技术之一，也是当今世界各国技术创新的竞争高地。谁抢占了现代信息技术的高点，谁就占据发展的先机，拥有发展的主动权。由于数字新基建具有全面透彻的感知性，以及具备宽带泛在的互联、智能融合的应用等特性，因此其对创新的生态环境的营造具有独特的重要作用。粤港澳大湾区应进一步加快推动 5G 网络、大数据、工业互联网、人工智能、区块链等的建设和应用，率先探索数字新基建与用户创新、开放创新、大众创新、协同创新等创新模式的联结互促路径、机制，在新一轮科技革命及其转化应用上取得先机，以数字新基建的一步领先赢得科创发展的先行主动。

B.4

粤港澳大湾区质量基础设施建设报告

梁育民　赵英佶*

摘　要： 在"一个国家、两种制度、三个关税区"这一独特制度背景下，粤港澳大湾区要素自由流动存在一定障碍。质量基础设施建设通过标准制度的统一，能够促进区域内部要素流动，优化资源配置，推动区域一体化进程。粤港澳大湾区质量基础设施建设已经取得一定成效，但在一些重点领域的标准统一、规则衔接方面，粤港澳三地仍存在制度壁垒。大湾区应大力推动质量基础设施建设，在各领域建立统一标准，加快贸易规则的衔接，为内地与港澳更紧密合作提供示范。

关键词： 质量基础设施　要素流动　粤港澳大湾区

《粤港澳大湾区发展规划纲要》提出"粤港澳大湾区要打造充满活力的世界级城市群"，成为"内地与港澳深度合作示范区"。这必然要求大湾区对标国际标准，建设具有国际竞争力的营商环境，同时为了提高大湾区资源配置效率，必然要求各要素在大湾区内能够自由流动，打通阻碍人流、物流、资金流、信息流的流动壁垒，使其更加便捷有序流动。这就需要大湾区各个城市在标准统一与规则衔接方面更进一步。广东与港澳在诸多领域存在质量标准不一致的情况，阻碍了大湾区内部要素自由流动。因此，推动大湾区

---

* 梁育民，广东省社会科学院港澳台研究中心研究员、广东港澳经济研究会副会长，主要研究方向为国际贸易和区域经济；赵英佶，广东省社会科学院在读研究生，主要研究方向为国际经济与贸易。

质量基础设施建设具有重要意义。2020年《中共中央关于制定国民经济和社会发展第十四个五年规划和二〇三五年远景目标的建议》公布，强调完善国家质量基础设施，加强标准、计量、专利等体系和能力建设，深入开展质量提升行动。① 这为粤港澳大湾区质量基础设施的发展指明了方向，在今后相当长的时间里，质量基础设施建设都将是各级政府发力的重点。

一　质量基础设施的基本含义

国家质量基础设施（National Quality Infrastructure，NQI）由计量、标准、合格评定（包括检验检测、认证认可）三大要素构成。根据国家质检总局科技司的解释："NQI 是指一个国家建立和执行标准、计量、认证认可、检验检测等所需的质量体制框架，以保障市场上产品、服务满足制造商、监管者的技术要求和顾客的实际需求。"② 质量基础设施的构成要素中，计量解决测量问题，标准制定规范的测量值，合格评定负责判断计量手段和标准规范是否得到有效执行，并对合格者给予必要的、符合法律法规的认可或者认证。这三者构成一个完整的技术链条，在质量控制中起着不同的作用。质量基础设施服务于经济社会的各个领域，能够有效支撑社会福利、国际贸易和可持续发展；能够保障国民经济包括各大产业有序运行，是一套完整有效的技术规则和制度。

质量基础设施建设是开展质量工作的基础条件，对于我国来说，还是实现质量强国战略目标的重要手段和有力支撑。但我国 NQI 建设起步晚，管理职能存在碎片化、重叠化的问题，导致 NQI 的体系建设缺乏统筹。质量基础设施的概念在我国普及较晚，系统性、成体系的建设任重道远。自国家实施质量强国战略以来，特别在 2016 年"质量强国战略"被写入国家"十

---

① 《中共中央关于制定国民经济和社会发展第十四个五年规划和二〇三五年远景目标的建议》，新华网，2020 年 11 月 3 日。
② 国家质检总局科技司：《NQI：夯实质量强国战略 引领经济社会发展》，《质量与认证》2016 年第 4 期。

三五"规划之后，我国的质量建设工作稳步推进。2017 年《中共中央、国务院关于开展质量提升行动的指导意见》对 NQI 建设提出具体实施目标，包括 NQI 体系建设、NQI 融合发展、提升公共技术服务能力、完善技术性贸易措施体系等方面。李克强总理在 2019 年、2021 年所作的政府工作报告中两次强调质量基础设施建设。2021 年，NQI 建设被列入国家"十四五"规划。

二 粤港澳大湾区质量基础设施建设情况

粤港澳大湾区在推动质量基础设施各要素建设，以及重点领域的质量基础设施建设方面都取得了不错的成绩。质量基础设施建设，不仅能推动粤港澳三个地区质量提升，进而保障经济增长。对于整个粤港澳区域来说，统一标准制度，还有助于促进区域内部要素自由流动、优化资源配置、有力推动区域经济协调发展。

（一）大湾区标准化发展现状

由于历史环境因素，香港和澳门的质量标准受国际组织的影响较大。香港的标准大体分为政府要求强制执行的标准与团体标准。[①] 政府要求强制执行的标准多直接采用国际标准，而团体标准在发达国家发展较为成熟，被广泛使用。与珠三角九市相比，香港的团体标准化工作机制更为完善。近年来，我国团体标准迅速发展，《中华人民共和国标准化法》的实施明确了团体标准的法律地位，也为团体标准的发展指明了方向，极大促进了团体标准的繁荣。各省的社会团体积极注册，而广东省的社会团体数量居各省之首。根据中国标准化研究院"全国团体标准信息平台"查询结果，截至 2022 年 6 月 27 日，广东省在册社会团体总数为 893 个，居全国首位。在团体标准

---

① 陈洪超、齐虹丽：《对标港澳：广东省推进粤港澳大湾区高质量发展的路径选择》，《广东经济》2019 年第 10 期。

的发布方面，同样截至 2022 年 6 月 27 日，广东在全国团体标准信息平台上进行公示的省级团体标准共计 2123 条，其中广州市有 277 条，深圳市有 666 条，东莞市有 201 条，中山市有 167 条，珠海市有 84 条，惠州市有 62 条，江门市有 60 条，肇庆市有 41 条。特别值得一提的是，佛山作为广东省重要的制造业城市，发布团体标准 662 条，大幅超过了广州，与深圳接近。①

（二）大湾区计量与合格评定发展现状

广东省计量科学研究院（华南国家计量测试中心）是获得中国合格评定国家认可委员会认可的能力验证提供者，拥有国家智能控制系统制造产业计量测试中心、国家眼镜产品质量监督检验中心、国家计量器具软件测评中心、国家城市能源计量中心、广东省现代几何与力学计量技术重点实验室等权威检测认证机构。

深圳市的计量检测认证产业发展迅猛，已经成为全国计量检测认证集聚的高地。全市共有 3 个国家级产业计量测试中心，21 个国家及省级产品质量检验中心，近 800 家通过了资质认定的检验检测机构，其中还包括 3 家上市公司。尽管受到新冠肺炎疫情的不利影响，深圳检测认证行业仍然实现了较快发展，营收达 130 亿元，高于全国平均水平。深圳目前有认证机构 121 家，约占全省的 56%、全国的 10%，全市获证企业累计 3.6 万家，发放各类认证证书 13 万张，在全国大中型城市中排名第一。②

2021 年 5 月 26 日，中国检验检疫科学研究院粤港澳大湾区研究院在中山揭牌，研究院未来将聚焦国家重大需求项目和粤港澳大湾区经济社会重点发展需求，围绕检验检测、标准认证、生物医药、美容化妆和食物等产品安全，以及环境健康安全等领域，建设具有完整科研体系、资源优势互补、成果转化高效的新型研发机构，并将引入上下游科技企业，促进相关产业集群的长足发展。

---

① 全国团体标准信息平台，http://www.ttbz.org.cn/。
② 《粤港澳大湾区（深港）计量检测认证发展促进联盟在深成立深圳已成全国计量检测认证产业集聚发展高地》，中国质量新闻网，2021 年 12 月 10 日。

2021 年 12 月 8 日,粤港澳大湾区(深港)计量检测认证联盟成立。该联盟旨在促进大湾区规则对接,探索解决发展过程中的体制机制障碍,推动粤港澳大湾区一体化发展。联盟还得到了香港创新科技署认可处、香港检测和认证局的支持。

(三)重点领域质量基础设施建设情况

近年在质量基础设施建设的某些重点领域,比如农产品质量安全标准、湾区制造与湾区服务品牌、绿色金融与绿色合作发展、中小微企业质量工作等方面,粤港澳大湾区已经取得初步进展与可喜成绩。

2018 年 1 月,香港品质保证局推出了绿色金融认证计划。同年 6 月,香港特区政府启动 1000 亿港元的绿色债券发行计划。9 月,香港绿色金融协会成立。2019 年 5 月,香港金融管理局公布了三项举措,旨在推进香港绿色金融发展。2020 年 5 月,《关于金融支持粤港澳大湾区建设的意见》发布,强调要从体制机制、平台建设、标准认定、金融创新等方面推动粤港澳绿色金融合作、支持湾区绿色发展。

2019 年粤港澳大湾区启动"菜篮子"工程,计划打造以广州为中心的粤港澳大湾区"菜篮子"生产和流通体系,供应与供港澳相同标准的蔬菜,从源头减少农药化肥的使用,提升粤港澳大湾区农产品质量安全标准。这一举措在提升居民生活质量的同时,也能促进农业提质增效。大湾区"菜篮子"工程自实施以来,在全国范围内建设多家生产基地,江西赣州、贵州遵义等地的特色农产品正源源不断销往粤港澳大湾区,出现在居民的餐桌上。目前,全国共有 24 个省(自治区、直辖市)138 个地级以上城市参与合作。大湾区"菜篮子"工程将大湾区这一经济发达地区的消费市场与高质量农产品生产基地紧密相连,形成强大辐射带动作用,推动区域合作高质量发展。目前,《粤港澳大湾区"菜篮子"平台产品质量安全指标体系》(蔬菜、水果、畜产品、水产品、禽产品、蜂产品、乳及乳制品、食用油及油料)、《粤港澳大湾区"菜篮子"标识使用规范》9 项团体标准已经发布并正式实施,同时满足国家标准、行业标准、香港和澳门标准等有关规定,实现了粤港澳三地标准互联互通。①

广东省高度重视中小微企业的质量提升问题，持续打造与完善推进企业质量管理体系。2019年以来，全省市场监管部门组织中小微企业免费培训200多场，培训管理人员3万余人次，全省质量管理体系认证证书年度增幅和总量均位居全国第一，有效证书数量9.92万张（占全国总数的16.1%）。为了进一步提高小微企业质量管理体系导入率和运行质量，广东省市场监督管理局对小微企业的"一企一策"精准帮扶，开展认证技术研究攻关，针对小微企业质量管理状况及现实需求，研究改进认证实施方法，增强针对性、有效性和便捷性，提升认证供给质量。②

在品牌建设方面，2019年《粤港澳大湾区发展规划纲要》提出，支持大湾区企业使用香港的检验检测认证等服务，促使广东的制造业优势与香港国际化认证标准体系强强联合，向国际输出大湾区的优秀制造品牌。在产品评价领域，鼓励第三方机构开展市场化评定。在国家战略与企业需求推动之下，广州市品牌质量创新促进会联合香港品质保证局、澳门国际品牌企业商会、中国标准化研究院等100多家权威机构，结合各方资源共同打造"CGBA湾区品牌"评价项目，政府、企业、商协会共同推动一个权威的第三方机构为品牌背书。该项目将覆盖三次产业，开展"湾区制造""湾区服务""湾区农产品"评价工作。"湾区制造"项目致力于培育一批高质量的"湾区制造"区域品牌，截至2022年4月，已有一批各行业龙头标杆企业完成"湾区制造"评定。在帮助企业做大品牌的同时，"湾区制造"也推动标准的输出，目前已辐射全国，未来将为中国品牌搭建国际化的输出平台。"湾区服务"旨在优化服务业质量品牌建设环境，提高服务业企业影响力和竞争力，目前评定工作正在有序推动。"湾区农产品"已在全国团体标准信息平台正式发布《"湾区农产品"标志及评定准则》团体标准立项公告，关于具体评定标准的制订工作即将展开。

---

① 丁乐坤：《标准可追溯　互联促协同——大湾区"菜篮子"工程打造现代农业高质量发展新标杆》，《农民日报》2022年1月27日。
② 《广东质量认证助力"中小企业办大事"》，广东省市场监管局网站，2021年12月2日。

三 粤港澳大湾区质量基础设施存在的问题

我国质量基础设施建设起步较晚，技术水平和管理能力与发达国家相比仍有较大差距，质量基础设施也存在较多问题。第一，质量基础设施对新兴产业发展的技术支撑能力不足。在人工智能、新材料、量子技术等前沿领域对标国际标准，我国先进测量能力相对不足，高端产业发展不足。第二，市场对质量基础设施的潜在推动力尚未充分激发，目前我国政府主导的标准仍占标准体系的大多数，具有市场性的团体标准数量不多，不利于市场对资源的合理配置。第三，质量基础设施缺少要素间协同作用机制。我国质量基础设施系统化、体系化建设不足，各要素分散在不同部门，形成各自为政的局面，不利于质量基础设施的协同效应发挥和一体化的服务能力提升。第四，不同关税区之间存在制度差异。粤港澳大湾区在"一个国家、两种制度、三个关税区"这一独特制度背景下，质量基础设施面临的主要问题是珠三角九市和港澳法律制度存在差异、标准不统一、监管合作难以实施等。

从标准体系来看，我国内地的标准体系为强制性标准与推荐性标准并存。强制性标准保障产品基本质量，推荐性标准促进产品竞争力的提高。同时国家鼓励在战略性、高技术产业等领域制定团体标准和企业标准。但由于我国市场自主制定标准的实践时间较短，高质量的团体标准和企业标准还有待进一步培育。香港和澳门两个特别行政区，一直提倡标准竞争化与国际化。总体来看，珠三角九市的标准化发展水平落后于港澳，促进粤港澳之间的标准统一和规则对接、促进粤港澳在质量基础设施建设方面的交流与合作、粤港澳贸易自由化进程，还有不少实际问题要克服。

由于规则与标准不一致，粤港澳大湾区区域一体化发展过程中，不少领域已现问题。一是粤港澳三地环境规制标准不统一。随着大湾区一体化进程的推进，环境污染的边界问题开始出现，三地环境治理在治理模式、规则对象、监管标准上存在显著差异，限制了政府间的协同治理。此外，粤港澳三地环境质量监测信息共享机制不健全，无法实现环境质量信息的对接与共享。[①] 二是跨境公共服务衔接标准尚未确立。粤港澳三地在就业保障制度、医药准入标准、税制税率等方面差异明显，不利于跨境公共服务合作治理。三是银行业监管一体化面临困境。广东地区的城市按照央行、银保监局和地方金融监管部门的政策监管辖区内银行，港澳根据特区政府相关政策监管，三地跨区域合作监管力度还不够大，部分跨境银行会利用不同区域间法律空白或模糊条款牟利，增加金融风险。[②] 四是知识产权领域相关制度欠统一。由于粤港澳三地法律制度存在差异，目前还没有适用于整个大湾区的、统一的知识产权法律制度，只能通过签署合作方案的模式协调，既增加了纠纷发生的可能性，也不利于知识产权自由流动、交易和产业化。

四　粤港澳大湾区质量基础设施发展建议

我国进入高质量发展阶段，既关注增长质量与增长效率，又关注生态文明建设与绿色发展。质量基础设施是能够保障产品与服务质量、提高生产效率的有效体系。完善质量基础设施建设，有利于粤港澳三地建立统一标准，实现规则衔接，进而打造国际领先的营商环境，实现广东（乃至整个内地）和港澳的更紧密合作，并且为我国扩大开放、加强国际合作提供示范。

（一）继续发挥政府对 NQI 建设的促推作用

质量基础设施需要体系化建设，属于复杂的系统工程。而且，质量基础设施具有公共产品属性，政府需要投入建设资金，并进行质量监督管理。对于 NQI 的发展，政府的统筹规划起着至关重要的作用。

首先，政府要高度重视质量基础设施三大要素建设。一是在计量方面，

---

① 许堞、马丽：《粤港澳大湾区环境协同治理制约因素与推进路径》，《地理研究》2020 年第9 期。
② 焦文昊：《粤港澳大湾区银行监管一体化的路径探讨分析——基于欧盟银行业一体化的案例研究》，《特区经济》2022 年第 1 期。

要进一步推动现代先进测量体系建设。加强技术研发布局，加大测量领域研发投入，推动产学研融合和先进测量技术落地；在测量领域打造一批具有核心竞争力的企业，培育更多测量仪器设备的品牌企业。二是在标准方面，要深入进行标准化改革。充分激发市场各主体制定标准的热情，利用市场的竞争机制，推动各领域团体标准、企业标准的出台，提升标准的市场活力；推动各行各业标准化工作，特别是关系国计民生的重点领域；加强标准的全生命周期管理，从标准制定、实施应用、监督管理等方面提出措施；推动我国标准与国际接轨，积极采用国际标准，参与国际标准化活动。三是在合格评定方面，加强对认证认可、检验检测领域市场秩序的维护，创新监管方式，监督管理全国范围内检验检测机构资质。

其次，政府要加大财政投入鼓励技术创新和人才培养。NQI 建设兼具专业性和技术性，相关技术手段的创新也会给 NQI 水平带来质的提升，例如精度更高测量设备的研发、更先进测量方法的使用等。政府应鼓励相关技术创新，并加大政府财政投入。同时，对于测量数据的充分挖掘利用，对于具有战略地位的技术领域的标准研究等方面，都需要政府统筹推动。为了激励社会主体的创新热情，政府可以奖励相关企业、科研机构等团体的创新成果，推动知识产权保护体系建设，加强科技成果保护，鼓励全社会的创新行为。此外，NQI 建设离不开对相关领域的人才培养，NQI 建设是一个完整的体系，涉及技术能力、政策规则制定能力、协调管理能力等多项能力。因此，政府可以支持高校和科研院所组建包含理学、工学、经济学、管理学等交叉学科人才的科研团队，同时推动将 NQI 相关课程纳入普通高等教育以及职业教育，培育适应不同需求层次的人才，构建多层次的人才体系。同时，紧跟国际 NQI 发展动态，加强与世界各国的交流合作，吸收先进的国际经验，并结合中国国情加以改造，有选择地借鉴国际经验。

再次，要加强质量意识宣传工作。在生产端，对生产企业普及精度更高的测量方法、标准化的生产流程以及品牌建设意识。提高测量精度有利于企业减少原料浪费，生产流程标准化有利于企业提高生产效率，品牌建设有利于企业获得知名度，实现更长久的发展。宣传工作应让企业了解，对质量建设的投入可能短期看不到回报，但从长期来看，一定是收益远大于成本。在需求端，向消费者普及绿色消费理念以及维权意识。绿色消费包括在消费时选择生产过程对资源环境破坏较小的产品、选择有利于公众健康与生态环境的产品等消费行为。同时鼓励消费者在购买到劣质商品，或不符合国家标准的商品时积极维权，畅通消费者维权通道。消费者的选择可以倒逼企业放弃生产污染环境的产品、价低质劣的产品，间接促进商品质量的提升。通过在生产端和消费端共同提高质量意识，进而推动全社会对高质量产品的需求。进一步在全省开展质量奖评选活动，面向城市、企业和个人制定激励措施，大力宣传获奖事迹，引导各行业加强质量建设。

最后，要持续建设 NQI "一站式"服务平台。"一站式"服务平台能够在企业发展的各个阶段针对质量建设提供技术服务。对于不同企业的需求，质量基础设施"一站式"服务平台应在保障最基本质量要求的前提下，为企业提供差异化、多样化的 NQI 服务。各地政府也应根据当地企业特点，因地制宜建设平台，可以面向市场征询意见，了解企业最迫切的需求，进而有针对性地推动企业标准化建设。同时，在供应链质量稳定性建设、品牌建设等方面，保证企业都可以在"一站式"服务平台上获得帮助。政府还应进一步严格规定质检中心建设标准，加强市场准入管理，定期对检验检测机构进行监督检查。完善的 NQI 建设有利于营造公平竞争的营商环境，减少消费者与商家间的信息不对称，促进企业良性竞争。

（二）充分发挥产业对 NQI 建设的导向作用

在产业层面，应根据特定需求开展质量基础设施建设，不同的产业以及同一产业的不同发展阶段对 NQI 的具体需求不尽相同，因此能够对 NQI 建设发挥导向作用。我国目前新兴产业蓬勃发展，传统制造业寻求转型升级并逐渐融合生产性服务业，在这一背景下，各产业都对完善的 NQI 存在迫切需求。这些需求概括来说是出于合规和竞争的目的。

首先，在产业发展的初始阶段，企业首要的目的是进入市场，需要 NQI

提供相关支持满足企业的合规经营，包括帮助企业了解国家或行业标准、对相关仪器设备进行测试与校准、根据标准对产品开展质量检测、获得市场准入证书等。当产业进入发展较成熟的阶段，产业内部出现竞争，此时企业的需求变为提升效率，降低成本，NQI 应为企业提供专业技术支持，包括帮助企业对客户质量要求进行调查学习、研发新型仪器设备、创新测量方法、优化产业链全流程、获得优质产品认证等。当产业进入成熟阶段后，企业将考虑更大范围的目标客户群体对质量的要求，进一步提高产品质量标准、竞争质量标准的话语权，并区分产品质量等级提供客户满意的个性化产品或服务，获得产品分级认证。

综上所述，产业层面的 NQI 需求包括以下几个层次：符合法律法规的需求、符合行业技术标准的需求、满足客户质量要求的需求、满足品牌建设的需求。在规划产业层面 NQI 建设时，应遵循符合产业发展阶段的、成本效益最优化的原则。①

（三）高效发挥企业对 NQI 建设的市场作用

企业应增强质量意识，完善的质量基础设施能够为企业提供利润最大化的生产流程，提升生产效率、降低次品率。从长期来看，质量建设的投入与企业盈利水平呈正相关。企业应利用好 NQI "一站式" 服务平台，通过平台寻找相关服务满足质量建设需求。在企业内部建立质量管理体系，设立质量专员职位，重视内部控制建设，提升企业质量水平。

NQI 的全链条建设离不开新技术支持，相关领域的企业可以利用前沿技术助力 NQI 各要素进一步发展。浪潮集团推出的 "质量链" 就是多方合作的优秀范例，"质量链" 是一个第三方全要素质量数据公共服务平台，平台采用了区块链技术，使政府、企业、检测机构、消费者等多个主体可以共同开展质量治理，方便企业证明其产品质量，同时也能保障消费者的消费安全。

---

① 杨志敏等：《国家质量基础设施匹配产业需求应遵循的基本原则》，《中国测试》2021 年第 S1 期。

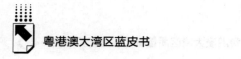
（四）着力发挥重点领域对 NQI 建设的关键作用

粤港澳大湾区的战略定位之一是"充满活力的世界级城市群"①，因此大湾区需要打造具有竞争力的营商环境。同时大湾区也将成为内地和港澳更加紧密、更具深度的合作示范区，因此有必要推动粤港澳三地规则制度的衔接，尤其是准入、准营和退出的相关领域。进一步推动商事登记确认制改革在更多城市实施，这项改革能极大缩短企业办理注册手续所需时间，降低企业成本，符合市场需求。推动粤港澳登记注册一体化，同时进一步精简审批事项，消除准入不准营问题。在退出方面，继续推动企业退出制度改革，创新退出方式。探索粤港澳大湾区三地商事领域政策衔接，有利于激发大湾区市场主体的活力，优化营商环境。

粤港澳大湾区的另一战略定位是"具有全球影响力的国际科技创新中心"②。科技创新离不开知识产权问题，一个地区只有健全知识产权保护机制，才会吸引世界各地的高端人才以及高新技术。粤港澳三地应加强协作执法，打击侵权行为。在知识产权管理方面，粤港澳三地应尽快统一标准，加强保护体系建设，港澳具备优质的知识产权服务资源，可助力大湾区健全知识产权纠纷解决机制。在知识产权交易运营方面，推动形成统一的大湾区知识产权市场，举办高质量的知识产权交易博览会，利用香港的金融资源与贸易优势，发展与知识产权相关的出口贸易与资产证券化产品。

在战略性新兴产业、传统优势产业等领域，选择重点产品对标国际国内的一流水平，开展质量提升行动。在食品安全领域，加强大湾区内部交流合作，推动供港食品标准在珠三角九市应用。推动建立大湾区食品检测平台，进一步制定各食品的"湾区标准"。粤港澳三地在食品安全监管方面应积极探索大湾区食品安全监管合作机制，以便更好地防范可能存在的食品安全风险。在药品及医疗器械领域，推动已经在港澳使用的、临床急需的相关产品

---

① 中共中央、国务院发布《粤港澳大湾区发展规划纲要》2019 年 2 月 18 日。
② 中共中央、国务院发布《粤港澳大湾区发展规划纲要》2019 年 2 月 18 日。

能够进入广东的医疗机构，简化相关产品的上市审批流程，创新监管模式。在消费维权领域，加强大湾区消费维权合作，建立统一的消费维权平台，完善大湾区内食品、药品等产品的追溯机制，支持消费纠纷异地处理，共创放心消费环境。

B.5
粤港澳大湾区大科学装置
建设报告

陈　茜*

摘　要： 自 2006 年深圳大亚湾反应堆中微子实验站项目获准立项到 2022 年 4 月底，粤港澳大湾区已建、在建和拟建的大科学装置（含预研项目）达 25 个，部分装置已取得国际领先水平的科研成果。粤港澳大湾区大科学装置的建设和运行呈现投资主体多元化、面向对象多元化、区域布局集聚化、功能定位差异化、港澳合作紧密化等五个特点，同时也存在不确定性大、产业化门槛高、国际化程度较低等问题。因此，大湾区在大科学装置的建设过程中要尊重自然规律、科学规律和经济规律，强化顶层设计；要积极借鉴境外的成熟经验，充分重视国际合作；要充分利用制度优势，为大科学装置量身定制相应的政策保障措施。

关键词： 大科学装置　"四个面向"　综合性国家科学中心　粤港澳大湾区

　　大科学装置又称重大科技基础设施，也被称为"国之重器"，是为探索未知世界、发现自然规律、实现技术变革提供极限研究手段的大型复杂科学研究系统，是突破科学前沿，解决经济社会发展、人民生命健康和国家安全

---

* 陈茜，博士，广东省社会科学院港澳台研究中心副研究员，主要研究方向为科技创新、两岸关系。

重大科技问题的物质技术基础。① 20 世纪 50 年代之前，大科学装置获得诺贝尔物理学奖的只有 1 项；70 年代之后，利用大科学装置获得诺贝尔物理学奖的比例高达 40%；90 年代后该比例升至 48%。如今，大科学装置已经成为做出重大原创成果、实现关键核心技术突破、引领新时期工业变革的重要条件。考虑到其是生产原始创新成果及核心关键技术的大型工具，将大科学装置比喻成"科技航母"十分恰当。我国的大科学装置建设与布局较晚，始于 20 世纪 80 年代末。首个大科学装置是北京正负电子对撞机。此后，我国陆续在上海、北京、合肥等城市建成一系列大科学装置。相对于北京、上海、合肥，大湾区早期以加工贸易为主，较晚被列入国家大科学装置建设布局。事实上，广东产业基础雄厚，技术升级迫在眉睫，很有必要优化大科学装置布局。《粤港澳大湾区发展规划纲要》明确提出，支持重大科技基础设施、重要科研机构和重大创新平台在大湾区布局建设。② 2022 年 1 月 20 日，广东省政府工作报告提出"强化战略科技力量。以大湾区国际科技创新中心为引领，全面推进大湾区综合性国家科学中心、国家技术创新中心建设""打造学科集中、区域集聚的世界一流重大科技基础设施群""将实施基础与应用基础研究十年'卓粤'计划，将 1/3 以上的省级科技创新战略专项资金投向基础研究"。③ 如今，在深圳、广州、东莞、惠州、江门等地，世界一流的大科学装置群呼之欲出。"新大科学时代"（New Big Science Era）已经来临。大湾区正依靠下游产业基础助推大装置建设，再基于大科学装置带动基础科学研究及其产业化应用。

---

① 孙冬柏、黄孚：《粤港澳大湾区：推进科技供给侧结构性改革　加快布局建设大科学装置》，《深圳特区报》2021 年 10 月 19 日。

② 中共中央　国务院印发《粤港澳大湾区发展规划纲要》，新华网，http：//www. xinhuanet. com/politics/2019-02/18/c_ 1124131474_ 2. htm，2019 年 2 月 18 日。

③ 《2022 年政府工作报告》，广东省政府网，http：//www. gd. gov. cn/gkmlpt/content/3/3774/post_ 3774882. html#45，2022 年 2 月 16 日。

一 建设成就与主要特点

中国科学院是大科学装置最重要的承建方。2003 年，中国科学院高能物理研究所提出设想，利用深圳大亚湾核反应堆群产生的大量中微子寻找中微子的第三种振荡模式。2006 年，该所主导建设的大亚湾反应堆中微子实验站项目获准立项，总投资 1.6 亿元人民币。该项目是粤港澳大湾区的第一个大科学装置，2007 年动工，2011 年完工，2020 年退役。截至 2022 年 4 月底，粤港澳大湾区已建、在建和拟建的大科学装置（含预研项目）达 27 个（见表 1）。部分大科学装置已取得国际领先水平的科研成果。例如，位于东莞的中国散裂中子源是我国首台、世界四大脉冲散裂中子源之一。自验收以来，其束流调试速度和调试水平领先于美、日、欧同类装置；作为全球利用率最高的超算中心之一的广州超算中心天河二号系统，平均资源利用率稳定在 75%，支持各学科基础研究领域取得了一批世界级科研成果。南京大学利用"天河二号"取得了全球第一条高精度古生代海洋生物多样性演化曲线，并入选"2020 年度中国科学十大进展"。①

2021 年以来，大湾区新动工的大科学装置有 3 项，包括位于广州的人类细胞谱系大科学设施和深圳的脑模拟与脑解析设施、材料基因组大科学装置平台。新完工的大科学装置有 2 项，包括东莞的南方先进光源测试平台和深圳的合成生物研究设施。在建项目 17 项，均在稳步推进之中。其中，中国散裂中子源二期、冷泉生态系统项目、强流重离子加速器装置、加速器驱动嬗变研究装置等 5 项已被列入国家重大科技基础设施"十四五"中长期规划。强流重离子加速器装置和加速器驱动嬗变研究装置在建设过程中，研发团队独立自主研制的加速器驱动次临界系统超导直线加速器样机在全球首次实现束流强度 10 毫安连续波质子束 176 千瓦运行指标，再次刷新世界纪

---

① 《广东省科学技术厅关于广东省十三届人大四次会议 1754 号代表建议答复的函》，广东省科技厅网站，http://gdstc.gd.gov.cn/zwgk_ n/jyta/content/post_ 3323495.html，2021 年 6 月 10 日。

录。与此同时，大湾区凭借大科学装置"筑巢引凤"培育和吸引高端人才，设立了大湾区科学论坛，2021年首届论坛在广州举行。为广泛吸引和集聚离岸创新创业主体，中国科协在广州南沙建立了国家海外人才离岸创新创业基地，助推大科学装置海外人才共享。

表1　粤港澳大湾区大科学装置建设情况

城市	已建成/基本建成/预研/启动/在建		主要的承建方/依托方
广州	已建成/基本建成	国家超级计算广州中心	国防科技大学、中山大学
		航空轮胎动力学试验大科学装置	中科院长春应化所黄埔材料研究院
	预研/启动/在建①	人类细胞谱系大科学设施	中科院广州生物医药与健康研究院
		冷泉生态系统大科学装置预研项目	中国科学院南海海洋研究所
		动态宽域高超声速风洞预研项目	中国科学院力学研究所广东空天科技研究院
		极端海洋动态过程多尺度自主观测科考设施预研项目	中国科学院沈阳自动化研究所
深圳	已建成/基本建成	大亚湾中微子实验室(已退役)	中国科学院高能物理研究所
		深圳国家基因库	深圳华大生命科学研究院
		国家超级计算深圳中心	中国科学院计算技术研究所
		合成生物研究设施	中国科学院深圳先进技术研究院
		鹏城实验室大科学装置②	哈尔滨工业大学(深圳)
	预研/启动/在建	国家超级计算深圳中心二期	中国科学院计算技术研究所
		未来网络试验设施③深圳分系统	中国信通院南方分院
		精准医学影像大设施	北京大学深圳研究生院
		脑模拟与脑解析设施	中国科学院深圳先进技术研究院
		材料基因组大科学装置平台	南方科技大学
		空间引力波探测地面模拟装置	中山大学
		中能高重复频率X射线自由电子激光	南方科技大学
		中能同步辐射衍射极限光源	南方科技大学
		特殊环境材料器件科学及应用研究装置④	哈尔滨工业大学(深圳)

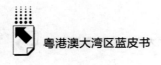
续表

城市	已建成/基本建成/预研/启动/在建		主要的承建方/依托方
东莞	已建成/基本建成	中国散裂中子源	中国科学院高能物理研究所
		南方先进光源测试平台	中国科学院高能物理研究所
	预研/启动/在建	中国散裂中子源二期	中国科学院高能物理研究所
		先进阿秒激光设施	中国科学院高能物理研究所
惠州	预研/启动/在建	加速器驱动嬗变研究装置	中国科学院近代物理研究所
		强流重离子加速器装置	中国科学院近代物理研究所
江门	已建成	江门中微子实验站	中国科学院高能物理研究所

注：①预研/启动/在建的完工时间为网络公布的预计时间，部分大科学装置未公布完工时间。②鹏城实验室初步建设了4个科学装置，包括"鹏城云脑""鹏城靶场""鹏城云网""鹏城生态"等，本文将四个装置视为一个大科学装置。③未来网络试验设施（CENI）是信息通信领域的唯一一个重大科技基础设施项目，深圳是其中的节点城市，2020年初步完工。④俗称空间环境地面模拟装置深圳拓展设施。

资料来源：笔者根据互联网公开数据整理。

目前，粤港澳大湾区大科学装置的建设和运行呈现五个特点。

（一）投资主体多元化

一直以来，大科学装置主要由中央投资建设，包括国家发改委支持的北京正负电子对撞机、科技部支持的国家超级计算中心、国家自然科学基金委支持的重大科研仪器等，地方和社会投资少且一般为配套支持。[①] 2022年全国"两会"上，王贻芳院士提出"国家应该协调地方政府和社会力量参与大科学装置的建设，将其贡献的比例从目前的平均20%左右提高到30%~50%"。[②] 事实上，大湾区科学装置投入已经达到甚至超过这一比重。例如，深圳超算中心的项目总投资约8亿元，其中国家投资2亿元，深圳市政府配套投资约6亿元。中科院深圳先进技术研究院（简称"深圳先进院"）牵

---

① 孙冬柏、黄孚：《粤港澳大湾区：推进科技供给侧结构性改革 加快布局建设大科学装置》，《深圳特区报》2021年10月19日。

② 王贻芳：《增加大科学装置投入，下好先手棋》，光明网，https://m.gmw.cn/baijia/2022-03/08/35571221.html，2022年3月8日。

头建设的脑解析与脑模拟、合成生物研究两个大科学装置项目总概算获得深圳市发改委批复，总投资超过 16 亿元，由深圳市政府全额投资建设。广州的"天河二号"、航空轮胎动力学大科学装置等同样以地方政府出资为主。值得一提的是，深圳的空间引力波探测地面模拟装置是广东省首个自主提出、自主建设的重大科技基础设施，是广东省在大科学装置建设领域实现从"外来输入型"向"自主设计自主建造型"转变的重要节点。① 与此同时，大湾区还广泛调动了社会力量参与大科学装置的研制与建设，甚至担当主角。本地的科研院所、大学就能够作为大科学装置的牵头方，例如中山大学、南方科技大学。大型企业如华大基因、迈瑞医疗等出现在建设名单里。

（二）面向对象多元化

2021 年 5 月，习近平总书记提出科技创新需要坚持"四个面向"，即面向世界科技前沿、面向经济主战场、面向国家重大需求、面向人民生命健康。大湾区现有的大科学装置能够满足这四个要求。例如，惠州的强流重离子加速器面向世界科技前沿，解决原子核物理前沿科学问题，进一步研究原子核内部的结构、元素的起源和宇宙能量的起源。② 广州建设的全国首个航空轮胎动力学试验大科学装置面向国家重大需求，面向经济主战场，解决国家轮胎产业面临的原材料和技术标准双重缺失问题。中国工程院院士钟南山担任首席科学家的人类细胞谱系大科学研究设施则面向人民生命健康，打造细胞科学研究的世界级科学中心。

不仅如此，大湾区的大科学装置还面向本土，与本地产业对标，瞄准看得见的增长点。以同步辐射光源为例，此前大湾区的用户主要到上海光源申请机时，能申请到的机时有限。共建"一带一路"的东南亚国家部分用户则是到台湾光源申请机时。中国散裂中子源和南方先进光源建成后，不仅能

---

① 雷爱侠：《中山大学"天琴计划"实施进入新阶段》，《光明日报》2018 年 7 月 30 日。
② 广州市科协：《总投资约 68 亿！中科院两大科学装置项目落户广东》，《广东科技报》2020 年 7 月 20 日。

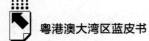
满足大湾区用户的需求，也将成为共建"一带一路"的东南亚国家用户的首选。① 大科学装置鹏城云网着眼于大湾区的实体经济，是全球首个区域性网络试验与应用大科学装置。惠州的加速器驱动嬗变研究装置着眼于核废料安全处理处置研究，是惠州正在建设的重大项目——太平岭核电站项目的衍生项目。深圳大科学装置则与深圳市重点发展的七大战略性新兴产业需求基本契合。

（三）区位布局集聚化

基于天然的互补性，大湾区大科学装置展现出集聚化发展的态势。东莞的中国散裂中子源和南方先进光源、广州的天然气水合物钻采船（大洋钻探船）与冷泉生态系统研究装置，惠州的加速器驱动嬗变研究装置与强流重离子加速器装置、深圳的中能 X 射线自由电子激光装置与中能同步辐射衍射极限光源、脑模拟与脑解析设施与材料基因组大科学装置平台等都是比邻而建。境外的大科学装置集聚也非常普遍，如英国卢瑟福国家实验室。该实验室布局建设了多种大科学装置，能够提供"一站式"科研服务，对优秀人才和高端学术机构有很大的吸引力。不仅限于用户需求层面，大科学装置的集聚效应还体现在运营维护层面。服役期的大科学装置每年要投入大量的人力物力维护和使用。例如，中国散裂中子源目前拥有高达 300 多人的专职队伍负责设备维护，每年投入的运行维护经费达到项目设备建设经费的10%，这些成本可以通过装置聚集实现一定程度的节约。② 惠州的两大装置都与核科学研究相关，两个装置彼此相近，实现了部分科研人才队伍的共享和集约式运营。2018 年起，深圳市在光明区集中布局九个大科学装置，主动规划形成装置群。

---

① 文聪：《揭秘我国大科学装置——南方先进光源》，新浪网，http：//k. sina. com. cn/article_ 5787187353_ 158f1789902000u8cm. html，2019 年 11 月 28 日。
② 陈启亮：《大科学装置"扎堆"粤港澳大湾区》，南方新闻网，https：//economy. southcn. com/node_ 14d38ae8d1/0bef6a1e2b. shtml，2020 年 5 月 11 日。

（四）功能定位差异化

由于大科学装置建设门槛和用户门槛相对较高，大湾区在建设大科学装置的过程中最大限度避免了重复建设。一方面，大湾区的大科学装置在功能定位、建设主体、技术路径等方面体现差异化发展。绝大部分大科学装置的学科属性、功能定位都有本质区别，属于完全不同的领域。少部分功能相同的大科学装置也在技术路径、建设主体方面实现了差异化。例如，深圳、广州的超算中心分别是由中国科学院计算技术研究所、国防科技大学牵头建设。尽管深圳正在建设两个同步辐射光源装置，但二者的技术路径完全不同：一个是基于衍射极限储存环技术，另一个则是自由电子激光技术。另一方面，大湾区还与其他省市之间实现了错位、协同发展。就高重复频率 X 射线自由电子激光装置而言，上海的装置预计在 2025 年投入使用。深圳此次规划的中能高重复频率 X 射线自由电子激光装置，与上海的装置将在波段和地域方面形成互补。[①] 落户深圳的特殊环境材料器件科学及应用研究装置也与哈尔滨的空间环境地面模拟装置互为补充，更好发挥装置整体优势。[②]

（五）港澳合作紧密化

大科学装置的运营充分展现了大湾区作为"一带一路"重要节点和核心城市的窗口效应，对外科技合作、粤港澳协同创新的程度不断提高。例如，全球注册使用中国散裂中子源的用户有 3400 多人，其中大湾区用户约占 1/3。香港的科技大学、理工大学、中文大学和城市大学，澳门科技大学等已使用中国散裂中子源开展了多项实验研究，例如，香港城市大学开展的非晶合金实验，澳门大学开展的药物控释研究，香港大学团队研制的超级钢

---

① 《深圳大力建设大科学装置——中能 X 射线自由电子激光》，激光制造网，https：//www. laserfair. com/news/202009/29/77516. html，2020 年 8 月 29 日。

② 《哈尔滨工业大学（深圳）2021 年国际青年学者神舟论坛诚邀海内外青年英才参加》，哈尔滨工业大学（深圳）官网，http：//hr. hitsz. edu. cn/info/1006/1563. htm，2021 年 10 月。

等。中国科学院高能物理研究所还联合东莞理工学院、香港城市大学共同建设了第一台多物理谱仪。又如，香港科技大学在近五年内使用国家超算中心广州中心的团队就超过 200 个。

二 主要的问题与障碍

相较于一般的科学仪器或基础设施项目，建设大科学装置会遇到更多问题与障碍。同时，也应清醒地认识到这些问题在大科学装置建设中普遍存在，并非为粤港澳大湾区所特有。

（一）不确定性太大

大科学装置的不确定性贯穿建设和营运的全过程。一是建设过程的不确定。工程与研制并举是大科学装置的重要特征。大科学装置不是工业化量产的结果，需要用到大量的非标设备。每个大科学装置都是独一无二的，没有完整、成熟的经验可供复制。同时，我国面临的国际环境发生了很大变化，在大科学装置的建设过程中，很多特殊材料和工艺被封锁禁运，这导致大科学装置难以达到世界领先水平，进而难以产生世界一流的科研成果。二是预期收益的不确定。大科学装置耗资巨大，建成后的运营和维护成本也很高，但是建成后并不能即刻产生直接的经济效益。此外，大科学装置虽然被称为科技基础设施，但并非"耐用品"，是"易耗品"，使用寿命相对有限。无法控制的技术进步更是加速了大科学装置的代际更迭，进一步缩短了使用寿命。随着更先进的科学仪器诞生，旧的大科学装置即刻退役。例如，大亚湾中微子实验装置设计、建造用了 17 年，实际运行只有 9 年。[①] 尽管大亚湾中微子实验装置实现了原定科学目标，完成了相应的科学使命，但是不代表其他的科学装置也能如此。有限的服役期内能否产生科技成果、实现产业化是极其不确定的。正如诺贝尔物理学奖得主史蒂文·温伯格（Steven

---

① 陆成宽：《别了，大亚湾中微子实验》，《科技日报》2020 年 12 月 14 日。

Weinberg）在 2012 年《纽约书评》（*The New York Books Reviews of Books*）中指出："探究世界本质的问题变得越来越棘手，科研突破也因此变得越来越罕见。因此，未来我们很可能会看到对自然法则的探索停滞不前。"①

（二）产业化门槛太高

一是大科学装置本身科技门槛太高。多数企业缺乏对大科学装置应用领域的了解及独立使用大科学装置进行实验的能力，无法判断对企业技术研发的价值。这样的结果是，潜在用户主动向大科学装置寻求合作的可能性较低。二是应用实验机会相对稀缺。国内的大科学装置运行单位以完成评估考核为首要目的，优先满足高校院所人员使用装置完成国家项目的实验需求。评价体系缺乏对产业化相关指标的考核，结果是用户服务意识和能力不强，上海光源每年实验运行约 5500 小时，机时供不应求，仅能满足国内用户需求的 1/4，其中课题用户申请通过率约 70%，产业用户的使用机时仅占到全部机时的 10%。② 相反，国外大科学装置的商业使用平均占其研究时间的16%。实验机会的稀缺也影响产业用户使用装置进行创新的积极性。三是成果产业化投资大、周期长，受知识产权的制约很大。漫长的周期均需要密集的资金支持。在无法明确判断产业化前景时，研发主体需要承担极大的风险，最终导致研发主体产业化动力不足。此外，国外的专利布局非常及时且严密，即便实现了技术突围也难以大规模产业化。四是专业人才不足。国内装置平台中既拥有科学专业背景，又具备法律、管理和财务知识，能够负责从甄选发明到专利推介、协议授权等全流程的专业化技术转移人才较为缺乏。

（三）国际化程度较低

王贻芳院士表示："30 多年来，还没有一个大型高能物理项目是一个国

---

① 华高莱斯：《"大科学装置"的产业化发展（上篇）》，搜狐网，https://www.sohu.com/a/473765967_120168591，2021 年 6 月 24 日。

② 吴妍妍：《依托大科学装置集群驱动产业创新的支持机制研究——以美德英中四所重点研究机构为例的启示》，《中国高校科技》2021 年第 11 期。

家靠自己完成的，尤其是大科学装置的建设和使用，国际科学合作日益不可或缺。"目前，国际投入成为世界各国建设大科学装置的必要条件。例如，正在澳大利亚和南非建设的世界最大综合孔径射电望远镜 SKA，就是由十几个国家共同投资，约 20 个国家的天文学家和工程师参与研发。深圳大亚湾中微子实验站的投资和研究人员中来自美国的超过 1/3，江门中微子实验站的投资结构中，欧洲占了 1/10。① 然而，从目前公开的数据来看，大湾区拟建、在建项目的建设名单中很少出现境外的研究机构、企业和科技人员，这表明大湾区大科学装置建设以本土资源为绝对主导，国际合作明显不足。国际局势发生变化也影响了大科学装置建设的国际化，关键零部件的获取难度加大，最典型的就是缺少高性能处理器。美国商务部在 2015 年便不允许英特尔公司出售至强芯片给超算广州中心，此后天河二号系统升级受阻，世界排名逐步下降，与长沙、天津等超算中心一起被列入美国的出口管制名单。②

三　发展思路与政策建议

综上所述，提出以下思路和建议。

（一）尊重自然规律、科学规律和经济规律，加强顶层设计

一方面，大科学装置的建设要尊重自然规律和科学规律。绝大部分大科学装置的选址非常考究，需要具备合适的生态地理环境或者其他独特的资源。以江门中微子实验站为例，测量中微子质量顺序要求位于距核反应堆约 60 公里，才能观测到最佳的振荡效果。打石山与两个反应堆恰好相距 53 公

---

① 吴月辉：《大科学装置需强化国际合作》，《人民日报》2019 年 3 月 13 日。
② 《中国超算被禁购英特尔芯片内幕》，观察者网，https://www.guancha.cn/Science/2015_04_20_316595.shtml，2015 年 4 月 20 日。

里处，山体本身又恰好能为实验观测屏蔽宇宙射线所带来的干扰。① 已退役的深圳大亚湾中子实验室也是如此。因此，建设大科学装置需要最大限度地尊重和吸纳科学家的意见。如何建？何时建？在哪里建？必须经过一套严谨的遴选和论证过程才能决定。科学家团队应当拥有一票否决权。另一方面，大科学装置的建设要尊重经济规律，建多少需要国家全盘考虑。大湾区要形成"不唯所有，但求所用"的理念，避免重复建设和恶性竞争，强化顶层设计。在建设理念上，绝不追求全方位发展，而要凝聚共识选取重要方向进行赶超。同时，更要摒弃急功近利的心态，大科学装置发挥经济效益注定是一个漫长的过程，不能操之过急。参考兰州的案例，兰州重离子加速器从基础研究走向民生应用整整用了 28 年。

（二）积极借鉴境外的成熟经验，充分重视国际合作

一方面，大科学装置的建设要积极借鉴境外的成熟经验。英国哈维尔科技创新园是世界上最早建成的大科学装置园区，其政府部门——科学技术设施委员会下设商业创新部门（简称"BID"），专门负责推动大科学装置技术产业化工作，积累了很多经验。此外德国的亥姆霍兹研究会、美国的劳伦斯伯克利实验室等也都值得学习。② 另一方面，大科学装置的建设不仅要充分调动湾区内外的社会力量，还要主动对接境外的研究力量，包括人员和设备。装置项目的选择一定要有国际评审，要引入国际评估机制评估项目成效。③ 有关部门要确保、加大已运行的大科学装置对外开放力度，切实做好设施开放共享，支持境外科研人员依托大科学装置产出更多重大原创成果。

---

① 《实验简介》，江门中微子实验官网，http：//ihep. cas. cn/dkxzz/juno/JUNO_ gaikuang/ 201308/t20130802_ 3908078. html，2013 年 8 月 2 日。

② 吴妍妍：《依托大科学装置集群驱动产业创新的支持机制研究——以美德英中四所重点研究机构为例的启示》，《中国高校科技》2021 年第 11 期。

③ 王贻芳：《增加大科学装置投入，下好先手棋》，光明网，https：//m. gmw. cn/baijia/2022- 03/08/35571221. html，2022 年 3 月 8 日。

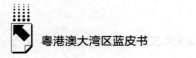

（三）充分利用制度优势，为大科学装置量身定制相应的政策保障

粤港澳大湾区要借助大科学装置探索科技创新的"湾区方案"，前提是必须正视大科学装置之间存在巨大差异，彼此之间少有可直接复制的经验。面向世界科技前沿的大科学装置和面向国民经济的大科学装置所需的政策保障是不同的。通用型的大科学装置和专用型大科学装置所需的政策保障也是不同的。以深圳为例，9 个大科学装置中 3 个是通用型装置，6 个是专用型装置。因此，需要对每个大科学装置量身定制相应的政策保障，包括机构属性及其管理体制、科研、绩效考评体系、合作机制在内的事项都需要"一对一"的细化设计。

公共服务篇

Public Services

B.6

粤港澳大湾区绿色低碳发展报告

吴大磊　王丽娟*

摘　要： 持续改善生态环境、推动绿色低碳发展是建设美丽湾区的重要内容。粤港澳大湾区持续推动生态环境建设，坚持系统治理，生态防护屏障逐步牢固；坚持标本兼治，生态环境质量迈向新台阶；坚持结构驱动，产业和能源结构调整步伐加快，绿色低碳发展方式日益深化；坚持协同共治，生态环境治理体系不断健全。未来，粤港澳大湾区仍需在强化协同治理中促进生态环境质量迈向世界级水平，包括进一步建立完善绿色低碳发展的统筹协同机制、共保共享机制、市场激励机制、社会参与机制和动态评价机制。

关键词： 生态环境　绿色低碳　协同治理　粤港澳大湾区

---

* 吴大磊，博士，广东省社会科学院《广东社会科学》杂志社副总编，研究员，研究方向为环境经济与环境政策；王丽娟，广东省社会科学院环境与发展研究所助理研究员，主要研究方向为环境经济与环境政策。

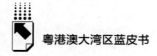

当前，粤港澳大湾区生态环境质量处于追赶国际一流水平的关键阶段，资源节约与环境友好的空间格局、生产方式和生活方式加快形成，绿色低碳循环发展方式逐步深化。美丽湾区、生态文明理念交流融合的绿色湾区、人与自然和谐发展的现代湾区已初步形成。

一　粤港澳大湾区绿色低碳建设的举措与成效

建设世界级湾区，离不开高品质生态环境的支撑。近年来，粤港澳大湾区坚持系统治理、标本兼治、结构驱动和协同共治，持续推动绿色低碳循环发展，区域环境质量迈上新台阶，绿色低碳发展方式日益深化。粤港澳大湾区正以建设世界级城市群和参与全球竞争的重要空间载体，高标准推动生态文明建设和绿色低碳发展走在全国前列。

（一）坚持系统治理，生态防护屏障逐步牢固

粤港澳三地山水相连、同根同源，地理边界的连接性、生态系统的整体性和环境影响的关联性决定了大湾区城市群不仅仅是城际的地域共同体，更是不可分割的生态环境共同体。为共同维护和持续改善这一生态环境共同体，大湾区各城市坚持系统治理思维，努力构建生态廊道和生物多样性保护网络、实施生态系统保护和修复重大工程、建设沿海生态带、开展滨海湿地跨境联合保护，大湾区生态空间结构日益完善，生态安全屏障更加牢固，生态环境状况指数获评为"优"的县（区）占比达 42.3%。①

多维度保护生物多样性，有效保障生物安全。大湾区统筹推进森林、湿地、草原保护管理，保护珍稀濒危物种栖息地及物种资源。至 2021 年，珠三角地区已建成 14 个不同类型海洋保护地和 26 个湿地类型自然保护区，区内猕猴、中华白海豚、海龟、珊瑚礁、桃花水母、唐鱼及黄唇鱼等众多物种

---

① 王秀明、赵鹏、刘谞承等：《构建人与自然生命共同体的粤港澳大湾区实践及其启示》，《当代中国与世界》2021 年第 3 期。

栖息地得到有效保护，生态系统类型多样。广州、深圳针对苏铁、兰花等珍稀濒危物种开展保护和回归野外等工作。珠三角地区加大力度防控外来物种入侵，提升外来物种检疫检验和进境植物风险评估及检疫追溯能力建设；完成碳汇造林 3.4 万公顷，林相改造 4.6 万公顷，建设带状森林 89 处，全面提升了大湾区森林资源安全。

统筹推进生态修复，促进人与自然和谐发展。实施重要生态系统保护和修复重大工程，推进"山水林田湖草沙"一体化保护修复，全面开展"绿美广东大行动"、珠三角绿道网建设、万里碧道建设、美丽海湾建设和露天矿山综合整治等工作。2016~2021 年，珠三角地区新建和提升生态景观林带 6900 公里、绿道 4200 公里以及碧道 97.79 公里，实现每万人城乡绿道长度 2.26 公里。截至 2020 年，深圳茅洲河、珠海天沐河、佛山东平水道、东莞华阳湖等一批具有较大影响的碧道试点建设全面完成。《广东万里碧道总体规划（2020—2035 年）》提出，至 2022 年，珠三角地区将建成碧道 3645 公里，占全省总长的 65%，将形成六条特色生态廊道，将北部生态屏障和南部蓝色海洋相连通。2021 年，珠三角地区的森林覆盖率达 51.73%，森林面积达 282.86 万公顷，主要建成区域绿化覆盖率达 45.95%。[1] 也是在这一年，珠三角正式通过验收，建成我国首个国家森林城市群，"城在山水中、家在花园里"已经成为大湾区众多城市生态秀美的现实写照。

统筹推进海洋环境保护，美丽海湾建设取得积极成效。大湾区污染物浓度持续下降，2017~2020 年，珠江口海域入海河流断面的氨氮浓度大幅下降 79.6%，总氮浓度下降 32.4%。湾区水质加快改善，至 2019 年，大鹏湾、广海湾的海水水质已经达到或优于第三类标准。[2] 至 2021 年，大湾区已建成 3 个国家级海洋生态文明建设示范市（县、区），包括惠州市、珠海横琴新区和深圳大鹏新区；惠州考洲洋"美丽海湾"建设试点也已启动。

---

[1] 周欢：《绿色变革，拥抱蓝天碧水青山》，《南方日报》2021 年 12 月 28 日。

[2] 王秀明、赵鹏、刘谓承等：《构建人与自然生命共同体的粤港澳大湾区实践及其启示》，《当代中国与世界》2021 年第 3 期。

（二）坚持标本兼治，生态环境质量迈上新台阶

粤港澳大湾区各城市"治标"与"治本"结合，既下大力气、用"攻坚战"方式集中解决人民群众反映强烈的突出生态环境问题，又从"治本"上下功夫，不断提升生态环境治理能力，促进大湾区生态环境质量迈上新台阶。

大气环境质量领跑先行，"湾区蓝"享誉全国。珠三角地区以 AQI 达标率、PM2.5 和臭氧协同控制为核心，从源头削减挥发性有机物和氮氧化物排放，精准治理重点领域、重点行业污染排放突出问题，强化污染天气应急应对。纵向对比来看，大湾区大气主要污染物浓度年均值整体呈现下降态势，2006~2020 年，"粤港澳珠江三角洲区域空气监测网络"测得的二氧化硫、二氧化氮、PM10 的年平均值分别下降了 86%、43% 和 49%，2020 年 PM2.5 平均浓度比 2015 年下降 31%，优于世卫组织第二阶段标准（见图 1）。横向对比来看，在全国三大城市群中，珠三角城市群的空气质量总体上明显优于长三角和京津冀城市群。2020 年 1~12 月，长三角地区 41 个城市、京津冀及周边地区"2+26"城市空气平均优良天数比例分别为 85.2% 和 63.5%，珠三角 9 个城市平均优良天数比例高达 92.9%。2021 年 1~12 月，在全国 168 个重点城市空气质量排名前 20

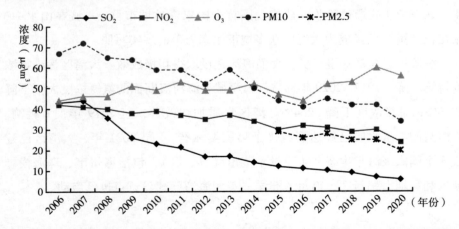

图 1　2006~2020 年粤港澳珠江三角洲区域空气监测网络污染物浓度年平均值趋势变化

资料来源：《粤港澳珠江三角洲区域空气监测网络 2020 年检测结果报告》，广东省生态环境厅网站，2021 年 6 月。

位城市中,珠三角地区有 5 市榜上有名,上榜数量领先其他两大城市群。深圳、惠州和珠海三个城市更是跻身全国十佳。

水环境质量持续改善,保障百姓喝上放心水。水环境问题一直是大湾区及广东环境综合整治的"顽疾",是人民群众反映强烈的突出难题。针对茅洲河、淡水河、石马河、东莞河及广佛跨界河流等重点流域水环境治理难题,广东采取"一盘棋"方式治水,打破治理碎片化困局,形成了"以流域为体系、以网格为单元"的联防联治和分级系统治理体系,建立起粤港合作"流域+区域"跨市治理机制,跨界河流水生态和水环境发生根本好转,跨市河流断面水质达标率超过 80%,再现"水清岸绿、渔鸥翔集"生动美景。其中,茅洲河整治成为督察整改见成效的典型,获得中央督察办高度肯定。2020 年,珠三角地区城市集中式饮用水水源达标率为 100%,建成区黑臭水体全面消除。其中,惠州、中山、江门和肇庆四市水质全优。2020年,肇庆市国考断面水环境质量状况排名全国前 30 位,东莞、惠州改善幅度居全国前 10 位。2020 年,珠三角河网区省考断面水质优良率为 82%,同比上升 18 个百分点,Ⅳ 类和 Ⅴ 类占比分别为 16% 和 2%,同比分别下降 10个和 2 个百分点,全面消除劣 Ⅴ 类断面。珠海市全力推进黑臭水体整治和流域综合整治,海洋生态环境持续改善,2021 年珠海珊瑚礁保护情况初步调查报告显示,珊瑚礁区域水质状态良好,珠海全市平均珊瑚覆盖率较几年前也有一定提升。2020 年,香港海水水质指标整体达标率为 86%,香港河溪水质达标率多年稳定在 90% 左右。

着眼于"治本",持续提升大湾区固废减量化、资源化、无害化水平和处理能力。珠三角以"无废城市"建设为重点,在村镇、社区和机关单位全面开展垃圾分类回收管理。2018~2021 年,大湾区固废利用处理能力增长超过 50%,截至 2021 年,共已建成超过 40 座垃圾焚烧综合处理设施,日处理能力达到 7 万吨,已全面实现固体废物无害化处理。[①] 同时,针对疫情防

---

① 吴国增、林奎:《粤港澳大湾区绿色发展环境策略研究》,中国环境出版社,2021,第 180~
183 页、第 220~224 页。

控的环境保护工作持续加强，对医疗废弃物的产生、运输、处置实施全过程监管，加密检测相关的废弃物和废水，确保医疗废物 100% 及时收集处理和医疗废水 100% 监控到位。香港环境署统计数据表明，2020 年，香港地区固体废物弃置总量为 539 万吨，每日平均量为 14739 吨，比上年减少 5.7%。与此同时，随着社区回收网络不断拓展和各项减废回收措施加强，香港都市固体废物中回收循环再利用总量达到 23 万吨，比 2019 年增加 11%。

（三）坚持结构驱动，绿色低碳发展方式日益深化

2021 年，粤港澳大湾区继续推进产业结构调整和能源结构优化，在"技术效应"边际递减的情况下，向"结构效应"拓空间，加快释放"结构效应"在经济社会绿色低碳转型中的重要驱动作用，通过结构优化驱动生产和生活方式加快向绿色低碳转型。

持续推动产业绿色低碳转型升级，绿色产业体系加快形成。粤港澳大湾区以 0.6% 的国土面积承载了全国 5% 的人口，创造了全国 12% 的 GDP 总量。2020 年，珠三角第二产业和第三产业占全省比重均超过 80%，第三产业占比从 2019 年的 83% 提升至 2020 年的 83.4%，先进制造业和高技术制造业增加值占比分别达到 58.5% 和 35.7%。珠三角污染密集型产业占比从 2018 年的 18.18% 降低至 2020 年的 17.82%。与此同时，支撑生态环境质量持续改善的节能环保产业发展趋势强劲，2019 年，广东省环保产业营业收入达到 3000 亿元，位居全国第二，2015~2019 年的年均增长率接近 15%，并在广州、深圳、珠海等大湾区主要城市形成节能环保产业集聚区。① 目前，粤港澳大湾区已初步形成以新材料、新能源、农业产品、电子加工等为主的珠江口西岸技术密集型产业带，以互联网、人工智能、科技创新等新兴产业+高科技为主的珠江口东岸知识密集型产业带，联系紧密、优势互补、分工合理的产业格局正加快形成。

---

① 郑玮：《粤港澳大湾区生态报告：以海上风电为核心推动能源转型，发挥科创优势破局生态超载困境》，《21 世纪经济报道》2021 年 11 月 10 日。

加快推进能源生产和消费革命，能源消费结构持续向清洁化和低碳化迈进。2020 年，粤港澳大湾区清洁能源电力供应占比超过 60%，珠三角九市清洁能源装机容量达到 5414 万千瓦，同比增长 11.2%，占总装机容量的63.8%。① 2020 年，粤港澳大湾区电力及其他非化石能源占比增加至26.3%，较 2010 年提高 6.6 个百分点。在清洁能源快速发展的同时，能源集约节约利用在较优水平上继续提升。在全国范围内，珠三角地区、香港、澳门单位 GDP 能耗均处于"高收入—高能效"象限（见图 2）。2020 年，珠三角九市单位 GDP 能耗在 2018 年的基础上平均再降低 5.87%，相比全省平均降低水平高出 1.2 个百分点；单位工业增加值能耗在 2018 年的基础上平均再降低 7.84%，相比全省平均降低水平高出 3.84 个百分点。2015～2020 年，珠三角地区单位工业增加值能耗平均降低幅度总体高于全省平均水平，显示出大湾区工业正向绿色低碳方向加速转型。

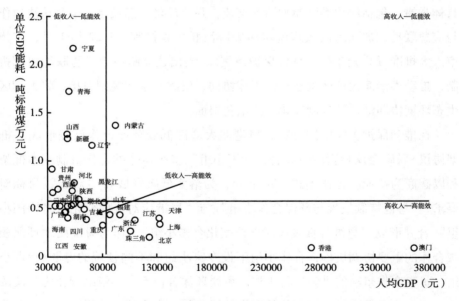

图 2　2020 年全国各省区市人均收入与单位 GDP 能耗关系

---

①　贾政、杨志勇、王雅倩：《2020 年粤港澳大湾区清洁能源电力供应占比超过 60%》，《广州日报》2021 年 11 月 26 日。

（四）坚持协同共治，生态环境治理体系不断健全

粤港澳大湾区持续开展生态环境共建共享共治探索，共同推进区域大气污染联防联治、推动重点跨界流域水质环境改善、建立跨区域环境质量监测网络、制定区域环境标准体系等，区域生态环境保护协同机制不断完善。

在法规制度体系完善方面，粤港澳三地生态环境领域持续深化交流合作，先后签订了《粤港环保合作协议》《粤澳环保合作协议》《港澳环境保护合作协议》等双方、多方环保合作协议，共同编制实施共建优质生活圈专项规划等。2020年底，《粤港澳大湾区生态环境保护规划》编制完成，成为指导大湾区生态环境建设的纲领性文件。《广东省生态文明建设"十四五"规划》进一步明确了建立健全粤港澳大湾区生态环境保护协作机制的具体举措，包括深化粤港澳大湾区交流，强化环境信息共享、监测执法协作与应急联动，加强跨区域跨流域污染防治联防联控等。2022年1月，广州市人大批准《广州市生态环境保护条例》，提出建立跨区域联防联治协调机制，推动粤港澳大湾区生态环保工作协同、资源共享和规则对接，将大湾区生态环境协同治理纳入制度化、法治化层面。

在推动保护主体协同方面，粤港澳大湾区低碳环保合作已经形成"框架协议+联席会议+合作小组/合作专责小组"多级运作的合作机制基本框架和以磋商为特征的合作模式。2019年，为落实低碳发展和"双碳"目标新要求，"粤港持续发展与环保合作小组"与"粤港应对气候变化联络协调小组"合并形成"粤港环保及应对气候变化合作小组"，作为粤港两地环保领域合作的重要协调机构，合作小组下设专家小组和不同领域的专题/专责小组，负责合作事项的具体执行工作。粤澳环保合作专责小组继续作为粤澳两地环保合作的重要机构履行相关职责。近两年，受疫情防控影响，粤港和粤澳合作小组年度会议均以视频方式召开。同时，珠海和澳门共同成立的珠澳环保合作工作小组也定期召开年度工作会议，共建珠澳生态良好优质生活圈（见表1）。

表1 2019年以来粤港澳大湾区生态环境协同治理的主要历程

时间	协同主体	事件与进程
2019年2月	粤港澳	《粤港澳大湾区发展规划纲要》印发实施
2019年12月	粤港	粤港环保及应对气候变化合作小组第一次会议召开
2020年10月	粤港澳	《粤港澳大湾区生态环境保护规划》编制完成
2020年10月	珠澳	2020年珠澳环保合作工作小组会议召开
2020年11月	粤港	粤港环保及应对气候变化合作小组第二次会议召开
2020年12月	粤澳	2020年粤澳环保合作专责小组会议召开
2021年10月	广东省	《广东省生态文明建设"十四五"规划》印发实施,提出建立健全粤港澳大湾区生态环境保护协作机制
2021年11月	珠澳	2021年珠澳环保合作工作小组会议召开
2021年12月	粤港	粤港环保及应对气候变化合作小组第三次会议召开
2022年1月	粤澳	2021年粤澳环保合作专责小组会议召开
2022年6月	广州市	《广州市生态环境保护条例》正式实施,首次在地方法规中明确推进粤港澳大湾区生态环境保护合作

资料来源:笔者根据公开信息整理。

在合作领域和内容方面,粤港澳在改善珠江三角洲区域空气质量、水环境保护、林业生态建设、海洋资源保护和应对气候变化等领域继续深化紧密合作,以环境设施建设、环保资金投入、科学研究和环境监测等为主要内容深入开展常态化合作共建。在改善空气质量合作方面,粤港双方积极落实《珠江三角洲地区空气质素管理计划》及跟进各项污染防治措施的进度和成效,为落实在粤港澳珠江三角洲区域空气监测网络加入挥发性有机化合物常规监测的建议,广东省和香港分别计划增加监测点至4个和3个,第一批监测点于2021年12月试行。在推进生态环境保护方面,粤港继续就森林和湿地等自然保护区的建设、管理、保护、人员培训和宣传教育等深入交流和加强合作。在保护和管理海洋环境方面,粤港共同探讨监测海上垃圾及处理海上环境事故的技术和方法,双方依托合作的"海上垃圾通报警示系统",至2021年10月,启动通报暴雨或重大环境事件共28次,为大湾区内各地各部门及时应对提供重要决策依据。在推动绿色生产方面,自2008年起开展的"清洁生产伙伴计划"是粤港两地环保合作的

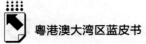

重要内容，10多年来共资助超过3590个项目，以鼓励其采用清洁生产技术实现节能和减少污染排放。2021年度，经两地共同认定的"粤港清洁生产伙伴"标志企业达到174家。

二 粤港澳大湾区绿色低碳发展面临的问题与挑战

粤港澳大湾区是我国开放程度最高、经济活力最强的区域之一，同时也是我国人口密度最高、经济密度最大、资源环境负荷最高的城市群之一。作为世界级城市群，粤港澳大湾区生态环境质量与国内其他主要城市群相比处于优势地位，但从世界范围来看，与纽约、旧金山和东京等国际湾区相比还有不小差距，生态环境短板问题仍然突出。粤港澳大湾区历经长期的追赶型和压缩式工业化进程，以及快速的城镇化过程，相当一部分区域的资源环境承载能力已接近或者超越上限，面临工业化进程持续加深和生态环境负荷超载的双向压力。同时，粤港澳三地"一国两制三法域"的特征也给生态环境协同治理带来不小挑战，推动大湾区绿色低碳发展的合力仍有待进一步凝聚。

（一）存在的问题

一是生态环境质量与世界一流仍存差距。以大湾区生态环境领域较优的大气环境质量为例，尽管珠三角城市群PM2.5浓度优于全国其他主要城市群，但仍是旧金山、纽约和东京湾区的2倍多，香港、澳门、深圳、广州等大湾区主要城市PM2.5浓度与日本东京、美国华盛顿、英国伦敦、西班牙马德里等国际城市相比仍高出50%以上（见图3）。大湾区臭氧问题日益显现，2019年，臭氧占空气污染物比重达64.1%，臭氧未达标城市有7个，均位于珠三角地区。同时，珠三角地区河网地带还存在不少黑臭水体。此外，粤港澳大湾区南部海岸带保护与开发之间的矛盾凸显，工业企业、旅游开发、港口码头等建设项目侵占自然岸线，致使大湾区的自然岸线保有率从

1973 年的 90% 下降至 2016 年的 34.5%。① 近 40 年来，大湾区内的红树林、珊瑚礁、海草床等陆海交错带典型的生态系统受到不同程度损害，沿海红树林面积总体下降了 72.1%。②

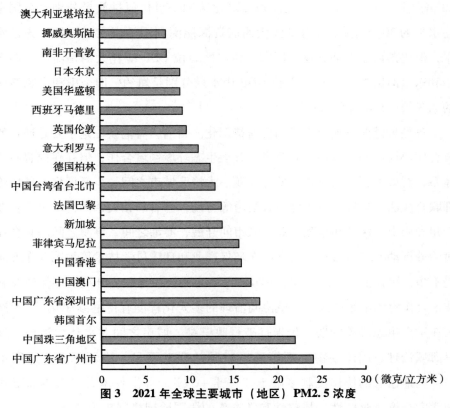

图 3　2021 年全球主要城市（地区）PM2.5 浓度

注：中国珠三角地区为 2020 年数据，广州市、深圳市数据来自相关统计资料，其他数据来自瑞士空气质量技术公司（IQ Air）发布的《2021 年全球空气质量报告》。

二是资源环境承载力接近极限，资源能源利用效率有待提升。粤港澳大湾区人口密集，资源环境承载力面临较大压力，珠三角地区面积占全省的

---

① 黄报远、卢显妍、陈桐生等：《粤港澳大湾区协同推进经济高质量发展和生态环境高水平保护的对策研究》，《环境与可持续发展》2020 年第 3 期。
② 广东省人民政府、国家海洋局：《广东省海岸带综合保护与利用总体规划》2017 年 11 月。

30.5%，但承载了全省55.6%的人口，贡献了全省80.2%的GDP，单位面积主要污染物排放量是全国的4~7倍。大湾区不少城市资源环境负荷较大，其中，深圳市单位国土面积化学需氧量和氨氮排放量分别是全国平均水平的20倍以上，东莞市单位国土面积二氧化硫和一氧化氮排放量分别是全国平均水平的30倍左右。① 粤港澳大湾区资源能源利用效率在全国处于先进水平，但仍落后于大部分发达国家。大湾区单位GDP能耗大约是纽约、旧金山和东京湾区的2~3倍，单位GDP用水量分别是纽约、旧金山和东京湾区的3.3倍、1.8倍和1.9倍。②

三是粤港澳三地合作机制仍有待深化。目前，粤港澳三地主要是通过签署合作协议、制定专项规划等形式开展生态环境领域合作，但存在内容不成体系、约束力弱、执行效率低等问题。大湾区城市之间较少开展生态环境治理联合执法、环境应急事件联合演习等行动，已有的相关共同行动也主要在广州和佛山、深圳和东莞等邻近城市间开展，粤港之间、粤澳之间的联合环境治理行动不多。另外，大湾区在环保产业和环境科学技术等领域合作方面仍不多，统计数据显示，2000~2019年，粤港澳三地联合开展的环保产业和技术合作每年不足2次，环境协同治理的多元化程度有待继续深化。③ 大湾区在重点生态环境问题上仍未打破行政壁垒，城市之间对水环境治理、近岸海域治理、固体废物处理等环境难题的联动不足、协调不够、力度不一；三地已有的协作机制多限于"一事一议"，合作载体大多为协商形式的联席会议，整体性、战略性和常态化的协同治理机制较为缺乏。

（二）面临的挑战

一是发展阶段差异带来的治理模式挑战。粤港澳三地处于不同经济发展

① 万军、李新、关杨、秦昌波：《坚持共保共享绿色发展 建设粤港澳美丽大湾区》，《环境保护》2019年第7期。
② 陈鹏：《粤港澳大湾区建设绿色发展湾区路径研究》，《环境保护与循环经济》2021年第11期。
③ 许堞、马丽：《粤港澳大湾区环境协同治理制约因素与推进路径》，《地理研究》2020年第9期。

阶段，工业化进程和产业结构的差异较大，导致三地环境污染来源不同，面临的阶段性生态环境问题不同，因此采取的生态环境治理手段和模式也不相同。珠三角仍处于工业化中后期，环境污染主要来自工业生产排放，因此环境规制对象主要是工业生产部门。而香港、澳门已经进入后工业化时期，主导产业为金融、商贸、物流和博彩等服务产业，环境污染排放主要来自交通、服务业和居民生活。因此，香港、澳门两地环境治理的主要对象是第三产业，面临的治理对象和任务与珠三角存在较大差异，需要在协同治理的过程中采取差异化的治理模式。

二是规则标准不统一带来的协同治理挑战。粤港澳三地环境标准与规则不统一，对于同一类监管对象，粤港澳三地监测的污染物类型、监测方法、限值标准等都有所不同。另外，三地的环境标准也不一致，澳门的污染排放标准主要参考中国内地以及欧美等国家，与珠三角标准存在差异；香港的环境标准相当一部分直接采纳国际标准，部分参照欧洲和日本标准。[1] 例如，针对火电厂排放的限制，粤港澳三地监测控制对象都包括二氧化硫、氮氧化物和颗粒物，广东还对燃煤锅炉的汞及其化合物和烟气黑度进行监测控制；在监测方法方面三地也没有可比性，广东针对火电厂排放有 5 种方法，澳门只参考了其中 1 种，而香港则没有明确规定监测方法。香港、澳门饮用水质量标准分别采用世界卫生组织推荐标准和欧盟水质标准，珠三角则采用《生活饮用水卫生规范》，环境标准的不统一给粤港澳三地协同治理带来了不小阻碍。

三是行政体制差异带来的合作治理挑战。粤港澳三地属于一个国家，执行两种制度、拥有三种不同的法律体系，三地在司法协助、司法制度和执法模式等方面存在巨大差异。粤港澳三地没有严格界定各自在珠江口管辖的水域、陆域，这就可能造成环境执法过程出现漏管缺位现象，甚至造成冲突。三地仍未签订相关刑事司法协助协议，在司法制度和执法模式等方面也存在

①　许堞、马丽：《粤港澳大湾区环境协同治理制约因素与推进路径》，《地理研究》2020 年第 9 期。

较大差异，给执法标准、执法程序，以及从执法监管到司法移交等环节的协同联动带来了挑战，不利于形成打击环境违法犯罪行为的合力。

三 建立协同推进粤港澳大湾区绿色低碳发展的相关机制

粤港澳大湾区是我国诸多生态环境保护政策创新的策源地、试验田。推动大湾区经济高质量发展和生态环境迈向世界级水平，需要对标国际三大湾区，立足大湾区"一国两制三法域"的独特性，创新环境保护政策机制，建立和完善大湾区绿色低碳发展的统筹协同机制、共保共享机制、市场激励机制、社会参与机制和动态评价机制，不断深化粤港澳生态环境保护互利合作，共同改善生态环境质量，率先实现生态环境治理体系和治理能力现代化。

（一）完善统筹协同机制

一是目标协同。推动成立粤港澳大湾区生态环境保护合作委员会、执行委员会，加强对生态环境建设重大合作事项的统筹部署、推进落实，共同打造大湾区绿色低碳发展共同体。对照国际一流水准，考虑粤港澳三地资源禀赋差异、发展阶段差异和制度理念差异，充分衔接大湾区生态环境现状、发展目标，商议确立方向一致、分类指导的生态环境治理目标，做到"长期目标一致，短期任务不同"。短期目标应立足于共同破解制约大湾区绿色低碳发展和生态环境质量进一步提升的阻碍和难题；中期目标应通过继续深化能源结构调整和产业结构优化来实现大湾区生产方式和生活方式的绿色低碳深度转型；长期目标立足于建立高水平生态环境治理体系，形成现代化生态环境治理的长效机制，持续提供多元化、高品质的生态环境产品。

二是政策协同。在能源政策、产业政策和技术政策等方面加强协同。在大湾区范围内合理布局清洁能源基础设施，有序发展海上风电、储能、氢能、光伏、天然气、分布式能源等清洁能源。充分发挥大湾区科技创新产业集聚优势，大力发展节能环保产业，加快绿色清洁低碳技术创新和推广应用，提高节能环保产业整体竞争力，打造若干清洁技术和新能源产业基地。加快构建具备大湾区特色的绿色低碳技术创新体系，研究制定大湾区绿色低碳技术推广目录，为绿色低碳技术创新提供指引，推动绿色低碳技术创新成果转化示范应用，提高转化效能。积极探索建立保障产业链安全和区域协调发展的生态环境治理创新型制度安排。

三是标准协同。与国际通行规则接轨，向国际先进标准看齐，逐步构建相对一致的环境执法和监管体系、环境技术和环境质量标准体系，为生态环境建设的协同共治提供制度支撑。推动大湾区率先在大气环境领域建立与国际接轨的标准体系，统一珠三角与港澳在车油路港船污染排放等方面的环境标准，探索推进车用油品和船舶用油标准衔接并轨；协调海域排污、供水水质管理，探索制定珠江口入海河口水质标准，逐步统一地表水、近海海域主要污染物的监测方法与评估标准；加强珠三角与香港、澳门两地环保相关从业人员资质的互认，环保设备与绿色产品标准等领域的对接；协同进出口商品环境管制，强化危险废弃物的跨境转移监管。

（二）建立共保共享机制

一是加强生态环境管理信息共享。进一步完善粤港澳大湾区空气监测网络体系，建立和完善流域水质监测、海洋环境管理等信息共享平台与预警应急体系，推动大湾区城市间的生态环境执法协作、信息共享与应急联动。探索实施大湾区范围内统一标准的企业环境信用评价和环境违法企业"黑名单"制度，定期公布大湾区企业信用评价结果和黑名单。探索建设粤港澳"互联网+"环境监管与综合服务平台、粤港澳环境资源共享中心，建设智慧环保体系，实现粤港澳大湾区生态环境质量、自然资源、污染源、环境监察执法等各类生态环境数据的高度共享。

二是促进环保基础设施共建共享。统一对大湾区范围内的重大环保基础设施进行空间规划与布局，促进环保基础设施的最优配置，最大限度地提高其使用效率。积极推动区域性重大环保基础设施建设，鼓励粤港澳三地通过"资金+项目+技术"的形式，构建环保基础设施共建共享与生态环境共治的

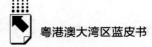

新模式。积极拓展三地在环境保护科技和节能环保产业领域的交流合作，依托大湾区相关高等院校、科研院所，建设若干跨地区的生态环境治理科技创新平台载体。

三是完善责任共担、利益共享机制和生态补偿机制。加强对大湾区生态环境建设的科技支持和资金投入，探索建立粤港澳大湾区生态文明建设基金（或粤港澳大湾区绿色发展基金），采取专业化管理、公司化运作方式，发挥财政资金的引导作用，采用股权投资、基金注资等方式吸引社会资本投入，为解决大湾区生态环境建设领域的重大问题提供资金保障。建立科学合理的补偿机制，建议从水环境、固体废弃物、生活垃圾等重点领域率先开展生态补偿试点示范，合理确定生态补偿的方式，确保将生态补偿费真正惠及周边的居民；充分考虑环境治理、生态保护和经济发展的机会成本，确定科学合理的生态补偿费征收标准。构建纵向补偿与横向补偿相融合、货币补偿与实物补偿相协调、财政转移与市场机制相统一，体现湾区实际、彰显湾区特色的生态补偿制度。

四是完善环保合作法制体系。借鉴纽约和旧金山湾区法治管理经验，推动粤港澳三地政府签订区际冲突法协议或联合环境协定，通过立法程序设定限制性条款来解决区际冲突，为环境领域的法律纠纷提供解决依据。完善环境联合执法机制，探索建立粤港澳环境联合执法常设机构，赋予其一定区域环境执法权和管理权，使其拥有一般行政区域的环境执法权和冲突情况下的环境执法权，以此推动环境执法效率提升。

（三）健全市场激励机制

一是大力发展节能环保产业。充分发挥粤港澳三地现有节能环保产业规模大、门类全的基础优势，在大湾区打造一批规模效益显著、专业特色鲜明、综合竞争力强的节能环保产业集群。优化节能环保产业的区域布局，推动大湾区形成以总部基地和创新技术研发为核心的产业集聚区，在粤东西北地区形成以资源综合利用为主的产业集聚带。建设新型的"科技＋节能环保"产业生态系统，以赶超思维和跨越方式着力发展重大节能环保装备制造，重点突破重大节能技术装备、重大环保技术装备及先进节能环保新材料等。借助"互联网+资源回收"等新模式，进一步促进资源循环利用、产业集约化规范化发展。加快推进节能环保服务模式创新，培育新业态，拓展新领域，提高服务专业化水平，在节能管理服务、环境污染第三方治理、环境监测和咨询服务等重点领域培育一批领军企业。

二是建设统一的大湾区碳交易市场。在广东、深圳碳排放权交易试点的基础上探索建立粤港澳大湾区碳排放权交易市场，充分借鉴广东、深圳两个全国碳交易试点积累的丰富经验，依托大湾区成熟的市场体系，构建大湾区统一的碳排放数据信息统计与报送、碳市场交易、碳资产定价等市场制度体系和技术标准体系。试点推进大湾区统一的碳排放权交易信息平台，建立规则统一、产品丰富、主体多元、交易活跃、风险可控的区域性碳排放权交易市场。积极发展低碳衍生产业，使其成为大湾区新的经济增长点，探索设立具有大湾区特色的碳普惠金融产品。

三是积极发展绿色金融。粤港澳大湾区是绿色金融领域探索的改革创新试验区、国际金融中心、科技创新聚集地，具备发展绿色金融的基础。建议在大湾区推广广州绿色金融改革创新试验区的成功经验，适时推动试验区升级扩容，扩大试验区辐射影响范围。重点依托大湾区绿色金融联盟，继续推进绿色金融产品标准、监管规则等在大湾区对接、互认，鼓励珠三角企业赴港澳发行绿色债券，继续推进金融机构环境信息披露试点。搭建珠三角和港澳绿色金融交流合作平台，共同完善绿色金融政策体系，构建相对统一、与国际标准对接的绿色金融标准和政策体系。鼓励粤港澳三地金融机构在绿色业务上开展互动与合作，支持珠三角积极引入港澳及国外绿色银行、基金、信托、保险等金融机构，鼓励第三方认证机构在珠三角设立总部或运营总部，鼓励港澳金融机构采取设立分支机构、联合成立合资机构等方式与内地绿色金融机构开展实质性合作。

（四）构建社会参与机制

一是建立多层次交流合作网络。鼓励多层次的合作交流，构建包括政界、商界（相关企业、行业协会）、学界（科研院所、智库）、社会公众等在内的大湾区绿色低碳发展合作交流网络。成立由粤港澳三地相关专家、企业家代表、公众代表组成的生态文明建设或绿色低碳发展政策咨询委员会，为大湾区生态环境建设领域重大政策制定、重大工程项目实施等提供专业咨询。在行业层面，成立粤港澳大湾区绿色低碳发展促进会等社会组织，搭建企业、科研机构、第三方组织、公众等合作交流平台。发挥广东省碳普惠制试点工作的基础优势，联合香港、澳门两地的企业、研究机构、行业协会，成立"粤港澳大湾区碳普惠创新发展联盟"，促进形成区域性碳普惠自愿减排机制和市场。

二是畅通公众参与渠道。建立大湾区生态环境合作信息公开制度，畅通公众意见反馈渠道，充分调动公众在规划编制、基础设施建设和环境治理等方面的决策参与，强化媒体和公众的监督效用。加强粤港澳三地生态环境领域智库之间的合作交流，积极创造条件，支持三地科研院所、高校、智库等就粤港澳大湾区绿色低碳发展领域的重要议题开展联合攻关，就大湾区生态环保技术、政策等领域进行对话交流，鼓励和支持粤港澳三地青少年开展环境教育的交流合作，定期共同举办生态环境宣传教育展，拓展公众参与生态环境保护的渠道。

三是强化环境宣传教育。定期组织召开粤港澳大湾区生态环境建设主题的新闻发布会、新闻通气会和媒体见面会，主动发布大湾区生态环境保护相关工作进展和成效。鼓励环境公益组织面向不同群体开展形式多样的环境宣传教育活动，让践行绿色消费、绿色出行、垃圾分类等绿色低碳生活方式深入人心。鼓励支持大湾区生态文化、绿色文化主题的作品创作，鼓励港澳和内地文化艺术界以形象大使等身份积极参与美丽湾区建设，加强生态环境相关宣传产品的制作和传播推广。

（五）实施动态评价机制

一是规范数据统计口径。逐步规范粤港澳三地资源、能源、环境、生态等重点数据的统计，协调生态环境、统计、工信、发改、水利、农业、住建等部门，推进统计口径的一致性。

二是建立评价规则。研究制定粤港澳大湾区绿色低碳发展动态评价细则、方法界定、数据采集、质量保证、争议解决等规则，充分利用专家团队和专业协会的优势，不断完善评价方法，提高评价的科学性与可靠性。

三是开展第三方评价。通过公开招标等形式，聘请专业机构负责数据采集、测评和结果分析等工作，保证结果的客观公平性和相对独立性。

四是强化结果运用。通过官方网站、新闻媒体等渠道公开评价结果，收集社会公众和相关利益主体对指标评价的意见与建议。根据社会公众、相关利益主体反馈的意见与建议，对评价方法等进行动态调整，让评价结果真正成为大湾区生态环境建设"补短板、强弱项、提能力"的重要依据，更好地服务大湾区绿色低碳发展决策。

B.7
粤港澳大湾区公共文化服务发展报告

严若谷*

摘　要： 2021年是"十四五"开局之年，也是粤港澳大湾区建设处在新历史起点的关键之年。粤港澳大湾区公共文化服务建设在公共文化服务布局一体化、公共文化服务水平专业化、公共文化服务供给方式多元化、公共文化服务产品数字化智能化等多个方面取得阶段性显著成效，初步形成了满足人民文化需求和增强人们精神力量相统一、开放多元的粤港澳大湾区公共文化服务供给体系。在粤港澳大湾区世界级城市群内部形成了中心城市引领、区域协同的公共文化服务发展格局。展望未来，深刻把握粤港澳大湾区公共文化服务建设的新特征、新要求，以公共文化服务建设为抓手培育促进文化消费，提高人民群众文化参与度和创造力，凝聚湾区共识、振兴湾区文化、展示湾区形象的任务依然任重道远。

关键词： 公共文化服务　文化产业　区域协调发展　粤港澳大湾区

一　公共文化服务建设的重要性

（一）优化公共文化服务资源配置，为促进粤港澳大湾区"软硬联通"提供新支撑

粤港澳大湾区公共文化服务建设不仅要满足区域公共文化布局均衡化、

---
* 严若谷，博士，广东省社会科学院文化产业研究所研究员，研究方向为文化产业与文化地理。

城乡公共文化服务一体化，更强调高水平的公共文化服务优化配置以支撑大湾区"软联通""软对接"的高质量发展、协调协同发展需要。当前，交通基础设施"硬联通"建设的有效推进，为粤港澳大湾区人员、货物、资金、信息等要素便捷、高效流动提供了基础条件。规则机制对接和"民心相通"成为世界级湾区"软联通"的重要建设内容。随着大湾区深层次一体化发展的推进，公共文化服务不仅是满足人民群众大众化、普惠化基本文化需求的供给手段，更成为粤港澳大湾区建设探索协调协同区域文化治理体制机制创新的重要一环。一方面，粤港澳大湾区公共文化服务资源配置应更加遵从于大湾区极点带动、轴带支撑的网络化空间发展格局的需要，为构建中心城市极化、重要节点城市与特色城镇协同发展的世界级城市群提供软实力支撑；另一方面，粤港澳大湾区公共文化服务体系建设应以推动香港、澳门与内地文化交流、传播、融合为导向，为保障湾区文化安全、凝聚湾区文化共识提供平台载体。

（二）提升公共文化服务供给效能，为粤港澳大湾区创新驱动发展提供新动力

随着我国经济发展，人民群众的需求更加多样化多层次，对提升公共文化产品和服务供给水平的要求更加迫切。目前，粤港澳大湾区"9+2"城市虽已达到基本公共文化服务均等化标准，但仍然存在公共文化服务无效供给、低端供给的现实难题。如部分公共文化服务场馆利用率低、公共文化活动参与率低，公共文化产品创作与湾区文化内核脱节、与民众对新时代先进文化需求不匹配等现象依然存在。应进一步从创新大湾区区域公共文化服务供给反馈机制入手，促进"需求有效促进供给—供给有效满足需求"的良性循环，[1] 以公共文化服务领域改革红利促进大湾区发展动能转换。

---

① 刘宇、周建新：《公共文化服务与文化产业的协调发展分析——基于31个省域面板数据的实证》，《江西社会科学》2020年第3期，第72~84页。

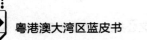

与此同时，经济发展方式转变及产业结构调整优化对公共文化服务培育、促进文化消费、拉动内需等方面提出了新的要求。相较于物质消费、商品消费，粤港澳大湾区文化领域的精神消费更需要以公共文化服务为抓手进行有意识地培育和引导。普惠性、大众化的公共文化服务在日常文化消费习惯养成、文化素养提升以及文化消费能力提升等方面具有天然优势。故而，大湾区公共文化服务供给应以中国特色社会主义先进文化、岭南优秀传统文化等大湾区共同精神家园为导向，进一步关注对公共文化产品服务中文化内涵、精神价值的凝练。

创新政府、市场、社会力量共同参与的公共文化服务体系建设是粤港澳大湾区加快制度创新、构建经济高质量发展体制机制的重要内容。大湾区市场经济活跃，各级政府在推动基本公共文化服务、履行文化职能等方面具有较好的发展基础。应在推动文化事业与文化产业协调发展方面先行先试，率先构建具有中国特色社会主义、符合湾区发展实际的现代化公共文化服务体系；在公共文化服务网络建设、文化服务资源供给与运营、人才队伍建设等领域引入新型市场参与机制，全面增强公共文化发展动力。

（三）强化公共文化服务数字赋能，为引领粤港澳大湾区智慧发展提供新场景

加快公共文化服务智能化场景应用、推动公共文化数字化转型发展是推动城市、区域智慧化跨越发展的先手棋。大湾区数字经济发展迅猛，在新一代信息技术制造、人工智能软硬件产品集成创新、数字内容生产等领域具有领先优势。公共文化数字化网络化智能化发展应当成为大湾区文化建设的重要方向。一方面，以大湾区公共文化服务数字化建设为抓手，加快推进岭南优秀传统文化资源的线上活化，加快湾区内公共文化服务平台的网上互联互通，推进虚拟现实技术在文化产品服务消费、文商旅融合、内容生产领域的深度应用；另一方面，基于公共文化领域积累的海量数据和丰富的应用场景，在规范数字经济发展、完善数字经济治理体系等方面开展先行先试。

（四）繁荣公共文化服务产品，为促进粤港澳大湾区国际文化交往创造新品牌

建设具有重要影响力的国际文化交往中心，更好地发挥港澳在国家对外开放中的功能和作用，是粤港澳大湾区文化建设的重要任务。公共文化服务产品具有公益性、低门槛特征，能够快速广泛实现大众、区域传播，在弘扬先进文化、提高社会文明程度、扩大文化传播力和影响力方面具有独特优势。大湾区公共文化发展应当进一步重视对文化服务产品精神能量、文化内涵、艺术价值的提升。加快推出高质量的优秀公共文化产品，为讲好湾区故事、塑造湾区形象、展示湾区成就、推动湾区文化共识谱写新篇章。

二　公共文化服务建设的发展概况

2021 年是我国"十四五"开局之年，更是粤港澳大湾区各项建设取得阶段性成果的关键之年。在公共文化服务建设方面，积极贯彻落实《粤港澳大湾区文化和旅游发展规划》，持续深化粤港澳大湾区文化和旅游合作，人文湾区和休闲湾区共建取得一系列新进展。

（一）完善公共文化设施网络，形成公共文化服务一体化格局

以公共文化服务体系一体化建设和多元化运营为抓手，初步形成了大湾区公共文化服务一体化格局。一是在中心城市和重要经济节点城市密集开展粤港澳大湾区重点公共文化设施布局建设，形成具有区域影响力的公共文化设施中心和综合性文化服务高地。如加快在深圳规划布局建设中国国家博物馆·深圳馆、深圳改革开放展览馆等城市文化地标，争取国家级博物馆落地深圳建设分馆。二是重视公共文化服务区域均衡发展。进一步优化大湾区公共文化服务设施网络建设，通过高标准开展公共图书馆、文化馆、文化站评估定级，推动大湾区九市公共文化基础设施建设和服务走在全国前列。三是

进一步创新公共文化设施运营管理模式，更广泛利用社会资源办馆，不断提升服务质量。以建立剧院、博物馆、美术馆、公共图书馆湾区公共文化服务机构联盟为抓手，深化公共文化服务社会化发展，激活公共文化发展活力，大湾区公共文化服务水平得到进一步提升。

（二）加强文化遗产保护利用，进一步凝聚大湾区文化共识

深入推进粤港澳大湾区文化遗产保护传承工程，通过开展大湾区文化研究和推进大湾区优秀岭南文化创造性转化、创新性发展，不断夯实湾区人文精神。一是以点—线—面相结合的形式，对大湾区重要文化自然遗产进行系统性保护。持续性推进对粤港澳大湾区历史文化街区、名镇名村、名人故居、红色历史文化资源的梳理、认定以及统筹保护开发工作。二是以"非遗在社区"为抓手，促进非文化遗产在城市社区传承传播，推动形成保护传承非遗的浓厚氛围，赓续城市历史文脉。支持代表性传承人开展记录、展演、研究活动。实施传统工艺"振兴"计划，以工作站为抓手，探索传统工艺产业化发展道路，不断提升传统工艺传承和再创造能力，推动传统工艺广泛应用于现代生活，更好地满足人民群众消费升级需要。同时，依托重要文化和自然遗产日、传统节会，与港澳地区合作举办文化遗产展演活动。三是重视文化遗产的数字化保护，持续性开展大湾区文化遗产数字图书馆、数字化资源活化复原工程。

（三）深化文化培育交流互鉴，提升湾区文化影响力传播力

支持大湾区文艺繁荣，广泛开展湾区文化交流，并在优秀文化产品海外传播与输出等方面持续发力，大湾区世界文化影响力和传播力持续提升。一是在文艺创作发展方面，创新提出"复排演出经典剧目、推广演出当红剧目、创排演出新创剧目"的"三条线"政策体系，围绕大湾区共同的文化价值内涵，打磨提升《深海》《红头巾》《红流澎湃》《我的祖国》《岭南秋雨》等一批反映时代新气象、讴歌人民新创造的文艺精品。二是以活动促交流，举办了粤港澳大湾区文化艺术节、粤港澳大湾区文化遗产

研讨会、粤港澳大湾区艺术精品巡演、粤港澳青年文化之旅等上百场交流活动。粤港澳大湾区文化艺术节，已成为具有世界知名度的大湾区经典文艺节目，在用艺术形式讲好中国故事、湾区故事，凝聚湾区文化共识等方面形成了品牌影响力。三是在湾区文化"走出去"方面，鼓励中心城市举办具有世界影响力的文艺、文化、文创、文产交流活动。积极利用深圳文博会、深圳国际摄影大展等国际性文化交流活动，提升文化活动规模与品牌影响力。以中心城市如深圳"世界表演艺术年会""世界歌剧论坛"等国际性文化旅游节庆、论坛等活动为契机，结合粤港澳大湾区建设和"一带一路"倡议，创设相关主题活动，实现更多国际及港澳文化艺术人士的交流借鉴。

（四）优化文旅产品服务供给，大湾区优质生活圈形态初显

注重公共文化服务、大湾区文化遗产保护与休闲湾区建设的统筹联动、区域联动，助推大湾区宜居宜业宜游优质生活圈建设向更高水平迈进。一是进一步优化供给结构。大湾区各地围绕历史文化遗产、滨海旅游、邮轮游艇旅游、美食文化等文化资源不断开发特色产品，丰富文化和旅游产品供给。继 2020 年公布首批 27 条粤港澳大湾区文化遗产实体游径后，2021 年新增西学东渐文化遗产游径、近代商埠开放文化遗产游径和非物质（粤剧）文化遗产游径三大主题共 16 条实体游径（见表 1）。初步实现了大湾区文化和旅游资源有效串联。同时创新发展邮轮产业，探索粤港澳大湾区"一程多站"特色旅游业项目，其中"大湾区一号"的"港珠澳大桥航线"和"深圳湾航线"已成为观赏大湾区都市魅力景观的知名品牌。二是重视文旅深度融合。按照"宜融则融、能融尽融，以文促旅、以旅彰文"的总体工作思路，活化非遗资源，探索非遗与旅游融合发展，不断增强岭南非遗的生命力和传承活力。三是进一步强化监管。深入推进《粤港澳大湾区"9+2"城市旅游市场联合监管协议书》，有效形成粤港澳大湾区旅游市场协同共治新局面。

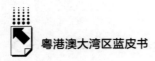

表1 2021年（第二批）粤港澳大湾区文化遗产游径名录

主题	序号	名称	游径路线
西学东渐文化遗产游径	1	广州西医东渐游径	柔济医院旧址—英国医院旧址—南华医学堂旧址—安亚药行旧址—中法韬美医院旧址
	2	广州近代工业遗产游径	协同和机器厂旧址—太古仓旧址—大阪仓旧址
	3	肇庆中西文化交流游径	仙花寺遗址—王泮生祠—崇禧塔—上清湾古村
	4	珠海"留学生之父"容闳故里游径	甄贤社学旧址—容星桥故居—容闳故居
	5	佛山康有为故里游径	康有为博物馆—康有为故居—三湖书院
近代商埠开放文化遗产游径	6	广州近代商埠游径	永安堂—东亚酒店—爱群酒店—嘉南堂—南方大厦—沙面建筑群—迪吉大押旧址—宝庆大押旧址—龙津西路骑楼
	7	佛山古镇商埠游径	酒行会馆—李众胜堂祖铺—黄祥华如意油祖铺—祖庙大街店铺
	8	佛山河口百年商埠游径	广三铁路西南三水站旧址—河口旧邮局—三水旧海关大楼
	9	江门开埠历史文化游径	江门海关旧址—新宁铁路北街火车站旧址—墟顶老街—长堤风貌街—宝和按当铺
	10	江门台山侨墟商埠游径	公益埠—冈宁墟—台城西宁市历史文化街区—台城老城中心区历史文化街区—三合温泉墟
	11	深圳观澜古墟商埠游径	观澜古墟碉楼群—南门街—公益酒家
	12	东莞近代商埠贸易游径	大西路骑楼群—中兴路骑楼群—中山路骑楼群
	13	惠州水东骑楼商埠游径	东湖旅店—镇记号—水东街骑楼群
	14	香山近代商业游径	中山永安公司旧址—思豪大酒店旧址—汇丰公司旧址
非物质(粤剧)文化遗产游径	15	广州粤剧名伶纪念游径	千里驹旧居—銮舆堂—八和会馆
	16	佛山粤剧故乡游径	万福台—兆祥黄公祠—太上庙—经堂古寺

资料来源：广东省文化和旅游厅公开数据。

三 公共文化服务建设的主要特点

（一）大湾区公共文化服务建设与文化产业协同发展

公共文化服务与文化产业有着密切联系，二者相互渗透，是文化建设的一体两翼。公共文化服务体系建设为文化产业发展提供了大量的文化资源和完善的文化基础设施，在培育文化消费市场的同时拓宽了文化资源的产业化道路；[①] 文化产业发展为公共文化服务体系建设提供了物质条件保障，提升了文化产品的生产、贮存、流通及分配能力。[②] 粤港澳大湾区公共文化服务与文化产业的协调、融合发展有利于推动文化经济系统内多个要素的耦合联动，对于大湾区世界级城市群发展和人文湾区建设具有积极影响。基于协调度评价，大湾区公共文化服务建设与文化产业协调发展呈现以下新特征。

1. 公共文化适度超前助推大湾区文化产业规模增长

对比 2010 年、2018 年粤港澳大湾区城市公共文化资源数量与文化产业经济规模耦合度分析，以城市为地域单元的公共文化服务建设对于推进地区文化产业发展发挥了积极促进作用。经过"十二五""十三五"时期，大湾区公共文化资源丰盈度与文化产业经济规模同步上升。截至 2021 年底，大湾区广东九市拥有博物馆 446 个、图书馆 1287 个、文化馆 1606 个。[③] 公共文化服务供给与文化产业发展表现出较强的耦合相关性。特别是广州、深圳、香港等大湾区重要中心城市，在文化公共服务供给推动城市文化产业跨越发展方面发挥了更为积极的引领作用。广州、深圳两市文化产业增加值占本地 GDP 比重分别由 2012 年的 4.66% 和

---

① 张秉福：《论文化事业与文化产业的互动发展》，《出版发行研究》2014 年第 10 期。

② 胡守勇：《公共文化与文化产业融合发展：内在逻辑、现实困境与推进路径》，《图书馆》2017 年第 10 期。

③ 资料来源：广东省自然资源厅文化地图数据库。

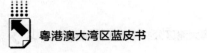

5.61%上升为 2019 年的 6.28%和 8.15%。

2. 公共文化优化布局促进了文化产业区域协同发展

公共文化服务供给的优化布局对于促进大湾区城市间文化产业地域分工与合作发挥了一定的引导作用。公共文化资源集聚类型的差异化对城市文化产业结构具有间接影响。广州、佛山等地岭南传统文化资源丰富，各类非遗项目、民俗博物馆、工艺美术文化馆等中华传统文化类公共文化产品与公共文化设施相对集中分布，进而促进广佛同城化地区美食产业、文化商贸零售业等传统文化产业要素的集聚发展。而以深圳为代表的快速城市化、工业化地区主要布局城市图书馆、城市规划展览馆等现代文化设施，同时基于其数字经济优势布局更多的线上公共文化设施。这类现代都市型、科技型公共文化服务设施的集中布局对于促进城市数字文化产业、科技文化产业、新零售等新业态文化产业产生了一定的极化效应（见图1、表2）。

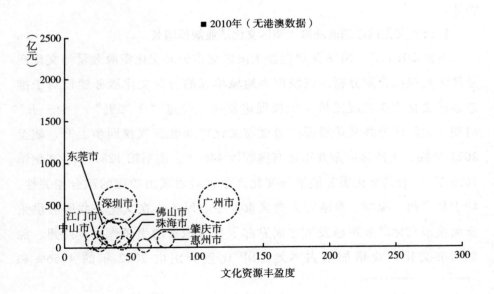

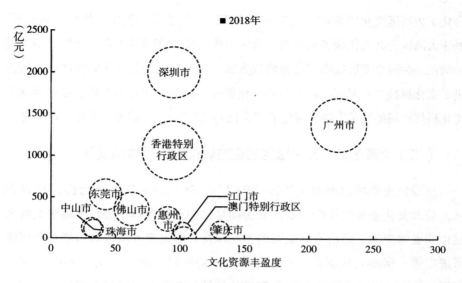

图 1　2010 年、2018 年大湾区公共文化与文化产业协调度对比

表 2　湾区重要节点公共文化与文化产业协调度

次区域	主导公共文化资源类型	主导文化产业类型	协调度
广佛同城化地区	岭南传统文化资源	文化商贸零售、美食产业、工艺美术制造、基于传统文化的创意产业	良好协调-公共文化超前型
深港都市圈	现代都市文化资源	文化科技产业、数字文化产业、文化金融产业	良好协调-文化产业超前型
珠澳地区	休闲旅游文化资源	文旅融合产业	良好协调

资料来源：笔者根据公开资料整理。

3. 数字赋能助推湾区公共文化与文化产业融合发展

粤港澳大湾区数字经济活跃，新一代信息技术、大数据、人工智能产业的快速发展，为"公共文化服务—文化产业"两个子系统之间相互嵌入、协同发展提供了科技支撑。一是数字赋能有效促进了大湾区文化资源的价值挖掘与产业化开发。大湾区各级博物馆、图书馆和文化馆等公共文化机构在线文化建设广泛，借助科技手段大湾区内各级各类文化机构的线上资源表现形式多元丰富，文化资源价值的线上活化有力推动了公共文化和文化产业融合。二是数字赋能强化了大湾区文化需求的表达反馈。大湾区公共数字文化服务建设成效显著，基于大湾区公共文化服务云平台，湾区内线上线下联动的大众文化服务消费更加活跃，为融合发展提供了海量数据支撑。三是在线公共文化服务建设直接促进了文化科技产业发展。在线公共文化服务平台的开发运营、场景运用激活了文化科技市场的繁荣发展，深化了"文化+科技产业"的研发、开发、产业化。

（二）大湾区公共文化服务建设与城市群区域协调发展

建设世界级城市群对大湾区"9+2"市区域协调发展能力提出更高要求，公共文化服务供给能力的区域协同是其中重要内容。随着粤港澳大湾区城市间要素流动、经济空间联系的不断深化，粤港澳大湾区城市群正在逐步形成广佛、深港双核驱动，重要经济城市协同联动的"中心—外围"都市圈层结构。大湾区公共文化服务资源的聚散分布既是这种都市圈层结构的文化空间表征，也为其区域内高水平深层次的协同发展提供了支撑。

1. 深圳、广州公共文化中心城市极点带动作用明显

结合公共文化设施、公共文化服务机构核密度与服务半径叠加分析，粤港澳大湾区已形成"双核"强中心引领的区域公共文化服务格局。广州、深圳作为大湾区经济、人口极点城市，也是区域公共文化服务网络体系中的文化中心，在区域文化经济繁荣和富有活力城市群建设中发挥了重要的文化辐射效应。

从公共文化资源集中度来看，广州作为国家中心城市和综合性门户城市，相较深圳具有更高的公共文化资源首位度。且从公共文化机构的等级和主体性质看，广州国家级、省级公共文化机构的数量更为集中，国有、公益性质的公共文化服务主体、运营主体占比更高，即广州在粤港澳大湾区的公共文化服务体系中承担了更多的非商品性文化产品和基础文化设施供给中心的作用。深圳被赋予建设中国特色社会主义先行示范区的战略目标，且文化产业产值居粤港澳大湾区"9+2"市之首。相较广州，深圳的公共文化产品供给更为多元，政府、市场、社会组织多元参与机制更为灵活多样，商品性、准商品性的公共文化产品占比更高。故而深圳在公共文化产品促进

"文化+"发展方面具有更强的产业外延性，在与其他行业融合发展中能够产生更大的乘数效应。

2.近域圈层城市公共文化服务的同城化建设水平加快

广州—佛山、深圳—东莞—惠州是粤港澳大湾区内高经济密度的现代化都市圈，其重要节点城市的公共文化服务同城化水平正在加快提升，且在促进近域圈层高等级创新要素流动、进而推动极点城市与周边重要节点城市的区域协调互动方面发挥了积极作用。从地方经济发展水平和文化产业增加值规模看，东莞、佛山、惠州属大湾区内第二梯队重要节点城市。近年来，依托广州都市圈、深圳都市圈的经济外溢发展，近域圈层在公共文化服务产品供给规模、公共文化服务设施布局等方面加快向极点城市的同城化对标发展。如2019年佛山、东莞在城市文化站总规模、人均建筑面积等方面已与广州、深圳基本持平甚至部分超出（见表3）。近域圈层城市公共文化服务与广州、深圳极点城市同城化水平的提高，极大地推动了文化资源自身的产业化、价值化开发。特别是近域圈层重要经济城市自身制造业较为发达，公共文化服务与这些城市近年加快发展的文化制造业之间形成了一定的相互促进作用。

表3　2019年粤港澳大湾区文化场馆公用建筑面积

属地	文化馆（平方米）	文化站（平方米）	万人文化站数量（平方米）
省直	8110	—	—
广州	72190	460560	251.5
深圳	117410	339830	198.6
珠海	40800	81760	350.6
佛山	66040	323830	340.2
惠州	27800	150040	251.2
东莞	24300	621690	594.6
中山	7190	165900	378.1
江门	47690	132930	279.6
肇庆	33660	132590	323.9
香港	—	—	—
澳门	—	—	—

资料来源：《广东省文化及相关产业统计概览（2020）》。

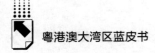

3. 第三梯队城市仍存在一定的公共文化均衡发展短板

当前，处于第三梯队的珠海、江门、肇庆、中山等城市文化产业增加值规模较小，公共文化产品供给在文化设施均衡化布局、公共文化产品可持续性投入、公共文化产品高效能服务等方面与极点城市以及近域圈层重要节点城市相比仍有一定差距。在第三梯队城市内部，公共文化服务供给的区域、城乡供给不平衡现象仍较为突出。特别是县域中心的公共文化服务水平有待提高，尚未形成中心—节点—网络化的城乡公共文化服务供给格局。公共文化产品供给的不均衡矛盾，也一定程度制约了地区文化经济的发展。公共文化产品在刺激文化消费、推动文化资源转化、培育文化产业链等方面仍未发挥应有效用。

四　存在的问题及发展建议

（一）存在问题

1. 公共文化服务供给不均衡

公共需求一般是指超越个人的，具有社会普适性的群体性需求。满足大众的基本公共需求是保证公民权利的一部分，主要是满足公共文化需求。政府在提供公共文化服务产品和服务的过程中，应该遵守"保基本、均等化"的原则。但是，从粤港澳大湾区全域范围来看，公共文化服务大部分集中在中心城市，仍然存在较为严重的公共文化服务布局区域级差。

2. 公共文化服务供给主体单一

目前粤港澳大湾区内地城市公共文化服务的供给主体依然来自政府，要实现公共文化服务的创新发展，政府、社会、市场三者缺一不可。一些经济发达城市虽然在公共文化服务多元供给方面进行了有益尝试，但仍然没有形成有效的政府主导和社会参与有机结合机制。一些文化事业机构、文化演艺单位的市场化改革，仍存在发展内生动力不足、与文化消费市场对接不充分等问题。

3. 公共文化服务供给水平不高

大湾区公共文化服务供给与当前民众文化需求个性化和多样化的趋势之间仍然存在匹配性失调，一些传统粗放式公共文化服务低端供给和无效供给难以满足大湾区都市文化发展的需要。如一些公共文化活动参与率低、公共文化服务场馆利用率低的现象仍然存在。一些地区进行了"订单式"公共文化服务的尝试，但公共文化服务产品的内容创新及公共文化服务供给的渠道、模式创新仍较为匮乏。

（二）发展建议

1. 创新粤港澳大湾区公共文化服务共治共享体系

粤港澳大湾区城市可以文化交流、文化共建为抓手，率先探索适宜于人文湾区建设的区域公共文化服务共治共享体系。一是顺应数字化发展潮流，加快公共文化产品在线无障碍交流。以数字公共文化要素的自由流动，打通实体边界、体制的障碍，在繁荣湾区文艺创作、促进湾区文化交流、提振湾区文化品牌方面发挥积极作用。二是进一步推动公共文化服务主体体制机制改革。在坚持和完善政府组织文化建设职能的前提下，积极发挥湾区市场经济活跃优势，鼓励企业主体、社会力量以多种形式参与公共文化建设。三是树立"大文化"机制，推动公共文化服务体系跨部门、跨领域共建共享和融通发展。[1] 以融媒体、"文化+"为手段，推动文化旅游管理部门与宣传部门、网络信息安全管理部门、舆论监管部门、城市文明风貌管理部门深度合作，实现区域公共文化服务的立体化共治。

2. 促进公共文化服务与文化产业融合发展

粤港澳大湾区应在公共文化服务与文化产业融合发展方面进一步先行先试，加快推动文化生产要素优化配置，提高公共文化服务的外部性价值。一是注重公共文化产品生产供给各个环节与文化产业的深度融合。以深化公共文化产品供给侧结构性改革为切入点，充分利用资金支持、

---

[1] 张健华：《共生与并进：公共文化服务与文化产业融合发展》，光明网，2020 年 11 月 30 日。

评奖评论、规划引导等政策手段，以加大力度创作、生产代表时代先进文化、满足人民文化消费需求的文化产品为导向，推动文化供给产品与群众需求的有效匹配、深度对接。二是创新公共文化设施装备、公共文化场馆、公共文化数字资源的准商业性开发利用机制。借鉴大型科研基础设施和科研仪器开放共享制度，鼓励市场主体和社会组织更充分有效地利用公共文化资源开展文化产品的生产创作工作。在盘活闲置公共文化资源的同时，激发文化创意创新活力。三是激活国有文化主体的文化产品生产开发活力。加快推动地方经营性文化单位转企改制、整合重组。鼓励大湾区地市级广播电视、出版传播文化经营性单位和文艺演出单位开展跨地区、跨行业、跨所有制重组，促进国有文化企业发展活力释放，提升国有文化资本效能。推动文化文物单位基于岭南优秀传统文化资源开展文化创意产品开发，鼓励地方文化文物单位与港澳市场主体、科研机构开展合作、授权等多种形式的联合开发，深度挖掘大湾区文化文物资源的共同精神内涵。

3. 促进公共文化产品服务区域一体化协同发展

以公共文化高质量区域一体化统筹布局、协同发展为抓手，推进大湾区世界级城市群发展和人文湾区建设。一是优化公共文化资源、统筹区域设施布局。进一步发挥中心城市文化经济极点带动作用，争取更多国家级、战略性公共文化基础设施、重大文化科技基础装备落户广州、深圳。持续推进湾区内次区域都市圈地区的公共文化服务供给高水平同城化建设，进一步放大公共文化供给在推进城市、区域文化经济发展，扩大培育文化消费方面的支撑作用，加快补齐大湾区边远地区，特别是县域、镇域公共文化产品短板。二是重视文化公共资源与文化产业载体协同发展。持续创建国家级全域旅游示范区、国家文化产业和旅游产业融合发展示范区、国家级文化和科技融合示范基地。鼓励各地结合实际创建市级和县级文化产业园区，培育"文化+"新动能。

4. 持续优化湾区文化发展良好环境

加强对文化和旅游市场的培育与监管。进一步深化文化领域"放管服"

改革，积极创新对数字化文化事业的服务监管政策体系，推进依法行政和政务公开，营造市场化、法治化、国际化营商环境。进一步建立和落实大湾区文化市场、旅游市场黑名单管理制度，健全市场准入与退出机制，推进大湾区文化和旅游领域治理体系和治理能力现代化。

B.8
粤港澳大湾区人才高地建设报告

游霭琼[*]

摘　要：《粤港澳大湾区发展规划纲要》实施以来，粤港澳大湾区以释放"一国两制"优势、推动人才协同治理和融合发展为着力点，抓住"双区"和两个合作区建设机遇，强化规则衔接、平台建设，促进创新创业，将人才高地建设推入新的发展关键期。新时期，粤港澳大湾区要积极承担时代使命，坚持问题导向和需求导向，乘势而上，突出重点、系统推进，汇集各方力量，加快建设高水平人才高地，更好地服务国家建设世界重要人才中心和创新高地战略布局，为粤港澳大湾区高质量发展提供坚实的人才支撑。

关键词：　人才高地建设　高质量发展　粤港澳大湾区

2021年是粤港澳大湾区（以下简称"大湾区"）人才高地建设大踏步推进的一年。大湾区围绕"具有全球影响力的国际科技创新中心"这一战略定位，把握机遇，系统谋划，重点推进，大力推动规则机制衔接、载体平台建设，促进人才聚集，激发人才协同创新发展，大湾区人才规模优势和素质优势更加明显，人才高地建设迈上新台阶。

---

* 游霭琼，广东省社会科学院省人才发展研究中心主任、研究员，主要研究方向为区域经济、人才发展理论与政策研究。

一　抓机遇促衔接高位推动制度创新建设

大湾区人才高地是在"一个国家、两种制度、三个关税区、三种货币"区域背景下建设的，在全球人才中心演变历程里尚无先例。为充分释放这一特色优势，大湾区以习近平新时代中国特色社会主义思想为指导，抓住粤港澳大湾区、深圳中国特色社会主义先行示范区"双区"建设（以下简称"双区"建设）和横琴、前海两个合作区建设等重大机遇，围绕人才高地建设，以规则衔接、机制对接为重点，横琴、前海两个合作区率先探索，系统推进人才发展政策制度创新优化，促进人才发展要素集聚和高效便捷流动，探索共建新型人才引育合作模式和多元人才创新创业发展合作平台，人才发展环境得到持续优化。

1. 上下联手三方合力，有序创新完善政策体系

对标全球最好最优，把准制约人才高地建设的堵点、痛点，大湾区坚守"一国"之本，发挥"两制"之利，以前海、横琴两个合作区建设为牵引，以"合作区效率"有序创新完善激发人才活力制度政策，初步形成了与港澳衔接、接轨国际的人才治理规范和较为完备的政策体系。据政府网站公开数据统计，2019 年 2 月至 2021 年 4 月，中央层面和包括港澳在内的各级政府发布的与大湾区建设相关的政策文件有 231 部，其中广东 61 部，占全国省级政策总数的 92.42%，香港 2 部、澳门 3 部、珠三角九市 110 部，[①] 大湾区出台的政策总量占全国的 76.19%，且主要聚焦于科技创新、就业创业、现代产业领域。2021 年 2 月，广东省推进粤港澳大湾区建设领导小组出台《广州南沙新区创建国际化人才特区实施方案》，9 月，中共中央、国务院先后印发了《横琴粤澳深度合作区建设总体方案》（以下简称《横琴方案》）、《全面深化前海深港现代服务业合作区改革开放方案》。为贯彻落实

[①]《两年超过 230 部！大数据显示我国正逐步构建粤港澳大湾区完备政策体系》，新华社，2021 年 4 月 23 日。

好国家、省的政策精神，大湾区各市结合实际出台了一系列实施意见和配套政策解读。制度政策的创新完善，为大湾区移除制度差异带来的体制机制障碍，放大"一国两制"制度优势，促进人才协同、融合发展奠定了良好的制度基础和体制机制保障。

2. 稳步实施"湾区通"，全面加强规则衔接机制对接

粤港澳三地积极寻求"一国两制三法域"下的"最大公约数"，以规则衔接破瓶颈，以机制对接破制约，不断优化大湾区人才要素高效便捷流动硬软环境。在推进基础设施"硬联通"、建设"轨道上的大湾区"、打造"1小时生活圈"的同时，大湾区抓住中央推动制度型开放机遇，深入实施"湾区通"工程。一是全力推进"人才通"。大力推进职称评价和职业资格互认，逐步建立港澳及境外专业人才职称申报评审机制，持续推进以职业技能等级认定为主的"一试三证"职业技能评价交流合作。在重点领域以单边认可带动双向互认，推动区内的外籍人才流动资质、工作居留许可互认和流动政策互通、信息互联。[①] 推进各级事业单位公开招聘港澳居民，放宽港澳专业人才在大湾区内地执业限制。二是有序推进"社保通"。近年来，广东积极探索社保规则与港澳对接，开展在粤外籍高层次人才养老保险续费政策试点，推动社保经办服务顺畅对接、社保卡跨境应用和境内外融合服务。上线"湾区社保通"，率先实现社保经办"服务通"，粤港澳人员实现了"足不出境"就近参保。三是积极探索"同城待遇"。深圳市出台便利港澳居民在深发展18条措施，在深工作生活的港澳居民在学习、就业、创业、生活等方面可享受"市民待遇"。江门市在全国第一个设立港澳跨境通办政务服务综合专区，实现港澳人士不出境即可办理400多项政务服务。促进粤澳健康码互通互认、"粤康码"与"港康码"稳步对接。[②] 四是推动服务行业准入和质量标准对接。2022年2月8日，广东出台《广东省推动服务贸易高质量发展行动计划（2021—2025年）》，以深化粤港澳专业服务交流合

---

① 广东省人民政府：《广东省推动服务贸易高质量发展行动计划（2021—2025年）》，粤港澳大湾区门户网，2022年2月7日。

② 《我省推进粤港澳大湾区建设不断取得新成效》，粤港澳大湾区门户网，2022年2月18日。

作为目标，将在 CEPA 框架下加快行业准入和质量标准的对接，为人才聚集发展提供了区域一体化的市场环境。

3. 紧扣需求强化精准，探索目录清单管理制度

为提高大湾区产才适配度，广东省人力资源和社会保障厅经征集、汇总战略性新兴产业和重点产业人才需求，于 2021 年 8 月发布了《粤港澳大湾区（内地）急需紧缺人才目录（2020 年）》。《横琴方案》提出，对在合作区工作生活的全球高端人才、紧缺人才实行清单管理。为提升政策透明度、知晓度，营造良好的引才政策环境，2022 年 1 月，深圳市人力资源和社会保障局会同税务、住建、规划等部门联合发布《深圳市境外职业资格便利执业认可清单》，以清单形式清晰直观展现深圳系列人才政策，允许税务师、注册建筑师、注册城乡规划师、医师、船员、导游等六大领域持有清单内境外职业资格的专业人员按照相关政策，在深圳备案登记后执业。

4. 聚焦税收环境优化，全面实行个人所得税优惠政策

大湾区内地九市全面实施境外高端紧缺人才所得税优惠政策，并实现了补贴申请全流程网上办理。2021 年 1 月起，免征在横琴粤澳深度合作区工作的境内外高端人才和紧缺人才来源于合作区个人所得税负超过 15% 的部分，在合作区工作的澳门居民，则免征其个人所得税负超过澳门税负的部分。[①]

5. 促进教育融合创新，推进基础人才共育

围绕教育高地建设，大湾区不断深化基础教育交流合作。早在 2020 年，教育部、广东省政府就粤港澳合力发展世界湾区职业教育提出改革创新举措。为加快高水平大学体系建设，大湾区内地九市掀起一轮扩建新建高校热潮，港澳高校也纷纷加入，在 20 所筹建、在建高校中，有 8 所为大湾区内地与港澳合办，占到 40%。广东省、市两级财政共跨境拨付科研资金 3 亿

---

① 《广东省财政厅　国家税务总局广东省税务局转发财政部　税务总局关于横琴粤澳深度合作区个人所得税优惠政策的通知》，广东省财政厅网站，2022 年 5 月 25 日。

元，支持港澳 11 家高校和科研机构建设发展①，香港中文大学（深圳）医学院、香港大学医学院、香港城市大学（东莞）相继落户建设，高水平新型研究型的大湾区大学建设加快。广东省政府明确支持在横琴合作区、前海合作区引进港澳及国际知名大学开展高水平合作办学，建设港澳青年教育培训基地等。② 自 2021 年 3 月设立首家港澳子弟学校以来，广州已开设 44 个港澳子弟班，提供衔接港澳的高端教育服务。同年 4 月，教育部与成人教育司提出在大湾区设立"学分银行"，推进学分、学历、学位和技能等级的互认互通。

6. 多措并举放宽限制，促进人才便利流动执业

一是提升通关便利化。粤港澳三方达成共识，在安全基础上，横琴、前海合作区实行合作查验、一次放行通关模式。加快建设澳门大学横琴校区与横琴口岸专用通道、新型智能化口岸，进一步提升澳门大学师生进出合作区便利度，对进出"二线"不作限制。二是实施执业备案制。《横琴方案》提出，在符合行业监管要求基础上，允许具有澳门等境外执业资格的金融、建筑、规划、设计等领域专业人才，经备案后在横琴合作区提供服务，其境外从业经历可视同境内从业经历。港澳导游备案后可在前海执业，备案全流程可网上办理。三是拓宽便利执业认可清单领域。2021 年 3 月，深圳将境外专业人才执业授权清单从金融、税务、建筑和规划领域拓展至文化、医疗、海事等领域。2022 年伊始，深圳对外发布执业认可清单，从原来的 16 类拓展到 20 类持有境外职业资格的专业人员，备案登记后可在深圳开展专业服务。③

7. 突出前沿高端特色，合力共建人才融合发展平台

围绕国际科技创新中心、综合性国家科学中心战略部署，大湾区聚焦广

---

① 《广东财政加大对"双区"和横琴、前海两个合作区建设财政保障力度》，粤港澳大湾区门户网，2022 年 2 月 23 日。

② 广东省人民政府：《广东省推动服务贸易高质量发展行动计划（2021—2025 年）》，粤港澳大湾区门户网，2022 年 2 月 7 日。

③ 深圳市人力资源保障局、税务、住建、规划等部门：《深圳市境外职业资格便利执业认可清单》，深圳市人力资源和社会保障局网，2022 年 1 月 11 日。

深港、广珠澳两大科技创新走廊建设和重头产业布局，三地合力、省市共建，加快多能级载体建设，为各类人才在大湾区施展才华提供多元化舞台。一是规划先行，新建一批特色平台。2021年1月，广东省推进粤港澳大湾区建设领导小组印发系列规划方案，在河套深港科技创新合作区、广州人工智能与数字经济试验区、中新广州知识城、东莞滨海湾新区、中山翠亨新区等地规划建设一大批特色创新合作平台。注册成立中国科学院香港创新研究院，大湾区国家技术创新中心等一批国家创新中心、工程研究中心获批建设，散裂中子源二期等5项重大科技基础设施被纳入国家"十四五"规划。二是加大投入，加快建设重大科技基础设施。2021年，广东安排13亿元奖补大湾区内地九市省实验室建设，安排1亿元支持"粤港澳中子散射科学技术联合实验室"等20家粤港澳联合实验室立项建设，鹏城实验室、广州实验室、松山湖材料实验室、江门中微子实验站等重大科技基础设施建设加速推进，大科学装置集群已具雏形。

8. 加大政策扶持力度，支持港澳青年融湾入湾

为鼓励更多港澳青年参与大湾区建设，大湾区实施"大湾区青年创业资助计划"、"大湾区创新创业基地体验资助计划"及"大湾区青年就业计划"，向约200家青年初创企业、4000名香港青年提供资助。广东出台《关于推动港澳青年创新创业基地高质量发展的意见》《粤港澳大湾区（内地）事业单位公开招聘港澳居民管理办法》等政策，着力打造"1+12+N"港澳青年创新创业孵化基地体系。在大湾区内地城市创业的港澳青年既可享受内地创业培训补贴、租金补贴、创业孵化补贴，又可享受港澳科技创新基金、青年发展基金等优惠政策。广州市港澳青年创新创业服务中心、深圳前海深港青年梦工场、横琴·澳门青年创业谷、广州南沙粤港澳（国际）青年创新工场等为港澳青年搭建创业创新平台。此外，广东省还建设了38家"粤港澳大湾区青年家园"，助力港澳台青年创业就业。2021年首届"展翅计划"港澳台大学生实习专项行动吸引了745名港澳台大学生参加寒假实习；"粤港澳大湾区公益大学生就业实习双选会"向港澳青年提供了近10万个就业实习岗位。

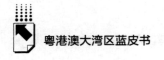

二 推进大湾区人才高地建设取得新成就

在以习近平同志为核心的党中央科学谋划、统筹推进下，粤港澳三地协同努力，粤港澳大湾区人才高地建设进入加速发展阶段，正迎来新一轮人才集聚高峰，人才规模和质量优势巩固提升，人才创新创造活力进一步释放，人才发展环境持续优化，区域人才综合竞争力、国际影响力大幅跃升，为建成高水平人才高地建设打下了坚实基础。

1. 人才规模和质量优势同步增强

据第七次全国人口普查数据，广东 10 年来累计增加 2171 万人，占全国人口增量的 30.1%，人口总量占全国比重从 2010 年的 7.79% 提高到 2020 年的 8.93%。据《第一财经》报告，2020 年大湾区有 4 个城市入列全国十大人口净流入城市，其中深圳以净流入 1179 万人位居第 1、广州以 888.92 万人位居第 3、东莞以 784.48 万人位居第 5、佛山以 478.11 万人位居第 8。人口年轻化特征明显，据第七次全国人口普查数据，大湾区内地城市青年人口（14~35 周岁）占常住人口的 39.3%，分别比广东省的 35.2%、全国的 28.4% 高出 4.1 个、10.9 个百分点，年轻化的人口结构为大湾区人才高地建设奠定了人才供需互为支撑的人口资源基础。随着高水平大学建设、高水平职业教育发展步伐加快，广东人口素质得到大幅提高，加快了人口红利向人才红利的转变，为大湾区人才高地建设提供日趋厚实的人才储备。2021 年，广东每 10 万人口中拥有专科以上教育程度人数为 15699 人，高出全国 15467 人的平均水平，其中深圳高达 28849 人，比 2010 年增加 11304 人，大幅高出全国、全省平均值，大湾区成为我国高素质青年人口聚集高地，形成大湾区建设高水平人才高地、区域创新竞争力的战略优势。

2. 人才集聚态势日趋强劲

大湾区引才、留才竞争力均呈持续上升态势。据任泽平团队和智联招聘联合发布的《中国城市人才吸引力排名 2021》，2017~2020 年，珠三角的人才净流入占比分别为 2.0%、2.2%、2.8%、3.8%，人才呈净流入且逐年上升趋势（见图 1）。大湾区内地有 8 个城市进入中国最具人才吸引力城市前 100 强和 7 个城市进入中国"95 后"人才吸引力城市前 50 强，深圳、广州在"95 后"硕士及以上人才流入前十城市中分别位列第 3 和第 7（见表 1、表 2）。

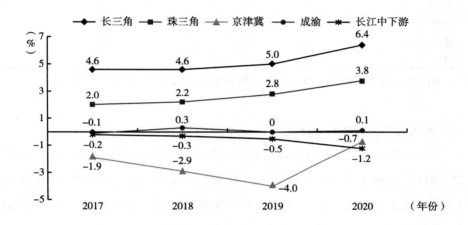

图 1　2017~2020 年我国五大城市群人才净流入占比

资料来源：根据任泽平团队和智联招聘：《中国城市人才吸引力排名 2021》数据制图。

表 1　2020 年我国五大城市群人才流入

单位：%

城市群	人才净流入占比	"95 后"人才流入占比	"95 后"人才净流入占比
长三角	6.4	21.0	8.8
珠三角	3.8	14.2	5.9
京津冀	-0.7	12.1	0.9
成渝	0.1	—	-0.1
长江中下游	-1.2	—	-1.2

资料来源：根据任泽平团队和智联招聘：《中国城市人才吸引力排名 2021》数据制表。

表2 2020年大湾区内地9市人才吸引力

城市	中国最具人才吸引力城市100强排名	中国"95后"人才吸引力城市50强排名
深圳	4	2
广州	5	4
佛山	14	15
珠海	21	18
东莞	23	21
中山	31	24
惠州	45	43
江门	70	

资料来源：根据任泽平团队和智联招聘：《中国城市人才吸引力排名2021》数据制表。

3. 人才创新效能有效释放

近10年，大湾区的研发经费投入以年均超10%的幅度增长，从2011年的1800亿元增加到2020年的3200亿元，占GDP的比重从2.4%提升至2.9%。2021年，大湾区内地9市的研发投入达3600亿元，占全国的12.9%，研发投入强度为3.7%，高于全国同期2.44%的水平。随着研发投入力度的加大，大湾区人才创新效能得到有效释放。2021年，大湾区国家高新技术企业5.7万家，"独角兽"企业50多家；进入世界500强企业由2017年的17家增加到25家，有6个产业集群被工信部列为先进制造业集群"国家队"。[①] 随着对PCT国际专利申请支持力度加大、专利合作加强，大湾区发明专利呈高速增长态势，专利占比不断提升，全球专利高地逐渐形成。据广州日报数据和数字化研究院（GDI智库）发布的《粤港澳大湾区协同创新发展报告（2021）》，2016~2020年，大湾区发明专利公开量为149.84万件，年复合增长率达17.23%。[②] 2021年，大湾区专利授权量更是

---

① 《粤港澳大湾区释放改革发展新势能》，南方网，2022年2月17日。
② 广州日报数据和数字化研究院（GDI智库）：《粤港澳大湾区协同创新发展报告（2021）》，大洋网，2022年3月1日。

高达 78 万件，其中发明专利授权量 10 万多件；[①] 全国每万人专利授权量前 10 城市中，大湾区的深圳、中山等 6 个城市入列且排位居前，深圳为 124 个，成为我国首个每万人专利授权量超百城市。大湾区国际科创中心创新能力建设成效显著，已连续 5 年居全国区域创新能力首位。据世界知识产权组织（WIPO）发布的《2021 年全球创新指数报告》，"深圳—香港—广州"创新集群连续两年位居全球"最佳科技集群"第二，仅次于"东京—横滨"科技集群，广深港科技创新走廊、广珠澳科技创新走廊成为大湾区国际科技创新中心的战略支点。2021 年，佛山、东莞新入列国家创新型城市，[②] 大湾区国家创新型城市增至 4 座。据科技部中国科技信息研究所发布的《国家创新型城市创新能力评价报告 2021》，大湾区的深圳（排名第 1）、广州（排名第 3）、东莞（排名第 19）、佛山（排名第 33）在全国 78 个创新型城市的创新能力综合评价中排名前列。[③]

4. 境外人才执业便利提速

随着"人才通"工程的深入实施，港澳金融、税务等 16 个领域的专业人才在大湾区实现了跨境执业便利，[④] 其中税务、建筑、规划领域人才实现了免试备案跨境执业，导游领域人才实现了以培代考，具有港、澳导游及领队职业资格的人才，在培训合格并办理备案后，便可在前海执业。2021 年，广东内地与港澳联营律师所增至 15 家，97 名港澳律师在联营所执业；3000 多名港澳专业人士通过互认取得内地注册执业资格。[⑤] 医疗人才互评互认迈出新步伐，深圳启动了港籍医生正高级职称认定试点，截至 2021 年底，有 402 名港澳医师获得内地医师资格证。深圳在全国率先落地外国船员适任证书承认签证办理流程，实现了持外国适任证书船员在中国籍船舶任职的历史

① 《深港穗创新集群连续两年居全球第二！去年大湾区科技创新还有这些成效》，粤港澳大湾区门户网，2022 年 2 月 28 日。

② 《谁是第一名？快来看看家乡的中国区域创新能力排名》，《科技日报》2021 年 12 月 11 日。

③ 《国家创新型城市排行榜出炉：十强广东占两席，深圳居首广州第三》，新浪财经网，2022 年 2 月 18 日。

④ 《我省推进粤港澳大湾区建设不断取得新成效》，粤港澳大湾区门户网，2022 年 2 月 18 日。

⑤ 《大交通、大开放、大格局——粤港澳大湾区建设新气象走笔》，新华社，2021 年 5 月 18 日。

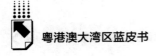

性突破。

5. 多能级平台建设加速

一是产业平台不断厚实。广东高新技术企业数从 2015 年的 1.1 万家增加到 2021 年的 6 万多家，研发机构在规上工业企业覆盖率达 43%。二是大科学装置集群初现。大湾区综合性国家科学中心先行启动区获批，国家新型显示技术创新中心、国家第三代半导体技术创新中心建设加快。江门中微子实验站、中国散裂中子源二期等一批科研重器建设加速。三是多层次实验室体系初步形成。科技部支持香港建设了 16 个国家重点实验室、6 个国家工程技术研究中心香港分中心、3 个国家高新技术产业化基地香港伙伴基地、2 个国家级科技企业孵化器等一批创新平台，支持澳门建设了 4 个国家重点实验室，以及港澳地区"一带一路"联合实验室、澳门海岸带生态环境野外科学观测研究站等科研和国际合作平台。目前，广东拥有 2 家国家实验室、30 家国家重点实验室、10 家省实验室、430 家省重点实验室。此外，大湾区还启动建设了 20 家粤港澳联合实验室，拥有全国数量最多的孵化器和众创空间。四是新型研发机构建设加快。广东成建制、成体系引进建设了 21 家高水平创新研究院，建成 251 家省级新型研发机构。多能级载体平台的建设，大大增强了大湾区对人才特别是高端人才的吸附力和汇集力。

6. 创新合作环境持续优化

财政科研经费、科研资源过境港澳政策的突破，科研仪器进口免税政策覆盖港澳高校在内地设立的研发机构，17 个基础前沿类国家重点研发计划专项、自然科学基金优秀青年科学基金向港澳全面开放等，有力推动了大湾区科研要素流动配置和共享以及科技创新合作深化，促进港澳科技力量深度融入国家创新体系。到 2021 年，粤港科技合作资助计划已对 140 个科研项目进行资助，广东向港澳搭建了 134 家创业孵化平台，开放了一批科技计划项目、重大科技基础设施、实验动物平台和科普基地。以横琴、前海两个合作区为牵引的创新合作得到长足发展，截至 2021 年，横琴粤澳深度合作区累计孵化企业（项目）751 家，前海深港青年梦工场累计孵化创业团队 549 家。同时，大湾区与外部的创新合作更加紧密，省部、省院（中国科学院、中国工程院）产学研合作不断深化，与全球创新型国家、共建"一带一路"国家的创新交流合作向纵深发展。

7.港澳青年融湾入湾势头良好

近年来，粤港澳三地不仅加大对大湾区青年创新创业政策扶持力度、优化创新创业环境，而且合作建设了 13 家创新创业基地。广东全面实施《关于推动港澳青年创新创业基地高质量发展的意见》，逐步建成了"1+12+N"港澳青年创新创业孵化基地体系①，累计孵化港澳项目 2300 多个、吸纳港澳青年就业 3400 多人。当前，纳入就业登记管理的在粤港澳居民有 8.51 万人。

8.人才政策取得新突破形成制度新优势

2021 年是大湾区人才发展政策密集出台期，粤港澳三方、珠三角九市充分利用"双区驱动"效应，加大人才综合发展制度建设、开放、对接，深化科技创新体制改革，形成了互为补充、务实管用的政策体系和制度新优势，增强了大湾区人才政策竞争力。如《横琴方案》《前海方案》对个人所得税从差额补贴调整为直接免征、从境外人才扩展到境内外人才，实现政策上的重大突破。三地政策衔接的有序推进，促进了技术、资金、信息等人才发展要素的便捷流动配置和聚集，为大湾区建设高水平人才高地提供了制度条件。

三 迈向建设高水平人才高地新征程

习近平总书记在中央人才工作会议上提出，将加快建设世界重要人才中心和创新高地作为新时代人才强国的战略目标，并做出了在北京、上海、粤港澳大湾区建设高水平人才高地的战略布局。建设高水平人才高地对粤港澳大湾区而言，是应对新一轮科技革命和产业变革引发的全球创新竞争格局，

---

① 即以粤港澳大湾区（广东）创新创业孵化基地为龙头、12 家重点基地为骨干、珠三角 57 家特色基地为基础体系。

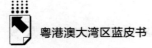
立足新发展阶段、贯彻新发展理念、融入新发展格局，推动高质量发展的必然要求。

尽管大湾区人才高地建设取得了显著成效，但对标高水平人才高地建设要求，大湾区还存在领军人才匮乏、高层次人才规模偏小、人才国际化水平不高、区域分布不均、成果转化质量偏低等短板弱项，具有全球影响力的人才发展载体不足，三地人才协同发展机制、人才发展软环境特别是与国际接轨软环境还有较大的完善提升空间。大湾区要胸怀"国之大者"、大湾区之重者，深入贯彻落实习近平总书记新时代人才工作重要论述和中央人才工作会议精神，落实新时代人才强国战略部署，深刻认识建设高水平人才高地肩负的重大历史使命和政治责任，准确把握高水平人才高地面临的新形势新任务新要求，抓住"双区"建设和横琴、前海两个合作区建设重大机遇，坚持问题导向和需求导向，乘势而上，突出重点，系统推进，汇集各方力量，推动大湾区人才高地向着世界高水平人才高地目标奋力前行，更好地服务国家建设世界重要人才中心和创新高地战略布局，为粤港澳大湾区高质量发展提供坚实的人才支撑。

（一）增创人才发展政策和制度型开放新优势

借鉴人类文明演进历程中五大世界人才中心和全球其他三大湾区人才发展经验，用好"双区"建设和横琴、前海两个合作区建设叠加效应，发挥好全面创新改革试验和深圳综合改革试点人才制度改革试验田作用，积极开展人才政策综合改革探索，建立健全科学规范、开放包容、运行高效与国际接轨的人才发展治理机制，构建具有大湾区特色、全球竞争力和吸引力的人才发展政策体系。以用为本，放管结合，扩大用人主体在人才"引育留用管"方面的自主权。以信任为基础，松绑与规制并举，深化科研管理体制改革，赋予人才更大的科研自主权，建立健全试错容错纠错机制，充分激活人才活力。以多元化市场化为导向，立破并举，创新人才评价激励机制。深化清单管理制度，拓展规则、规制、管理、标准等制度型开放，不断提升大湾区市场一体化水平。

（二）建设规模更加宏大的战略人才队伍

拥有具全球影响力辐射力的战略人才力量是高水平人才高地的核心构成要件。服务国家战略需要和建设全球科技创新高地、新兴产业重要策源地，需要把战略人才队伍建设作为高水平人才高地建设的重中之重。

1. 锻造战略科学家成长梯队

战略科学家是战略人才队伍的强将。明确需求导向，大力引进一批首席科学家、战略科学家、世界级科技大师等。要注重从现实问题解决中、从国家和大湾区重大科技项目担纲者中识别、选拔、培养战略科学家和具有战略科学家潜质的高层次复合型人才。深化改革，持续优化科技创新生态。加大投入力度，发挥战略科学家成长平台作用。

2. 引育大批一流科技领军人才和创新团队

科技领军人才和创新团队是战略人才队伍的主力军。一是实施领军人才集聚工程，打造国际高端人才集聚地。突出"高精尖缺"，粤港澳三地重大引才工程联动实施，精准引进大湾区战略新兴产业集群培育和数字经济发展急需的战略科技人才、科技创新领军人才和团队。完善"一事一议"制度，以"绿色通道"精准引进重点产业发展所需紧缺高端人才。二是实施人才培育工程，打造高端人才自主培养示范区。发挥各层级实验室、高水平科研机构、研究型大学、行业领军企业聚才育才作用，加速集聚、重点支持一流科技领军人才和创新团队。三是实施政策集成提升工程，优化领军人才和创新团队使用机制。围绕被"卡脖子"领域，建立健全"揭榜挂帅""赛马"等制度，优化领军人才发现机制和项目团队遴选机制，并给予相应的人才梯队配套、科研条件配套、管理机制配套。

3. 造就规模宏大的青年科技人才队伍

青年科技人才是战略人才力量的基础。抓住人口年轻化优势窗口期，把对青年科技人才的培育作为战略人才力量建设的政策重心。实施青年人才培优行动、青年科学家延展支持计划，加大各类人才工程对青年人才的倾斜力度。充分发挥高校人才培养主阵地作用，支持校企共建高精尖缺创新中心、

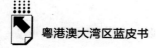
联合实验室、专项项目小组、专项科研技术人才培养基地等，培养更多兼具科研素养和实践能力的优秀青年人才。用好业已形成的多层级多功能多类型的平台资源，给青年人才更多历练机会、更大施展才华舞台，将大湾区打造成人才自主培养主阵地、青年科技人才圆梦地。

4. 培养大批卓越工程师

卓越工程师是战略人才力量的精兵。充分发挥产业齐全配套优势，以制造业高质量发展需要为导向，持续深化产教融合、校企合作，积极探索湾区特色、全球一流的工程师培养体系，打造制造业人才高地，培养种类丰富的高质量工程师队伍。深入实施高技能人才振兴计划，建设高素质的技能人才队伍。实施职业技能提升行动、技工教育质量提升工程，探索建立技能人才发展基金，培育一批技能领军人才。

（三）建设更高水平的创新高地

1. 加强基础研究和基础创新能力建设

围绕大湾区国际科技创新中心建设，紧扣"卡脖子"关键技术领域，三地共同实施基础与应用基础研究计划，探索前沿科技、关键核心技术、新型举国体制的"大湾区路径"。三地共同出资设立大湾区基础研究和基础创新基金，向全球发布、发起前沿基础研究大科学计划，以"揭榜挂帅""赛马"等方式引育一批站在国际前沿的基础研究领军人才和基础创新团队。

2. 建设一批高水平的科技成果转化基地

设立大湾区成果转化专门机构，完善提升现有各类科创企业孵化器、孵化基地同时，新建一批具有国际竞争力的科技成果转化基地，为全球高校、科研机构前沿研发成果转化落地、产业化提供服务。

3. 持续深化科研体制改革

探索粤港澳科创合作机制，共推大湾区科创高水平"一体化"发展。加大科技投入，形成多元化投入机制。健全科技创新资源配置方式，赋予科研人才和团队更大的科研选题、经费使用自主权。完善科研任务"揭榜挂帅""赛马"制度，健全试错容错纠错机制。推进国家重点实验室改革。

4. 健全人才创新权益保障制度

对接全球最优，探索科技成果权属改革，完善知识产权保障、转化决策、权益分配、投诉快速处置机制。应用现代信息化手段，对知识产权进行全方位执法保护。建立重大案件粤港澳联合查办和移交机制。组建知识产权调解组织，完善知识产权纠纷多元化解决机制。

（四）建设一批具有国际影响力的人才发展平台

1. 建设高水平高校集群

强化顶层规划和三地协作，建设更多国际一流大学，并形成集群式发展，进入全球高等教育中心队伍。强化粤港澳教育合作专责小组职责，做实粤港澳高校联盟，利用大湾区高校数量众多、类型丰富、层次多样、互补性强的优势，强化差异互补、分工协作，筛选一批拥有国际竞争力的学科、专业高校，将之建设成为研究型大学或应用型高校，形成多个学术科研水平高的高校集群，形成大湾区教育高地建设的龙头效应。

2. 建设高水平多层次实验室体系

以"广州—深圳—香港—澳门"科技创新走廊为依托，创建一批国际一流国家实验室。抢抓国家新一轮科技平台重组改革机遇，采取三地共建、省（市）部共建、政企研校共建等方式新建一批高水平实验室，争取更多国家重点实验室在大湾区布局建设，深度嵌入国家重点实验室体系。鼓励建设国际合作联合实验室。加强与国际尖端实验室的科研交流合作，提升各类实验室国际竞争力。鼓励实验室开展体制机制创新，推动高水平、高层次、国际化实验室体系建设。

3. 建设一批高水平重大创新平台

推动粤港澳三地科技创新力量优势互补，共建重大科创平台，引导和支持三地科研力量组建创新共同体，共同参与国家重大科技项目，参与全球科技项目竞争。围绕战略新兴产业的关键环节和核心技术，支持三地企业与高校、科研院所联合共建并申报国家级工程研究中心、技术创新中心、制造业创新中心，建设数字经济重大创新平台、先进装备制造业创新中心、智能海

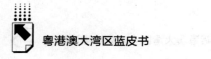

洋工程装备制造创新中心、药品和医疗器械创新中心、新能源汽车创新平台等，培育一批高水平新型研发机构。重点推进龙头企业建立高水平技术创新中心，构建多层次企业创新体系。

（五）全面强化人才协同发展与开放合作

1. 全面加强粤港澳人才协同发展

强化系统、全局、协同思维，总结提炼"湾区人才通"工程实施经验，以人才发展要素高效有序流动、使用为目标，粤港澳协同推进高水平人才高地建设各项重点工作。复制推广粤港澳人才合作示范区经验，推动城市间人才政策协调，强化招才引智、人才培养、科技攻关、成果转化等合作，减少同质、无序竞争，突出特色、差异和互补。加快规则衔接、机制对接工作的细化落地，进一步扩大资质互认执业范围，推进科研仪器、试验样品、科研经费跨境使用共享，全面移除阻碍人才发展要素跨境流动和区域融通的制度因素与政策障碍。全面提升粤港澳联合实验室创新效能，共建大数据中心和国际化创新平台。三地共同发起设立国际科技、企业、人才组织，鼓励引导多元主体组建重点产业人才联盟。

2. 大力推动人才高水平开放合作

一是加大政策创新力度，破解人才引聚难题。着眼高精尖缺，进一步完善清单管理制度，探索建立职业资格单向认可清单，扩大职业资格清单管理覆盖面，开展职业资格国际互认。优化外国人才在大湾区创新创业办理流程，为具备条件的外籍和境外人才参加职业资格考试、职称评定、课题申报、实验室使用等提供优质服务。进一步完善市场化引才政策体系，充分发挥市场引才作用。引进国际组织、国际知名科研机构、跨国企业研发中心等落户，培育一批具有全球竞争力的猎头机构、中介机构和人力资源行业组织，为大湾区精准引才、用才提供服务。二是加大人才"走出去"力度，促进区域内外人才资源双循环。拓宽、开辟人才"走出去"培养渠道，支持大湾区高校与全球顶级高校加强人才培养交流合作，采取联合培养、学分互换等丰富人才国际化培养方式。三是深化国际人才交流合作，用好全球创新资源。鼓励高校、科研机构、企业开展国际科创和学术交流合作，联合开展项目研究，参与和发起国际大科学计划。在高端人才集中城市设立"研发飞地""人才飞地"，组建国际虚拟科研组织。向全球开放共享大湾区大科学装置、科技基础设施。办好大湾区科学论坛，提升其全球影响力。

（六）合力营造对接国际的人才发展环境

加强沟通对接，拓展提升"湾区通"，打造既具有中国特色、大湾区特色，又达到国际一流标准的人才发展环境。针对制约人才发展要素便捷流动的堵点难点，一方面要发挥粤港澳大湾区建设领导小组的统筹协调作用，另一方面粤港澳三地要不断完善协商机制，加强沟通协调，推动重大问题及时研究解决。围绕高水平人才高地建设所需，对标全球最好最优，加强制度型开放探索，拓展"湾区通"新空间，促进基础设施"硬联通"，就业、教育、医疗、养老等民生服务"软联通"向纵深推进，推动形成与国际有效衔接的全球高端人才医疗保障、子女上学、配偶就业、住房落户、停居留及出入境等精细化政策体系。以人文湾区、绿色湾区、美丽湾区建设为牵引，进一步提升公共服务与治理水平。加大湾区信息资源整合、共享、宣传，形成开放包容、治理良序的干事创业环境。

经济贸易篇
Economy and Trade

B.9
粤港澳大湾区制造业发展报告

龙建辉[*]

摘　要： "增强制造业核心竞争力"不仅是《粤港澳大湾区发展规划纲要》的重要内容，亦成为 2021 年 12 月中央经济工作会议和 2022 年《政府工作报告》的重要关切。当前，数字化转型、服务化转型和国产化转型正成为大湾区制造业重要的发展趋势，虽然大湾区制造业在规模效应、结构优化、统筹协同和集聚优势方面取得初步成效，但仍存在量强链弱、缺芯少核、硬软失衡和坚而不韧的问题，未来需在去壁垒、强基建、锻韧性、图自强和聚高端上推进高质量建设。

关键词： 制造业　协同发展　粤港澳大湾区

---

[*] 龙建辉，博士，广东省社会科学院企业研究所研究员，主要研究方向为技术创新、公司治理、港澳经济。

20世纪70年代开始，由于企业成本上升，大量港澳企业通过产业转移方式在珠三角寻求发展出路，这一产业变迁直接导致了两种结果：一方面，推动了香港和澳门经济向服务业转型，另一方面，粤港澳大湾区制造业企业主要集中在珠三角地区。2019年公布的《粤港澳大湾区发展规划纲要》（以下简称《规划纲要》）明确提出，"围绕加快建设制造强国，完善珠三角制造业创新发展生态体系"[①]。为此，在"一国两制"框架下，香港、澳门融入国家发展大局，可以发挥制度优势整体推进粤港澳大湾区制造业高质量发展。

一 粤港澳大湾区制造业发展成绩

从改革开放至21世纪初，港澳制造业逐步向珠三角转移，在经历"前店后厂""协议（CEPA）开放"阶段之后，随着粤港澳大湾区上升为国家战略，粤港澳合作进入全新的"制度型开放"阶段。虽然这个阶段香港和澳门制造业在经济总量中占比较低，但是大湾区作为一个整体，港澳制造业"空心化"问题将得到有效缓解，港澳将以粤港澳大湾区为战略契机融入国家发展大局。

（一）规模效应：制造业增加值总量增大

制造业是工业的主体，也是粤港澳大湾区经济实现高质量发展的重要载体，可以说，制造业的数字化和服务化，就是工业做强做大及发展潜能持续提升的过程。在新冠肺炎疫情的严重冲击下，2021年粤港澳大湾区规模以上工业增加值仍达到3.32万亿元，同比增长11.43%，占大湾区GDP的26.34%。其中珠三角九市规模以上工业增加值为3.29万亿元，同比增长11.48%，占广东省规模以上工业增加值的87.73%，占广东省GDP的26.44%。[②] 可以说，粤港澳大湾区已经成为中国发展的经济增长极和重要

---

① 《粤港澳大湾区发展规划纲要》，人民出版社，2019，第25页。
② 相关数据根据珠三角九市统计局官网、香港特别行政区政府统计处官网和澳门特别行政区政府统计暨普查局官网数据计算得出。

引擎。

从图 1 可以看出，2021 年，粤港澳大湾区有 4 个城市的规模以上工业增加值超过了 5000 亿元，其中深圳为 10356.03 亿元，同比增长 5.0%，是湾区内名副其实的工业最强城市；佛山为 5442.13 亿元，同比增长 9.3%，仅次于深圳连续两年位列第二；广州为 5086.22 亿元，同比增长 7.8%，位列第三；东莞为 5008.81 亿元，同比增长 10.2%，排名第四。以规模以上工业增加值划分，5000 亿元以上的为第一方阵，包括深圳、佛山、广州和东莞 4 个城市；1000 亿~5000 亿元的为第二方阵，包括惠州、中山、珠海和江门；1000 亿元以下的为第三方阵，包括肇庆、香港和澳门（见图 1）。

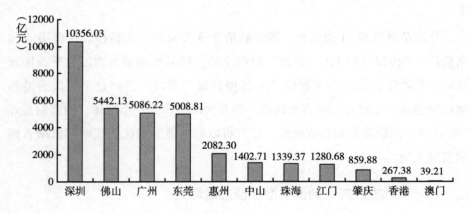

图 1 2021 年粤港澳大湾区规模以上工业增加值

资料来源：珠三角九市统计局、香港特别行政区政府统计处和澳门特别行政区政府统计暨普查局官网。

（二）结构优化：制造业高端化趋势显著

珠三角的工业发展水平代表了广东省的工业发展水平。近年来，珠三角工业增加值占广东省的比重为 90% 左右。在贯彻新发展理念、构建新发展格局和实现高质量发展的战略部署下，珠三角制造业正在以各种方式提升其附加值和技术含量，一方面实现了绝对量的增长，另一方面形成了高端化发展特征。

2020 年，在国民经济 41 个工业子行业统计门类中，计算机、通信和其他电子设备制造业，电气机械和器材制造业，汽车制造业，专用设备制造业，通用设备制造业等 5 个子行业代表的先进制造业，其工业增加值为 15670.59 亿元，占珠三角工业增加值比重为 56.03%，其余 36 个子行业的工业增加值为 12302.56 亿元，占珠三角工业增加值的 43.97%，制造业高端化趋势明显（见表 1）。可见，大湾区新动能产业蓬勃发展，高技术制造业增加值稳步提升。[1] 其中深圳成为制造业高端化发展的领头羊，2021 年，深圳工业转型再次提质增效，全市工业增加值达到 10356.03 亿元，在新冠肺炎疫情的持续影响下，仍有超八成工业行业实现正增长，其中，通用设备制造业、电气机械和器材制造业增加值分别增长 15.3%、13.3%；主要高技术产品产量快速增长，其中，新能源汽车、工业机器人、智能手机、3D 打印设备分别增长 173.9%、60.5%、40.9%、21.2%。[2]

表 1 2020 年珠三角地区工业增加值分行业情况

单位：亿元，%

行业	工业增加值	占比
计算机、通信和其他电子设备制造业	8311.55	29.71
电气机械和器材制造业	3390.15	12.12
汽车制造业	1812.67	6.48
专用设备制造业	1191.05	4.26
通用设备制造业	965.17	3.45
其他子行业	12302.56	43.98
总计	27973.15	100.00

资料来源：《广东统计年鉴 2021》。

（三）统筹协同：产业发展定位逐步清晰

到 2022 年，"区域发展更加协调，分工合理、功能互补、错位发展的城

---

[1] 闫梅、刘建丽：《"十四五"时期粤港澳大湾区工业高质量发展的思路与对策》，《企业经济》2020 年第 12 期。

[2] 《2021 年深圳经济运行情况》，深圳统计局官网，http://tjj.sz.gov.cn/。

市群发展格局基本确立"是《规划纲要》中明确提出的发展目标之一。① 在优化制造业空间布局上，《规划纲要》亦根据实际情况对珠江西岸和珠江东岸做出了清晰的发展定位，即"以珠海、佛山为龙头建设珠江西岸先进装备制造产业带，以深圳、东莞为核心在珠江东岸打造具有全球影响力和竞争力的电子信息等世界级先进制造业产业集群"②，这一定位既体现了错位发展的理念，也体现了协同合作的思路。广州、深圳、香港和澳门作为大湾区4个中心城市，应发挥创新研发和总部密集优势，为大湾区先进制造业发展和传统制造业转型升级提供支撑。

在国家提倡"产业数字化"和"数字产业化"的大背景下，依托珠三角九市强大的工业制造能力，粤港澳大湾区正在形成新一代信息技术与电子信息、汽车、家电等行业融合的新兴产业体系。当然，要在大湾区内建立制造业统筹协调发展的体制机制，仍有很长的路要走，在区域内错位发展需要进一步明确主导产业定位。例如，深圳、广州、东莞、惠州、江门、珠海等均将电子信息作为重要发展方向，未来应该明确分工协作体系，进一步突出地区产业特色和资源禀赋优势。

（四）集聚优势：关键创新资源形成合力

粤港澳大湾区是高等院校、科研院所、国家（重点）实验室、广东省（重点）实验室、创新型企业和创新人才的集聚地，这些创新资源的集聚效应使其成为我国最具创新活力和全球最具创新潜能的区域之一。据统计，大湾区内共有普通高等学校175所，其中2022年世界排名前100的高校占5所，分别是香港大学、香港科技大学、香港中文大学、香港城市大学和香港理工大学;③ 国家实验室2个，分别是深圳的鹏城实验室和钟南山院士带领

---

① 《粤港澳大湾区发展规划纲要》，人民出版社，2019，第9~10页。
② 《粤港澳大湾区发展规划纲要》，人民出版社，2019，第25~26页。
③ QS世界大学排名（英文：QS World University Rankings，简称QS Rankings），是由教育市场咨询公司Quacquarelli Symonds（QS）所发表的年度世界大学排名。排名包括主要的世界大学综合排名及学科排名。

下的广州实验室；国家重点实验室 30 个，其中，广州 21 个，深圳 6 个，珠海、东莞和肇庆各 1 个；广东省（重点）实验室（含粤港澳联合实验室）合计 475 个，绝大部分分布在粤港澳大湾区，以广州和深圳为主；孵化出了以华为、腾讯、中兴、大疆、比亚迪、美的等为典型代表的创新型龙头企业。以广州和深圳为主的中心城市创新能力显著提升，创新资源和成果也加速向两个城市集聚。这些核心创新资源为粤港澳大湾区打造国际科技创新中心提供了源源不断的内驱力，截至 2020 年底，广东省全省专利授权量为70.97 万件，广州有 15.58 万件，占 21.95%；深圳 22.24 万件，占31.34%；全省 2.81 万件 PCT 国际专利申请量中，深圳有 2.02 万件，占 71.89%。[①]

二 粤港澳大湾区制造业发展趋势

制造业高质量发展是我国实现经济高质量发展的关键。在百年变局和新冠肺炎疫情的叠加影响下，"黑天鹅""灰犀牛"事件成为常态，粤港澳大湾区制造业要实现优先突围，必须通过锻造核心竞争力提升发展韧性。因此，"增强制造业核心竞争力"不仅是《规划纲要》的重要内容，亦成为2021 年 12 月中央经济工作会议和 2022 年《政府工作报告》的重要关切。制造业转型方向决定粤港澳大湾区制造业发展趋势。

（一）数字化转型：从"可选项"到"必选项"

习近平总书记 2021 年 4 月在广西考察时强调：要推动传统产业高端化、智能化、绿色化，推动全产业链优化升级，积极培育新兴产业，加快数字产业化和产业数字化。[②] 这充分说明数字技术的产业嵌入和自身产业化正在成为未来发展的必然趋势。当前，5G、人工智能、区块链、云计算、边缘计

---

① 《广东科技创新动态数据》2021 年第 7 期，第 20 页。
② 吴德进、张旭华：《以产业数字化赋能高质量发展》，《光明日报》2021 年 9 月 1 日。

算、大数据新一代信息技术的迅猛发展，为制造业奠定了扎实的底层技术，制造业与数字技术的融合正在成为高质量发展的重要趋势。特别是在疫情防控常态化背景下，企业数字化技术的价值得到前所未有的体现。因此，在疫情防控常态化时期，制造业数字化转型不仅是一种趋势，更是一种手段。甚至常规情境下，数字化只是企业的"可选项"，而危机情境下，数字化成为企业的"必选项"。①

《规划纲要》明确提出"发挥龙头企业带动作用，积极发展数字经济和共享经济，促进经济转型升级和社会发展"②。当前，珠江东岸电子信息产业带集聚区，在智能终端、信息通信、集成电路设计等领域具有良好产业基础，5G 手机、通信设备、计算机整机等产品产量居全国前列。③ 特别是以华为、腾讯、中兴等为代表的数字技术龙头企业云集，这些企业强大的研发能力为粤港澳大湾区制造业数字化转型奠定了良好基础。

（二）服务化转型：从"卖产品"到"卖服务"

进入数字经济时代，制造业与服务业融合发展也成为趋势。制造业服务化转型，实际上是由传统的"售后服务"转为"后市场服务"，提升制造业售后服务的"附加值"。在数字经济和消费升级的双重背景下，制造业企业要想提升在价值链上的地位，一方面企业要通过大批量定制化生成满足消费升级和消费者个性化需求的产品或服务，另一方面也可以通过"后市场服务"达到提升价值的目的。换言之，在工业 4.0 时代，商业模式发生了根本性变化，企业创新将突破传统研发驱动边界，正在向"定制化生产"与"后市场服务"方向演进。④ 制造业企业增长模式也逐渐从"投资驱动"

① 单宇、许晖、周连喜、周琪：《数智赋能：危机情境下组织韧性如何形成？——基于林清轩转危为机的探索性案例研究》，《管理世界》2021 年第 3 期。
② 《粤港澳大湾区发展规划纲要》，人民出版社，2019，第 27 页。
③ 《广东省发展新一代电子信息战略性支柱产业集群行动计划（2021—2025 年）》（粤工信电子〔2020〕138 号）。
④ 〔日〕尾木藏人：《工业 4.0：第四次工业革命全景图》，王喜文译，人民邮电出版社，2017，第 14 页。

向"创新+服务驱动"转换。①

制造业企业要紧紧围绕"做强主业、孵化市场和服务升级"的经营管理策略实现步步为营;更要紧紧抓住"业务整合、业态转型和技术赋能"的时代发展契机实现涅槃重生。粤港澳大湾区制造业企业在未来攀登工业4.0峰顶过程中,需摒弃传统的"硬件式"思维模式和以往成功经验,致力于软件解决用户个性化问题,将产品的物理资源优势转化成数据资源优势,积极从硬件向软件、服务产生附加值的角度为消费者提供更个性、更智能的服务。

(三)国产化转型:从"靠进口"到"用替代"

百年未有之大变局正在推动世界经济秩序重构。地区战争、自然灾害、恐怖威胁、新冠肺炎疫情等危机事件频发的背后,反映出市场环境的易变性(Volatility)、不确定性(Uncertainty)、复杂性(Complexity)和模糊性(Ambiguity)(VUCA)特征。② 受此影响,近年来很多大宗物资价格剧烈波动,企业成本受到严重影响;特别是中美贸易摩擦,美国对华为、中兴的制裁,暴露出我国有很多领域的技术仍严重依赖进口,"卡脖子"特征显著,例如工业软件、芯片等。因此,"国产替代进口"成为解决"卡脖子"问题的重要选择,也是粤港澳大湾区乃至全国制造业实现高质量发展的必然趋势。

进口替代政策是指一国采取各种措施,限制某些外国工业品进口,促进国内有关工业品的生产,逐渐在国内市场上以本国产品替代进口品,为本国工业发展创造有利条件,实现工业化。进口替代政策是粤港澳大湾区制造业健康发展的重要保障,面对多变的国内外环境,以习近平同志为核心的党中央提出要"加快构建以国内大循环为主体、国内国际双循环相互促进的新

---

① 刘胜、陈秀英:《推动粤港澳大湾区制造业服务化转型》,《中国社会科学报》2021年1月27日。

② 李平、竺家哲:《组织韧性:最新文献评述》,《外国经济与管理》2021年第3期。

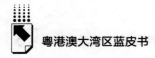

发展格局"①。其中，以国内大循环为主体的前提是要提升自主创新能力，聚焦攻坚"卡脖子"技术，依靠科技自立自强实现关键核心技术的国产替代。

三 粤港澳大湾区制造业存在问题

自粤港澳大湾区上升为国家战略，特别是《规划纲要》公布以来，其制造业在规模效应、结构优化、统筹协同和集聚优势方面取得显著成效。然而，在百年变局和世纪疫情的交织影响下，当前粤港澳大湾区制造业仍然存在大而不强、缺芯少核、硬强软弱、坚而不韧等问题。

（一）量强链弱：制造业产业链整体竞争力偏低

2021年，广东实现地区生产总值12.44万亿元，同比增长8.0%，经济总量连续33年保持全国第一;② 另外，据《中国区域创新能力评价报告2021》，广东的区域创新能力以综合指标65.49分连续5年全国排名第一。虽然广东在创新驱动发展战略下科技创新能力显著提升，并进一步带动经济"量""质"齐升，粤港澳大湾区功不可没，但是相比于世界三大一流湾区特别是以制造业为特色的东京湾区，粤港澳大湾区的产业链整体竞争力仍然偏弱。为此，广东省推出一系列举措，以提升产业链整体化、现代化水平。第一，推出了培育战略性产业集群计划。2020年出台实施的《广东省人民政府关于培育发展战略性支柱产业集群和战略性新兴产业集群的意见》（粤府函〔2020〕82号），立足于"稳"，重点培育壮大新一代电子信息、绿色石化、智能家电、汽车产业、先进材料等"十大战略性支柱产业集群"；着眼于"进"，加快培育发展半导体与集成电路、高端装备制造、智能机器人、区块链与量子信息、前沿新材料等"十大战略性新兴产业集群"。第

---

① 《中共中央关于党的百年奋斗重大成就和历史经验的决议》，人民出版社，2021，第25页。
② 资料来源：《2021年广东省国民经济和社会发展统计公报》。

二，推出了 20 个战略性支柱产业集群五年（2021—2025 年）行动计划。这些产业集群包括超高清视频显示、绿色石化、汽车、软件与信息服务、生物医药与健康、先进材料、现代农业与食品、区块链与量子信息等。第三，大力推进产业"补链强链控链"。例如推动以集成电路为核心的产业基础高级化发展，落实"广东强芯"行动；支持一批产业链"链主型"企业开展强强联合、上下游整合，构建核心技术全产业生态。

（二）缺芯少核：制造业"卡脖子"问题日益凸显

大湾区制造业的许多关键技术、关键设备仍需要依赖进口，产业发展受制于人，"卡脖子"问题突出。建设具有全球影响力的国际科技创新中心，是粤港澳大湾区的五大战略定位之一。[①] 对标旧金山湾区、东京湾区、纽约湾区等世界一流湾区，粤港澳大湾区在基础设施、人才聚集、空间格局等"硬件"方面不相上下甚至处于领先地位，但最大的短板就是科技创新不足。

关键核心技术受制于人，是当前粤港澳大湾区制造业实现高质量发展需要解决的最大短板。相比于旧金山、东京等世界级大湾区，粤港澳大湾区制造业要解决"缺芯少核"问题，将比较优势转化为核心竞争优势，实现自立自强。以新能源汽车为例，当前中国汽车产销和新能源汽车市场规模连续 13 年稳居世界第一，但汽车芯片自给率不足 10%，国产化率不足 5%，中国汽车产业大而不强。在汽车芯片中，最短缺的是 MCU 芯片，除比亚迪外，这一类芯片几乎被外国芯片厂商垄断。

（三）硬软失衡：产品质量过硬而软件品牌偏弱

粤港澳合作经历了"前店后厂""协议（CEPA）开放"阶段，如今已经进入融合联动的粤港澳大湾区建设阶段。珠三角从"要素驱动"逐步过渡到创新驱动，从"中国制造"逐步转型为"中国创造"，换句话说，粤港澳大湾

---

① 《粤港澳大湾区发展规划纲要》，人民出版社，2019，第 8~9 页。

区是粤港澳合作的升级版。经过 40 多年的改革开放，珠三角成为知名的"世界工厂"，这一方面说明珠三角制造的产品质量获得了全世界的认可，为当前的粤港澳大湾区制造业发展奠定了坚实的技术基础，但另一方面也说明粤港澳大湾区制造业在软件和品牌上还有很长的路要走。目前，在汽车、船舶、铁路、电气、航空航天、电子设备、通用设备等领域应用非常广泛的工业软件仍然以美国为主导，例如 EDA（电子设计自动化，被业界称为"芯片设计软件工具"）基本被美国的新思科技（Synopsys）、美国的铿腾电子（Cadence）和德国西门子三家"国际巨头"控制；另外，大湾区制造业虽然有华为、格力、美的等知名品牌，但品牌力影响力与欧美发达国家相比仍然存在差距。此外，就粤港澳大湾区 4 个中心城市而言，广州三大支柱产业（汽车制造业、电子产品制造业和石油化工制造业）高水平升级、深圳的八大传统产业创意化转型、① 香港制造业空心化进而导致服务业空心化、澳门产业过度单一等，均是粤港澳大湾区制造业实现高质量发展需要着力解决的问题。

四　粤港澳大湾区制造业发展建议

粤港澳大湾区制造业的主战场在珠三角，要实现制造业高质量发展，要加快形成和完善要素流通、资源共通、利益共享的协同发展机制，以充分激发市场主体和创新主体的主动性与积极性。换言之，应该在"一国两制"的大前提下，妥善处理好新发展阶段粤港澳合作关系。

（一）去壁垒：加快推进制度型开放步伐

粤港澳合作在"前店后厂"和以 CEPA 为主导的协议开放阶段，均以要素和商品流通为主，如今粤港澳合作已经进入粤港澳大湾区建设阶段，大湾区由"9+2"个城市构成，涉及一个国家、两种制度、三个关税区，传统的以"要素和商品"为主导的"流动型开放"难以满足新阶段粤港澳合作

---

① 深圳八大传统产业包括内衣、钟表、服装、珠宝、皮革、眼镜、家具和工业设计。

的需求，必须向以"规则、规制、管理、标准"等对接为主导的"制度型开放"转型。[1] 机会出现在边界被打破的地方，粤港澳大湾区建设与"前店后厂"和 CEPA 阶段最主要的区别是打破之前的"边界思维"而融入整体思维。作为一个经济整体，粤港澳大湾区在制度型开放指引下正在成为我国的高水平开放示范区，其有形壁垒和无形壁垒正在逐步消除。因此，应该充分发挥粤港澳大湾区建设领导小组的协调作用，粤港澳三地政府仍需要在公共产品供给上大力作为，统筹推进设施的"硬联通"和机制的"软联通"，提升交通、网络和通信便利化水平，加强法律、法规、标准等方面的衔接与融合，以促进要素、资源和商品更高效流通。

（二）强基建：协同推进老基建和新基建

当前以德国工业 4.0 和美国工业互联网为代表的第四次工业革命方兴未艾，新一代信息技术推动下的新经济、新业态、新模式层出不穷，粤港澳大湾区制造业也需要顺应时代发展和转型趋势，粤港澳三地同心协力抓住发展机遇。在传统老基建方面，当前世纪工程港珠澳大桥、广深港高铁都已建成通车，配合"一地两检"的通关模式，粤港澳大湾区建设的协同效应正在形成，除此之外，深中通道也正在加快建设。粤港澳大湾区制造业要在第四次工业革命中有所作为，还需要融入新一代信息技术，通过产业数字化手段促进新经济、新业态和新模式与制造业融合，推动制造业数字化和智能化转型。数据作为继资本、劳动、土地和技术之后的第五种生产要素正在发挥越来越重要的作用，当前粤港澳三地在数据流通方面同需求目标仍然存在差距，因此需要加快 5G、人工智能、大数据中心、工业互联网、物联网等新型基础设施建设。

（三）锻韧性：构建"化危为机"应对机制

企业韧性过程包括前、中、后三个阶段，面对新冠肺炎疫情和外部冲击，大湾区制造业企业关键在于构建"化危为机"的应对机制。具体来说，

---

[1] 《中共中央关于党的百年奋斗重大成就和历史经验的决议》，人民出版社，2021，第 38 页。

在危机发生前应注重塑造战略、构架和资源层面的预警能力，在危机中应注重调整和巧创的能力，在危机后注重恢复、学习和改进/超越的能力。作为系统应对，危机发生前，企业主要在机制、流程、能力、资源等方面进行准备和防御；危机中，企业的任务是反应和调整，核心是纵向时间维度的及时性和横向策略维度的巧创性，而这两者均高度依赖危机前的准备程度；危机后，企业由于受危机事件冲击而产生的反弹复原和反弹超越，是企业韧性体现的核心阶段。另外，数字化也是制造业企业锻造韧性的关键举措，常规情境下，数字化只是企业的"可选项"，而危机情境下，数字化成为企业的"必选项"。[①] 企业具体应该以消费者个性化、多元化需求为导向，以"智能工厂"为转型升级的抓手，推动企业往两个方向实现高质量发展：其一，推动以往"规模化生产"向"大规模定制化生产"转型；其二，推动以往廉价的"售后服务"向高附加值的"后市场服务"转型。

（四）图自强：完善"卡脖子"技术替代机制

实现高水平科技自立自强是国家发展的战略支撑，在新发展阶段、新发展理念和新发展格局下要实现粤港澳大湾区制造业高质量发展，解决"卡脖子"技术是关键。习近平总书记在 2021 年 5 月 28 日两院院士大会上强调："要加强原创性、引领性科技攻关，坚决打赢关键核心技术攻坚战。"[②] 针对产业链整体竞争力偏低、缺芯少核、工业软件偏弱等问题，粤港澳大湾区制造业要实现高质量发展，第一，需要完善高端人才、资本等要素激励机制。研发不仅需要高端人才，还需要资本投入，一方面需要继续完善"引人、留人"机制，另一方面还需要完善市场化资本参与机制。第二，需要构建和完善"卡脖子"技术的替代机制。面临当前多变的外部环境，解决"卡脖子"技术问题应优先考虑国产替代机制，针对短期难以进行国产替代的技术，应考虑从"非利益攸关国"进口。以新能源汽车为例，核心芯片

---

① 单宇、许晖、周连喜、周琪：《数智赋能：危机情境下企业韧性如何形成？》，《管理世界》2021 年第 3 期。

② 《两院院士大会中国科协第十次全国代表大会在京召开》，《人民日报》2021 年 5 月 29 日。

技术主要掌握在美国厂商手中，现在一辆新能源汽车要使用的芯片超过1000颗，未来国产替代化的空间很大。第三，发挥国家战略科技力量的作用。对于这一点，习近平总书记在2021年5月28日两院院士大会上亦强调："国家实验室、国家科研机构、高水平研究型大学、科技领军企业都是国家战略科技力量的重要组成部分，要自觉履行高水平科技自立自强的使命担当。"[1] 大湾区有众多高水平实验室、研究型大学和龙头科技型企业，面对相关发达国家的制裁，要充分发挥国家战略科技力量的作用。

（五）聚高端：加快推动制造业有序转移

随着劳动力、土地等要素成本的不断提升，劳动密集型制造业发展会呈现产业梯度转移的规律，即制造业企业会随着要素成本的不断攀升，把企业外迁至欠发达或不发达地区。当然产业转移除了考虑要素成本之外，还要考虑地理距离、交通便利化、营商环境友好度等条件。实际上粤港澳合作的"前店后厂"阶段就是从香港和澳门的制造业产业转移开始的。例如，从改革开放至21世纪初，香港的制造业逐步向内地（主要是珠三角地区）转移，到2010年其制造业份额已不足1.7%。[2] 经过改革开放40多年的发展，如今包括珠三角地区在内的我国很多地区的制造业要素成本都大幅攀升，造成制造业企业经营成本增高，因此，很多制造业企业有产业转移需求。针对这一普遍性问题，2021年12月25日，工信部、国家发改委、科技部等10部门联合出台了《关于促进制造业有序转移的指导意见》（工信部联政法〔2021〕215号），对制造业转移方向、政策环境、合作模式、体制机制等方面做出了具体指引，以推动制造业合理有序转移。广东省当前粤东、粤西、粤北地区存在发展不平衡问题，粤东、粤西和粤北地区的要素成本仍处于相对低位，可以把珠三角部分产业有序转移至有承接能力的地市，以形成"双赢"乃至"多赢"的制造业产业发展格局。

---

[1] 《两院院士大会中国科协第十次全国代表大会在京召开》，《人民日报》2021年5月29日。

[2] 龙建辉：《香港融入国家开放发展的路径与协同策略研究》，《广东社会科学》2018年第4期。

B.10
粤港澳大湾区外贸发展报告

郭楚 李永明*

摘 要： 2021 年，面对全球百年变局和世纪疫情带来的严重冲击，广东省委省政府认真贯彻落实习近平总书记、党中央决策部署，高质量推进外贸发展，持续深化与共建"一带一路"国家经贸合作，全年广东外贸发展再创历史新高，实现"十四五"外贸发展良好开局。大湾区内地九市外贸进出口增速高于全国总体水平，占广东外贸进出口总额的 95% 以上，港澳外贸总额也创下历史新高。粤港澳大湾区外贸快速发展为加快构建双循环新发展格局打下坚实基础。展望未来，粤港澳大湾区牢记习近平总书记赋予广东在全面建设社会主义现代化国家新征程中走在全国前列、创造新的辉煌的使命任务，深入实施贸易高质量发展"十大工程"，把握区域全面经济伙伴关系协定实施机遇，建设粤港澳大湾区全球贸易数字化领航区，努力打造一批有全球竞争力的贸易骨干企业集群，奋力开创新时代大湾区外贸发展新局面。

关键词： 粤港澳大湾区贸易 高质量发展 贸易数字化领航区

一 大湾区扎实推动外贸发展再上新台阶

2021 年，得益于中国经贸稳定发展和有力的疫情防控，粤港澳大湾区

---

* 郭楚，广东省社会科学院港澳台研究中心研究员，主要研究方向为港澳经济、国际经济与贸易；李永明，广东省社会科学院港澳台研究中心助理研究员，研究方向为港澳经济、特区经济。

外贸交出了一份相当亮眼的成绩单，这是中国"入世"20年之际大湾区交出的亮眼答卷，也是全球疫情蔓延下大湾区为全球产业链供应链稳定注入的"强心剂"。面对全球百年变局和世纪疫情，大湾区千方百计稳外贸，推出了一系列稳定外贸主体、稳定外贸市场、保障外贸产业链供应链稳定畅通的政策措施，精准高效地为外贸企业纾困解难，激发市场主体活力，稳定外贸持续增长的政策措施效果持续显现，大湾区内地九市抗风险能力显著增强，彰显经济强大的韧性和综合竞争力，外贸进出口规模再创新高，达到12218.91亿美元，同时，外贸结构和方式进一步优化，"精专特新"产品出口不断增加，一般贸易进出口主导地位持续强化，民营企业外贸进出口更具活力，占广东外贸总额的比重再次超越50%，国际贸易伙伴更加多元，各地区的外贸份额更趋协调平衡（见图1）。①

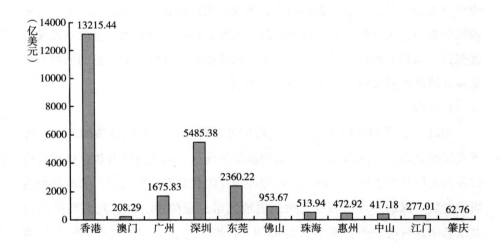

图1　2021年粤港澳大湾区各城市外贸进出口额

资料来源：广东统计年鉴和中国统计年鉴。

---

① 《2021年广东外贸首超8万亿元　一年增量1.18万亿元》，中国新闻网，https://www.chinanews.com.cn/cj/2022/01-20/9657073.shtml，2022年1月20日。

（一）大湾区内地九市外贸总额领先全国

从图1可见，2021年，深圳外贸总额为5485.38亿美元，规模再创历史新高，同比增长16.2%；广州外贸总额为1675.83亿美元，同比增长13.5%；东莞外贸总额为2360.22亿美元，同比上升14.6%；佛山进出口总额为953.67亿美元，同比增长21.7%；珠海进出口总额为513.94亿美元，同比上升21.5%；惠州进出口总额为472.92亿美元，同比上升22.8%；中山进出口总额为417.18亿美元，同比上升22%；江门进出口总额为277.01亿美元，同比增长25.2%；肇庆进出口总额为62.76亿美元，同比下降1.9%。2021年，大湾区内地九市积极把握全球经济复苏的态势，积极落实"一带一路"倡议、RCEP协定，继续加强与共建"一带一路"国家的贸易交往，大力提升企业自主创新能力，激发外贸民营企业旺盛活力，增强外贸抗风险能力，充分展现大湾区外贸的灵活性、韧性、创造力，进出口规模继续保持全国领先地位，呈现逆势而上、提质增效的良好态势。总的来看，粤港澳大湾区外贸实现了"十四五"良好开局。

1. 深圳

2021年，深圳积极应对复杂严峻的外部环境以及世纪疫情的影响，外贸发展亮点纷呈。深圳积极落实贯彻新发展理念，深化改革开放，推动形成以国内大循环为主体、国内国际双循环相互促进的新发展格局，实现外贸高质量发展。深圳外贸总额占大湾区内地九市总量的44.9%，对大湾区内地九市总体外贸增长的贡献率达到43.8%。2021年，深圳外贸进出口总额为5485.38亿美元，比2020年上升16.2%，其中，外贸出口2981.95亿美元，出口规模已连续29年保持全国大中城市领先地位，增长13.5%；进口2503.43亿美元，增长19.5%。[①] 同时，深圳外贸主体抢抓"双碳"政策机遇，深化清洁能源上下游产品布局，与清洁能源相关的设备及产品出口增长约50%。

---

① 《深圳2021年外贸出口实现29连冠》，《深圳特区报》2022年1月20日。

一般贸易进出口稳占主导地位。深圳已实现从"三来一补""贴牌生产"到自主创新、自创品牌的华丽转身，手机、无人机、机器人等具有自主知识产权的产品畅销海外市场。一般贸易进出口额达到2708.98亿美元，比2020年增长16.9%，占深圳外贸进出口总额的49.4%，显示深圳外贸自主创新能力进一步提升；加工贸易进出口额1464.32亿美元，上升14.7%，占26.7%；保税物流进出口额为1266.19亿美元，上升17.9%，占23.1%。

以"一带一路"为重点拓展多元外贸市场。2021年，深圳对RCEP贸易伙伴进出口、共建"一带一路"国家进出口、中东欧国家进出口分别达到1448.13亿美元、1200.54亿美元、94.35亿美元，外贸进出口规模均创历年新高，分别达到1393.39亿美元、1083.59亿美元、93.88亿美元，增长13.6%、15.1%、21.9%，共计拉动深圳总体外贸增长的5.1%。市场多元化战略有效提升了深圳外贸进出口的应变性和抗压性。

民营企业稳居外贸领头羊地位。2021年，深圳民营外贸企业进出口额高达3343.65亿美元，增长19%，占深圳外贸总额的比重首次突破60%至61.0%，较2020年增长1.4个百分点；外商企业外贸进出口额达到1826.63亿美元，增长11.8%，占33.3%；国有企业的外贸进出口额为323.22亿美元，增长14.5%。华为、创维、迈瑞、大族激光、大疆等一大批深圳本土民营企业，跨越新冠肺炎疫情阴霾，大力开拓全球市场，引领深圳优质商品畅销全球。

外贸出口产品结构进一步优化。2021年，深圳机电产品出口额为2383.90亿美元，上升18.8%，占同期深圳外贸出口总额的79.9%，比2020年提高3.6个百分点。其中，电脑及其零部件、手机、音视频设备及其零件、家用电器等电子电器产品的出口保持增长态势，共计790.23亿美元，增长21.9%，拉动深圳出口5.4%。同期，深圳机电产品进口显著增加。2021年，深圳机电产品进口达1996.90亿美元，上升15.3%，占同期深圳外贸进口总量的79.8%；集成电路、自动数据处理零部件、手机零件等为主要进口产品。

新业态新模式为外贸发展增添新动能。2021年，深圳海关大力提升跨

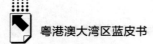
境贸易便利化水平，不断优化口岸营商环境，加快推进跨境电商等新兴业态发展，积极帮助外贸进出口企业应对冲击、打牢基础、危中寻机。深圳海关通过扶持外贸重点企业，积极培育新业态新模式，极大促进了深圳外贸进出口的平稳发展。

2. 广州

2021 年，广州外贸进出口总额 1675.83 亿美元，比 2020 年上升 13.5%。其中外贸出口 977.12 亿美元，增长 16.4%，占广东出口总额的 12.5%；外贸进口 698.72 亿美元，增长 9.6%，占广东进口总额的 14%。①

外贸方式进一步优化。一般贸易进出口额达 924.10 亿美元，比 2020 年增长 22.1%，占广州外贸进出口总量的 55.1%，比 2020 年提升了 3.7 个百分点。加工贸易总额为 353 亿美元，同比上升 17.6%，占广州外贸进出口总量的 21.1%。保税物流总额为 145.5 亿美元，同比上升 8.9%，占广州外贸进出口总量的 8.7%。

民营企业保持领跑地位。民营外贸企业进出口额达到 885.05 亿美元，同比上升 17.4%，占广州外贸进出口总额的 52.8%。外商企业外贸进出口额为 597.77 亿美元，同比上升 10.8%，占广州外贸进出口总额的 35.7%。国有企业外贸进出口额为 177.26 亿美元，同比上升 5.8%，占广州外贸进出口总额的 10.6%。

建设"一带一路"枢纽城市。2021 年广州与共建"一带一路"国家的贸易额已达 46.46 亿美元，增长 17.3%。2021 年，广州中欧班列（大朗）共开行进出口班列 128 列，发运标箱 1.28 万个，货重 6.74 万吨，货值约 5.88 亿美元，各项数据均创运营以来新高。出口"广货"种类繁多，已拓展至通信设备、鞋服皮具、家电家具、二手汽车、汽车配件等超过 1400 个税号种类的商品。

对主要贸易伙伴进出口均有所增长。2021 年，其中，广州对东盟进出口 273.65 亿美元，增长 13.9%；对欧盟进出口 255.59 亿美元，增长

---

① 汪海晏：《突破 1 万亿！去年广州外贸进出口总值大增》，《羊城晚报》2022 年 1 月 23 日。

19.6%；对美国进出口 183.05 亿美元，增长 13.8%；对日本进出口 147.79 亿美元，下降 3.2%；对韩国进出口 90.22 亿美元，增长 2.3%；对 RCEP 其他成员国进出口 565.82 亿美元，增长 7.8%。

外贸新业态持续创新发展。广州海关健全监管改革、通关便利、政策支持等综合支持服务体系，高质量推动外贸发展。为加强全球海运物流衔接，广州海关、广州港等单位联合推进"湾区一港通"等改革措施，使总体货物通关时长缩短 60%，企业报关成本下降 30%。截至 2021 年底，广州港已拥有外贸集装箱班轮航线 141 条，全年增加 21 条，其中共建"一带一路"外贸航线已达到 116 条。

3. 东莞

东莞外贸在 2020 年全年下降的基础上，在 2021 年开年便奋起直追，至 2021 年底，外贸进出口总额创下历史新高。全年东莞外贸进出口总额达到 2360.22 亿美元，同比增长 14.6%，规模继续稳居广东全省第 2 位。[①] 其中出口额为 1479.85 亿美元，同比上升 15.4%，进口额为 880.37 亿美元，同比上升 13.3%。在世纪疫情与百年变局交织的关键时期，东莞外贸展现了超强的韧性和竞争力。

外贸方式进一步优化。2021 年，东莞一般贸易总量为 980.12 亿美元，增长 5.9%，占东莞外贸总额的 41.5%。加工贸易总量 778.33 亿美元，上升 7.4%，占 33.0%。保税物流总量 511.73 亿美元，上升 26.4%，占 21.7%，占比提升 2 个百分点。

对主要贸易伙伴的贸易均保持增长。2021 年，东莞与东盟、美国、中国香港地区、欧盟、中国台湾地区、韩国、日本的贸易，分别达到 323.28 亿美元、319.50 亿美元、263.59 亿美元、257.09 亿美元、241.16 亿美元、189.52 亿美元、155.01 亿美元，分别增长 13.8%、21.2%、7.3%、19.5%、12.7%、20.2%、8.8%，合计占 74.1%。同期，对共建"一带一路"国家进出口 535.88 亿美元，增长 10.3%；对 RCEP 其他成员国进出口 697.89 亿

---

① 《东莞外贸进出口规模去年首破 1.5 万亿元》，《南方日报》2022 年 2 月 14 日。

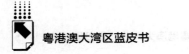
美元,增长 14.3%。

民营企业活力有效激发。2021 年,东莞民营企业进出口额为 1304.63 亿美元,增长 16.4%,占 55.3%,提升 0.8 个百分点,拉高整体外贸增长 8.9%。同期,外商企业外贸总额为 1030.38 亿美元,上升 12.7%,占 43.7%。

机电产品出口占重要地位。2021 年东莞机电产品出口 1049.3 亿美元,上升 8.3%,占同期外贸出口总额的 70.9%,以手机为代表的机电产品已占据同期东莞外贸出口总额的主导地位。

2021 年,劳动密集型产品出口额为 262.63 亿美元,增长 33.6%,其中玩具、家具、塑料制品、服装、纺织纱线、箱包、鞋类出口分别增长 60.6%、19.9%、33.9%、35.0%、10.9%、39.5% 和 40.7%。

2021 年,生物医药、智能制造、新能源等成为外贸出口新增长点,出口医药品、工业机器人、锂电池分别增长 145.7%、20.0% 和 17.4%。

集成电路进口显著增加。2021 年,东莞机电产品进口 708.19 亿美元,上升 13.0%,占同期东莞外贸进口总额的 80.4%;其中,集成电路进口 429.80 亿美元,增长 20.4%。同期,进口初级形状的塑料 40.4 亿美元,增长 16.3%;进口农产品 18.08 亿美元,增长 3.8%;进口纸浆、纸及其制品 15.50 亿美元,增长 23.7%。

4. 佛山

2021 年,在新冠肺炎疫情冲击下,佛山外贸彰显强大韧性和发展的深厚底蕴。佛山外贸进出口额达到 953.67 亿美元,比 2020 年上升 21.7%,其中,出口 775.14 亿美元,增长 21.2%;进口 178.53 亿美元,增长 24.1%。外贸总体保持提质增效的良好趋势。

一般贸易主导地位不断强化。2021 年佛山一般贸易进出口总额为 604.40 亿美元,上升 26.0%,占佛山外贸总额的 63.4%,显示外贸内生动力不断增强。同期,以加工贸易方式进出口为 176.04 亿美元,上升 21.6%。

贸易新业态加快发展。涌现出跨境电商、市场采购等新兴贸易业态,极大降低了中小企业参与国际贸易的门槛,提升了企业主体"走出去"、开拓全球市场的积极性，外贸新业态成为佛山外贸跨越式发展的重要引擎。

民营企业呈现旺盛活力。民营企业大力拓展全球市场、促进外贸发展，持续保持第一大外贸经营主体的地位。民营企业外贸进出口额为638.68亿美元，上升24.1%，占佛山外贸进出口总额的67.0%。有进出口实绩的外贸企业8742家，增加12.2%，民营企业对佛山外贸增长的贡献更加突出。外商投资企业进出口继续保持稳定增长，进出口额为311.46亿美元，增长17.6%。①

外贸伙伴更趋多元。2021年佛山深入实施高水平对外开放，与东盟的贸易额为166.05亿美元，增长12.2%；与美国的贸易额为153.72亿美元，增长37.4%；与欧盟的贸易额为128.61亿美元，增长31.4%。同时，佛山大力拓展新兴市场，佛山与共建"一带一路"国家和地区、RECP其他成员国、中东欧国家的贸易呈现良性发展态势。2021年，佛山对共建"一带一路"国家和地区的进出口贸易额为308.93亿美元，上升15.7%；对RECP国家进出口268.00亿美元，上升13.4%；对中东欧国家进出口18.47亿美元，上升39.4%，佛山成功拓展新兴城市，显著提升了佛山的外贸抗风险能力，外贸市场的伙伴们越来越多。

5. 珠海

2021年是珠海建设枢纽型核心城市和现代化国际化经济特区的奠基之年。粤港澳大湾区、横琴粤澳深度合作区、新时代中国特色社会主义现代化国际化经济特区和自由贸易片区"四区"叠加优势，为外贸进出口不断注入活力和潜力，珠海外贸迎来前所未有的发展机遇。

得益于欧美等主要经济体生产、消费景气度回升，外需增加以及我国不断扩大对外开放、全球市场布局优化，珠海外贸进出口快速增长，规模持续扩大，质量稳步提升，展现出强劲韧性，实现了"十四五"良好开局。2021年，珠海外贸进出口总额为513.94亿美元，比2020年增长21.5%。

---

① 《2021年佛山外贸进出口突破6000亿元》，《佛山日报》2022年1月31日。

其中，外贸出口 291.96 亿美元，上升 17.3%；外贸进口 221.98 亿美元，上升 27.5%。

贸易结构和方式继续优化。珠海立足自身产业链，不断提升科技水平，提高产业竞争力，进而增强外贸产品在全球的竞争力。2021 年，珠海一般贸易方式进出口额为 326.87 亿美元，增长 32.8%，占外贸进出口总额的 63.6%。

民营企业活力进一步提升。2021 年，外贸民营企业超过外商企业成为珠海第一大外贸经营主体，外贸民营企业的贸易额达到 329.63 亿美元，增长 39.8%，占外贸进出口总额的 64.1%。珠海科力通电器有限公司作为葡萄酒酒具生产服务的领先者，在过去 20 年间，累计研发 400 多项产品，拥有 100 多项国家专利和 5 项国际专利。通过健全营销策略、加大产品研发力度、提升品牌形象，科力通真正把握了外贸出口订单的议价主动权。

贸易伙伴更趋多元化。与主要贸易伙伴的贸易均保持增长态势，2021 年，珠海与东盟的进出口贸易额增长 25.6%，占同期珠海外贸进出口总额的 14.5%；与欧盟的进出口增长 30.5%，占珠海外贸进出口总额的 12.9%；与美国的进出口增长 4.9%，占珠海外贸进出口总额的 8.8%。

集成电路进出口均快速增长。2021 年，珠海机电产品出口 225.60 亿美元，增长 13.0%，占珠海外贸出口总额的 77.3%。其中，家用电器出口 29.41 亿美元，增长 11.4%；集成电路出口 9.52 亿美元，增长 141.8%。2021 年，珠海机电产品进口 127.49 亿美元，增长 29.2%，占珠海外贸进口总额的 57.4%。其中，集成电路进口 58.36 亿美元，增长 40.5%。

6. 惠州

2021 年，惠州外贸保持强劲增长态势，全年外贸进出口总额 472.92 亿美元，比 2020 年上升 22.8%，升幅高于全国和广东总体水平。其中，外贸出口达 330.08 亿美元，上升 26.3%；外贸进口 142.85 亿美元，上升 15.3%。在 2020 年 12 月当月，惠州外贸进出口额为 45.62 亿美元，上升 10.2%，保持了连续 18 个月的正增长。

惠州规模以上电子信息及相关企业超过 700 家，5G 智能终端、智能网联汽车、新能源电池等优势产业链有了更大的发展空间，外贸企业出口也迎来了更大机遇。①

2021年，从贸易方式看，一般贸易额占比稳步上升，成为惠州外贸增长的主要动力。在海外需求旺盛和本地制造业成熟的背景下，惠州的电子电器产品及劳动密集型产品出口拉动作用更加明显。从进出口主要商品来看，机电产品为进出口"拳头"产品，拉动作用明显。全年机电产品出口额达到256.92亿美元，上升25.0%，占同期惠州外贸出口总额的77.8%。液晶电视机、手机、平板电脑、无线耳机等电器电子产品成为主要出口产品，累计出口66.42亿美元，拉动整体出口6.5%。锂离子蓄电池、汽车零配件合计出口21.39亿美元，拉动整体出口3.8%。从贸易伙伴来看，对墨西哥、巴西进出口大幅增长。从企业性质来看，外资企业占比超过70.0%，民营企业和国有企业的外贸进出口均呈现快速增长。

2021年，惠州海关支持高新技术、智能显示、新能源等重点支柱产业的发展，出台"暖企计划八条措施"和"新一轮稳外贸稳外资五条措施"，不断扩大企业集团外贸改革试点范围，辖区内的TCL、德赛、伯恩3个集团累计17家企业被纳入改革试点范畴，2021年累计开展保税料件调拨、外发加工、货物自主存放等业务超过8000多票，涉及产品货值6.19亿美元，减少企业物流、报关等费用2.12万美元。

7. 中山

2021年，中山不断优化贸易结构，全年外贸进出口总额417.18亿美元，比2020年上升22.0%，创出历史新高，外贸出口345.45亿美元，上升22.9%，外贸进口71.72亿美元，上升17.6%。

分季度看，一、二、三、四季度进出口分别达到91.10亿美元、95.39亿美元、115.05亿美元、115.63亿美元，外贸进出口规模呈现逐季上升态势。在外贸进出口持续上升的同时，2021年中山对外贸易结构更加

---

① 《2021年惠州外贸进出口实现稳健增长》，惠州文明网，http://hz.wenming.cn/ecjj/202202/t20220211_7484095.htm，2022年2月11日。

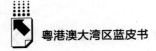

优化。

一般贸易占外贸总额的比重超过 60.0%。一般贸易进出口额为 258.81 亿美元，上升 29.7%，占同期外贸总额的 62.0%，比重比 2020 年增加 3.6 个百分点；加工贸易进出口额为 153.19 亿美元，上升 11.1%，占同期外贸总额的 36.7%。

以外商企业为主导，民营企业对外贸易更趋活跃。2021 年，外商企业进出口额为 210.63 亿美元，上升 14.8%，占外贸总额的 50.5%；民营企业进出口额为 183.03 亿美元，上升 33.9%，占外贸总额的 43.9%；国有企业进出口额为 23.50 亿美元，上升 7.9%，占外贸总额的 5.6%。

与主要贸易伙伴的贸易额均呈两位数增长。2021 年，中山对外贸易前五大贸易伙伴为美国、欧盟、东盟、中国香港和日本，贸易额分别为 85.15 亿美元、68.50 亿美元、47.24 亿美元、33.28 亿美元和 23.27 亿美元，分别增长 28.8%、24.3%、19.9%、13.8% 和 10.2%。同时，中山与共建"一带一路"国家、RCEP 贸易伙伴进出口额分别上升 23.8%、16.7%。

机电产品的进口和出口均实现稳定增长。2021 年，中山机电产品的出口额为 259.72 亿美元，上升 22.4%，占出口总额的 75.2%。其中，出口家用电器 82.41 亿美元，上升 14.7%，占出口总额的 23.9%；灯具、照明装置及其零件的出口额为 18.70 亿美元，增长 55.4%，占出口总额的 5.4%。同期，中山机电产品的进口额为 41.95 亿美元，增长 13.3%，占进口总额的 58.5%。

8. 江门

2021 年，江门外贸进出口总额 277.01 亿美元，比 2020 年增长 25.2%，增速排名全省第四，高于全国、全省平均水平；其中出口表现更为突出，达到 226.89 亿美元，上升 30.2%，出口增速列全省第二，进口达到 50.12 亿美元，上升 6.7%。

与主要贸易伙伴进出口均实现大幅增长。对共建"一带一路"国家进出口拉动增长最大，江门对共建"一带一路"国家进出口 64.40 亿美元，增长 29.5%。江门前五大贸易伙伴分别为美国、欧盟、东盟、拉美和非洲。

2021 年，江门一般外贸的进出口额为 208.24 亿美元，增长 28.9%，对江门外贸增长的贡献率达 83.7%。同期，加工贸易进出口 65.71 亿美元，增长 16.1%。

民营企业进出口更具活力。民营企业进出口额为 140.94 亿美元，增长 30.1%，占外贸进出口额的 50.9%；外商投资企业进出口额为 132.45 亿美元，增长 19.7%。

传统出口商品保持快速上升态势。江门市家用电器出口 205.70 亿美元，增长 15.5%，摩托车出口 84.30 亿美元，增长 35.9%，印刷电路出口 75.40 亿美元，增长 36.6%。集装箱出口保持显著增长，出口 70.50 亿美元，增长 277.8%。

农产品、集成电路、液晶显示板进口大幅增长。主要进口商品中农产品、集成电路和液晶显示板分别进口 68.00 亿、2.96 亿和 1.95 亿美元，分别增长 65.4%、52.0% 和 183.8%。

9. 肇庆

2021 年，肇庆对外贸易出现负增长。全年货物进出口总额 62.76 亿美元，比 2020 年下降 1.9%。其中，出口 42.11 亿美元，下降 9.3%；进口 20.65 亿美元，上升 17.8%。

2021 年，为了确保外贸稳增长，肇庆持续优化营商环境，在国内信用、金融、信贷等方面，引导外贸企业享受激励政策措施，解决企业在外贸进出口中遇到的难题；连通"肇庆高要—深圳蛇口"组合港，整合 5G、物联网、人工智能等多重前沿技术，组建智慧口岸，极大降低了外贸货物通关物流成本；实行线上 24 小时预约申报、移动远程线上查检、快速审核验放等贸易便利化措施，支持企业"走出去"。

肇庆与共建"一带一路"国家、区域全面经济伙伴关系协定（RCEP）15 国的外贸进出口均实现不同程度的增长。肇庆持续改善外贸结构，各类贸易均保持良好上升态势。机电产品、高新技术产品的进出口均呈现了较快的增长态势。

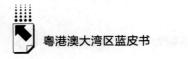

（二）香港进出口概况

2021 年，中国香港对外贸易创出历年新高，外贸进出口总额高达 13215.44 亿美元，比 2018 年的高位超出 15.6%。其中，外贸出口总额比 2020 年上升 26.3%；外贸进口总额比 2020 年上升 24.3%；贸易逆差为 446.72 亿美元。①

全球经济逐步复苏，对商品需求强劲增加，香港外贸进出口实现快速增长。2021 年与 2020 年相比，中国香港整体外贸出口呈上升态势，尤其是对英国出口上升 57.5%、对韩国上升 42.7%、对印度上升 36.6%、对内地上升 27.0%。

同期，来自部分主要供应地的进口也快速上升，尤其是来自新加坡上升 31.7%、韩国上升 31.3%、内地上升 26.5%、菲律宾上升 25.1%。

按主要货物出口类别分析，2021 年与 2020 年同期比较，主要货品的整体出口呈现上升态势，特别是电动机械、仪器和用具及零件出口增加 721.75 亿美元，上升 32.9%；办公室机器和自动资料处理仪器出口增加 170.79 亿美元，上升 30.9%；通信、录音及音响设备和仪器出口增加 110.81 亿美元，上升 12.9%；杂项制品（主要包括珠宝、金饰及银器）出口增加 55.60 亿美元，上升 34.9%。

同期，按主要货物进口类别分析，大部分主要货品的整体进口呈上升态势，特别是电动机械、仪器和用具及零件的进口额增加 676.45 亿美元，上升 29.3%；通信、录音及音响设备和仪器的进口额增加 141.57 亿美元，上升 17.0%；办公室机器和自动资料处理仪器的进口额增加 135.39 亿美元，上升 29.9%；杂项制品（主要包括珠宝、金饰及银器）进口额增加 109.78 亿美元，上升 38.2%；非金属矿物制品进口额增加 50.58 亿美元，上升 30.8%。

另外，香港 2021 年 12 月外贸出口额出现大幅增长，上升 24.8%，特别

---

① 《2021 年香港进出口升逾两成　贸易总额创历年新高》，中国新闻网，2022 年 1 月 27 日。

是输往内地，对美国和欧盟的出口均显著上升，输往亚洲其他主要市场的出口也有不同程度的升幅。

（三）澳门进出口概况

随着疫情的逐渐缓解，澳门迎难而上，加快转型升级，实施经济适度多元可持续发展，积极融入国家发展大局，加深与内地在经贸、旅游、会展、中医药等产业的合作，形成全新的贸易发展格局。

2021 年，澳门外贸进出口总额为 208.29 亿美元，较 2020 年同期上升61.4%。全年货物贸易逆差达到 75.92 亿美元，货物贸易逆差创 11 年来新高。[①]

2021 年出口总额为 16.18 亿美元，比 2020 年上升 19.9%，再出口（13.68 亿美元）及本地产品出口（2.50 亿美元）分别增加 18.5% 和28.1%；进口总额为 192.11 亿美元，上升 66.2%。

按出口目的地分析，2021 年，澳门全年出境到内地的货额为 2.26 亿美元，比 2020 年上升 12.3%，出口（境）至中国香港（11.44 亿美元）、美国（0.85 亿美元）与欧盟（0.24 亿美元）的货值分别上升 22.7%、22.8%与 6.1%，出口到共建"一带一路"国家的货物为 0.39 亿美元，上升 1.5%。

按货物原产地统计，2021 年，产自欧盟及内地的进口货物分别为 62.17亿美元及 60.57 亿美元，产自共建"一带一路"国家及葡语系国家的进口货物分别为 31.60 亿美元及 0.90 亿美元，分别上升 68.6% 和 3.7%。

二　大湾区加快推进外贸高质量发展

2021 年是广东改革开放历史上具有里程碑意义的一年。在疫情蔓延全球的背景下，全球贸易看中国、中国贸易看广东。面对百年变局和世纪疫

---

① 《澳门 2021 年对外商品贸易总额同比上升逾六成》，新华社，2022 年 1 月 31 日。

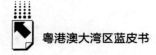
情,广东外贸发展呈现强大韧性。广东牢记习近平总书记嘱托,迎难而上,坚定不移加快外贸高质量发展,增强畅通国内大循环和联通国内国际双循环功能。落实外贸高质量发展"十大工程",举办第130届广交会等重大会展,开展"粤贸全球""粤贸全国"经贸活动,建设自贸试验区联动发展区,加快外贸转型升级,推动跨境电商综合试验区全覆盖,打牢外贸提质增效的产业根基,增强出口产品的高科技含量,培育贸易出口品牌,外贸进出口的质量和效益取得显著成效,在诸多不利因素下稳住了广东外贸基本盘。

(一)一般贸易持续攀升

近年来,广东外贸进出口质量持续提升。广东一般贸易进出口占比持续攀升,而加工贸易占比则不断下降。2021年,广东一般贸易进出口同比增长19.1%,占广东外贸总额的52.3%;加工贸易同比增长13.2%,占广东外贸总额的27.3%;保税物流同比增长19.5%,占广东外贸总额的15.8%。

(二)民营企业更具活力

2021年,广东民营企业进出口同比增长19.5%,占广东外贸总额的比重上升至56.4%。民营企业成为广东外贸进出口的第一大主体,呈现强大活力和韧性。在民营外贸企业的强劲带领下,广东外贸总额在2021年创下1.22万亿美元历史新高,比2020年上升16.7%,持续36年稳居全国第一。

(三)外贸新业态增长迅速

广东跨境电商总数全国第一,外贸增长新动能加速成长。广东已实现21个地市跨境电商综试区全覆盖,跨境电商综试区总数位居全国第一。

近年来,随着国内消费市场不断升级,广东跨境电商进口规模逐渐增大,海外商品通过线上模式加快进入国内市场。跨境电商综试区成立以来,广东各大跨境电商综试区把握机遇,乘上数字经济的东风,外贸进出口快速增长,交出了一份份亮丽的成绩单。2021年,广东的跨境电商、市场采购两大外贸新业态均突破 464.4 亿美元，成为广东外贸新增长极，对保持广东外贸稳定增长具有重要意义。

（四）金融支持进一步增加

面对百年未遇新冠肺炎疫情和复杂严峻全球形势，国家外汇管理局广东省分局推出多项外汇便利化政策，加快推广贸易外汇收支便利化试点和资本项目收入支付便利化试点，扎实推进外贸新业态有序发展，积极发挥稳外贸稳外资重要作用，共计推动金融机构发放"加易贷"1900 多亿美元，政策性出口信保承保规模超 1000 亿美元，"贸融易"为中小微外贸企业提供融资额度达到 24 亿美元。

（五）外贸市场更趋多元

受新冠肺炎疫情影响，东南亚国家和地区停工停产，欧美等国供应链陷入混乱，客观上给广东外贸发展带来更多机遇。广东把握机遇，积极开拓共建"一带一路"国家重点市场，继续扩大全球"朋友圈"，与主要贸易伙伴的贸易额均实现两位数的增长。2021 年，广东前五大主要贸易伙伴分别是东盟、中国香港、美国、欧盟和中国台湾，分别增长 14.3%、16.2%、15.3%、20.0% 和 18.3%。

（六）机电进出口再攀新高

2021 年，广东机电产品出口规模和出口增量均创历史新高，美国、欧盟仍是广东机电产品出口的主要市场，重点机电产品出口拉动作用明显。2021 年机电产品出口额比 2020 年上升 17.4%，占出口总额的 69.1%，机电产品进口额比 2020 年上升 13.2%，占进口总额的 66.6%，其中，集成电路同比增长 23.3%。

（七）自贸区功能进一步发挥

广东自贸试验区不断探索监管制度改革创新，加快通关便利化和监管模式改革，推动前海等自贸试验区打造制度创新策源地，极大激发自贸试验区内生动能，实现自贸片区外贸"全年红"。2021年，前海蛇口自贸片区外贸进出口额大幅上升32.1%，达0.25万亿美元；自贸片区外贸集装箱总量达1202万标箱，同比增长8.2%，再创历史新高；区内注册企业达9809家，同比增长2.8%，前海自贸片区的外贸引擎功能进一步凸显。

（八）多措并举降低外部影响

2021年，广东省委、省政府颁布《关于推进贸易高质量发展的行动方案》，举行广东贸易高质量发展大会，贯彻落实贸易高质量发展"十大工程"，聚焦贸易新业态、数字贸易、重大贸易平台、展会提升、粤贸全球品牌、贸易龙头企业、产业链招商、粤港澳大湾区国际消费枢纽、通关便利化改革和贸易金融创新等领域，深化改革创新，为广东外贸应对复杂的全球经贸挑战、实现跨越式发展提供了强有力的政策指引。按照国务院颁布的《关于加快发展外贸新业态新模式的意见》要求，广东颁布《关于推进跨境电商高质量发展的若干政策措施》，允许符合粤港澳大湾区个税优惠条件的珠三角九市的跨境电商企业高管，其在珠三角九市缴纳的个人所得税已缴税额超过其按应纳税所得额的15%计算的税额部分，由当地人民政府给予财政补贴，该财政补贴免征个人所得税。

在一系列政策措施的支持下，广东外贸发展环境得到不断改善，为促进广东外贸高质量发展打下坚实基础。

三　大湾区外贸发展面临更为复杂严峻挑战

2021年，粤港澳大湾区外贸进出口呈两位数增长，规模创下历史新高，外贸进出口快速增长，为稳定经济社会发展做出了重要贡献。进入2022年，外贸进出口面临的形势依然复杂多变，全球不确定、不稳定因素不断增多，在新冠肺炎疫情冲击下，全球经济复苏势头放缓，外需增长萎缩，缺芯、缺柜、缺工等"三缺"问题和运输费、能源资源价格、原材料价格、人民币汇率上涨等"四升"问题直接增加外贸企业负担①。同时，支撑 2021 年外贸高增长的订单回流、价格上涨等阶段性因素难以为继，叠加 2021 年外贸增长超高基数影响，继续做好 2022 年稳定外贸发展工作难度前所未有。

（一）全球经济复苏可能放缓

全球经济在 2021 年实现强劲反弹后，2022 年增长势头可能放缓。全球经济增速估计将由 2021 年的 5.5% 回落至 2022 年的 4.1%。全球经济复苏进一步放缓，将导致货物贸易量增速下降。预计全球货物贸易量增速将从 2021 年的 10.8% 下降至 4.7%。②

加上新兴经济体疫苗接种进展缓慢，叠加新冠肺炎疫情的持续影响以及政策支持力度的减弱，新兴经济体经济复苏力度明显弱于发达经济体。世界银行预测，2023 年新兴市场和发展中经济体总产出较疫情前仍然低于 4%，脆弱和受冲突影响的新兴经济体更是较疫情前低 7% 以上，但发达经济体预计将在 2023 年回到疫情前产出水平。但是无论从消费需求还是从补库存需求来看，发达经济体复苏对于拉动中国外贸出口的作用仍然比较有限。

东亚和东南亚国家的制造业产出占全球比重接近 50%，远大于消费支出比重 24.3%，表明全球生产能力主要集中在这些国家。从疫苗接种率来看，东亚、南欧、北欧、西欧以及北美发达国家疫苗完全接种率已经超过 70%，但这些国家中，除了东亚以外的其他国家消费支出占比合计 50.9%，远超制造业产出占比（35.5%）。因此，即便这些国家摆脱疫情影响的速度快于其他国家，其经济结构决定了其仍然将以消费恢复（尤其是服务消费）为主。而中国则将凭借疫情防控优势，发挥全球制造业中心作用，继续保持外贸出口的韧性。

（二）外贸企业面临成本上升压力

大湾区已深度融入全球供应链体系，其在货物贸易供应中的占比已明显

---

① 《一揽子举措在途　护航外贸"开门稳"》，《经济参考报》2022 年 1 月 7 日。
② 《世贸组织：全球货物贸易增速放缓》，央广网，2021 年 11 月 16 日。

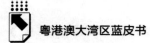

提升，因此，全球供应链如果出现问题，就会增加外贸企业在运输、生产和经营方面的压力。目前，外贸中小企业主要面临以下突出问题：海运费居高不下、原材料价格仍在上升，企业收益受到明显挤压，这将导致外贸企业出口普遍存在"有单不敢接"或"增收不增利"的困境。人民币双边汇率和多边汇率已积累了一定升幅，对外贸出口企业也带来严重影响，降低了外贸出口的竞争力。

（三）商品出口需求可能减少

新冠肺炎疫情发生以来，美欧等发达国家采取了极度宽松的财政货币政策，导致美欧消费需求恢复明显快于生产需求，从而带动商品消费远超历史水平，成为拉动中国商品出口增长的重要原因。在内需恢复缓慢、外需增加的情况下，大湾区更多企业转向外贸出口。特别是民营企业因为适应能力强、调整速度快，更多转向外贸行业，并且在国家和地方稳外贸政策的支持下，跨境电商、市场采购、海外仓等新业态新模式成为推动外贸增长的重要力量。2022年，随着疫情逐步好转，发达国家进一步放开社交隔离措施，居民对商品的过度消费可能减少，从而降低了对中国的外贸商品消费需求。

（四）供应链瓶颈难以根本缓解

世界经济循环受阻，港口拥堵导致物流受阻、半导体短缺以及劳动力短缺，供应链局部中断风险上升。这些因素通过两个方面影响中国外贸出口：一是凸显了中国供应链韧性优势，增加中国外贸出口的数量；二是推高物价水平，加大中国外贸产品的出口成本。预计2022年下半年供应链中断问题会逐渐得到改善，但不排除疫情继续蔓延情况下，供应链进一步加剧中断风险。

叠加2021年外贸基数较高的因素，2022年外贸运行面临一定的压力。在正视大湾区外贸这些困难和挑战的同时，也要看到我国经济韧性强、长期向好的基本面不会改变，坚定稳住外贸基本盘的信心。

面对复杂多变的全球经济形势，我们要用全面、辩证、长远的眼光看待百年未有之世界大变局。一方面，要强化底线思维，做好较长时间应对外部环境变化的思想准备和工作准备；另一方面，也要积极把握"危机"中依然存在的"机遇"。

疫情发生后，习近平总书记就稳定外贸外资基本盘做出重要指示，同时，国务院、广东省颁布一系列强有力的稳外贸稳外资政策举措，为稳定外贸外资工作提供了基本遵循。各地区各部门认真贯彻落实稳外贸稳外资政策举措，帮助外贸企业纾困解难，激发市场主体活力。大湾区外贸外资企业积极应对挑战、连续两年都交出了亮眼的成绩单，展现了大湾区外贸的巨大潜力和强劲韧性。我国政治体制展现的独特优势、不断扩大的开放政策、持续优化的营商环境、健全的供应链体系是大湾区外贸一直保持稳中向好的重要保证。

尽管大湾区外贸有足够的底气应对未来的挑战和压力，但仍需要不断强化政策措施支持和确保供应链产业链的稳定畅通，不断优化营商环境，外贸企业也要加大创新发展，走出自己的特色。

下一步，需要深入贯彻落实国家和广东的促进外贸稳定发展的政策措施，进一步扩大对外开放，加快推动 RCEP 落地生根，妥善应对贸易摩擦，加强与共建"一带一路"国家的贸易往来，深度拓展全球市场，推进投资与外贸、进口与出口、货物贸易与服务贸易协调发展，培育和发展数字贸易、跨境电商等新型贸易方式，确保大湾区外贸稳定持续发展。

四 做好跨周期调节进一步稳定大湾区外贸发展

展望未来，大湾区面临的不稳定性不确定性因素进一步增多，但稳中向好、长期向好的基本趋势并没有改变，支持大湾区外贸发展的有利条件仍然很多。广东将以高水平开放促进深层次改革，构建新发展格局战略支点，预计全年大湾区外贸进出口有望在攻坚克难中实现稳步发展。

党中央着眼于国内外复杂严峻的经济形势，提出深入贯彻习近平总书记关于保持经济运行在合理区间的重要指示，推进扩大高水平开放，加强跨周期调整，扶持中小微外贸企业，保持外贸平稳发展。① 这是针对已经和可能出现的新问题新挑战的有效应对之举，是今后一个时期做好大湾区外贸工作的根本遵循。

（一）应对全球外贸下滑风险

2022 年，外贸运行面临的环境异常严峻复杂。美欧等发达国家因政治因素所导致的供应链断链风险进一步增加，新冠肺炎疫情冲击加剧全球物流受阻，运输价格增加，稳定外贸进出口供应链、产业链面临严峻挑战，大宗商品价格居高不下也必然影响外贸进出口总额。总体看来，外贸领域将面临"需求萎缩、供给冲击、预期转弱"的严峻压力和挑战。

（二）加大对外贸企业的支持力度

支持外贸企业发展是稳外贸进出口发展的关键。目前大湾区外贸传统企业面临转型升级、用工困难、融资难融资贵、经营成本上升等各种现实问题的困扰。要鼓励各类金融机构加大对外贸企业的金融、信贷支持力度，鼓励外贸企业减负稳岗扩就业、提升企业应对汇率波动风险能力等，持续营造优良的企业运营环境，针对外贸企业困难精准发力，切实为外贸企业纾困解难。

（三）加快外贸新旧动能转换

目前，大湾区外贸新旧动能仍然处于转换期，以外贸新业态新模式为典型的外贸增长新动能板块，仍然未对总体外贸起到较大的拉动和支撑作用。另外，伴随着全球生产力的逐渐恢复，拉动 2020 年外贸出口的主力军"宅经济"等商品在 2021 年已呈现明显的不可持续性。在疫情防控常态化、外贸进出口依然增长乏力的状态下，外贸增长的动能短板仍是一个比较关键的问题，稳外贸发展更需要挖掘新动能和新潜力。

---

① 《国务院办公厅关于做好跨周期调节进一步稳外贸的意见》（国办发〔2021〕57 号）。

（四）激发消费品进口潜力

新冠肺炎疫情发生以来，全球性通胀、供应链受阻等因素导致全球大宗商品进口价格持续高涨，加之航运物流运输成本持续高企，大宗商品进口整体处于外贸发展的风险高点，因此，对大宗商品保供稳价需要提供必要的政策支持。另外，需要进一步优化调整跨境电商零售进口商品清单，举办国际消费季促进消费品进口，我国巨大市场的不断开放以及疫情防控常态化背景下国内消费的逐步恢复，将有效带动全球消费品大量进口。可见，未来扩大消费品进口将成为大湾区扩大进口的重要着力点。

（五）加快"海外仓"高质量发展

海外仓作为新型贸易基础设施，不仅是促进跨境电商发展的重要境外支撑，也是有效支撑和拓展外贸供应链的重要海外节点和平台。大力支持"海外仓+贸易""海外仓+金融""海外仓+供应链"的发展，将有效发挥海外仓贸易的带动功能、金融依托功能和物流基础设施的功能。此外，构建跨境电商综合试验区、鼓励创新发展离岸贸易，能够加快集聚形成外贸增长新动能，推动外贸传统企业加快转型升级，推动外贸高质量发展。

（六）保障供应链产业链畅通稳定

针对全球物流运输不畅、供应链"堵、断"严重等问题，要鼓励引导外贸企业与航运企业签订长期合同、支持中小微企业与物流航运企业直客对接、做好全球海运监管工作，打击违法违规收费等，切实解决目前供应链中的全球物流运输难题。与此同时，加强外贸与产业的协调融合发展，加快培育一批外贸进出口创新发展试点，支持加工贸易稳定发展，积极培育外贸双循环企业，通过补齐、延长产业链，巩固外贸链条，以促进产业转型升级带动外贸进出口扩大规模、优化结构。

在目前如此严峻复杂的外贸运行形势下，贯彻落实跨周期政策调节是非常有必要和有意义的。确保宏观调控政策的连续性和跨周期调节的有效衔接，能够有效兼顾宏观层面"稳增长"和"防风险"的协调平衡；加强宏观调控政策与微观主体的有机结合，有利于提升外贸主体的自信心、激发市场活力，进一步优化、协调政策配套措施，更有利于确保外贸中长期"稳"与"进"的总体发展趋势，推动大湾区外贸进出口"逆风前行""行稳致远"。

五 发挥大湾区外贸在跨周期调节中的引领带动作用

全球百年变局和世纪疫情交织叠加，不稳定性、不确定性显著增加，粤港澳大湾区彰显出强劲的活力和耐性，为促进全球贸易发展、推动全球投资合作注入了新的动能。在新形势下，粤九市按照党中央、国务院及广东省委、省政府的决策部署，在继续发挥粤港澳大湾区与支持深圳建设中国特色社会主义先行示范区"双区驱动"效应的同时，抢抓横琴、前海两个合作区建设的重大历史机遇，不断增强大湾区外贸的综合实力、创新能力和国际竞争力，切实稳住外贸外资基本盘。当前及今后一段时期，做好跨周期调节工作，这既是新时期大湾区外贸发展的重要任务，也是重大机遇。要深挖外贸进出口潜力，扶持外贸中小微企业，努力保订单、稳预期，促进外贸高质量发展，奋力推动大湾区外贸先行先试，以全方位、全过程、高水平、高站位的姿态走在全国前列，为促进全球贸易高质量发展、联通国内国际双循环做出应有的贡献。

（一）加快贯通国内国际双循环

积极协调内需和外需、出口和进口、引进外资和对外投资均衡发展，大力增强参与国际合作和竞争新优势。稳定外贸外资基本盘，着力发挥外贸外资在国内国际双循环中的重要作用，加强宏观政策配合，完善长效机制。促进进出口协调发展，改善货物贸易结构，增强外贸出口品质，增加优质产品进口，推进服务贸易发展。增强双向投资水平，有效利用国际资源要素和市场空间，促进双向投资相互促进，加快推进高质量"引进来"和高水平"走出去"。

（二）推进高水平对外开放

持续扩大更宽领域、更大范围、更深层次的对外开放，全面提高对外开放水平，促进贸易和投资自由化便利化。构建更高水平开放型经济新体制，推动商品和要素自由便捷流动，稳步推进规则、标准等制度型开放，形成与全球通行规则相衔接的规则制度和监管模式。高质量打造各类开放平台，打造营商环境更好、开放水平更高、辐射带动作用更强的开放新高地。加快共建"一带一路"国家高水平发展，加强规划、机制、战略协调，推进政策、规则、标准衔接，以贸易大通道为纽带加强互联互通，增强与共建"一带一路"国家贸易投资交流合作。主动参与全球经济治理体系改革，通过加大自主开放增强与全球开放合作，增进多边、双边、区域、次区域经贸合作，为营造新发展格局打造良好外部环境。

（三）锚定"3060"双碳目标

坚决引导外贸进出口走生态优先、绿色低碳的发展道路。支持绿色消费，引导绿色低碳生活方式，创新绿色商场，扩大绿色产品销售，提倡绿色产品消费。促进绿色贸易，制定绿色低碳贸易标准和认证体系，打造绿色贸易发展平台，营造绿色贸易发展良好政策环境，推进发展高质量、高附加值的绿色产品贸易，严禁高污染、高耗能产品出口。促进绿色投资合作，鼓励外资投向节能环保、生态环境、绿色服务等产业，提高对外投资可持续发展水平，支持绿色低碳技术"走出去"，树立外贸企业绿色发展良好形象。增进绿色国际合作，加强应对气候变化等方面的经贸规则研究，促进多边、双边绿色贸易投资交流合作。

（四）打造贸易数字化领航区

顺应数字经济快速发展趋势，打造数字贸易新优势，积极发展新业态新模式，加强大数据、人工智能、5G、区块链、物联网等先进技术与贸易发展的深度融合，促进贸易领域产业数字化和数字产业化，提高外贸发展数字化水平。构建良好数字发展生态，形成与数字贸易发展相适应的监管政策体系，深化数字贸易领域国际合作交流。

加快贸易发展与数字技术深度融合。推动贸易新业态发展，拓展贸易发展新空间。提升贸易数字化水平，加快外贸全链条数字化赋能，加快服务贸易数字化发展，促进贸易主体数字化转型，营造贸易数字化良好发展环境，推进数字强贸。支持跨境电商健康可持续发展，加快建设跨境电商综合试验区，加强跨境电商零售进口监管，完善跨境电商交易全过程，培育壮大跨境电商骨干企业和先进产业园区。深入推进市场采购贸易方式试点，鼓励探索创新，创建一批示范企业和自主品牌。健全外贸综合服务企业发展政策，落实信息共享和联合监管。促进海外仓发展，创新监管管理体制，引导和鼓励多元贸易主体建设海外仓，创建一批在智能发展、信息建设、本地经营、多元服务等领域具有显著特色的代表性海外仓。鼓励保税维修发展，支持企业开展高新技术、高附加值产品维修，及时更新维修产品目录，调整维修产品范围。积极推进离岸贸易、新型易货贸易等贸易新业态发展。

支持粤港澳大湾区营造国际贸易数字化领航区。发展贸易新业态新模式，加快创建国家跨境电子商务综合试验区、国家数字服务出口基地。全力扶持数字贸易领域的瞪羚企业、独角兽企业，培育数字贸易型主导企业，开创数字贸易发展新格局。

加强粤港澳大湾区与共建"一带一路"国家在数据创新、跨境电商等领域的合作交流，建设数字丝绸之路核心战略枢纽。构建国际互联网数据专用通道，促进数字贸易、服务贸易快捷便利化。进一步放宽软件、信息传输、信息技术等行业外资市场准入，扩大一批云服务、大数据、物联网等数字领域的外资项目落地。支持数字贸易企业"走出去"，推进知识产权海外布局。

鼓励数字贸易企业制定国际先进标准，积极参与大数据、5G、工业互联网、超高清视频等领域国际标准研究制定，支持广东自贸试验区参与制定有利于发展中国家利益和诉求的数字化发展与规则体系，主动服务国家战略，参与国际数字化治理体系改革。

（五）实施贸易高质量发展十大工程

推进数字贸易工程和贸易新业态工程。支持广州天河中央商务区争创国家数字贸易先行示范区，打造省级贸易数字化服务平台。加快跨境电商综合试验区全省全覆盖，促进市场采购扩区扩种类，加快建立离岸贸易试点企业白名单制度等。

开展粤贸全球品牌工程和展会提升工程。不断拓展"粤贸全球"境外展会和"粤贸全国"国内经贸活动。全力筹办首届粤港澳大湾区服务贸易大会，联合制定会展业高质量发展政策措施。

打造重大贸易平台工程和粤港澳大湾区国际消费枢纽工程。颁布广州南沙进口贸易促进创新示范区培育实施方案，支持揭东经济开发区成功升级为国家级经开区，完成广州黄埔综合保税区验收工作。支持广州成功入选国家首批 5 个国际消费中心城市培育名单。

落实产业链招商工程。重点聚焦 20 个战略性产业集群，编撰《广东投资指南》、《世界五百强对粤投资研究报告》和招商引资地图，开展大规模产业对外招商活动。利用已修订的《广东省鼓励跨国公司设立总部型企业办法》，全力吸引世界 500 强地区总部和功能性总部落户广东。

加快推进通关便利化改革工程和贸易金融创新工程。建设国际贸易"单一窗口"，深化跨境贸易便利化，落实口岸降费提效。积极探索更高水平贸易投资便利化试点，扩大外贸出口信用保险覆盖面。

（六）建设外贸高质量发展高地

把广东自贸试验区打造成为外贸进出口高质量发展的新标杆。通过发挥 CEPA 作用，加快提升粤港澳大湾区服务贸易自由化水平，支持香港、澳门专业人士在前海、横琴就业执业，支持广东自贸试验区深圳前海蛇口片区、珠海横琴新区片区聚焦战略定位，发挥区位优势，加强粤港澳合作。推动横琴合作区面向澳门实施一系列深化改革和扩大开放的创新举措，支持前海合作区构建高水平对外开放门户枢纽，推进内地与港澳经贸

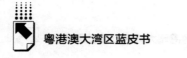

合作迈上新台阶。

展望未来，广东自贸试验区将形成要素自由流动、国际国内两个市场协调统筹、规则制度与国际标准有效衔接、全球高端资源高地聚集的新格局，成为我国深度融入经济全球化的重要载体。

健全高水平对外开放新体制。投资贸易自由化便利化水平达到全球一流水平，形成多层次、全方位金融开放服务体系，粤港澳融合发展取得新突破，形成一批在全国、全省有影响力的改革开放和制度创新经验，并在全国和全省复制推广。

优化公平开放法治的市场环境。进一步提升政府管理和服务水平，显著增强市场主体获得感，打造具有全球领先水平的营商环境。

建成全球外贸高质量发展引擎。形成高端制造业、战略性新兴产业、现代服务业等产业规模，主要指标居全国自贸试验区领先地位。到 2025 年，外贸进出口总额达 4000 亿元，集装箱吞吐量达 3700 万标箱。

加强与港澳制度规则有效衔接，显著提升粤港澳协同创新水平，构建粤港澳深度合作平台、拓展大湾区产业发展新空间、建设港澳人才创新创业高地、构建粤港澳宜业宜居优质生活圈。

（七）加大财税金融支持力度

在供给冲击、需求萎缩和预期转弱的三重压力下，中小外贸企业发展仍面临较大的压力，在经营收入面临缩小的情况下中小外贸企业将面临现金流减少的压力，特别是中小外贸企业仍面临订单被取消、物流受限且成本高涨、人民币汇率升值以及原材料成本高企的压力，迫切需要加大政策支持力度，特别是获得金融财税政策的支持，以减缓外贸出口面临的压力，支持其渡过难关，提高外贸出口的可持续性。

要继续加快外贸出口的退税进度，稳定加工贸易，降低外贸企业负担。优化外贸出口企业的信保和理赔条件，加强产品联动，促进内外贸一体化发展，拓展产业链承保业务，扩大对中小外贸企业承保的规模和覆盖面，加大对中小外贸企业、出口前订单被取消风险等的保障力度。引导金融保险根据外贸企业需求调整保单融资等产品，重点减缓中小外贸企业融资难、融资贵的问题，还可以运用"再贷款+保单融资"等方式向中小外贸企业提供融资担保。一系列金融财税支持政策将对大湾区进一步稳定外贸订单、促进外贸可持续发展发挥重要作用。

（八）发挥 RCEP 稳外贸的作用

RCEP 是稳定外贸发展的重要抓手，协定生效将进一步促进我国外贸外资稳定发展，加快产业转型升级，进一步提升市场活力。

RCEP 生效实施后，广东轻工业、纺织服装业将面临新的发展机遇，跨境电商、汽车行业将迎来新一轮大发展，港口航运、物流、铁矿石、机械、纺服、家具等行业将进一步受益，交通通信、农产品等行业将引入更多外资。又如，RCEP 原产地累积规则极大降低了出口商品享惠的门槛，有利于本地区形成更为紧密、更具韧性的供应链产业链，广东汽车零部件、电子元器件、纺织原材料等上游产品的外贸出口将进一步增长。

RCEP 生效实施，是难得的市场机遇，蕴含强劲的贸易创造力，是 2022年稳定外贸发展的重要抓手。大湾区要善于用好市场开放的承诺和规则，放大原产地累积规则的综合效应。从货物品种、产品来源地等实际出发，精准科学落实疫情防控措施，加大外贸出口退税力度，切实降低外贸进出口环节的综合成本。

（九）推进香港、澳门加快融入国家发展大局

全面推进粤港澳经贸合作关系，密切内地与港澳关于建立更紧密经贸关系安排制度。把握加快粤港澳大湾区建设新机遇，加快体制机制对接。全力支持港澳积极参与、推进国家全面开放战略，联合共建"一带一路"功能平台，支持粤港澳企业"联合走出去"，鼓励港澳合作共建全球经贸合作区。鼓励香港积极参与全球和区域经贸合作。促进澳门经济适度多元发展。建设好中国与葡语国家经贸合作论坛，发挥澳门在中国与葡语国家经贸合作中的服务平台功能。

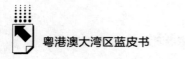

（十）推进共建"一带一路"贸易畅通

完善"一带一路"贸易畅通网络建设，大力推进与共建"一带一路"国家的贸易便利化、自由化。加强贸易合作交流，促进共建"一带一路"国家经济发展和产业优化升级，增加高新技术、高附加值成套设备产品及服务、技术、标准的出口，加大共建"一带一路"国家的贸易进口，构建"一带一路"国家外贸进出口商品集散中心，促进服务贸易领域交流合作。推进贸易通道畅通，扩大中欧班列进出口货源，鼓励和引导在中欧班列沿线国家建设海外仓，构建全球陆海贸易新通道，推动制定全球陆运贸易规则，加快建设内外联通、安全高效的外贸进出口大通道。着力发展丝路电商，与共建"一带一路"国家电商集聚区、产业园区等开展衔接合作，打造"一带一路"电子商务大市场。

B.11
粤港澳大湾区科技创新建设报告

陈世栋　姚逸禧*

摘　要： "国际科技创新中心"是国家对粤港澳大湾区战略定位之一。
2021年，粤港澳大湾区整体的研发费用（R&D）超过4000亿
元，占中国全社会研发投入（2.79万亿元）的12.90%，占
GDP比重达3.7%，远高于全国2.44%的水平，其中，深圳R&D
规模占大湾区整体的41.78%，排在大湾区第一位、全国第二
位，占DGP比重5.46%，广州、东莞、佛山分别占大湾区的
22.19%、9.59%、8.23%，四者合计占81.79%。大湾区专利技
术授权量达78.38万件，占全国17.03%，深圳最多，占
35.62%，广州占24.11%，佛山和东莞分别为12.31%和
12.07%，四者合计占84.11%；四大城市引领大湾区科技创新。
大湾区国家高新技术企业达5.7万家。综合性国家科学中心先行
启动区加快建设，广深港澳科技创新走廊不断升级，粤港澳大
湾区进入全球科技创新集群的前10位，"深圳—香港—广州"
科技创新集群连续两年排名全球第2，但依然面临基础研究水平
较弱、缺少具有全球竞争力的创新产业集群、综合生态不够便
利等问题。为建成世界顶级科技创新湾区，应加快建设创新集
群、突破关键技术、强化企业作用、培育新兴产业、优化创新
生态体系。

关键词： 科技创新能力　创新集群　协同创新　粤港澳大湾区

---

* 陈世栋，博士，广东省社会科学院经济研究所研究员，主要研究方向为创新网络与区域发
展；姚逸禧，广东省社会科学院在读研究生，主要研究方向为产业经济。

一 粤港澳大湾区科技创新建设重要举措及突出成效

（一）科技研发费用爆发式增长，科技创新能力持续增强

2021 年，粤港澳大湾区（内地 9 市）研究与发展（R&D）经费支出超过 4000 亿元，研发投入强度达 3.7%，① 如以香港 R&D 投入水平不低于 2020 年计，则大湾区整体的 R&D 投入超过 4007 亿元。2021 年广东的 R&D 投入达到 3905.21 亿元，占 GDP 的 3.14%，全国的 R&D 投入规模为 27864.00 亿元，占 GDP 的 2.44%。可见，大湾区的 R&D 占比远高于广东省和全国，是全国重要的科技创新发展引擎。近年来，大湾区 R&D 规模快速增长，从 2005 年的 381.26 亿元增长到 2021 年的 3600 亿元，自 2017 年大湾区设立以来，这一规模至少增长了 1300 亿元，单是 2021 年，就比 2020 年增加了近 1000 亿元，可见在复杂的国际竞争环境下，大湾区的科技创新投入普遍受到国家、广东省、港澳和大湾区各城市的重视。

深圳作为龙头城市，R&D 投入占大湾区整体 41.78%，广州为 22.19%，东莞为 9.59%，佛山为 8.23%，四大城市引领大湾区科技创新。2021 年，R&D 投入规模最大的是深圳，达到 1674.30 亿元，占 GDP 的比重为 5.46%。排在第二位的是广州市，达到 889.31 亿元，仅为深圳的 53.12%，占 GDP 比重为 3.15%，仅排在 10 个城市中的第 4 位。投入规模第三的是东莞市，达到了 384.28 亿元，占 GDP 的 3.54%，排在大湾区第 2 位；投入规模第四的是佛山市，为 353.76 亿元，占 GDP 的 2.91%，仅排在第 6 位。香港 2020 年投入规模达到 265.54 亿港元，但 2021 年投入占 GDP 比重仅为 0.93%。深圳和广州合计占大湾区的 63.97%，四者合计占大湾区的 81.79%，大湾区的科技创新活动主要集中在深圳、广州、东莞和佛山四大城市，其中，深圳和广州又是其中两大具有绝对优势的龙头城市（见表 1）。

---

① 科技部：《2021 年大湾区珠三角 9 城研发支出预计超 3600 亿元》，羊城派 2022 年 2 月 25 日。

表1　粤港澳大湾区城市 R&D 投入

单位：亿元，%

城市	2005 年	2010 年	2015 年	2018 年	2019 年	2020 年	2021 年	R&D/GDP（2021）
广州	34.17	118.78	212.26	267.27	286.24	315.11	889.31	3.15
深圳	124.66	313.79	672.65	966.75	1049.92	1157.31	1674.30	5.46
珠海	8.54	20.31	43.40	82.77	93.33	93.94	126.55	3.26
佛山	50.93	92.22	192.99	235.17	259.71	238.86	353.76	2.91
惠州	15.75	17.60	59.72	89.32	99.78	115.26	154.30	3.10
东莞	13.03	49.51	126.79	221.24	260.57	308.42	384.28	3.54
中山	16.13	35.07	69.24	59.28	59.66	68.03	68.03	1.91
江门	6.16	15.05	38.74	58.35	65.07	70.13	70.13	1.95
肇庆	2.68	6.81	19.02	22.03	23.35	21.19	21.19	0.80
香港(亿港元)	109.22	133.13	182.71	244.78	263.33	265.54	265.54	0.93
大湾区	381.26	802.26	1617.71	2246.96	2460.96	2653.79	4007.42	3.70
广东省	—	—	—	2704.70	3098.49	3479.90	3905.21	3.14
中国	—	—	—	19678.00	22144.00	24393.00	27864.00	2.44
大湾区/广东	—	—	—	—	79.42	76.26	92.18	117.83
大湾区/中国	—	—	—	11.42	11.11	10.88	12.92	151.87

资料来源：《广东省统计年鉴》及广东各地市国民经济与社会发展统计公报。2021 年珠三角部分城市的资料来源于政府工作报告；2000 年广州的资料来源于广州市 2000 年国民经济和社会发展统计公报；2000~2020 年香港的资料来源于香港政府统计处科技统计组。澳门数据因故未获知。

（二）获得专利技术授权量再创新高

粤港澳大湾区专利授权量从 2018 年的 38.40 万件到 2021 年的 78.38 万件，[①] 增长了 1.04 倍，可见 2017 年粤港澳大湾区的成立，[②] 对区域科技创新产生了极大激励作用。同时，广东全省专利授权总量从 2018 年的 47.81 万件增长到 2021 年的 87.22 万件，增长了 82.44%（2021 年居全国首位），

---

① 香港数据为国内发明专利数；缺 2021 年澳门数据，仅以 2020 年数据替代。
② 以 2017 年 7 月 1 日在香港签署《深化粤港澳合作　推进大湾区建设框架协议》为标志。

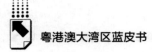

全国的专利授权数也从 2019 年的 259.16 万件增长到 2021 年的 460.1 万件，由于大湾区 9 个城市在珠三角，而广东除了珠三角外，其他城市专利获得数量不多，因此，从大湾区/广东来看，则从 2018 年的 80.32%增长至 2021 年的 89.86%，可见大湾区科技创新建设带动了广东整体的创新驱动发展。而从大湾区/全国来看，也从 2019 年的 16.29%增长至 2021 年的 17.03%，表明大湾区也是全国重要的创新引擎（见表 2）。

表 2　粤港澳大湾区专利授权量

单位：件，%

城市	2000 年	2005 年	2010 年	2015 年	2018 年	2019 年	2020 年	2021 年
广州	3182	5724	15091	39834	89826	104813	155835	189000
深圳	2401	8983	34951	72120	140202	166609	222412	279180
珠海	504	931	2768	6790	17090	18967	24434	27201
佛山	—	8704	681	4901	5058	4582	73870	96487
惠州	207	651	1628	9797	14705	14577	19059	25624
东莞	1399	3114	20397	26820	65985	60421	74303	94573
中山	1079	2108	8538	22198	34114	33395	39698	41500
江门	520		5415	6384	12273	13282	16891	21272
肇庆		187	550	1726	3901	4524	6326	7584
香港	—	—	—	566	482	583	631	937
澳门	—	86	120	254	369	492	421	421
大湾区	9292	30488	90139	191390	384005	422245	633880	783779
广东省	15799	36894	119346	241176	478082	527389	709725	872209
中国	—	—	—	—	—	2591607	3639268	4601000
大湾区/广东省					80.32	80.06	89.31	89.86
大湾区/中国						16.29	17.42	17.03

注：1. 香港数据为国内当年的"发明专利授权量"，详见《2021 年香港特别行政区国家发明专利统计分析报告——增 48%，技术研发能力不强》，https://blog.sciencenet.cn/blog-681765-1332549.html；2. 珠三角各城市 2021 年资料来源于广东省市场监督管理局网站（http://amr.gd.gov.cn/zwgk/sjfb/tjsj/content/post_3776734.html），其中深圳的数据与深圳市市场监督管理局并不一致；3. 澳门资料来源于 Incopat 系统查询。

2021 年，从专利授权量的内部结构（见表 3）来看，发明为 99990 件，实用新型为 451210 件，外观设计为 231750 件，三者比例为 12.77：57.63：29.60，说明大部分专利授权集中在实用新型领域，而实用新型是"小、快、灵"的专利保护类型。广东省的发明专利授权量为 10.29 万件，[①] 主要集中在深圳、广州、东莞和珠海，4 个城市的发明专利合计占比超过 60%。在大湾区各大城市的专利授权数中，除了中山市外，其他城市所获得的实用新型授权数均超过总数的 50%。深圳的专利授权量达到 279180 件，占大湾区的 35.62%，广州 189516 件，占 24.18%，排在第二位，深圳和广州合计占大湾区的 59.80%，佛山和东莞分别为 96487 件和 94573 件，分别占大湾区的 12.31% 和 12.07%，其他均不超过 6%，四大城市合计占大湾区的84.18%，可见专利授权数具有高度空间集中的特点，深圳在大湾区科技创新中处于核心引擎位置。

表 3　2021 年珠三角各市专利授权量

单位：件

地区	发明	实用新型	外观设计	合计
深圳	45202	154797	79181	279180
广州	24120	106900	58496	189516
佛山	8306	54878	33303	96487
东莞	11690	59949	22934	94573
中山	1546	20094	19873	41513
珠海	5402	18176	3623	27201
惠州	2158	18688	4778	25624
江门	964	12827	7481	21272
肇庆	602	4901	2081	7584
合计	99990	451210	231750	782950

资料来源：广东省市场监督管理局。

从广东省来看，2021 年，广东《专利合作条约》PCT 国际专利申请量达 2.61 万件，居全国之首，有效发明专利量 43.96 万件，全国第一。每万人口发明

---

① 广东省市场监督管理局数据。

专利拥有量 34.89 件。10.27 万家企业得到了 65.07 万件专利授权，其中 1.93 万家企业有发明专利授权 8.49 万件。从全国来看，2021 年，全国授予专利权 460.1 万件，比 2020 年增长 26.4%；PCT 专利申请受理量 7.3 万件，[①] 有效专利 1542.1 万件，其中境内有效发明专利 270.4 万件。每万人口高价值发明专利拥有量为 7.5 件。[②] 全年商标注册 773.9 万件，比 2020 年增长 34.3%。[③]

（三）重大科技基础设施集群初步成型，广深港澳科技创新走廊效能持续提升

大湾区加快建设综合性国家科学中心，推动了沿广深港、广珠澳"两廊"和深圳河套、珠海横琴"两点"的创新载体布局，集中建设重大科技基础设施集群，创新基础支撑能力不断增强。

一是奋力打造"国之重器"，初步建成高水平多层次创新平台体系。推动综合性国家科学中心先行启动区、散裂中子源及驱动嬗变装置等基础设施建设，以前海深港合作区、横琴、河套深港合作区，深圳西丽湖国际科教城、广州中新知识城等平台为主加快广深港及广珠澳两大科技创新走廊提升能级。

从国家重点实验室及国家工程技术研究中心数量来看，广州和深圳较多，其次是珠海、东莞、肇庆，佛山、惠州、中山和江门还需突破。2021年，广东拥有的国家重点实验室、国家工程技术研究中心、省级工程技术研究中心等三大类平台分别为 30 家、23 家和 6714 家（见表 4、表 5）；国家认定企业技术中心和省级企业技术中心分别为 82 家和 1434 家。[④] 从全国来

---

① PCT 专利申请受理量是指国家知识产权局作为 PCT 专利申请受理局受理的 PCT 专利申请数量。PCT（Patent Cooperation Treaty）即专利合作条约，是专利领域的一项国际合作条约。

② 每万人口高价值发明专利拥有量是指每万人口本国居民拥有的经国家知识产权局授权的符合下列任一条件的有效发明专利数量：战略性新兴产业的发明专利；在海外有同族专利权的发明专利；维持年限超过 10 年的发明专利；实现较高质押融资金额的发明专利；获得国家科学技术奖、中国专利奖的发明专利。

③ 国家统计局：《2021 年中国国民经济和社会发展统计公报》，2022 年 2 月 28 日。

④ 广东省统计局、国家统计局广东调查总队：《2021 年广东省国民经济和社会发展统计公报》，2022 年 2 月 28 日。

看，2021 年，国家重点实验室共 533 个，国家工程技术研究中心 191 个，国家企业技术中心 1636 个，大众创业万众创新示范基地 212 家。国家科技成果转化引导基金累计设立 36 支子基金，资金规模 624 亿元。国家级科技企业孵化器①1287 家，国家备案众创空间②2551 家③。目前在粤港澳大湾区已布局 2 个国家实验室，分别是深圳鹏城实验室和广州的实验室，全国共 9 个（广东 2 个）。此外，大湾区还有 30 家国家重点实验室和 10 家广东省实验室，以及与港澳联合的实验室。④ 高端科研平台和优惠的税收政策吸聚了众多的国内外专业人才，⑤ 2021 年，申请人数超 2 万，申请补贴金额超过 55 亿元。

表 4　珠三角九市国家重点实验室

单位：个

地市	2010 年	2011 年	2012 年	2013 年	2014 年	2015 年	2016 年	2017 年	2018 年	2019 年	2020 年
广州	11	11	15	11	19	19	19	19	19	21	21
深圳	2	2	4	2	4	4	4	5	6	6	6
珠海	0	0	0	0	1	1	1	1	1	1	1
佛山	0	0	0	0	0	0	0	0	0	0	0
惠州	0	0	0	0	0	0	0	0	0	0	0
东莞	0	0	0	0	1	1	1	1	1	1	1
中山	0	0	0	0	0	0	0	0	0	0	0
江门	0	0	0	0	0	0	0	0	0	0	0
肇庆	0	0	0	0	1	1	1	1	1	1	1

资料来源：广东科学技术厅《广东省地市主要科技统计指标》，2021 年 9 月 1 日，http：//gdstc. gd. gov. cn/zwgk_ n/sjjd/content/post_ 3517396. html。

---

① 国家级科技企业孵化器是指符合《科技企业孵化器管理办法》规定的，以促进科技成果转化、培育科技企业和企业家精神为宗旨，提供物理空间、共享设施和专业化服务的科技创业服务机构，且经过科学技术部批准确定的科技企业孵化器。

② 国家备案众创空间是指符合《发展众创空间工作指引》规定的新型创新创业服务平台，且按照《国家众创空间备案暂行规定》经科学技术部审核备案的众创空间。

③ 资料来源于《中华人民共和国 2021 年国民经济和社会发展统计公报》。

④ 《广东举行新闻发布会介绍"双区"建设成效》，南方网，2022 年 4 月 19 日。

⑤ 典型政策如对境外高端人才和紧缺人才按 15%税率征收个人所得税。

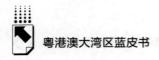

表5　珠三角九市国家工程技术研究中心

单位：个

地市	2010 年	2011 年	2012 年	2013 年	2014 年	2015 年	2016 年	2017 年	2018 年	2019 年	2020 年
广州	6	6	8	9	9	9	9	9	9	9	9
深圳	3	3	6	6	6	6	6	6	6	6	6
珠海	4	4	4	4	4	4	4	4	4	4	4
佛山	0	0	0	0	0	0	0	0	0	0	0
惠州	0	0	0	0	0	0	0	0	0	0	0
东莞	0	0	1	1	1	1	1	1	1	1	1
中山	0	0	0	0	0	0	0	0	0	0	0
江门	0	0	0	0	0	0	0	0	0	0	0
肇庆	1	1	1	1	1	1	1	1	1	1	1

资料来源：广东科学技术厅《广东省地市主要科技统计指标》，2021 年 9 月 1 日，http：//gdstc. gd. gov. cn/zwgk_ n/sjjd/content/post_ 3517396. html。

　　分城市来看，广州的人类细胞谱系及冷泉生态系统被列为国家专项规划，广州实验室和粤港澳大湾区国家技术创新中心分别投入运行，国家和省重点实验室增至 21 家和 256 家。珠海的横琴先进智能计算平台、中山大学"天琴计划"、南方海洋科学与工程广东省实验室（珠海）落地，澳门 4 所国家重点实验室分别在横琴设立分部，增设了广东省智能科学与技术研究院、广东省科学院珠海产业技术研究院、深珠科技创新合作示范平台等。[①]佛山的三龙湾科技城入选省重点平台，季华实验室成绩居省前列，"佛山一号"卫星成功入轨，氢能产学研合作逐渐成熟，设立了有研（广东）新材料技术研究院，佛山智能装备技术研究院、广东中科半导体微纳制造技术研究院等平台加快建设，累计建成省级企业重点实验室及工程技术研发中心 30 家和 812 家，科技企业孵化器 115 家、众创空间 86 家，在孵企业 3200 多家。惠州中科院"两大科学装置"主装置区、先进能源科学与技术广东省实验室总部加快建设，省级以上科创平台增至 225 家。东莞入选国家创新型

---

① 《珠海市政府工作报告》，珠海市政府官方网站，2022 年 1 月 12 日。

城市，位列全国地级市第三，先进阿秒激光和散裂中子源二期等大科学装置被列入国家重大科技基础设施"十四五"规划，松山湖材料实验室的相关科研成果成为年度"中国科学十大进展"之一，大湾区大学及香港城市大学（东莞）加快建设，集聚了省创新科研团队38个、新型研发机构33个。中山设立了中科中山药物创新研究院、中山先进低温技术研究院和中山光子科学中心等高端创新平台。江门的大型产业集聚区获批设立，粤港澳大湾区（江门）高质量农业合作平台、华侨华人文化交流合作平台、银湖湾滨海新区、人才岛加快建设，江门国家高新区排名跃升至第59位，新增2个省级高新区。肇庆国家大学科技园、国家级科技企业孵化器、省实验室实现"零"的突破。

二是2020年和2021年，"深圳—香港—广州"科技创新集群连续两年居全球第二。① 粤港澳大湾区国际科创中心建设在提升创新能力方面效果显现。粤港澳大湾区科技创新能力持续增强、布局不断优化、产业带动能力显著提升、开放合作进展加快，港澳科技力量加快融入国家创新体系。②

三是国家级及省级高新区数量进一步提高，已成为科技创新主战场。2021年，广东共有国家级高新区15个，大湾区范围内（珠三角）9个，以广州、深圳、珠海、东莞、佛山、惠州、中山为主，7个市的高新区发展成效较为显著。根据科技部发布的全国高新区排名名单，③ 2021年，深圳高新区综合排名由2020年全国第3位上升到全国第2位；广州高新区则由第6位上升为第4位，创历史新高；东莞松山湖高新区由第30位上升为第25位（见表6）。深圳高新区的综合质效和持续创新力单项排名第

---

① 根据世界知识产权组织（WIPO）发布的全球创新指数。

② 《粤港澳大湾区创新能力持续增强　港澳进一步融入国家创新体系》，中新社，2022年2月28日。

③ 自国家高新区建立以来，科技部火炬中心先后于1993年、1999年、2004年、2008年、2013年、2021年6次制定和修改国家高新区评价指标体系，不断丰富和完善对国家高新区的考评机制。本次国家高新区综合评价结果，科技部火炬中心采用的就是2021年新修订的全新考核评价体系。

1、创新能力和创业活跃度单项排名第 2。火炬统计快报数据显示，2021
年，深圳高新区营业收入超 2.2 万亿元（增长 6% 以上），成为发展高新
技术产业的核心引擎。广州高新区集聚科技型中小企业 2 万多家，国家
高新技术企业超 3500 家，高技术产业占广州市比重达到 70%。东莞松山
湖高新区则收获两个"单项冠军"，一是数字产业营收合计占营业收入的
90.3%（全国高新区平均为 26.8%），排名第 1；二是在开放创新和国际
竞争力方面，境内外产学研合作经费支出（R&D）比例达 6.47%，是全
国平均水平（0.65%）的近 10 倍。①

表 6　粤港澳大湾区高新园区情况

城市	园区名称	级别	全国排名	GDP*（亿元）	主要产业
广州	广州高新技术产业开发区	国家级	4		光电子、生物医药、特种钢、汽车、食品、饮料、精细化工、电子及电器制造、机械制造、包装材料产业
深圳	深圳市高新技术产业园区	国家级	2		通信产业、计算机产业、软件产业、医药产业
珠海	珠海高新技术产业开发区	国家级		306.20	集成电路、生物医药及医疗器械、智能制造和机器人产业、新能源、智慧产业
佛山	佛山高新技术产业开发区	国家级			高端装备制造、智能家居、新材料三大主导产业，电子核心、生物医药与健康、生产性服务业三大特色产业
惠州	惠州仲恺高新技术产业开发区	国家级		808.44	电子信息产业
东莞	东莞松山湖高新技术产业开发区	国家级	25		高端电子信息、生物医药、智能装备制造、新能源、现代服务业
中山	中山火炬高技术产业开发区	国家级			健康医药、电子信息、智能装备、新能源、新材料、节能环保等产业集群

---

① 《关于通报国家高新区综合评价结果的通知》，中国高新技术产业经济研究院官网，2022 年
2 月 28 日。

城市	园区名称	级别	全国排名	GDP*（亿元）	主要产业
江门	江门高新技术产业开发区	省级	59		电子电器、摩托车及零配件制造、生物医药、玻璃制品、五金家具五大支柱产业
肇庆	肇庆高新技术产业开发区	国家级	90	252.1	新能源产业、生物医药、食品饮料、家居建材等特色产业

注：课题组整理，空格为缺数据。
* 为 2021 年数据。

（四）领军企业主体作用明显，培育了一批科技型企业集群

深圳、珠三角国家自主创新示范区的建设和一批新型研发机构持续壮大，大幅提升了大湾区的产业科创驱动能力。

高新技术企业蓬勃发展。大湾区已拥有华为、平安、腾讯、万科等多家世界 500 强企业，新一代信息技术、新材料、互联网、生物医药、文化创意、新能源、节能环保等产业加快发展。2021 年，大湾区（珠三角）国家高新技术企业达到 5.7 万家，[①] 同时，广东全省高新技术企业预计 6 万家，获"高新技术企业"名号的家居企业增长 38.6%，主要集中在大湾区 9 市。分城市来看，2019 年广州的高新技术企业突破 1.2 万家，比 2016 年增长了 1.6 倍。2021 年，深圳超过 2 万家，仅次于北京，稳居全国城市第二位。东莞和佛山分别有 7387 家和 7100 家，居全省的第 3 和第 4 位。珠海、中山、江门、惠州等也超过了 2000 家，显示快速发展的态势。2021 年，广东全年签订技术合同 42961 项；技术合同成交额 4292.73 亿元，增长 23.9%。而全国全年共签订技术合同 67 万项，技术合同成交金额 37294 亿元，广东占了全国的 6.4% 和 11.51%，而广东则主要集中在大湾区的 9 个城市。

---

① 《2021 年大湾区内珠三角 9 个城市的研发支出预计超过 3600 亿元》，百度百家"人民资讯"，2022 年 2 月 25 日。

表7·　粤港澳大湾区高新技术企业数量

单位：家

城市	2010 年	2015 年	2018 年	2019 年	2020 年	2021 年
广州	1151	1919	10000	12174	11611	11435
深圳		5524	14000	17000	18600	超 20000 *
珠海	197	410	2053	2203	2101	2100
佛山	457	716	3949	4873	5718	7100
惠州			802	1322	1376	2050
东莞	337	986	5798	6228	6381	7387
中山	226	427	超 2300	超 2500		2294
江门	256	374	1244	1582	1845	2194
肇庆	61		413	544	693	1000

* 《深读 | 珠三角科创为何这么牛？九市最近七年 R&D 经费曝光》，南方都市报，2022 年 3 月 4 日，https://www.sohu.com/a/527288725_ 161795，最后检索时间：2022 年 6 月 30 日。

资料来源：《广东省统计年鉴》、广东各地市国民经济与社会发展统计公报及各地市当年政府工作报告。香港和澳门没有"高新技术企业"数量统计数据。

（五）区域协同创新体系加快建设

依托前海、河套、横琴等重大合作平台，大湾区已初步形成粤港澳合作平台体系。三地联合对科技体制等的规则衔接的探索，为大湾区乃至全国其他地区积累了经验和提供了示范，总体上已形成了"港澳科研成果—珠三角转化"的模式。广东已培育的众多产业集群，也是三地协同创新的重要成果。此外，在多方持续有效推动下，科研经费、人类遗传资源过境港澳提速明显，也对港澳高校及其在内地设立的分支机构的科研仪器实行进口免税政策。国家也对港澳开放重点研发计划进行深化粤港澳合作，科研要素便捷流动等举措效果也加快显现。

河套深港科技创新合作区是唯一以科技创新为主题设立的平台，是内地与港澳科创合作的首选平台。深港按照"一区两园"模式实施"跨境共建"，是我国衔接国际科技体系的重要战略渠道。由于香港园区尚在建设，当前项目合作主要落于深圳园区。在相关扶持政策的推动下，① 优质项目吸引力持续增强，香港高校和企业重要科研项目批量入驻，落地项目和机构已超过 140 个，香港大学、香港中文大学、香港科技大学等 5 所高校均已有项目入驻深圳园区。2021 年 4 月，合作区成为中央专项资金优先支持对象；11 月，香港提出规划建设北部都会区，合作区的战略价值更加凸显。深港推进的科技创新制度探索的"河套模式"，为其他领域机制深度对接和中国科技体制与国际规则对接提供了经验。

二 粤港澳大湾区科技创新建设面临的主要问题

（一）基础研究水平仍然较弱

基础研究是科技创新的基石，对地区竞争优势起着重要支撑作用。目前，虽然粤港澳大湾区科技创新平台体系建设稳步推动，但基础研究尚需加强，且需要强化科创成果转化能力。主要研究力量还集中在深圳和广州两大城市，东莞和佛山也正在顺势崛起，其他城市则无论是投入还是产出水平均不足，特别是中山、江门和肇庆的研发水平相对较弱，大湾区整体还未形成科技创新良好的分工体系。根据 QS 世界大学排行榜② 数据，2022年，全球 1300 所院校上榜，中国 92 所，其中大湾区 14 所（广东、香港和澳门分别为 5 所、7 所和 2 所）。香港大学、香港科技大学、香港中文大学分列第 22 位、34 位和 39 位；澳门大学列第 322 位，澳门科技大学列 651~700 位中。中山大学、南方科技大学和华南理工大学分列第 260 位、275 位和 407 位。③

---

① 2020 年深圳发布的《深圳市人民政府关于支持深港科技创新合作区深圳园区建设国际开放创新中心的若干意见》。

② QS 世界大学排名共采用了 6 个指标，包括学术声誉占 40%，雇主声誉占 10%，单位教员论文引用数占 20%，师生比占 20%，国际学生比例占 5% 和国际教师比例占 5%。

③ 《粤港澳大湾区 14 所高校上榜 QS》，海外网 2021 年 6 月 10 日。

粤港澳大湾区拥有世界 500 强企业 25 家，少于纽约湾区和东京湾区。这说明粤港澳大湾区拥有较多知名高校、高水平的实验室、工程技术研究中心等基础研究机构和丰富的经费支持与研发资源，对于开展基础研究具有良好的协同创新基础。但其基础研究水平及成果转化能力稍弱于其他三大湾区，知识创造能力有较大提升空间，可以适当提高东莞、惠州、肇庆及珠海、中山、江门的科研经费水平，并提高大湾区整体的协调性。

（二）创新产业集群全球竞争力亟待提升

旧金山湾区委员会经济研究所的报告列出了全球最大的 19 家科技公司总部所在地。加利福尼亚拥有最多的大型科技公司总部，包括苹果、Alphabet、脸书和英特尔公司等，这为旧金山湾区的科技创新发展，为建设富有全球影响力、竞争力的产业集群奠定了良好的基础。而粤港澳大湾区的深圳拥有腾讯一家科技公司总部，具有一定的科技创新影响力，但是相对于旧金山湾区和纽约湾区来说较弱。虽然粤港澳大湾区拥有较多的科研机构，但科技创新与产业结合不够紧密，缺少具有全球竞争力的创新产业集群，新兴产业依然面临"卡脖子"风险，世界级企业数量稀少，未能显现集群引领效应。

（三）金融对科技创新的支撑不足

大湾区内，香港是国际金融中心，但从资金往来空间范围看，香港对大湾区的金融辐射范围只有 130 公里左右，对广州和深圳只有 90 多公里。①广东是金融大省，却不是金融资源配置强省。除深交所外，全国性的金融市场依然缺乏，也缺少金融龙头企业。同时，金融服务实体经济的能力有待增强，随着近年来金融过度房地产化，在比较效益下，金融资源集中投向房地

---

① 何晓军：《粤港澳大湾区的国际金融枢纽战略定位如何实现》，《北大金融评论》2019 年第 1 期。

产，实体经济特别是中小微企业所获得的金融扶持份额不足的局面尚未有效改善。在外部环境依然严峻的背景下，如何为大湾区企业在全球配置安全可靠的金融服务，是大湾区金融合作面临的现实问题。虽然大湾区的高新技术企业数量连年增长，但具备上市条件的高新技术企业数量不足，因此，每年广东的创投融资额与经济强省地位不匹配。[①]

（四）科技创新的综合生态还需优化

创新社会主要由各类企业、中介机构、科研机构等组织构成，创新环境主要由经济、技术、文化等因素构成。各种创新群体及其创新环境相互依存、相互促进，形成一种良性的生态循环系统，贯穿于创新的整个动态过程。这一过程每一环节都可能成为制约创新的瓶颈。虽然粤港澳大湾区的发展规划已实施多年，但城市群合作仍然存在一些瓶颈，如不同制度下的人流、物流、资金流、信息流等生产要素的自由流动的障碍依然较多。此外，粤港澳大湾区在整体协同能力、创新发展、集群效应、一体化和资源共享等方面也存在一定的困难，[②] 协同创新的体制机制仍存在较多制约。

三　总体思路：迈向世界一流的"科技湾区"

粤港澳大湾区作为中国开放程度最高的地区之一，应进一步贯彻落实习近平总书记关于建设世界科技强国和提升战略科技力量的相关精神，[③] 勇担为社会主义现代化强国科技创新建设探路的重任。在粤港澳大湾区建设的五周年重要时间节点上，应加快国际科技创新中心建设步伐，推动科技创新范

---

① 何晓军：《粤港澳大湾区要建设以人民币国际化为核心的国际金融枢纽》，《证券时报》2019 年 12 月 23 日。

② 刘璟：《粤港澳大湾区产业创新生态重构机理与路径选择》，《科技管理研究》2021 年第11 期。

③ 习近平：《在中国科学院第二十次院士大会、中国工程院第十五次院士大会、中国科协第十次全国代表大会上的讲话》，2021 年 5 月 28 日。

式变革，强化原始性基础创新，攻克关键技术，推动粤港澳大湾区迈向世界一流的科创湾区，支撑大湾区整体经济规模和发展能级再迈上新台阶。未来建设应重点体现在以下几个方面：一是在引领大国竞争的科技创新上，粤港澳大湾区应在战略新兴产业和更多细化行业或业态上，形成更多引领世界创新的前沿领域；二是在创新成果市场转化上，粤港澳大湾区要争当全域"超级孵化器"，培育成为国家"创新创业"标杆和全球创新发展的重要策源地；三是在创新的支撑体系上，软硬创新基础设施支撑能力更强更优，综合要素保障能力更加高效，创新环境更加宽松，创新资金支撑能力更加强大；四是加强创新协同体系建设，推动粤港澳三地加强创新基础设施共用、合作成果共享、市场利益共赢。

四　优化粤港澳大湾区科技创新建设的对策建议

（一）建设创新集群提升战略力量

围绕国际科创中心建设目标，加快综合性国家科学中心、国家技术创新中心建设，加快深港（河套）、珠海（横琴）和广州（南沙）三大创新合作区建设，推动三大科学城（光明、松山湖、南沙）首先建成，以发挥其带动效应。推动省级实验室提质，争取建设更多国家重点实验室，改扩建高等级实验室，新建粤港、粤澳联合实验室，部省共建国家综合试验场。加快强流重离子加速器（惠州）、加速器驱动嬗变研究装置（惠州）、中微子实验站（江门）建设，推动散裂中子源二期、人类细胞谱系、"鹏城云脑Ⅲ"等项目开工建设，打造世界一流重大科技基础设施群。①

---

① 广东省人民政府：《坚持把科技自立自强作为发展的战略支撑，深化科技体制改革，构建全过程创新生态链，加快建设更高水平的科技创新强省》，《南方日报》（网络版）2022年1月24日。

（二）集中力量突破关键核心技术，提升基础研究与应用基础研究强度

探索新型举国体制在科技创新方面的"广东路径"，推动基础研究与应用基础研究加快突破，将涉及的省级科创专项资金向基础领域倾斜，加快国家应用数学中心和量子科学中心建设，提升基础科研能力。在省级重点研发计划中，部署部省重点专项，完善"揭榜挂帅""赛马制""军令状"等项目，加快核心技术、关键零部件和高端装备等方面的突破。加快核心软件攻关试点，提升关键技术创新。以培育卫星互联网、信息光子等未来产业的方式，推动研产结合、互助推进。

（三）激活企业主体动能，培育先进技术主导的战略性新兴产业集群

加大对企业作为创新主体的政策扶持力度，推动首台（套）及研发费用加计扣除政策加快落实。提升高新技术企业质量，打造龙头企业+科研机构+多主体协同的联合攻关团队；加快大湾区知识产权保护中心建设，形成知识产权创造—保护—运用—运维的全链条。推动粤东西北的韶关、阳江、梅州、揭阳等创立国家级高新区。推动企业设立海外研发机构，融入全球创新网络。加快科技体制机制改革，构建科技、产业、金融良性循环体系，培育"基础研究+技术攻关+成果产业化+科技金融+人才支撑"的全过程全领域创新生态链。

（四）加强区域创新融合，推动粤港澳科技创新协调发展

强化政策引导，促进港澳科技力量加快融入国家创新体系。深化中央惠港惠澳科技政策落地，重点推动中央财政科研经费过境支持港澳科技发展，争取国家重点研发计划的 17 个基础前沿类专项、自然科学基金相关领域向港澳开放。加大对港澳在内地的高校和科研分支机构的支持力度。推动港澳建设国家级科技创新平台。在香港已建立的国家重点实验室、国家工程技术

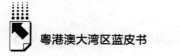
研究中心香港分中心、国家高新技术产业化基地香港伙伴基地，在澳门已建立的国家级科技企业孵化器、澳门国家重点实验室、港澳地区"一带一路"联合实验室、澳门海岸带生态环境野外科学观测研究站等合作平台基础上，加快扩大规模，并与内地建立联动发展机制。加强对港澳青年创新创业的支持，深化香港创业青年内地行安排，扩大香港青年参访内地实验室、国家高新区、高新技术企业、创新孵化基地活动范围；联合举办内地与港澳协同的创新创业大赛、中国火炬创业导师大湾区行等活动。①

---

① 《粤港澳大湾区创新能力持续增强 港澳进一步融入国家创新体系》，中国新闻网，2022 年 2 月 25 日。

B.12
粤港澳大湾区金融支持实体
经济的成效与展望

欧 霞 龙向林*

摘 要： 2021年，我国经济发展面临需求收缩、供给冲击、预期转弱三重压力，粤港澳大湾区金融发展逆势而上、企稳向好，粤九市在疫情多点散发下依然表现出强大发展韧劲和活力，主要金融指标继续领跑全国，金融增加值占广东总额的90%，横琴粤澳深度合作区、前海深港现代服务业合作区建设稳健起步，港澳继续发挥自由贸易港优势，密切与内地金融深度融合，推动国内国际双循环新格局，为增强经济发展韧性、提升服务实体经济高质量发展发挥着关键作用。展望未来，大湾区将继续全面贯彻新发展理念，坚持稳字当头、稳中求进，持续加大金融对实体经济的支持力度，奋力开创新时代广东金融发展新局面。

关键词： 金融 实体经济 粤港澳大湾区

2021年是粤港澳大湾区建设发展极为重要的一年。为贯彻落实习近平总书记重要指示、党中央重大部署，深入实施广东省委、省政府"1+1+9"工作部署，全省各金融机构按照国务院金融稳定发展委员会工作安排，抢抓"双区"建设和横琴粤澳深度合作区、前海深港现代服务业合作区建设重要

---

* 欧霞，博士，广东财经大学工商管理学院讲师、硕士生导师，主要研究方向为金融市场、组织运营与战略管理；龙向林，广东省地方金融监督管理局金融发展处四级调研员、硕士生导师，主要研究方向为金融经济、金融计量。

机遇，持续加大金融支持服务力度，支持经济"稳增长"，取得了较好成效。

一 金融支持服务大湾区实体经济成效及举措

（一）大湾区金融发展成效显著

1. 粤港澳加快金融融合发展，金融支持实体经济质效不断提升

2020 年 5 月 14 日，中国人民银行、银保监会、证监会、外汇局发布《关于金融支持粤港澳大湾区建设的意见》（以下简称大湾区"金融 30 条"），广东省积极出台了《关于贯彻落实金融支持粤港澳大湾区建设意见的实施方案》，研究制订了 80 条细化措施。大湾区"金融 30 条"公布两年来，各项措施已全面落实，多项金融创新措施在大湾区率先展开，粤港澳大湾区金融改革不断推进，粤港澳金融合作不断加深，金融改革创新亮点频出，金融支持实体经济质效不断提升，服务大湾区居民生活更加便利。一年来，湾区"9+2"城市共同围绕《粤港澳大湾区发展规划纲要》明确的三大发展战略目标，聚焦发挥金融中心的作用，配套特色金融产业和金融市场的互联互通，为建设具有全球影响力的国际科技创新中心、打造互联互通且充满活力的世界级城市群、构建具有国际竞争力的现代产业体系提供金融支持。2021 年，大湾区千方百计稳实体经济增长，克服中美贸易摩擦与新冠肺炎疫情蔓延叠加带来的多重影响，金融抗风险能力不断增强，体现湾区金融的强大韧性和综合竞争力，大湾区金融业增加值超 1.5 万亿元人民币，占 GDP 比重超 10%，人民币持续成为大湾区第一结算货币，交出了一份相当亮丽的成绩单（见表 1）。

2. 香港积极适应国家所需，巩固提升国际金融中心地位

2022 年 5 月 11 日，香港特别行政区政府发布的新闻公告指出，"国家的稳步发展是香港的最坚实倚靠，服务国家所需是香港国际金融中心发展的核心任务。双循环发展的格局中，国家持续改革、高质量双向开放，人民币持续国际化，经济向绿色、零排放转型等都为香港带来新机遇。"2021 年，

表 1　2021 年粤港澳大湾区 "9+2" 城市经济金融情况

城市	地区生产总值	同比增速	人均地区生产总值	折合美元	金融业增加值	金融业增加值占GDP比重	保费收入	内地上市公司
	（亿元）	（％）	（元）		（亿元）	（％）	（亿元）	（家）
香港	HKD28616.20	6.40	HKD386983	60697	—	—	HKD6027	—
	CNY23396.61		CNY316397				CNY4928	
澳门	MOP2394.06	18.00	MOP3504450	43774			MOP330	—
	CNY1900.17		CNY278148					
广州	28231.97	12.84	150085	23540	2467.90	8.74	1459.05	131
深圳	30664.85	10.82	174600	27385	4738.81	15.45	1426.51	372
珠海	3881.75	11.48	157366	24682	475.69	12.25	176.42	34
佛山	12156.54	12.39	126465	19835	632.14	5.20	561.82	45
惠州	4977.36	17.90	82053	12870	286.19	5.75	173.86	17
东莞	10855.35	12.49	103023	16159	697.43	6.42	525.20	45
中山	3566.17	13.15	79835	12522	264.80	7.43	215.06	23
江门	3601.28	12.51	74482	11682	260.82	7.24	166.76	15
肇庆	2649.99	14.64	64169	10065	116.79	4.41	77.46	9

注：资料来源于《广东统计年鉴》、香港特别行政区政府统计处《2021 年本地生产总值》、澳门特别行政区政府统计暨普查局《澳门社经摘要》（2022 年 1 月/二号刊）。计算过程按照 2021 年 12 月 31 日 1 元人民币 = 0.156846 美元折算，1 港元 = 0.81760 元人民币，1 澳门元 = 0.7937 元人民币；人均地区生产总值 = 地区生产总值/常住人口。

香港持续用好国家政策和自身优势，担当好内外循环交汇点的桥梁和平台角色，从投资产品的种类、管控风险的工具、适切企业筹融资以至财资管理需要等出发，联系国内外市场和投资者，协助内地企业开拓国际市场，积极打造更活泼多元的金融市场。2022 年 3 月发布的第 31 期全球金融中心指数（GFCI）排名中，香港的国际金融中心地位持续稳固、继续列全球第 3 位。2021 年，香港金融及保险的本地生产总值超 6000 亿港元，占本地生产总值（GDP）的 25%，提供约 27.3 万个职位。香港保费收入达到 6027 亿港元，较上年下降 0.9%。① 为进一步发展香港离岸人民币金融产品，提升市场在

① 《内地客去年在港投保额跌 90%》，《信报》，2022 年 3 月 11 日。

港发行及交易人民币证券的需求，香港证券及期货事务监察委员会、香港交易及结算所有限公司和香港金融管理局成立工作小组，就容许"港股通"南向交易的股票以人民币计价的建议完成可行性研究。① 截至 2021 年末，沪深港通收入及其他收益达 27.24 亿元，较 2020 年上升 41%，成交额及平均每日成交额均创新高，北向交易及南向交易的成交金额分别达 21 万亿元人民币及 5.5 万亿港元。香港人民币即时支付结算系统交易额度高达 358 万亿元，同比增长 26.6%，且连续 5 年正增长。港交所不断完善优化上市制度和上市规则，支持在美上市的中概股、尚未盈利的生物科技企业等符合条件的内地企业赴港上市融资，2021 年，共有 98 只新股在香港上市，募资总额达 3314 亿港元；在港上市的内地企业已达到 1222 家，占香港上市公司总数的 47%，其中广东省赴港上市企业 277 家，位居全国第一。② 2021 年，香港上市债券市场表现非常亮眼，尤其新上市债券数量创历史新高，达 508 只（2020 年为 430 只），全年上市债券总募资额达 1.55 万亿港元。同时，香港特区政府积极推动金融科技发展，与内地研究建立一站式沙盒联网，便利金融机构及科技公司测试跨境金融科技应用项目。2021 年 10 月，香港金管局与中国人民银行就提供有关平台签署了谅解备忘录。

3. 澳门加快建设现代金融产业，金融活水助力经济适度多元发展

2021 年 9 月 5 日，中共中央、国务院印发《横琴粤澳深度合作区建设总体方案》（以下简称《总体方案》），强调要加快发展现代金融产业。澳门金融业是澳门四大经济支柱之一，行业增加值占澳门 GDP 的 7%，是促进澳门产业适度多元发展的支柱力量。2021 年，澳门特区政府坚持发展现代金融产业，有力促进了文旅会展商贸等产业发展，不仅增加澳门居民就业，也为经济主体提供更多便捷丰富的金融服务。澳门特区政府大力推动合作区

---

① 香港特区政府新闻公告：《立法会二十二题：巩固香港国际金融中心地位》，2022 年 5 月 11 日，https://sc.isd.gov.hk/TuniS/www.info.gov.hk/gia/general/202205/11/P2022051100325.htm。

② 方星海：《香港 2021 年上市债券市场表现非常亮眼！香港交易所与深交所将进一步推动协同发展》，2022 年 1 月 14 日，https://caifuhao.eastmoney.com/news/20220114153554374214270。

创新发展多元化金融业务，降低澳资金融机构设立银行、保险机构的准入门槛。同时，积极构建"中国—葡语国家金融服务平台"，一方面，澳门金融管理局已与葡萄牙、莫桑比克、东帝汶、圣多美和普林西比、佛得角，以及西非国家的金管机构签订了合作备忘录，并通过筹办各种活动，为中国与葡语国家之间提供多元化的合作交流渠道；另一方面，澳门银行公会与5个葡语国家银行公会签署《推动澳门与葡语国家商业银行合作倡议书》，让中葡官方及金融机构进一步了解澳门的"中葡金融服务平台"功能及人民币产品服务。澳门人民币清算行已与葡语国家16家银行建立人民币清算代理关系，累计人民币跨境贸易结算额超过1万亿元。2021年，中国与葡语国家贸易额达到2009亿美元，合作领域也由最初的7个增加至近20个。[①] 目前，横琴深合区的金融服务机构已产生集聚效应，金融类企业达5559家，注册资本人民币11130.8亿元。大湾区首个跨境数据验证平台以金融作为试点应用场景率先在琴澳两地上线运行；本外币兑换特许机构刷卡兑换业务、国内首家全澳资合格境外有限合伙人（QFLP）试点企业、首家法资私募企业落户横琴合作区。澳门特区政府通过积极发展债券市场，将境内和境外的资金更好结合，走出差异化的绿色金融之路，97只债券成功发行或上市，总规模近3000亿澳门元。

（二）金融支持服务大湾区实体经济的创新举措

1. 坚持以金融供给侧结构性改革为主线，精准服务制造业高质量发展

2021年，广东省深入实施制造业高质量发展"六大工程"，推进20个战略性产业集群、国家数字经济创新发展试验区建设。积极制定金融支持先进制造业发展专项工作方案，鼓励各大金融机构与重大项目加强对接，引导信贷服务产业链创新链协同发展，综合运用银团贷款、PPP项目融资、专项建设基金等模式，全力支持重点项目融资，推动珠三角核心区产业基础高

---

① 《中葡论坛成效显著20年来贸易额增长17倍》，腾讯网，2022年4月11日，https：//new. qq. com/omn/20220411/20220411A093L700. html。

级化和产业链现代化。2021 年 12 月末，全省制造业贷款余额达 2.05 万亿元，同比增长 15.4%，其中，中长期贷款增速达 35.8%，助力扩产投资的中长期贷款占比达到八成。基础设施类贷款首次突破 2 万亿元大关，同比增长 11.1%。

2. 坚持围绕创新驱动发展战略，不断提升科创企业金融服务质效

围绕加快建设粤港澳大湾区国际科技创新中心和支持企业技术创新，广东省积极申报国家级广深科创金融改革试验区，建立科创金融服务基地，引入金融机构对接"孵化器""加速器"，设立 101 家科技支行及科技特色支行。2021 年底，广东省高新技术企业贷款余额 1.37 万亿元，较上年增长 19.1%，其中：科技型中小企业贷款余额 1770 亿元、同比增长 29.3%，专精特新"小巨人"企业贷款余额 266 亿元、同比增长 53%。全省 92 家 A 股新上市公司中，创业板和科创板共有 75 家，占 82%；战略性新兴产业企业共有 67 家，占 73%。广东股权交易中心扎实推进科技创新专板和中小企业高质量成长板，聚集了 623 家优质科技企业、316 家小巨人、专精特新及小升规企业，实现融资 6.35 亿元。广州开发区出台全省首个区级"金融科技 10 条"政策，① 促成粤港澳大湾区科技创业产业投资基金、国投（广东）科技成果转化创业投资基金、广东省半导体及集成电路产业投资基金、兴橙资本广东芯未来一期基金和湾区专精特新产业投资基金等多个国家和省级大基金落地。

3. 坚持以扎实做好"六稳"工作、全面落实"六保"任务为重点，切实强化对实体经济的金融支持

一是坚持保市场主体。2021 年，广东省落实落细国家纾困帮扶政策，通过降准为金融机构释放资金 807 亿元，发放再贷款再贴现 1743 亿元，延续实施两项直达货币政策工具，促进资金快速进入实体经济。深化银担体系联动，设立"省中小企业融资担保贴息专项资金"，为中小微企业送去"真金白银"的实惠。

---

① 《广州开发区出台"金融科技 10 条"　优质金融科技企业落户最高奖励 2000 万元》，澎湃新闻，https：//m. thepaper. cn/baijiahao_ 13578202，2021 年 7 月 14 日。

二是坚持着力稳外贸。截至 2021 年 12 月末，全省外贸各项贷款余额 1.07 万亿元，较年初增加 21%。全省保险机构共承保 8.64 万家外贸企业，同比增加 57%；出口信用保险累计支持出口 7115.84 亿元，同比增长 12.73%。首台（套）、科技、新材料保险为全省科技和高端制造业企业提供了 1.57 万亿元的风险保障。①

三是坚持保能源安全。广东省金融系统全力落实能源保供，推动解决 23 家重点煤电、气电企业信贷需求 150 亿元。

4. 坚持以深化金融业改革为抓手，不断提升金融服务粤港澳大湾区和横琴、前海两个合作区建设质效

一是金融市场互联互通实现新突破。金融支持大湾区建设的"30 条意见"和 80 条措施全面落实。"跨境理财通"业务试点顺利落地，支持 20 家试点银行展业，业务规模突破 4.8 亿元。协助启动债券通"南向通"，全省累计赴港上市企业 281 家，促成广东企业在香港、澳门发行绿色债券。内地与香港股票市场互联互通不断深化，在港上市生物科技公司被纳入"深港通"股票范围，深港通交易额突破 41 万亿元。大湾区跨境人民币业务规模继续扩大，2021 年大湾区内跨境人民币业务结算金额 3.84 万亿元，同比增长 28.5%。广东省政府在澳门成功发行 22 亿元离岸人民币地方政府债券，成为澳门本地发行的首只内地地方政府债券。深圳市政府在香港成功发行 50 亿元离岸人民币地方政府债券，成为首个在香港发行离岸人民币债券的内地地方政府。推动广州地铁集团在香港成功发行 2 亿美元绿色债券。推动中山明阳集团在澳门成功发行 2 亿美元 3 年期绿色债券，是澳门债券市场首笔非金融企业绿色债券。②

二是跨境贸易和投融资便利化水平提升。人民币业务规模继续扩大，

---

① 广东银保监局：《2021 年保险业总资产 1.86 万亿元，同比增长 11.08%》，新浪财经，https：//baijiahao.baidu.com/s？id=1722558290379881580&wfr=spider&for=pc，2022 年 1 月 24 日。

② 《金融开放中的粤港澳大湾区》，南方财经新闻，https：//mp.weixin.qq.com/s？__biz=MzkwNjI2ODQ5Mw，2022 年 3 月 20 日。

2021 年，广东省累计与港澳地区跨境人民币结算金额超 21 万亿元，人民币持续成为粤港澳跨境收支第一大结算货币。持续扩大贸易外汇收支便利化试点范围，为信用优良的外贸企业办理贸易收支时，实施更加便利的措施。全面落实资本项目收入支付便利化改革，持续推进外债、内保外贷和境外放款注销登记下放银行办理，允许高新技术企业在不超过 500 万美元额度内自主借用外债。自由贸易（FT）账户向广州和珠海市科创企业全面推广。2021 年，广州、深圳获批开展本外币合一银行结算账户体系试点，深圳成为全国首批本外币合一的跨境资金池业务试点城市。开展贸易外汇收支便利化试点、资本项目收入支付便利化改革、一次性外债登记试点以及将外债、内保外贷和境外放款注销登记下放银行办理。

三是跨境金融不断创新。合格境外有限合伙人（QFLP）试点工作稳步推进，以创新手段吸引境外低成本资金支持大湾区发展，QFLP 试点企业超200 家。跨境电子账单直接缴费业务在港澳地区全覆盖，港澳居民在澳足不出户即可跨境缴纳在广东产生的各类民生费用。代理见证开户试点稳步推进。截至 2021 年末，香港、澳门居民通过代理见证开立内地个人账户 18.4万户，账户累计发生交易 839.7 万笔、金额 59.5 亿元。跨境保险产品不断创新。三地保险机构为港珠澳大桥通车推出"三地通保通赔"一站式跨境车辆保险服务，推出跨境医疗险和大湾区专属重疾险等特色保险产品。港澳版云闪付 App、微信及支付宝香港钱包、澳门通及中银澳门跨境钱包等在大湾区稳步推开应用范围。

四是金融市场体系不断完善。港澳资金融机构在广东省全覆盖，共有179 家港资、澳资金融机构进驻广东省，港澳银行营业性机构数量分别达 94家和 7 家，均居全国第一；澳门国际银行作为首家外资银行在横琴粤澳深度合作区设立支行，大丰银行广州分行、东莞银行香港分行顺利开业。新引入华农财险与中科沃土基金管理公司等机构，广东金融资产交易中心股份有限公司整合工作全面完成。

五是扩大金融开放宣传。成功举办"读懂中国"金融平行论坛、国际金融论坛全球年会、广东省—苏黎世州金融圆桌会议、粤港澳大湾区金融发展论坛、广州金交会等一系列国际性金融论坛展会，帮助企业更好地"走出去"。

5. 坚持以资本市场改革创新为契机，推动广东优质企业上市融资实现高速发展

一是高标准抓好广东期货市场体系建设。广州期货交易所在广州成立，广东省委书记李希、中国证监会主席易会满共同为广期所揭牌。

二是加大上市后备资源培育力度。积极会同上交所、深交所举办"资本服务山区行""羊城资本荟"等多场培训，指导新三板华南基地服务专精特新企业 500 余家次。2021 年 12 月末，广东省在辅导企业 319 家，IPO 在审企业 170 家，广东股权交易中心和前海股权交易中心等挂牌企业超万家。

三是企业资本市场融资取得新突破。2021 年广东省新增境内外上市公司 106 家，其中北交所首批上市企业中广东省有 10 家，总市值 800 多亿元，位居全国第一。① 指导广州市制定推动企业上市发展"领头羊"三年行动计划，东莞市"鲲鹏"三年行动计划，江门市"金种子"三年行动方案等。东莞市生益科技旗下的生益电子在科创板成功上市，成为我国首例"A 拆A"成功案例。全年发行 4 只公募 REITs，合计融资 151.63 亿元，发行数量和融资金额均居全国第一。民企债券市场融资表现活跃，在沪深交易所发债规模 4355.17 亿元，居全国第一。②

四是不断提高上市公司质量。2021 年 12 月末，全省总市值超千亿元的上市公司已达 40 家，美的集团、迈瑞医疗、立讯精密、比亚迪、小鹏汽车、华利集团、传音控股等科技类、先进制造业企业悉数在内。

6. 坚持推动"一核一带一区"区域发展格局落到实处，强化乡村振兴金融服务

出台金融支持乡村振兴政策文件 30 余份，启动建设 225 个移动支付示

---

① 《粤资本"粤"精彩，广东资本市场 2021 成绩单亮丽取得多个第一》，《中国证券时报》2021 年 12 月 31 日。

② 翁榕涛：《粤港澳大湾区资本市场"蝶变"：跨境互通持续深化，金融服务实体能力显著加强》，《21 世纪经济报道》2022 年 3 月 4 日。

范镇，推动政策性农村住房保险"降费扩面增效"，有效提升农村、农民金融服务获得感。152 家银行专设 997 个乡村振兴内部机构，创新"整村授信"模式，涉农贷款达 1.7 万亿元，同比增长 12.8%。全年 5 家涉农企业上市，业务涵盖生猪饲养、饲料制造和食品饮料加工。搭建广东农业保险"12+8+3+N"和"保防救赔"一体化服务体系，落地近 200 个地方特色险种，农险保费收入、风险保障金额增速分别达 79.12%、100.1%，均创近 10 年新高，居全国各省份第一。2021 年，融资担保机构更加聚焦支小支农主业，政策性业务规模 487 亿元，同比增长 48.48%。广东股权交易中心"乡村振兴板"入库优质企业 192 家，37 家企业获融资 23 亿元。

7. 坚持聚焦服务碳达峰碳中和目标，通过发展绿色金融助力实体经济绿色发展

2021 年，成立了广东省绿色金融改革领导小组、粤港澳绿色金融合作专责小组，出台金融支持碳达峰碳中和的措施办法。截至 2021 年 12 月末，全省绿色贷款余额近 1.03 万亿元，同比增长超 40.92%，保险资金通过股权基金及债权投资计划投资绿色产业近 1000 亿元，全省环境污染责任保险提供风险保障 30.41 亿元，林业保险提供风险保障 1094 亿元。肇庆市推出全国首笔民营企业碳排放权配额抵押贷款。广州市成立全省首家绿色融资担保机构，发布国内首个绿色资产评价体系"绿创通"，发行粤港澳大湾区首笔碳中和债 20 亿元、粤港澳大湾区首笔地方国企碳中和中期票据 5 亿元、全国经开区首个绿色资产支持专项计划 2.75 亿元。[①]

8. 坚持以金融科技创新升级为突破口，不断扩大对中小微企业的融资覆盖面

广东省地方金融监督管理局积极贯彻落实数字经济发展战略，率先在全国构建了"数字政府+金融科技"的广东模式，并整合"数字政府"的政务数据资源，运用云计算、人工智能等金融科技手段，建立完善广东省中小企

---

① 许青青、范敏玲：《广东首家绿色融资担保机构揭牌》，中国新闻网，https：//www.chinanews.com.cn/ny/2021/03-18/9435378.shtml，2021 年 3 月 18 日。

业融资平台。2021 年 12 月末，平台已接入 34 个部门的 250 项政务数据，累计服务企业突破 101.9 万家，入驻金融机构突破 788 家，发布金融产品突破1397 款，发布惠企政策 445 条，累计推动实现融资突破 779 亿元。人民银行广州分行大力推广省中小微企业信用信息和融资对接平台（粤信融），免费共享协助省内银行为中小微企业"画像"，累计撮合银企融资对接 25.93万笔，金额 1.62 万亿元。广东银保监局自主开发上线准入备案系统，实现湾区机构全覆盖，累计优化行政许可事项超 3600 项，线上办理步入"分秒"时代。广州市在获得人民银行国家级金融科技创新监管试点基础上，2021 年新入选中国证监会资本市场金融科技创新试点、国家区块链创新应用综合性试点及 3 项特色领域试点。探索供应链金融创新服务，截至 2021年底，TCL 简单汇平台已有 451 家核心企业入驻，服务中小微企业25306 家。①

二　粤港澳大湾区金融支持服务实体经济
面临的问题与挑战

（一）粤港澳大湾区"9+2"城市群金融发展不平衡，港深金融辐射能力还不够凸显

珠三角与粤东西北区域发展不平衡问题突出，珠三角 GDP 贡献率占到省内九成。"一九现象"在粤港澳大湾区内部同样存在，即珠江东岸的广州到香港一线占据了区域全部金融资源的 90%，2021 年末，香港、深圳、广州 GDP 三足鼎立，珠江东岸地区存款占 85%，而西岸仅占 15%。粤东西北地域面积占全省 45%，人口占全省七成，GDP 占全省两成，但金融业增加值、存贷款、上市公司等仅占全省一成。

---

① 《供应链票据为中小企业拓宽融资渠道，区块链金融科技平台已有突破》，《华夏时报》2021 年 7 月 1 日。

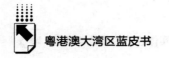

（二）金融服务实体经济能力不足，融资难、慢、贵仍是老大难问题

据统计，广东省能享受到银行信贷服务的市场主体存量约 60 万户，占各类市场主体的 4%，这与广东 1500 多万家市场主体、5 万多家国家级高新技术企业相比，还是极少数。粤港澳大湾区科技创新活跃，但金融服务配套措施滞后，高新技术企业上市比例不高；企业融资高度依赖银行贷款，融资产品单一，抵押难、贷款难问题仍比较突出。

（三）贷款增量优先用于补充疫情冲击导致的现金流缺口，未能产生直接经济效益

银行机构普遍反映，粤港澳大湾区的制造业企业受疫情影响流动性不足，相当部分贷款优先用于支付员工工资、水电房租、供应商款项等短期流动性需求，未能形成新的投资或产能，是影响制造业贷款投放效果的主要原因。

（四）部分大型企业资金闲置与占用并存，对中小企业贷款支持力度仍不足

调研中银行机构反映，一方面，从贷款投放效果看，中型企业贷款投放对生产经营拉动的效果最佳，小微企业次之，而大型企业融资渠道多，贷款投放的拉动效果相对不太明显。对 21 家省级银行机构存款增量前 10 大企业客户的调查结果显示，2020 年以来企业扩张生产规模和投资支出意愿减弱，闲置资金增多，企业存款增长主要集中在少数大型龙头企业。而另一方面，大型企业话语权大，可能出现资金占用，加重中小企业融资负担。大型龙头企业在产业链中具有核心地位，对上下游企业有较强话语权，资金聚集能力较强，而小微企业在市场中处于弱势地位，资金往往以应收账款和预付款形式被占用。

（五）货币政策宽松滋生"套利"空间，贷款资金脱实向虚现象略有抬头

2021年以来，货币政策趋向宽松，贷款利率持续回落，票据贴现利率、短融中票发行利率大幅下行，半年期票据贴现利率不到2.7%，财政贴息后的再贷款利率不到1.5%，与银行存款、理财利率出现倒挂，如结构性存款最高收益率可达3.5%~5%，理财产品收益更高，客观上存在套利空间，不排除一些企业利用低成本贷款资金转存高利率结构性存款、理财产品"套利"。

三　推动金融支持粤港澳大湾区实体经济高质量发展的对策建议

（一）助力金融赋能服务实体经济取得"新成效"

继续加大金融创新力度，稳步开展科创金融创新、绿色金融创新、普惠金融创新和跨境金融创新，推广供应链金融试点成果，申请创建国家普惠金融服务乡村振兴改革试验区，建设科创金融综合服务中心。引导全省信贷资源向实体经济特别是中小微企业倾斜，助力广东外贸稳定高质量发展。发挥资本市场支持科技创新和产业发展的重要作用，推动科技、产业、金融良性循环，实现产融互促、产融结合。建议依托"数字政府"搭建省、市重点企业名录共享平台，将经有关部门、行业协会认定的先进制造业企业、"专精特新"中小企业、高新技术企业名单，以及重点建设项目、重点企业名录等予以发布，便利金融机构对相关企业和项目提供融资服务。

（二）加快粤港澳大湾区国际金融枢纽建设实现"新突破"

争取国家尽快出台金融支持横琴粤澳深度合作区和前海深港现代服务业合作区的有力政策；争取扩大代理见证开立个人银行账户范围，推进建设粤

港澳大湾区跨境理财和资管中心，继续推进"港澳保险售后服务中心建设"，推动跨境车险"等效先认"落地实施，争取搭建"征信通""保险通"等更多促进大湾区互联互通的金融渠道。在大湾区内部试点人民币资本项目下的完全可兑换，探索符合大湾区企业需求的外汇改革措施。大力发展金融科技，建立高效率的跨境数字金融服务体系，研究大湾区金融信息互联互通机制，构设湾区区块链贸易融资平台。发展金融智能制造产业，尽快实现金融系统、数据库和底层硬件及技术的国产化替代，保障国家金融安全稳定。

（三）构建粤港澳大湾区现代金融体系呈现"新格局"

加快完善现代金融体系，支持深交所实施全市场注册制改革，积极创建广深科创金融改革试验区。深化绿色金融改革，创新数字普惠金融，推广供应链金融试点。探索建设大湾区跨境理财和资管中心，扩大"跨境理财通"规模，建设港澳保险售后服务中心，推动"征信通""保险通"。[①] 支持广州期货交易所尽快运营，推动标准交割仓库等产业链配套设施加快建设，完善期现联动市场体系。支持深交所全面实施新股发行注册制改革，深化区域性股权市场区块链创新运用试点。推动筹建粤港澳大湾区国际商业银行，争取设立丝路保险公司、省属期货公司、消费金融公司等法人金融机构。扎实推进"双区建设"和综改试点。加快国际海洋开发银行、知识产权和科技成果产权交易中心等重大平台建设，推进数字货币研究与创新应用等创新试点。加强与国家部委、深交所等沟通联系，持续完善综改第二批项目，滚动式推动金融改革创新。支持依托前海、河套等战略平台，在离岸金融、跨境金融、外汇管理改革等领域先行先试。推动打造深港金融国家级论坛，强化深港澳在绿色金融、金融科技、特色金融等领域互通合作；加强与伦敦、新加坡、阿布扎比、东京等城市的金融交流，拓展国际朋友圈。

[①] 2022年1月20日，广东省代省长王伟中在广东省第十三届人民代表大会第五次会议上作政府工作报告，广东省人民政府官网，http://www.gd.gov.cn/gkmlpt/content/3/3774/post_3774882.html#45，2022年1月24日。

（四）不断发挥粤港澳各自金融领域"新优势"

在大湾区加速打造国际化、全周期、广覆盖的产业科技创新投融资体系，增强金融对科技企业的择优扶植能力；通过与大湾区其他城市深化合作，实现跨境金融服务市场的稳步扩容，推动大湾区金融业的互联互通和分工协作，更好地融入国家发展大局。澳门要继续推动粤澳深度合作区发展现代金融产业，积极构建"中国—葡语国家金融服务平台"，为中国与葡语国家之间提供多元化的合作交流渠道。加快吸引广东金融地区总部在广州集聚，设立金融地区总部中心。广东九城形成了深莞惠、广佛肇、珠中江三个经济圈，优势在于制造业和技术创新引领的科技行业，深交所身处科创腹地，了解创新企业需求，致力于打造创新资本形成中心。逐渐降低粤港澳大湾区金融领域的准入门槛，以先行先试、循序渐进为原则，依托前海自贸区、落马洲河套地区等新兴合作平台，深化内地对港澳银行、保险、基金、债券等金融产品服务的开放水平，实现港澳企业和内地企业平等经营，在这个基础上推动三地金融机构信息互通、客户互荐、人员互动，形成紧密的业务合作，让企业享受多元化的金融服务。加强粤港澳大湾区金融基础设施建设，强化金融服务实体经济能力，建设国际创投风投中心，加快完善多层次资本市场体系，借鉴硅谷银行模式积极推广"投贷联动"试点，有效扩大科技型企业知识产权融资规模。探索监管沙盒和跨境金融监管"电子围栏"，加快金融基础设施和监管信息的互联互通。

（五）探索信贷资源向中小企业倾斜"新举措"

探索推广中小企业主办行制度，由企业最大债权银行作为主办银行，为企业提供信贷管理、结算、现金收付、信息咨询等金融服务，与企业建立稳定的合作关系。鼓励全省银行机构在客户准入、信贷审批、风险偏好、业绩考核等方面实施差异化管理，为中小微企业量身定制金融服务。进一步发挥"中小融"平台作用，运用人工智能、区块链等先进技术对企业进行风险画

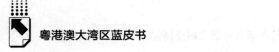

像和信用评价，助力制造业等实体企业便捷获得融资，形成"数字政府+金融科技"赋能中小企业高质量发展的广东模式。

（六）构建金融支持制造业监测评价指标体系"新坐标"

积极协调银保监等部门加快研究建立金融支持实体经济，特别是中小微企业的监测评价指标体系，引导银行机构持续加大广东省 20 个产业集群的贷款投放。继续加强对银行贷款投放的监管，督促各银行机构做好贷后管理，防止实体经济企业利用贷款资金转存"套利"、违规"炒房""炒股"，把信贷资源配置到经济发展最需要的领域。

合作平台篇

Cooperation Platform

B.13
横琴粤澳深度合作区建设报告

广东省社会科学院港澳台研究中心课题组*

摘　要： 2021 年以来，横琴粤澳深度合作区建设步伐全面加快。科技研发和高端制造产业、现代金融产业等四大主导产业发展的资源要素加快集聚，促进澳门经济适度多元的动能持续积蓄。便利澳门居民生活就业的新家园建设力度空前，居住、教育、医疗等民生项目高水平建设，就业创业服务载体有效搭建。与澳门一体化高水平开放的新体系框架已搭就，分线管理、人员进出便利、跨境金融管理等方面核心政策举措纷纷出台。展望未来，横琴正在进入封关运行的酝酿期，各方面的工作将全面发力。针对合作区建设发展所面临的问题与挑战，要加快出台各项支持政策，着眼四个战略定位、四项重点任务，构建完善政

---

* 执笔人：符永寿，广东省社会科学院港澳台研究中心副主任、副研究员，主要研究方向为粤港澳合作；陈梦桑，广东省社会科学院科研处助理研究员，主要研究方向为区域经济、科研管理；左晓安，广东省社会科学院港澳台研究中心副研究员，主要研究方向为国际经贸、粤港澳大湾区建设。

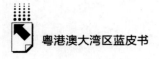

策体系，提升产业要素资源集聚度和粤澳元素融合度，创新推行运作和管理机制。

关键词： 琴澳一体　澳门产业多元化　横琴粤澳深度合作区

2020 年 10 月 14 日，习近平总书记强调要"加快横琴粤澳深度合作区建设"，中共中央、国务院于 2021 年 9 月 5 日正式公布《横琴粤澳深度合作区建设总体方案》，标志着粤澳合作开发建设横琴进入新的阶段。围绕国家赋予的"促进澳门经济适度多元发展的新平台、便利澳门居民生活就业的新空间、丰富'一国两制'实践的新示范、推动粤港澳大湾区建设的新高地"四大核心战略定位，横琴经济社会各方面发展规划全面实施，开启全面构建新空间、新产业、新家园、新体系的建设发展新历程，迈出了琴澳一体、澳门产业多元化的新步伐。2021 年，横琴地区生产总值数据亮眼，GDP 增速明显高于全国和广东、珠海的平均水平，达到 454.63 亿元，同比增长 8.5%，外贸进出口额完成 314.66 亿元，同比增长 53.3%。1～12 月，固定资产投资额同比增长 12.9%。①

一　发展促进澳门经济适度多元的新产业

合作区呈现市场主体持续增加，企业经营质效稳中有升。截至 2021 年 12 月末，合作区实有企业商事主体中大量为"四大主导产业"。② 对 2021 年 9 月至 2022 年 2 月新登记企业的类型和户数进行统计分析显示，接近八成

① 2021 年横琴地区生产总值增速分别高于全国、广东省及珠海市 0.4 个、0.5 个和 1.6 个百分点。资料来源：《2021 年合作区 GDP 同比增长 8.5%》，《珠海特区报》2022 年 2 月 9 日。
② 《横琴粤澳深度合作区建设总体方案》明确的横琴重点培育发展的特色主导产业，包括科技研发和高端制造产业、中医药等澳门品牌工业、文旅会展商贸产业、现代金融产业。

属于"四大主导产业"。① 科技研发、中医药、文旅会展、现代金融等产业崛起成为横琴产业经济的主导力量,这不仅体现在成为新登记企业数量的压倒性增长上,还体现在合作区四大产业企业贡献的税收规模占比超六成,其正逐渐成为合作区发展的重要支撑力量。新型主导产业为横琴经济发展注入新动能,实体经济迸发新活力,2021 年 9 月至 2022 年 2 月制造业及其相关批发业销售收入同比增长 11.3%。横琴产业发展蕴含着澳门经济多元化的努力,活跃着澳门资本的身影。截至 2021 年 12 月末,在合作区实有企业商事主体中,有 4761 户为澳资企业,2021 年 12 月新增的 530 户商事主体(含个体户)中,有 62 户为澳资企业。②

(一)科技研发和高端制造产业

以 2021 年 12 月 6 日重点项目集中签约为标志,合作区科技研发、高端制造业要素资源和商企主体加快集聚。集中签约的 12 个重点项目中,有 7 个产业项目为科技研发、高端制造类项目,其他的总部、基金等类型项目也与科技研发、高端制造密切相关(见表 1)。粤澳半导体产业投资基金注册规模达 100 亿元,基金的主业聚焦半导体集成电路产业,促进横琴相关重大产业项目的招引和产业链培育。广东省集成电路及半导体产业基金总规模 1000 亿元,将其中的设计子基金落户横琴。③ 极海半导体横琴基地项目、芯潮流 Wisewave 横琴项目被列为广东省 2021 年度重点建设项目,投资估算分别为 32 亿元、26 亿元。④

---

① 四大产业的新登记企业户数占新登记企业总户数的比重为 77.68%。
② 《2021 年合作区 GDP 同比增长 8.5%》,《珠海特区报》2022 年 2 月 9 日。
③ 该产业基金分设风险、设计、生态三只子基金。
④ 《广东省 2021 年重点建设项目计划》(粤发改重点〔2021〕95 号),广东省发展和改革委网站,http: //drc. gd. cn/ywtz/content/post_ 3253184. html,最后检索时间:2022 年 4 月 3 日。

表1 合作区 2021 年集中签约的重点项目

项目类型	项目名称
总部项目(2个)	空中客车直升机中国总部、恒健航空产业基金及飞机租赁项目
产业项目(7个)	芯潮流集成电路项目、横琴达安国际创谷生物医药项目、分子态中医药健康产业项目、广东省智能科学与技术研究院项目、中国电子网信产业国际创新中心、极海半导体、横琴中药新药技术创新中心
基金、保险集团项目(3个)	粤澳半导体产业投资基金、广东省半导体及集成电路产业基金设计子基金、中国太平保险集团项目

截至 2021 年底，合作区实有的 5.4 万家企业商事主体中，科技澳门特色凸显。共有科技型企业约 1 万家、澳资企业近 4800 家（其中约 800 家为科技型企业）。这些科技型企业不仅占比较高（约为企业商事主体总量的 20%），而且质量很高。截至 2021 年底，已共有 328 家国家级高新技术企业落户横琴，另有 16 家成长潜力较大的珠海"独角兽培育入库企业"，18 个省级以上级别的科技研发机构、科创型企业孵化器，[①][②] 这些高新技术企业和高新孵化器、研发机构为横琴新产业发展提供强有力支撑。横琴科学城作为产、学、住、商一体化园区，2021 年底累计完成投资 239745 万元，[③] 2025 年二期建成后，将以城促产、产城融合促进生物医药、人工智能、云计算、大数据等产业的发展。横琴的半导体集成电路等高科技和高端制造的大量投资，吸引了澳门科技研发力量，芯耀辉科技以整建制方式引进集成电路专家、澳门大学集成电路国家重点实验室联合创始人余成斌及其团队，大力布局半导体研发、芯片设计。《澳门特别行政区经济和社会发展第二个五年规划（2021—2025 年）》推动澳门各大学在横琴设立产学研中心、科技成果转化基地。

---

① 《横琴新设澳资企业同比增 32.55%，双 15% 所得税优惠政策加快落地》，《南方财经》2022 年 1 月 6 日。

② 《琴澳和鸣 共谱产业发展新乐章》，《珠海特区报》2022 年 3 月 7 日。

③ 《广东省 2022 年重点建设项目计划》（粤发改重点〔2022〕157 号），广东省发展和改革委网站，http：//drc.gd.gov.cn/ywtz/content/post_ 3253184.html，最后检索时间：2022 年 4 月 3 日。

（二）中医药产业

合作区的建设释放粤澳地区中医药发展潜能，为大健康产业发展注入强大动力。截至 2021 年底，已有超过 4200 家医药健康类企业在横琴注册，[①]其中的中医药类企业占有一定的数量。落户"粤澳合作中医药科技产业园"的企业已达 220 家，其中注册成立的澳门医药企业 52 家，[②] 产业园正在发展成为横琴中医药产业的一张亮丽名片。产业园内符合国家及欧盟认证标准的 GMP 中试生产平台和中药制剂中心——"粤澳医疗机构中药制剂中心"，集研发检测、中试和生产、成果转化、产业孵化于一体，已成功研制了 10 余款中药标准，为多家琴澳中医药企业提供产品开发服务，部分方药已实现从研发到上市。

（三）文旅会展商贸产业

横琴着力建设国际休闲旅游岛，在长隆、星乐度、狮门娱乐天地、丽新等文旅行业知名品牌项目的影响带动下开展的文旅项目，已形成主题乐园、康养、体育、休闲、文创和会展等一系列文旅会展产品体系。珠海长隆国际海洋度假区（二期）、横琴星艺文创天地、珠海十字门中央商务区等涉及文旅会展商贸产业的重大项目继续加大投入、加快建设，为横琴文旅会展商贸产业发展夯实基础（见表 1）。2021 年横琴旅游综合收入约 20 亿元，景区接待游客量超过 500 万人次。[③] 琴澳联合举办跨境文化、节庆、会展、赛事等活动，开发"澳门国际文化美食节横琴站""澳门书香文化节"等跨境"一程多站"旅游产品，琴澳文旅产业融合发展。

[①] 徐弘毅：《粤港澳大湾区：中医药出海再获政策助力》，《经济参考报》2022 年 3 月 2 日；莫海晖：《多措并举推进横琴粤澳深度合作区大健康产业发展》，《珠海特区报》2021 年 9 月 22 日。

[②] 吴礼晖、何仁军等：《携手横琴 把岭南中成药推向世界》，《佛山日报》2022 年 3 月 2 日。

[③] 资料来源：横琴粤澳深度合作区官网，http：//www.hengqin.gov.cn/，最后检索日期：2022 年 5 月 5 日。

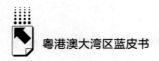

表2　被列入2021~2022年广东省重点建设项目计划的部分横琴文旅及商务服务项目

单位：万元

项目名称	建设内容	建设起止年份	2021年投资计划	到2021年底累计完成投资	2022年投资计划
珠海长隆国际海洋度假区（二期）	大横琴山体育休闲公园、海洋科学馆、长隆旅游学院、交通观光缆车、动物王国、海洋冒险公园、深井基地和珍稀植物园等	2014~2027	130000	—	230000
横琴星艺文创天地	项目一期建设虚拟主题娱乐、大自然保育教学、休闲度假、特色零售餐饮、婚庆、商务会议等；二期拟建哈罗国际学校、文化工作室、皇马体验中心、汽车品牌体验中心、电竞、电影院文化产业项目	2014~2024	50000	523443	50000
珠海十字门中央商务区	现代服务业聚集平台，具备会议展览、企业总部、金融贸易、商务办公、公共服务、文娱休闲、商务配套等功能，包括横琴、湾仔两个片区	2011~2022	50000	—	—

资料来源：《广东省2021年重点建设项目计划》（粤发改重点〔2021〕95号）、《广东省2022年重点建设项目计划》（粤发改重点〔2022〕157号）。

（四）现代金融产业

横琴金融业呈现跨越式发展态势，成为横琴重要支柱产业。合作区内银行、保险、证券、资管等企业门类齐全，金融业态丰富，金融机构、人才、资金、信息等各类金融要素在合作区集聚，为支持琴澳一体化发展财富管理、债券市场、融资租赁等现代金融业夯实了基础。2021年底，合作区内有经国家金融监管部门批准或备案的金融机构（即持牌金融机构）71家，小额贷款公司、典当行、商业保理公司、地方资产管理公司、区域性股权市场、地方各类交易场所、社会众筹机构等（即"7+4"类地方金融组织）57家[1]，另有财富管理类金融企业、私募基金管理人、其他类型的金融企业分别为1456家[2]、586家[3]、355家[4]。从金融机构所经营管理的资金规模和效益看，截至2021年底，横琴合作区内经证监会批复的基金管理公司资产管理规模已超4万亿元人民币，金融业营业增加值占横琴GDP的三成有余（为35.6%），同比增长10.3%，达到162.07亿元，在横琴300多亿元的税收收入中，金融业为横琴贡献了其中的32%，为102亿元，与2020年同比金融业的税收增长迅猛，达到38.3%。[5]《横琴粤澳深度合作区外商投资股权投资类企业试点办法（暂行）》中，对横琴创新跨境金融管理、打通跨境资产管理渠道的重大举措，显示了促进社会资本支持合作区建设的积极效应，由中国铁建投资集团领衔发起的珠海市铁建亚投股权投资合伙企业在首个募集周期就成功引入外资4亿元人民币，成为合作区正式落地的首笔基建类QFLP基金。

表3　横琴主要金融机构分布

单位：家

类型	数量
持牌金融机构	71
"7+4"类地方金融组织	57
财富管理类金融企业	1456
私募基金管理人	586
其他类型金融企业	355

资料来源：根据公开资料综合整理。

---

[1] 持牌金融机构指经国家金融监管部门批准或备案的金融机构。"7+4"类地方金融组织指小额贷款公司、典当行、融资租赁公司、融资担保公司、商业保理公司、地方资产管理公司、区域性股权市场，地方各类交易场所、开展信用互助的农民专业合作社、投资公司、社会众筹机构。

[2] 在中国证券投资基金业协会存续登记的私募基金管理人。

[3] 钟夏、陈秀岑：《多项政策措施并举　加速激活发展动能　金融创新为合作区经济注入"活水"》，《珠海特区报》2022年3月3日。

[4] 彭敏静：《金融业产值2021年占横琴GDP35.6%　金融机构加速集聚助力产业多元》，《南方财经》2022年3月2日。

[5] 《2021年合作区GDP同比增长8.5%》，《珠海特区报》2022年2月9日。

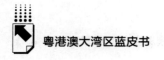

二 建设便利澳门居民生活就业的新家园

横琴围绕"建设便利澳门居民生活就业的新空间"的功能定位和重大任务，着力对接澳门公共服务、社会保障，教育、就业、投资创业、生活等民生保障力度不减，琴澳一体、工作生活环境和服务趋同澳门建设蓝图初步构建。

（一）吸引澳门居民横琴就业创业

合作区的产业发展带动了人口的流动与集聚，与企业主体增加伴随的是从业人数的持续增加。截至 2021 年 12 月，横琴用工备案总人数同比增长 8%，总数达到了 6.67 万人。① 澳门居民在横琴就业数量增长迅猛，2021 年底，在横琴登记就业的人口中，有澳门居民 503 人，同比增长超过 1 倍，达到 114.96%。② 参保企业户数和参保人数呈逐年增长态势，2021 年分别同比增长 12.9%、33.5%。③ 为增加企业用工吸引力，着眼于降低企业运营成本、提高企业人才吸引力，在开业运营、人才聚集、办公环境和公共服务等四个方面，横琴发布了《降低横琴粤澳深度合作区企业综合成本的十条措施》，帮助企业解决实际问题，促进更多企业开业运营、上岛"实质性办公"。横琴推出的"企业专属网页+港澳建筑工程领域跨境备案"是全国首创的专业人士跨境执业服务机制，受到港澳企业和专业人士的欢迎，截至 2021 年底，已有 63 家港澳企业、324 名专业人士通过该平台办理获得跨境

---

① 李灏菀、陈雁南等：《调查显示七成横琴居民乘坐公交出行》，《珠海特区报》2022 年 3 月 16 日。

② 《横琴粤澳深度合作区 2021 年 1~12 月经济运行简况》，横琴粤澳深度合作区统计局网站，http://www.hengqin.gov.cn/stats/tjsj/jjyxjk/content/post_ 3055560.html，最后检索时间：2022 年 5 月 10 日。

③ 孙秋霞、琴瑞轩：《税收大数据显示：横琴粤澳深度合作区创新活力更强》，中国新闻网，http://www.chinanews.com.cn/cj/2022/01-27/9663530.shtml，最后检索时间：2022 年 4 月 19 日。

执业资格。①

"澳门青年创业谷"作为澳门青年创业的重要平台，截至 2021 年 10 月底，项目累计孵化企业（项目）751 家，其中澳门创业企业（项目）335 家，香港创业企业（项目）28 家；目前在园企业 295 家，其中澳资企业 85 家、港资企业 12 家。② 合作区金融机构多方面为澳门居民创业提供融资便利，截至 2021 年末，仅中国工商银行办理的琴澳跨境人民币账户融资业务就累计达 150 多亿元。中国银行联合中国银行澳门分行推出"粤澳共享贷2.0"，共为横琴科技型企业 50 个客户合计授信金额 2.5 亿元。③

（二）加强与澳门社会民生合作

综合民生项目"澳门新街坊"总投资额 89 亿元，2021 年完成项目投资额达 4.5 亿元，已完成 3000 余支工程桩施工，2022 年计划投入 16 亿元，预计 2023 年年中竣工并交付使用。④ 基础教育高速高质量发展，2021 年共投入 6.78 亿元，新增幼儿园、中小学公办学位共 6410 个，⑤ 首都师范大学横琴子期实验学校揭牌运行。优质民办教育机构纷纷设立，横琴哈罗礼德学校在 2021 年 2 月开学，横琴新区华发容闳学校、珠海德威国际高中于2021 年 9 月开学迎来。加大医疗卫生公共服务建设力度，广州医科大学附属第一医院横琴医院启动建设，澳门镜湖护理学院驻横琴医院培训基地、琴澳医疗卫生培训基地挂牌启用。便利澳门居民就医的服务机制创新建立，常住非就业澳门居民基本医疗保险参保人数不断上升，澳门居民参保

---

① 贾佳：《横琴粤澳深度合作区建设 扎实起步有效推进》，中国经济网，http：//www. zlb. gov. cn/2021-12/01/c_ 1211469412. htm，最后检索时间：2021 年 12 月 30 日。

② 贾佳：《横琴粤澳深度合作区建设 扎实起步有效推进》，中国经济网，http：//www. zlb. gov. cn/2021-12/01/c_ 1211469412. htm，最后检索时间：2021 年 12 月 30 日。

③ 彭敏静：《金融业产值去年占横琴 GDP35.6% 机构加速集聚助力产业多元》，《21 世纪经济报道》2022 年 3 月 2 日。

④ 资料来源：《广东省 2021 年重点建设项目计划》（粤发改重点〔2021〕95 号）。

⑤ 其中 810 个公办幼儿园学位、5400 个公办小学学位、200 个公办初中学位。

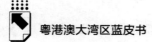

已逾 4 万人。① 医保经办、银行与澳门社团共同参与的跨境医保经办新模式初步建立，截至 2021 年末，珠海地区中国银行线上线下合计为澳门居民办理社保卡 4.1 万张，占比 77%。② 社会服务组织多元化建立。澳门妇女联合总会广东办事处、横琴"南粤家政"基层服务示范站揭牌运行，琴澳亲子活动中心正式启用。横琴综合服务中心服务能力持续加强，截至 2022 年 2 月底，共为琴澳两地居民提供 19 万余人次服务，服务内容包括心理辅导、康复治疗等。

（三）基础设施互联互通

通关基础设施建设工作力度持续加大，推进口岸通关便利化。横琴口岸作为珠澳跨境的重要综合交通枢纽、琴澳互联互通的重大工程，预计 2024 年全面建成后，届时年通关量可达 8000 万人次。2021 年，横琴用于口岸的工作经费支出达 1.39 亿元。横琴口岸及综合交通枢纽项目被列为广东省重点建设计划，截至 2021 年年底，累计完成总投资额的 70.96%。一方面是基础设施硬件提升，另一方面是通关查验模式的创新，横琴口岸推行"合作查验、一次放行"创新查验模式，极大便利了琴澳两地人员和车辆的往来。

澳门轻轨延伸横琴线项目于 2021 年 3 月正式开工，将于 2025 年接入横琴口岸，并与珠机城轨便捷衔接。而珠机城轨也在加快建设，珠机城际横琴至珠海机场段长度为 22.8 公里，是投资额超过 70 亿元的大型交通基础设施，截至 2021 年年底，投资建设进度已经过半，累计完成投资 395000 万元。澳门轻轨、横琴口岸、珠机城轨的互联互通指日可待，横琴粤澳深度合作区的交通便利化水平将实现质的突破，为粤港澳大湾区"一小时生活圈"提供成功范例。

---

① 统计数字截至 2021 年 9 月底。其中澳门居民参加职工医保 1.22 万人，参加居民医保 2.79 万人。

② 彭敏静：《金融业产值去年占横琴 GDP35.6% 机构加速集聚助力产业多元》，《21 世纪经济报道》2022 年 3 月 2 日。

三　构建与澳门一体化高水平开放的新体系

促进澳门产业发展多元化、建设澳门居民生活新空间，关键是澳门要素的不断增加，至关重要的工作是构建与澳门一体化高水平开放的新体系，推动琴澳一体化。横琴在分线管理、人员进出便利、跨境金融管理、规则机制衔接等方面持续发力，不少核心政策举措落地实施。

（一）货物"一线"放开、"二线"管住

沿着二线通道、进出内地的交通节点（横琴大桥、横琴隧道、深井通道、横琴码头以及广珠城轨延长线横琴北站、横琴站、珠海长隆站），横琴布局"二线"海关监管作业场所，为落实货物"一线"放开、"二线"管住提供硬件基础。2021年12月，分布于横琴"两桥一隧、一城轨、一码头"的7个"二线"海关监管作业场所正式动工。根据概算，该项目总占地面积245427平方米，总建筑面积28796平方米，总投资5.97亿元。[①]基于先前构建的横琴全岛电子化围蔽、不断完善的一线口岸及相应的管理细则以及逐步通畅的进出内地的通道、节点，7个海关监管作业场所于2022年6月底建成，横琴实现全岛封关运作的条件日趋完备。

（二）人员进出便利

横琴粤澳深度合作区执委会与珠海出入境边防检查总站联合成立横琴口岸建设和通关便利化专责小组，优化横琴口岸的通关设施、模式，推动口岸通关便利化创新，打造安全、便捷、高效、智能的口岸通关环境。横琴口岸新旅检区域于2020年8月启用后，澳门莲花口岸整体搬迁至横琴口岸澳方口岸区，旅检通道采取"合作查验、一次放行"查验模式，[②]出入境旅客人

---

① 陈雁南：《促进"放开"与"管住""管好"相得益彰》，《珠海特区报》2021年12月22日。
② 新的旅客查验模式下出入境旅客"排一次队、刷读一次证件、接受一次集中检查"即可完成珠海和澳门两地的边检查验手续。

均通关时间从以往的 40 分钟大幅缩短至约 30 秒，口岸通关效率显著提升。挂牌半年来，横琴口岸出入境客流量突破 392 万人次，同比增长约 24%；出入境车辆达 52 万辆次，同比增长约 18%，其中澳门单牌车通关量达 32 万辆次，同比增长 39%。①

推进建设横琴口岸二期工程。横琴口岸及综合交通枢纽开发工程项目是横琴粤澳深度合作区实现封关运作的重要一环，横琴加快高标准推进建设，预计将于 2022 年底建成并投入使用。横琴口岸二期建成使用后，口岸将拥有新的客货车通道和查验区，极大扩展了口岸查验车道数量、空间。新硬件带动新模式，启用新入境车道后横琴口岸将采取"大一站"式（一次采集、分别处置、一次放行）车道查验模式，车辆通关创新模式助力提升口岸的运作效能。积极推进"澳车北上"，澳门机动车进出横琴的配额总量持续增加，由 2016 年的 400 个增加到 2020 年的 5000 个、2021 年 3 月 15 日的10000 个，进一步便利澳门居民往来横琴。②

（三）跨境金融管理高效

机构和个人的征信服务是金融管理服务的基础。横琴信用信息网络涉及跨境数据，跨境征信合作成为一项创新性的重要工作。正因如此，中国人民银行、银保监会、证监会、外汇局四部门将"推动跨境征信合作，支持粤港澳三地征信机构开展跨境合作，探索推进征信产品互认"作为粤港澳金融市场和金融基础设施互联互通的重要内容，列入联合发布的《关于金融支持粤港澳大湾区建设的意见》。横琴粤澳深度合作区金融发展局协调推动大湾区多家机构合作，打造了粤澳跨境数据验证平台，于 2022 年 3 月宣布在粤澳两地上线测试运行。平台首先在金融银行机构推广应用并逐步扩展到其他领域，粤澳多个银行机构正筹划在该平台推出服务。

综合集成澳门、内地征信的终端查询服务设施取得新突破。澳门大西洋银

---

① 贺林平：《横琴粤澳深度合作区擘画新一年发展蓝图 奋进新征程 横琴谋新篇》，《人民日报》2022 年 3 月 27 日。

② 李寒芳：《澳门机动车入出珠海横琴配额扩至 1 万个》，新华社澳门 2021 年 3 月 1 日电。

行横琴分行于 2022 年 3 月设立的个人信用报告自助机可同时为内地（大陆）及港澳台居民提供信用报告自助服务。借助大西洋银行横琴分行设立的全自动化、安全可靠的个人信用报告自助机，港澳台居民使用来往内地通行证便可查询、打印个人信用报告，为澳门居民办理信贷等业务提供了极大便利。

壮大和利用好境外资本、社会资本，是横琴现代金融产业发展的重点之一。2021 年，合作区执委会陆续印发《横琴粤澳深度合作区外商投资股权投资类企业试点办法（暂行）》《横琴粤澳深度合作区支持企业赴澳门发行公司债券专项扶持办法（暂行）》，并在 2022 年正式施行。这两项政策的出台和实施，支持社会资本在合作区设立多币种私募股权基金，鼓励合作区企业有效利用澳门债券市场直接融资，提升了合作区对股权投资基金、创业投资资金等的活力和竞争力，为合作区企业便利获得社会低成本资金打下了政策基础。

（四）规则机制开放衔接

建立与澳门衔接、国际接轨的规则和机制是横琴实现琴澳一体和高水平对外开放的一大关键。通过一系列集成改革创新，横琴在市场监管、贸易服务、金融管理、法治等领域进行了大量革新，商事登记、清单管理、通关便利、国际公信力等多个方面的规则、机制实现了琴澳衔接、国际对接。按照世界银行营商环境评价指标模拟测算，横琴整体营商环境已进入全球前 20 名。

"跨境"是横琴工作的重大特色，无论是办公、医保还是科创、政务，都面临着跨境问题与服务需求。横琴成立专门的"政策研究和规则衔接"专责小组，研究主要的规则衔接路径，涉及立法、授权、合作协议签署、司法协助、争议解决等，推出《横琴粤澳深度合作区规则衔接工作指引》。成立港澳籍仲裁员参与的合作区劳动人事争议仲裁委员会，推动合作区国仲民商事调解中心与香港国际争议解决和风险管理协会开展合作，横琴积极创新政策和机制，不断强化对港澳企业和劳动者合法权益的保护。"湾区通办"、琴澳跨境通办、横琴"一网通办"机制逐步建立。

率先实现跨境人民币全程电子缴税费。横琴运用 V-Tax 远程可视化技

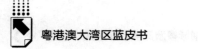

术，创建了办税服务厅的"港澳服务专区""智能税务微厅"，构建了特色自助办税平台、云端办税服务，通过澳门粤澳工商服务中心，形成新型跨境联动智能办税模式，即"一区一厅一中心"模式。截至2021年底，横琴税务部门合计提供澳门企业、居民的跨境税务咨询、办理业务12000余宗。目前，横琴涉港澳的办税业务已经基本实现"非接触式"办理，智慧式"非接触"办理量达到总办理量的99%。全面打通跨境办税"最后一公里"，实现跨境人民币全程电子缴税费。依托"V-Tax远程可视化自助办税平台"，横琴税务部门提供办税业务"电子税务局+银联在线支付""V-Tax+云闪付""境外汇款+银行端查询缴税"等支付模式。在新的支付模式下，横琴跨境人民币缴税、缴社保费等已经实现全程电子化。

四　展望与建议

2022年底前，横琴粤澳深度合作区将实现封关。封关前后横琴建设工作处于重要"收关"期、关键蓄力期，各方面的工作将全面发力、落实落细。当前，合作区的建设发展面临一些问题挑战。一是产业发展缺乏创新引领、龙头带动，产业发展动能不够强劲。二是公共设施与民生服务难以精准配套，居民获得感不够强、满意度不够高。三是琴澳一体开放治理的力度不够大。要紧紧围绕促进澳门经济适度多元发展的主线，更加积极争取国家层面加快出台各项支持政策，继续深耕政策、产业、人才和民生等重点领域，推动粤澳元素在合作区内的进一步深入融合。

（一）构建完善政策体系

能否充分释放改革红利、政策红利事关横琴建设成效。合作区条例是横琴建设的"基本法"，需推动中央相关部门的支持，尽快制定推出"横琴粤澳深度合作区条例（法）"。总体发展规划是横琴发展的"施工图""任务书"，要顺应新形势、紧扣新要求，着眼2035年发展目标，着力"四个定位""四大任务"，修编推出《横琴粤澳深度合作区总体发展规划》。条例、总规与已经制定出台的《横琴粤澳深度合作区建设总体方案》（明确开发管理和执行机构具体组建方案与详细职责分工）三大政策文件共同搭建起指导推动横琴建设发展的政策骨架体系。推动分线管理、市场准入、财税优惠、金融支持、人才集聚等重点领域发展，急需针对性的政策指导，要尽快研究出台合作区分线管理海关监管办法、鼓励类产业目录、税收优惠实施细则、金融支持合作区建设意见等一系列配套政策。教育是澳门居民基础性福利，教育体系的对接是琴澳一体化、有效拓展澳门居民优质生活空间的基础性工作，要加快畅通澳门教师横琴任教、澳门高校在横琴教学的渠道，研究出台相关试点和资格认定方案，研究将学前教育纳入免费教育系统的政策预案。

（二）提升产业要素资源集聚度

用好中央财政补助支持、企业所得税优惠、个人所得税优惠等政策，科学制定、细化落实享受企业所得税优惠政策产业目录、个人所得税优惠实施办法，发挥惠企政策的引导效应、杠杆效应。编制发布高端人才、紧缺人才需求清单目录，为产业发展提供坚实人才支撑。围绕产业链开展大招商专项行动，着力就集成电路、人工智能、生物医药、文旅会展、现代金融等精准招商引资。做强做优横琴·澳门青年创业谷，打造国家级科创新中心。高质量建设横琴先进智能计算平台，将其打造成为珠西算力集群的中心枢纽。加快建设横琴国际知识产权交易中心、中药新药技术创新中心，推动产业项目尽快落地建设。聚力做强产业发展的澳门要素，推动产业集聚度全面提升，立足面向世界、粤港澳大湾区打造"横琴空间+澳门资源"的产业发展成功模式。

（三）推动运作和管理机制创新

用好中央赋予的清单式申请授权政策，在经济管理、营商环境、市场监管等重点领域深化改革、扩大开放，落实广东自由贸易试验区试点商事登记确认制，更大力度地衔接澳门、接轨国际。推进合作区运作机制的创新构建，提高合作区管理机构的协同水平和运转效率，不断健全粤澳共商共建共管共享的新体制。加快组建合作区开发投资公司，为粤澳共享机制搭建起新载体。大力推进跨境通办，强化琴澳一体化水平。加强硬联通与软联通，建立粤港澳大湾区"跨境通办"工作机制，充分发挥大湾区智慧城市、广东数字政府的优势，依托珠三角九市政务服务大厅、便民服务终端等实现高频政务服务事项"跨境通办"。

B.14
深圳前海深港现代服务业
合作区发展报告

朱迪俭　刘岳磊*

摘　要： 本报告围绕"深圳前海深港现代服务业合作区建设"专题，先
后就前海制度创新、前海经济发展成效、深港合作等方面进行了
详细调研梳理，深入分析了前海深港现代服务业合作区当前面临
的"扩区重大契机""RCEP 实施"等重大机遇与挑战，以及在
改革开放深化、国际规则衔接优化等方面存在的问题，并提出聚
焦制度创新以打造全面深化改革创新试验平台、聚焦开放合作以
建设高水平对外开放门户枢纽、抢抓 RCEP 实施机遇以提升前海
参与全球市场综合竞争力提升等发展对策建议。

关键词： 制度创新　深港合作　RCEP 实施　深圳前海

　　前海深港现代服务业合作区是习近平总书记亲自谋划的改革开放典范。
设立以来，总书记三次亲临深圳、来到前海，每次都发表重要讲话、做出重
要指示。2021 年，党中央、国务院印发实施的《全面深化前海深港现代服
务业合作区改革开放方案》（以下简称《方案》），赋予前海打造"粤港澳
大湾区全面深化改革创新试验平台、建设高水平对外开放门户枢纽"重大
使命和历史机遇。

---

* 朱迪俭，博士，深圳北理莫斯科大学党委书记，主要研究方向为政治与行政管理、制度创
新；刘岳磊，博士，深圳北理莫斯科大学科研事务部主管、助理研究员，主要研究方向为文
化创意产业、深港合作、文学与文化。

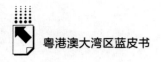

一 深圳前海深港现代服务业合作区建设总体情况

前海深港现代服务业合作区（扩区后）2021 年全年地区生产总值 1755.7 亿元，税收收入（扩区后）增长 13.7%，关区进出口总额增长 20.28%；① 新推出 75 项制度创新成果、累计达 685 项，新增 7 项改革试点经验面向全国复制推广，累计达 65 项。围绕"制度创新、现代服务业集聚、深港合作"三方面，前海深港现代服务业合作区的发展状况如下。②

（一）制度创新稳步推进

以制度创新为核心，前海深港现代服务业合作区探索并不断丰富"前海模式"内涵，实现了由无到有、由小到大、以点带面的蜕变，在制度创新层面更是走在了全国前列。2021 年，国家、省、市先后在前海推出 75 项制度创新成果，累计达 685 项，新增 7 项改革试点经验面向全国复制推广，累计 65 项，③ 82 项改革试点经验在全省复制推广，203 项改革试点经验在全市复制推广，成为国内制度创新成果最多、水平最高的地区之一。国家发展和改革委员会发布《关于推广借鉴深圳经济特区创新举措和经验做法的通知》，其中前海贡献 7 项改革举措。

1. 金融开放

在金融服务业发展方面，前海围绕"全国金融业对外开放试验示范窗口"和"跨境人民币业务创新试验区"战略定位，以新业务、新机构、新

---

① 《省政府新闻办新闻发布会：深圳先行示范作用彰显 核心引擎功能增强》，深圳市人民政府网站（2022 年 4 月 20 日），http：//www. sz. gov. cn/cn/ydmh/zwdt/content/post_ 9714396. html，最后检索时间：2022 年 5 月 29 日。

② 本报告研究过程中，深圳市前海深港现代服务业合作区管理局大力支持，为研究提供了丰富的统计数据和宝贵建议。

③ 《前海营商环境 跻身全球一流》，深圳市商务局网站（2022 年 4 月 22 日），http：//commerce. sz. gov. cn/xxgk/qt/swzx/content/post_ 9718187. html，最后检索时间：2022 年 5 月 29 日。

通道为特色，在金融基础监管设施、金融市场、金融机构、金融产品以及金融监管 5 个维度的创新取得突破。

2020 年 4 月，前海公证处携手招联消费金融有限公司举行互联网金融债权"在线赋强"签约仪式，启动广东省首个"在线赋强公证"项目,①公证机构依托现代信息技术，通过网络平台对金融机构电子债权文书进行在线公证并使其具有强制执行效力，有效解决金融机构贷后管理中的立案难、成本高、时效长等问题。

深圳前海微众银行股份有限公司首创基于 AI 和卫星数据的疫情下宏观经济监测平台，从全国层面、区域层面和行业层面进行有效的数据挖掘、分析、预测，首创疫情下中国经济恢复指数（CERI）、卫星生产制造业指数（SMI）等，直接服务微众银行内部多个业务条线，为进一步精准的信贷扶持策略制定提供数据支持，并为监管机构制定疫情下复工复产政策提供参考。微众银行作为数据支持单位参与了联合国开发计划署撰写的《新冠肺炎疫情对中国企业影响评估报告》,② 成果入选中国人工智能学会 2020 年优秀科技成果、国家金融与发展实验室组织的"全球金融科技创新案例库"、机器之心"助力产业复苏的最佳赋能 AI 解决方案"。

《粤港澳大湾区发展规划纲要》提出要"强化前海合作发展引擎作用"，深度对接"港澳所需、湾区所向、前海所能"，开展"五个跨境"（跨境人民币贷款、跨境双向发债、跨境双向资金池、跨境双向股权投资、跨境资产转让）和自贸区 FT 账户业务，巩固和提升香港国际金融中心、离岸人民币业务枢纽地位。2020 年 12 月，前海华润金融中心被前海管理局授牌"前海深港合作区深港供应链金融创新基地"，首批 6 家优质港资供应链金融企业

---

① 《广东首个互联网消费金融债权文书在线赋强项目在前海启动》，深圳市前海深港现代服务业合作区管理局网站（2022 年 4 月 30 日），http://qh.sz.gov.cn/gkmlpt/content/7/7382/post_7382472.html#2361，最后检索时间：2022 年 5 月 29 日。

② 《新冠肺炎疫情对中国企业影响评估报告》，联合国开发计划署网站（2022 年 4 月 7 日），https://www.cn.undp.org/content/china/zh/home/library/crisis_prevention_and_recovery/assessment-report-on-impact-of-covid-19-pandemic-on-chinese-ente.html，最后检索时间：2022 年 5 月 29 日。

回归前海，资产规模接近 100 亿元，前海也将加大力度支持金融机构在地经营，服务实体经济。[①]

前海自由贸易账户支持企业开展跨境业务创新，在监管部门的大力支持下，银行成功上线自由贸易账户。前海自由贸易账户体系的落地，进一步丰富了前海跨境金融体系，提升了前海金融服务实体经济水平，为更深层次、更宽领域构建开放型经济提供了坚实的基础。同时，前海还建立行业首个中小企业全线上跨境贸易融资平台——联易融国际跨境平台，依托海外供应链服务平台，应用金融科技手段，基于大数据、AI 和区块链等先进技术，实现贸易融资的全流程数字化、线上化，将供应商的交易场景和融资场景无缝对接，为中小企业提供供应链金融服务。

2. 法治建设

法治创新是前海有别于国内其他功能开发区和自贸试验区的突出特点，也是前海的核心竞争优势和主要驱动力，通过深化法治创新改革，全面推进社会主义法治建设示范区建设。

坚持立法先行，实行基础性立法、产业性规定和配套性制度三管齐下，打造前海特色规则体系。2020 年 8 月，《深圳经济特区前海蛇口自由贸易试验片区条例》（以下简称《自贸片区条例》）作为全国首部自贸片区法规，已经深圳市人大常委会审议通过。《自贸片区条例》为将自贸片区建设成为投资贸易便利、辐射带动功能突出、监管安全高效、法治环境更优的新时代改革开放的新高地和具有国际影响力的高水平自由贸易试验片区提供了法治保障。[②] 深圳市通过提高立法层级，由市人大常委会运用特区立法权制定了《深圳国际仲裁院条例》，并于 2020 年 8 月表决通过，助力营造法治化营商

---

① 《前海打造供应链金融发展高地 精准滴灌实体经济的毛细血管》，深圳新闻网网站（2021 年 8 月 25 日），http：//www. sznews. com/news/content/2021-08/25/content_ 24512883. html，最后检索时间：2022 年 5 月 29 日。

② 《全国首部自贸片区立法及新〈深圳经济特区前海深港现代服务业合作区条例〉出台 将于 10 月 1 日起施行 深港两地代表人士点赞好评满怀期待》，深圳市前海深港现代服务业合作区管理局网站（2020 年 9 月 14 日），http：//qh. sz. gov. cn/sygnan/qhzx/dtzx/content/ post_ 8093934. html，最后检索时间：2022 年 5 月 29 日。

环境及加强深圳国际仲裁院独立规范运作。[①]

推进综合性司法改革，完善对接国际经贸规则的司法保障体系。前海合作区人民法院全面对接高标准国际商事规则，积极探索粤港澳大湾区规则衔接机制，准确理解并全面遵循国际条约、国际惯例，以保障交易自由和安全为原则，极大提升了中外投资者的信心。2020年4月，前海法院与前海管理局共建诚信企业司法激励机制，有利于鼓励企业积极主动履行法律义务，形成诚信健康的营商环境。同时，受疫情影响，部分企业的生产、经营出现了一定的困难，对诚信企业采取一定的柔性执法措施，有助于诚信企业恢复生产、经营，进一步优化前海自贸区营商环境，推动自贸区民营经济高质量发展。

依托多方力量，构建多元化纠纷解决体系。经过多年努力，深圳国际仲裁院实现了治理结构的国际化、仲裁规则的国际化、仲裁员结构的国际化、业务结构的国际化、仲裁裁决执行的国际化、仲裁合作平台的国际化。作为中国最早聘请境外仲裁员的仲裁机构，深圳国际仲裁院的仲裁员名册覆盖77个国家和地区，基本实现"一带一路"沿线国家全覆盖，境外仲裁员占比超过41%，领先全国平均水平。

依托政策创新，打造法律服务业集聚高地。制订扶持法律服务业发展政策。对入驻前海的律师事务所、司法鉴定中心等给予落户奖励、租金补贴、人才住房保障。积极推动落实粤港澳律所联营政策，全国首家粤港澳合伙型联营律师事务所落户前海。前海法院以互联网、大数据、区块链、5G等技术体系为驱动，全面推进智慧法院建设，加快打造"线上+线下"融合的司法服务新模式。深圳聚集全国性港澳法律资源，打造国际一流港澳法律研究平台，有利于前海深化深港合作，为解决前海开发建设中的涉港澳法律问题提供支持，助力社会主义法治示范区建设。

此外，出台《前海中国特色社会主义法治建设示范区规划纲要

[①] 《深圳国际仲裁院条例》（深圳市第六届人民代表大会常务委员会公告第二〇七号），深圳市前海深港现代服务业合作区管理局网站（2021年4月7日），http：//qh. sz. gov. cn/gkmlpt/content/8/8677/post_ 8677236. html#2391，最后检索时间：2022年5月29日。

（2017—2020）》，最高人民法院第一巡回法庭、第一国际商事法庭、中国（深圳）知识产权保护中心等落户前海，金融法庭、知识产权法庭正式运行，前海知识产权检察研究院揭牌。目前，前海已构建起集仲裁、调解、律师、公证、司法鉴定、知识产权保护、法律查明为一体的全链条法律服务保障体系。

3. 市场监管

前海蛇口自贸片区着力构建以信用为核心的政府监管机制，以"大数据、大平台、大联动"为依托，在信用体系、风险防控模式、廉情预警评估系统等方面进行实践与创新，大力开展守信激励和失信惩戒，在社会信用体系、事中事后监管方面的创新程度上取得很多优秀成果，位于全国前列。出台《中国（广东）自由贸易试验区深圳前海蛇口自贸片区社会信用管理服务办法》，建立以企业合规度评价为导向的分类监管标准，创新性研发四维信用风险预警体系，构建"信用+X"的综合信用监管与服务平台，成立社会信用服务中心，完善企业合规度信用画像。①

共同建设诚信企业托管机制。为进一步深化"放管服"改革，积极服务民营经济发展，推动营商环境持续改善，2020 年 1 月，前海信用中心与前海商秘公司共建诚信企业托管机制，制定《"信易托"实施方案》，帮助诚信企业解决实际经营地址证明难题。前海商秘公司已为 700 多家诚信企业提供了"信易托"服务，降低了诚信企业的托管门槛，提高了诚信企业的获得感，为前海信用体系建设和营商环境的优化做出了创新探索。随着前海托管企业的到期续约高峰期的来临，"信易托"将逐渐发挥更大的作用。

开拓信用面向市场的服务。创新开展"信易贷"，与工商银行打通数据壁垒，为中小企业提供信用融资；开展"信易租"，根据信用状况，为中小企业提供优惠的场地、设备租赁；开展"信易批"，结合证照分离改革，为

---

① 《〈中国（广东）自由贸易试验区深圳前海蛇口片区社会信用管理服务办法〉政策解读》，深圳政府在线网站（2020 年 2 月 20 日），http://www.sz.gov.cn/zfgb/zcjd/content/mpost_6736372.html，最后检索时间：2022 年 5 月 29 日。

信用状况良好的企业和个人提供信用预约、容缺受理等绿色通道，真正实现企业信用惠民。①

（二）经济发展成效显著

前海高质量发展势头更好、动力更强，为全市实现稳中求进、稳中提质、稳中向好做出积极贡献。2021 年，前海在地企业数增长 110%，其中在地港资企业数同比增长 160%。桂湾前湾及妈湾片区在地企业数增长 103%，其中在地港资企业数同比增长 156%。写字楼出租签约率从 40% 提升至75%，甲级写字楼净吸纳量约占全市 44%。桂湾前湾及妈湾片区全年实现税收增长 16.7%，纳税百强企业门槛由 2020 年的 5083 万元提升到 7560 万元，提高 48.7%。前海招商大会吸引 40 个重磅项目，总投资超 866 亿元。②2021 年，桂湾前湾及妈湾片区实际使用外资 53.92 亿美元，增长 25.2%。全年完成市级下达固定资产投资任务 110.1%。

（三）深化深港合作取得新进展

深港融合发展空间逐步扩大，深港合作相关举措更加务实、对接更加紧密。用好用足"扩区"重大利好，把面积的扩展转化为能级的跃升。截至2021 年底，前海累计注册港资企业 1.19 万家，注册资本 1000 万美元以上的港资企业 2420 家，实际使用港资 50.6 亿美元，同比增长 33%，占前海实际使用外资的 93.8%。③

"港人"发展环境全面提升。截至 2022 年 5 月，累计认定香港籍高端

---

① 《【前海制度创新最新成果展示】搭建社会信用体系，打造信用建设"前海模式"》，深圳市前海深港现代服务业合作区管理局网站（2021 年 2 月 24 日），http://qh.sz.gov.cn/sygnan/qhzx/dtzx/content/post_ 8566190.html，最后检索时间：2022 年 5 月 29 日。
② 《2021 年前海招商大会召开》，深圳市前海深港现代服务业合作区管理局网站（2021 年 11月 22 日），http://qh.sz.gov.cn/gkmlpt/content/9/9386/post_ 9386968.html#2361，最后检索时间：2022 年 5 月 29 日。
③ 《年增 156%！深圳前海累计注册港企 1.19 万家》，中央人民政府驻香港特别行政区联络办公室网站（2022 年 4 月 26 日），http://www.locpg.gov.cn/jsdt/2022 - 04/26/c _ 1211640992.html，最后检索时间：2022 年 5 月 29 日。

和紧缺人才 835 人次，发放个税补贴 3.6 亿元；发放 9 批次港澳青年专项扶持资金共计超 1.5 亿元[1]，惠及超 1200 人次。打通深港青年创业、就业渠道，深入实施前海港澳青年招聘计划，滚动发布就业岗位 3067 个。举办粤港澳台青年创新创业大赛，港澳台参赛项目 700 个。[2] 推进"两城六区一园一场六镇双港"建设，统筹提供产业空间 80 余万平方米。"港企"集聚态势日益凸显。支持港资企业拓展发展空间，出台产业集聚、金融业等政策，支持香港金融、会展等优势产业发展，比照内地企业上浮 20% 享受扶持。支持汇丰、东亚等企业打造区域总部，截至 2021 年底，集聚港资金融机构2571 家。发挥嘉里、利丰等港资企业龙头作用，引进帝亚吉欧、德州仪器等重大项目。"港机构"对接合作务实紧密。加强与香港特区政府对接，完善合作机制。与香港中华总商会等 11 家商协会机构签订合作协议。香港贸发局内地首批"GoGBA 港商服务站"落户前海。软硬联通水平持续提升。新实现香港税务师、导游备案执业，港澳人士备案执业范围扩大到 16 类。促进大湾区基础设施互联互通，加快港深西部铁路规划，深圳段线路方案获港方初步认可。深圳机场卫星厅投入使用，深大城际、穗莞深城际（深圳机场—前海段）开工建设，深中通道、机场三跑道等加快推进。

二　前海深港现代服务业合作区经济社会发展新形势与新动态

（一）全面深化前海深港现代服务业合作区改革开放

2021 年 9 月 6 日，中共中央、国务院印发《全面深化前海深港现代服

---

[1] 《精耕细作精雕细琢，打造最浓缩最精华的核心引擎 七年弹指挥间 前海生机勃勃》，深圳新闻网站（2022 年 4 月 27 日），https://www.sznews.com/news/content/2022 - 04/27/content_ 25089012. htm，最后检索时间：2022 年 5 月 29 日。

[2] 《2021 前海粤港澳台青年创新创业大赛总决赛暨颁奖典礼举行》，深圳市前海深港现代服务业合作区管理局网站（2021 年 12 月 6 日），http://www.sz.gov.cn/cn/xxgk/zfxxgj/bmdt/content/post_ 9428353. html，最后检索时间：2022 年 5 月 29 日。

务业合作区改革开放方案》，以推动前海合作区全面深化改革开放，在粤港澳大湾区建设中更好地发挥示范引领作用。《方案》明确提出扩展前海合作区发展空间。以现有前海合作区 14.92 平方公里为基础，扩展至 120.56 平方公里。明确发展目标：到 2035 年，前海的高水平对外开放体制机制更加完善，营商环境达到世界一流水平，建立健全与港澳产业协同联动、市场互联互通、创新驱动支撑的发展模式，建成全球资源配置能力强、创新策源能力强、协同发展带动能力强的高质量发展引擎，改革创新经验得到广泛推广。①《方案》站在国家战略高度来推动前海新发展，赋予了前海打造全面深化改革创新试验平台、建设高水平对外开放门户枢纽的更高定位、更重要使命。

1. 打造全面深化改革创新试验平台

现代服务业改革创新方面：以体制机制创新为核心，建立健全联通港澳、接轨国际的现代服务业发展标准；通过加强三地海陆空运输联动，构建国际贸易组合港；加强产融结合，以服务实体经济为导向培育金融生态；推动供应链跨界融合创新，建立与国际接轨的供应链标准；优化调整前海湾保税港区为综保区，深化要素市场化配置改革。

科技发展体制机制改革创新方面：《方案》聚焦创新平台、创新服务体系和创新法律制度环境三个领域创新。包括提出聚焦香港、澳门优势产业，大力推动粤港澳三地合作的新型研发机构建设；推动科技合作管理体制创新，促进港澳和内地三方科技成果转化；与港澳联合探索有利于推进新技术新产业发展的法律规则和国际经贸规则创新等。

国际一流营商环境方面：《方案》提出要充分利用深圳区域性国资国企综合改革试验政策，加快推进国有资本运营公司改革试点工作，加强国有资本市场化、专业化运营能力，切实提升前海国有经济的竞争力、创新力、控制力、影响力、抗风险能力；建立健全公平竞争政策实施机制，以市场化、

---

① 《中共中央 国务院印发〈全面深化前海深港现代服务业合作区改革开放方案〉》，中华人民共和国中央人民政府网站（2021 年 9 月 6 日），http://www.gov.cn/zhengce/2021-09/06/content_5635728.htm，最后检索时间：2022 年 5 月 29 日。

法治化、国际化营商环境支持和引导产业发展；创建信用经济试验区，以信用体系为基础推进市场化改革创新；在政务服务、交通、通信、信息、支付等诸多领域推进与港澳标准、规则的衔接；建立完善外籍人才服务保障体系，吸引全球人才。

治理模式方面：《方案》提出，推进区域治理职能的体制机制创新、公共服务供给机制创新，探索以法定机构承载部分政府职能，探索符合条件的市场主体承接公共管理和服务职能。探索允许符合条件的港澳籍或外籍人士担任前海法定机构职务，共同参与前海区域治理途径；推进行业协会自律自治，搭建粤港澳职业共同体交流发展平台。

2. 建设高水平对外开放门户枢纽

深化与港澳服务贸易自由化方面，在《内地与香港、澳门关于建立更紧密经贸关系的安排（CEPA）》框架内，推动前海面向港澳在服务业领域扩大开放。支持前海探索在服务业领域内深化与港澳规则、标准的衔接，促进三地贸易往来；支持前海与港澳、国际知名大学开展高水平联合办学，为港澳籍青年打造高质量、高水平教育培训基地；以审慎监管、完善风险防控为前提，支持前海文化产品"走出去"；支持前海在医疗、游艇出入境、活动监管、人员货物通关等方面向港澳开放。

扩大金融业对外开放方面，支持前海充分利用香港全球金融中心的国际地位，与香港在金融市场互联互通、人民币跨境使用、外汇管理便利化等领域先行先试。包括开展本外币合一银行账户试点，支持符合条件的金融机构开展跨境证券投资、支持国际保险机构在前海发展等。绿色金融也是与粤港澳合作的重点，《方案》支持前海与港澳一起，共同探索统一绿色金融标准，为内地企业利用港澳市场进行绿色项目融资提供服务；探索跨境贸易金融和国际支付清算新机制；支持前海推进监管科技研究和应用，提升前海金融风险防范化解能力。

提升法律事务对外开放水平方面，在前海探索不同法系、跨境法律规则衔接。深化前海合作区内地与港澳律师事务所合伙联营机制改革，支持鼓励外籍和港澳律师事务所在前海合作区设立代表机构；为保护跨境商业投资企业、个人合法权益，支持前海法院探索扩大涉外商事案件受案范围，支持香港法律专家在前海法院出庭提供法律查明协助，构建国际区际商事争议争端解决平台。

高水平参与国际合作方面，支持前海利用香港全面与国际接轨专业服务优势，鼓励区内企业"走出去"；支持前海强化与国际港口、自由贸易园区等合作，开展双边、多边投资贸易便利化合作；支持在前海发起成立国际性经济、科技、标准、人才等机构或组织，探索并创新国际性产业和标准组织管理制度；发展具有中国特色的新型智库，建设粤港澳研究基地等。支持前海在文化领域稳妥有序对外扩大开放，构建开放共荣的文化交流互鉴平台，打造文化软实力基地等。

总体来看，《方案》在"一国两制"的框架下，以更大力度推动前海改革开放再出发。未来，前海将成为我国对外开放的桥头堡和风向标，其创新发展的探索将对我国构建全面开放新格局提供更多具有普遍推广意义的发展经验。

（二）《区域全面经济伙伴关系协定》开始生效

2022 年 1 月 1 日，《区域全面经济伙伴关系协定》（Regional Comprehensive Economic Partnership，RCEP）开始生效，这是全球经贸格局不断变迁、经济重心自西向东转移进程中的标志性事件。前海正加紧推进、落实党中央、国务院《全面深化前海深港现代服务业合作区改革开放方案》，要建设高水平对外开放的门户枢纽，联通国内国外两个市场、两种资源，抢抓 RCEP 实施机遇意义重大。

1. 货物贸易方面：RCEP 所占比重较大，有助于推动前海外贸保持增长

前海作为连接粤港澳大湾区与东南亚的重要贸易枢纽，RCEP 实施后，在大幅削减或取消货物关税和采用区域累计原产地规则两大重要利好下，国际智库预测：到 2030 年，RCEP 将带动成员国年出口净增加 5190 亿美元，年收入增加 1860 亿美元。考虑到前海面向东南亚国家所具备的区位优势，贸易门户和枢纽功能有望进一步加强，增速将高于整体水平，带动前海对外

贸易实现稳步增长。

2021 年，前海综保区与 RCEP 国家之间进出口总额有所下降，主要因素是华为受到中美贸易摩擦影响。但在出口方面则略有增幅，其中机电产品、高新技术产品等深圳优势产业在贸易品类中占据绝对主导地位，RCEP 实施后，机电产品、高新技术产品等优势产业的市场前景更加广阔，预计前海在地外贸企业对 RCEP 国家进出口将有较大提升，从而推动前海外贸保持较高增速。

2. 服务贸易方面：对 RCEP 服务贸易总量较小，但发展空间巨大

根据商务部平台统计，2021 年前海对 RCEP 国家服务贸易的主要市场是新加坡和韩国。主要的服务行业是电信、计算机和信息服务、运输服务。RCEP 实施后，在服务贸易领域，日本等 7 个成员采用负面清单方式承诺，我国等其余 8 个缔约方将采用正面清单承诺，并于协定生效后 6 年内转化为负面清单。我国在入世承诺约 100 个部门的基础上，承诺服务部门新增管理咨询、研发等 22 个部门，并提高金融、法律、建筑等 37 个部门的承诺水平。总体来看，虽然目前前海与 RCEP 成员国服务贸易总量较小，但随着开放领域的不断扩大，前海在知识产权、物流服务、计算机和信息等方面的技术优势有望转化为市场优势，未来发展空间较大。

3. 产业影响方面：RCEP 对前海产业影响较小，但供应链、跨境电商有望成为重要增长点

从吸引投资看，RCEP 对前海产业整体影响较小，与新加坡合作后续将有更大发展。RCEP 在投资自由化、投资促进和投资便利化措施等方面均进一步深入，协议突出投资便利化条款，提出简化投资申请及批准程序、促进投资信息传播、设立或维护联络点等举措；并加大对跨境投资保护，提高政策透明度与制度信任度，给予投资者更广泛、全面的制度保护。在此背景下，前海与 RCEP 国家之间的投资将有更大的发展空间。

金融业方面，RCEP 并未超过我国整体对外开放水平，前海金融业国际化发展难度加大。RCEP 的金融服务规则兼顾成员国金融发展不同阶段，采取了差异化开放原则，鼓励金融产品和服务创新的同时，允许成员国保留维

护国内金融稳定的审慎性措施。对于前海合作区的影响包括"引进来"和"走出去"两个方面。"引进来"方面，尽管 RCEP 有关金融内容代表了我国在缔约实践中对外开放的最高水平，但其开放程度并没有超越 2018 年我国宣布金融业扩大对外开放的承诺。深圳金融业因市场基础和监管资源相对较弱，在新一轮开放的过程中，在包括 RCEP 成员国的外资机构落户方面与上海、北京等城市差距逐步拉大。前海在金融业新一轮开放竞争中，与前述城市和区域的差距也将进一步拉大。"走出去"方面，RCEP 成员在金融领域做出更高水平的开放承诺，包括取消和放宽外资持股比例限制、放宽机构准入和业务范围、放宽高管要求，为前海头部金融机构特别是金融科技企业在不发达成员国中开展业务提供了机遇。

供应链行业方面，RCEP 将助推前海企业持续增长。2021 年，受益于外贸高速增长，前海供应链行业快速发展，进出口规模超百亿元的企业由 2 家增加至 5 家。RCEP 关于原产地规则的规定，减少了企业利用原产地规则的成本与程序性障碍，更加符合全球价值链分工下各国要素合作生产的现实需求，将带来产业链重构的重要机遇。RCEP 实施后，区域价值链体系的重新分工，特别是在机电产品、高新技术产品等领域，供应链企业将会迎来难得的发展机遇。

跨境电商方面，RCEP 持续推动关税降低，行业迎来重大发展机遇。2021 年，前海在跨境电商方面实现了跨越式增长。2020 年，以"9610"为出口报关模式的前海在地电商企业共 3 家，2021 年增至 22 家。RCEP 电子商务部分是首次在亚太区域内达成的"范围全面、水平较高的诸边电子商务规则成果"，[①] 将为各成员在电子商务领域加强合作提供制度保障，增强电子商务领域层面各成员的政策互信、规制互认和企业互通。特别是，RCEP 主要为跨境电商企业减免关税，这将为出口电商企业带来重大利好。随着关税的减免，国内跨境电商企业在东南亚等新兴市场出口商品税费成本

---

① 《RCEP 生效将带来哪些机遇？》，中华人民共和国商务部中国自由贸易区网站（2022 年 1 月 11 日），http://fta.mofcom.gov.cn/article/rcep/rcepgfgd/202201/47037_1.html，最后检索时间：2022 年 5 月 29 日。

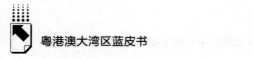

将有望降低，出口商品市场竞争力有望提高。因此，RCEP实施后，前海跨境电商行业将迎来更为广阔的发展空间。

当前，前海正加紧落实党中央、国务院《全面深化前海深港现代服务业合作区改革开放方案》要求，建设高水平对外开放的门户枢纽，联通国内国外两个市场、两种资源，《区域全面经济伙伴关系协定》（RCEP）正式生效，将促使前海成为我国与东南亚最重要的交汇点之一。

三　前海深港现代服务业合作区发展的主要问题

从面临形势看，世界百年未有之大变局和新冠肺炎疫情全球大流行影响交织，前海地处"两个前沿"，外部环境不确定性增多。

（一）合作区改革开放仍需深化

从存在问题上看，一是深港融合发展水平有待提升。引入香港现代服务业集聚效果还不明显，在地港人港企数量还不够多，对粤港澳大湾区发展的引擎作用有待进一步彰显。二是改革创新试验平台作用有待发挥。现代服务业发展体制机制有待完善，现代服务业标准体系有待健全。科技发展基础较为薄弱，科技体制机制改革尚待破题。营商环境在跨境贸易、获得信贷等方面与国际一流水平有差距。"统、分、优、放、协"管理体制机制有待深化。三是对外开放门户枢纽功能有待增强。与港澳服务贸易自由度便利度还需提升，促进深港金融产品互认、市场互联和资金互通还需加强，重大法律合作平台有待落地，海外投资保障机制需要健全。

（二）国际规则衔接仍需优化提升

1. 前海营商环境跻身全球营商环境第一梯队，高于RCEP各成员国平均水平，但距离最高标准仍有差距

世界银行体系指标评估显示，2020年，前海合作区营商环境总得分为80.958分，在全球综合排名为第15名，高于RCEP平均水平。而RECP中

各国的营商环境水平不一，其中新西兰、新加坡和韩国分别高居第1、2、5名；马来西亚、澳大利亚水平与前海接近，处于世界一流水平；柬埔寨、老挝、缅甸营商环境水平垫底。在具体指标方面，前海在3个维度——"开办企业""获得电力""执行合同"等处于世界领先地位；7个维度——"登记财产""获得信贷""纳税""跨境贸易""招标投标""政务服务""深港合作"等处于全国领先地位；3个维度——"办理施工许可""保护少数投资者""办理破产"等与国内持平，需要继续对标国际，增强前海优势。

中国社会科学院国家法治指数研究中心、法学研究所法治指数创新工程项目组对深圳法治环境的系统评估显示：2020年前海法治评估总体得分为85.23分，连续4年取得明显进步。[①] 评估认为，前海自贸片区已构建起集仲裁、调解、律师、公证、司法鉴定、知识产权保护、法律查明为一体的全链条跨境法律服务保障体系。如前海法院集中受理深圳全市第一审涉外、涉港澳台商事案件，2021年受理涉外商事案件1155宗，覆盖85个国家，其中受理RCEP国家案件198宗，占17%。深圳国际仲裁院现共有仲裁员933名，覆盖国家和地区达77个，其中，有境外仲裁员385名，占比超41.26%，国际化程度处于国内最高水平。RCEP国家担任仲裁员数量为54名，来自13个成员国，占境外仲裁员数量的14%，其中新加坡和澳大利亚最多，分别有16人。深圳国际仲裁院也开启了与RCEP国家仲裁、调解机构的合作，如与新加坡国际仲裁中心（SIAC）、新加坡国际调解中心（SIMC）签署了合作备忘录。双方建立联合工作委员会，每年定期交流信息、商议合作渠道；相互为对方提供庭审设施的支持、应对方要求推荐仲裁员；共同为当事人提供"调解+仲裁"的多元化纠纷解决服务等。通过与RCEP国家法律服务机构的合作，我国法律服务、商事纠纷解决的国际影响力进一步提升。

---

① 《深圳市前海管理局关于2020年度依法行政及法治政府工作的报告》，深圳市前海深港现代服务业合作区管理局网站（2020年12月21日），http://qh.sz.gov.cn/sygnan/xxgk/xxgkml/ghjh/gzjh/content/post_8362062.html，最后检索时间：2022年5月29日。

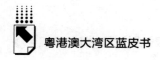
RCEP 的实施，将有利于区内各类标准、技术法规、合格评定程序统一，在知识产权保护、投资与服务贸易等领域形成更高标准的制度规范，为加快我国与国际经贸制度规则衔接进程提供重要历史机遇。前海应结合 RCEP 各成员国实际，进一步加快制度开放步伐，继续探索建立高标准经贸规则体系，积累经验并在全国复制推广。

2. 前海法治环境国际化水平较高，仍需对 RCEP 规则进一步研究应对

RCEP 协议对法治保障提出了更高要求，如在反倾销、反补贴调查等方面，在书面信息、磋商机会、裁定公告和说明等实践层面进行了规范，提升了调查的透明度、规范性；对竞争立法、竞争执法合作、消费者权益保护等也进行了较为详细的说明。这迫切要求前海应加快梳理、研究、完善 RCEP 协定相关法规制度，严格执行规定的约束性义务，引导企业及时预警并稳妥应对 RCEP 落地过程中的不合规行为。

四 前海深港现代服务业合作区发展的展望与建议

坚持依托香港、服务内地、面向世界，紧紧抓住"扩区"和"改革开放"两个重点，全力支持香港经济社会发展，提升粤港澳合作水平，构建对外开放新格局。

（一）聚焦制度创新，打造全面深化改革创新试验平台

一是推进现代服务业创新发展。出台优化前海现代服务业产业体系实施方案，形成一批服务业"湾区标准"。加快建设蛇口国际海洋城、空港新城和会展新城。二是加快科技创新体制机制改革。建立对接国际标准的科研体制机制，推进深港澳合作的新型研发机构建设，加快建设"互联网+"未来科技城。推动港澳"药械通"落地实施，建设国际医疗创新示范区。三是打造国际一流营商环境。制定前海投资者保护条例，修订前海深港现代服务业合作区条例，健全竞争政策、创建信用经济试验区。四是创新合作区治理模式。发挥经济区与行政区双重优势，探索与香港共商共建共享特定区域新机制。

（二）聚焦开放合作，建设高水平对外开放门户枢纽

一是深化与港澳服务贸易自由化。实施前海面向港澳的跨境服务贸易负面清单。创建国家进口贸易促进创新示范区，力争5年贸易额翻番。二是提升金融业开放水平。建设深港国际风投创投集聚区，加快设立国际海洋开发银行、港澳保险服务中心。丰富前海联合交易中心交易品种，提升大宗商品交易能级，建设农产品（大豆）离岸交易市场。前海应积极争取金融监管部门支持，率先探索由银行业金融机构在RCEP国家设立金融科技子公司。率先探索支持前海企业以依法合规为原则，在一定金额内开展人民币跨境投融资机制；服务"一带一路"倡议，并试点建立自贸区内重点企业白名单，推动人民币在RCEP国家对外直接投资中的使用。提升区内银行服务企业参与共建"一带一路"水平，在跨境并购贷款、银团贷款领域创新跨境融资业务模式，实施事后备案等便利企业境外放款管理制度，自主确定先进制造企业、科创企业境外放款宏观审慎调节系数，提升其在现有宏观审慎框架下的境外融资规模上限。三是推动法律事务对外开放。高标准建设深港国际法务区，争取设立深圳商事法院和金融法院，深化合伙联营律师事务所改革。四是参与国际合作与竞争。对标RCEP、CPTTP出台行动方案，联手香港发起成立国际性经济、科技等组织，构建国际竞争合作新优势。加快建设前海国际人才港，助力打造大湾区高水平人才高地。

（三）抢抓 RCEP 实施机遇，提升前海参与全球市场综合竞争力

一是提升贸易自由化便利化水平。设立国家进口贸易促进创新示范区和广东省进口贸易促进创新示范区，支持企业积极扩大先进技术、重要设备、关键零部件进口。推进电子元器件国际集散中心建设，支持建设高端进口电子元器件贸易平台。推进粤港澳大湾区组合港建设，打造面向RCEP成员国的国际中转分拨集拼中心。依托国际会展中心，探索"空港+保税+会展"新模式，加强前海和RCEP国家产业联动发展。在RCEP成员国驻外联络处新建展示交易中心，持续构建经贸"互联、互通、互信"新平台。二是加

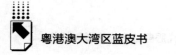

大对 RCEP 国家服务贸易对外开放力度。运用 RCEP 框架内国际海底电缆系统、电杆、国际移动漫游、技术选择的灵活性等规则，建设数字贸易公共服务平台，打造数字贸易国际枢纽港。落实外资准入负面清单，深入推进国家全面深化服务贸易创新发展试点。加快跨境贸易大数据平台建设，探索与 RCEP 国家间数据互联、单证互认、监管互助互认。探索建设离岸贸易中心，鼓励银行自主决定离岸贸易交易单证审核种类。探索企业商事登记跨境电子化，以数字证书国际互认、跨国认证认可等方式，促进在企业注册登记服务中应用数字身份。探索开展跨境支付试点，推动有序、合规开展境外个人境内小额消费便利化业务试点。率先探索电子发票跨境应用，搭建完成国际电子发票交换网络。在前海探索设立深圳—新加坡数字经济产业合作示范园区，开展数字经济产业等领域双边合作。支持前海金融科技企业积极拓展 RCEP 成员国市场，推动微信支付、"平安好链"供应链金融平台等金融科技产品推广。三是建立完善面向 RCEP 的跨境服务保障体系。实施营商环境提升计划，对标 RCEP、CPTPP，提升和完善前海市场化、法治化、国际化营商环境。支持特殊经济区自由贸易创新联盟发展，探索举办 RCEP 国际经贸论坛。引入新加坡国际调解中心（SIMC），共建"多元化争议解决中心"，为 RCEP 区域商事主体提供多元化争议解决服务。探索跨境远程仲裁，优先试点深圳、新加坡共建远程庭审系统，实现高效优质仲裁服务。推动中国内地律师事务所与外国律师事务所联营试点工作，支持 RCEP 国家法律服务人士在前海执业。成立粤港澳大湾区涉外律师学院，推动学院落户前海，加强涉外律师人才培养与合作交流。加强中国（深圳）知识产权保护中心和中国（深圳）知识产权仲裁中心建设，畅通知识产权纠纷快速处理渠道。依托前海国际人才港，与 RCEP 国家在人才引进、活动举办、经验交流等方面开展全方位合作。优化 QFLP 准入流程，提高境外机构投资者参与境内投资便利度。

B.15
横琴粤澳深度合作区背景下的
澳门旅游产业发展报告

邓卓辉　梁嘉豪　曾玛莉*

摘　要： 疫情突袭而至，澳门旅游产业在波动起伏中恢复，逐渐走出低谷。在特区政府统筹做好防疫与经济复苏工作背景下，2022年的澳门旅游业可望保持稳固复苏的趋势。澳门案例的经验包括：澳门始终贯彻国家防疫政策，建立健康宜游形象，精准引领规划部署，促进跨界协同效应，增强多元旅游体验。诚然，疫情影响下澳门旅客结构更趋单一，欠缺世界级大型文旅设施，旅客体验过度集中于博彩元素，澳门旅游资源与大湾区其他城市尤其是横琴合作区尚未形成有效协同。在国家惠澳政策支持下，本文建议澳门未来做好以下几方面促进旅游产业发展的工作：第一，构建大湾区一体化精准疫情防控机制；第二，完善文旅设施与交通基建；第三，扩展"旅游+"，延长澳门旅游产业链；第四，旅游产品从陆上向海洋延伸，加快创新海上旅游产品；第五，以文旅产业为切入点，配合澳琴间旅客签注便利等政策创新，深化澳门与横琴一体化发展；等等。

关键词： 世界旅游休闲中心　　"旅游+"　横琴粤澳深度合作区

---

* 邓卓辉，澳门创新发展研究会青年委员会主任，主要研究方向为宏观经济、澳门产业适度多元及区域经济合作；梁嘉豪，澳门经济学会理事及青年委员会副主任，主要研究方向为澳门经济、社区旅游；曾玛莉，澳门创新发展研究会成员，主要研究方向为澳门可持续发展、人才政策。

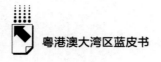

一 引言

综合旅游业是澳门的支柱产业。《粤港澳大湾区发展规划纲要》明确将建设世界旅游休闲中心作为澳门参与大湾区建设的三大定位之一。《粤港澳大湾区文化和旅游发展规划》提出，深化粤港澳大湾区在文化和旅游领域合作，共建人文湾区和休闲湾区。国家"十四五"规划对澳门提出了丰富世界旅游休闲中心内涵的更高发展要求。以上说明，建设世界旅游休闲中心始终是澳门参与大湾区建设、融入国家发展大局的核心定位。然而，疫情对全球旅游业造成了巨大的冲击，澳门亦不能独善其身。《横琴粤澳深度合作区建设总体方案》2021年9月出台实施，体现了中央政府对澳门的有力支持，彰显了"一国两制"的强大生命力。与澳门一水之隔、面积3倍于澳门的横琴，将为新形势下澳门推动经济适度多元、发展文旅会展商贸产业、建设世界旅游休闲中心带来新的机遇。当前，澳门旅游产业逐渐恢复，2021年入境旅客总数为770.6万人次，同比上升30.7%①，澳门总体经济亦有所改善，2021年本地生产总值同比实质增长18%。②

本文旨在分析澳门旅游产业变化趋势及发展经验，总结产业发展过程中所存在的问题，并以澳门参与横琴粤澳深度合作区和粤港澳大湾区"双区"建设的视角，对促进澳门旅游产业可持续发展及进一步丰富世界旅游休闲中心内涵提出具体建议。

二 澳门旅游产业复苏趋势分析

（一）疫情前旅游产业形势

疫情前，澳门旅游产业保持较良好的发展态势，澳门统计暨普查局的资

---

① 《入境旅客统计（2021年12月）》，澳门统计暨普查局，https://www.dsec.gov.mo/zh-MO/Statistic? id=402，2022年1月。

② 《本地生产总值（2021年第4季）》，澳门统计暨普查局，https://www.dsec.gov.mo/zh-MO/Statistic? id=901，2022年3月。

料显示，2019 年全年入境澳门旅客人数达 3940 万人次；来自大中华地区的旅客人数达 3630 万人次，国际旅客人数则有 310 万人次。其中，内地旅客人数逾 2790 万人次，1876 万人次来自大湾区珠三角九市。中国香港旅客人数则逾 740 万人次；中国台湾旅客人数逾 100 万人次。全年澳门国际机场旅客量突破 960 万人次，整体入境旅客平均逗留时间为 1.2 日。

（二）疫后旅游产业复苏形势

1. 旅客总量及客源结构

澳门统计暨普查局的数据显示，2020 年和 2021 年全年澳门入境旅客总数分别约为 590 万人次及 771 万人次，较 2019 年 3941 万人次分别减少 85.0%及 80.5%（见图 1）。2019 年旅客平均逗留时间为 1.2 日，2020 年为 1.4 日，2021 年为 1.6 日，虽然旅客量不及疫情以前，但旅客逗留时间较疫情前有所上升。2020 年全年内地旅客为 475 万人次，其中来自大湾区珠三角九市的旅客约 342 万人次，占 72.0%；2021 年内地旅客为 704 万人次，来自大湾区珠三角九市的旅客约 471 万人次，占 66.9%。疫后由于防疫措施影响，旅客基本源自内地。

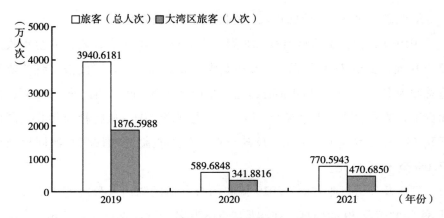

图 1　2019~2021 年到澳门的大湾区内地九市旅客人次比较

资料来源：澳门统计暨普查局，https：//www.dsec.gov.mo/zh-MOStatistic？id＝402。

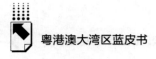

2.商务/会展旅客

根据澳门统计暨普查局发布的资料,2019 年参加会展的旅客量占整体旅客的 0.7%,人均消费 3781 元(澳门元,下同)。2021 年,参加会展的旅客人均消费 4876 元。与疫情前比较,参与会展旅客的人均消费有所增加(见图 2)。

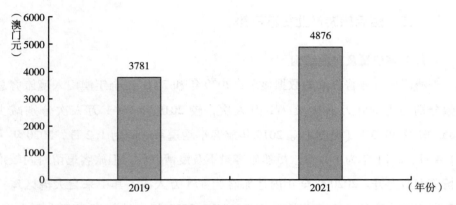

图 2　2019 年及 2021 年参加澳门会展旅客人均消费

资料来源: 《旅游统计》,澳门统计暨普查局,https://www.dsec.gov.mo/zh‐MO/Statistic?id=401。

3.旅游产业重点行业总收入、企业数目与雇员人数

2019 年,澳门共有旅行社 218 间,在职员工 4675 名,旅行社全年收益 82.9 亿元,支出 77.9 亿元,全年盈利为 5.0 亿元;行业对经济贡献的增加值总额为 13.7 亿元。2020 年有营运的旅行社共 200 间,同比减少 18 间;在职员工人数同比减少 19.9%至 3743 名。受疫情影响,旅行社全年收入同比下跌 75.7%,亏损 1.8 亿元。反映行业对经济贡献的增加值总额同比减少 73.0%至 3.68 亿元。

酒店及公寓行业方面,2019 年澳门有营运的酒店及公寓有 123 间,包括 84 间酒店及 39 间公寓,在职员工 51859 名。行业收益 382 亿元,支出为 337 亿元,盈利 45 亿元。2020 年,营业的酒店及公寓同比增加 1 间至 124 间,包括 85 间酒店及 39 间公寓,但受疫情影响在职员工减少 17.7%至

42672 名；行业收益深受疫情打击，客房入住率下降导致行业收入同比下跌66.2%至129.3亿元，支出下跌34.2%至222.2亿元，年内亏损93.6亿元。

零售业行业发展方面，2019年有营运的零售场所共7319间，在职员工43615人，零售业全年盈利74亿元。2020年有营运的零售场所共7245间，同比减少74间；在职员工减少1319人至42296人；零售业全年盈利8.97亿元，同比下跌88.1%（见图3）。

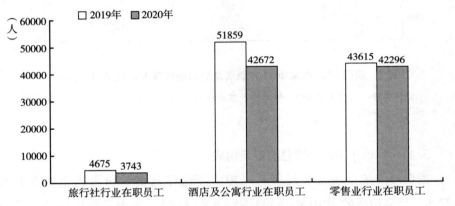

图3　2019年及2020年澳门旅游产业重点行业雇员人数变化

资料来源：《行业概况》，澳门统计暨普查局，https：//www.dsec.gov.mo/zh－MO/Statistic？id＝8。

4. 酒店总体及各星级酒店入住率

酒店入住率方面，2019年澳门的酒店及公寓的住客人数为1410万人次，平均入住率约91%。2020年客房平均入住率下跌至28.6%，2021年上升21.5个百分点至50.1%，住客数目亦增加至662.4万人次，但只是2019年的47%（见图4）。

细分之下，2019年五星级、四星级、三星级、二星级酒店及公寓的入住率分别为92.2%、90.2%、92.2%、73.9%及63.8%。2021年五星级、四星级、三星级、二星级酒店及公寓的入住率分别为47.7%、55.6%、56.7%、43.0%、39.3%，基本回复至疫情前的一半以上。

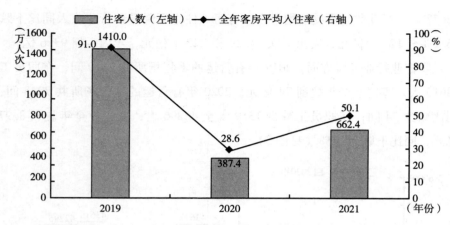

图 4　澳门 2019 年至 2021 年酒店及公寓的住客人数及平均入住率

资料来源：《旅游统计》，澳门统计暨普查局，https：//www.dsec.gov.mo/zh‐MO/Statistic？id＝401。

5. 旅游物价水平、旅游总消费及构成

根据澳门统计暨普查局资料，2020 年全年旅游物价平均指数下跌至 122.9，比疫情前的 2019 年（133.9）下跌 8.2%，主因是酒店房价显著下调及餐饮服务收费、衣服和食品价格下降所致。2021 年全年旅游物价平均指数为 117.09，比 2020 年仍下跌 4.7%。[①] 澳门的旅游物价水平整体有所下降。

2019 年，旅客总消费 640 亿元，人均消费 1626 元；2021 年，旅客总消费 244 亿澳门元，比 2019 年下跌 61.8%；人均消费 3173 元，比 2019 年上升 95.1%。消费结构方面，2019 年购物占 45.7%、住宿占 25.9%、餐饮占 20.4%、交通占 5.8%、其他消费占 2.2%；2021 年购物占 64.8%、住宿占 14.9%、餐饮占 16.1%、交通占 2.9%、其他消费占 1.3%。[②] 旅客在购物方面的投入占比有所上升，其余范畴均有所减少。

[①]《旅游物价指数》，澳门统计暨普查局，https：//www.dsec.gov.mo/zh‐MO/Statistic？id＝405。

[②]《旅游统计》，澳门统计暨普查局，https：//www.dsec.gov.mo/zh‐MO/Statistic？id＝401。

6. 澳琴旅游合作的现状评估

疫情之下，澳琴旅游合作发展的步伐有所减慢，但两地旅游产业的联动形成多个新特点。第一，两地的发展规划中互有双方的发展策略，且发展规划相辅相成，显示双方互相重视、彼此合作发展。第二，澳琴导游互认制度正式实施，为澳门导游从业者创设更大的发展空间。第三，通关基建持续发展，创新通关模式的横琴新口岸正式开通，通关能力进一步提升，澳琴轻轨对接工程正紧锣密鼓地推进。多项措施及政策为澳门旅游行业参与横琴合作区及为大湾区发展提供更大的便利、更完善的配套，让澳门旅游行业发挥更大的行业优势及享受更多的政策红利，有利于澳门旅游业长期发展。

7. 小结

综合上述，虽然澳门旅游业发展和复苏步伐仍受疫情波动影响，但值得注意的是，上述统计数据反映出市场已走出谷底，在区域合作、疫苗接种、药物研发，以及特区政府积极推动旅游业发展和复苏等因素的持续作用之下，预计短期内澳门旅游业发展将保持稳固中有起伏的复苏趋势。

三 澳门旅游业发展经验

（一）贯彻国家防疫政策，建立健康宜游形象

澳门特区政府始终如一坚持完全对标国家的防疫政策，这也是国家允许通关正常化的先决前提及重要基础。澳门特区政府贯彻国家提倡的"动态清零"政策，实现澳门成为疫情发生后首个与内地开展通关的地区。2021年12月，国家主席习近平在中南海会见来京述职的澳门特区行政长官贺一诚，并充分肯定了澳门防控新冠肺炎疫情、努力实现"动态清零"、同内地保持人员正常往来等相关工作。[①]

[①] 《国家主席习近平在中南海会见来京述职的澳门特别行政区行政长官贺一诚》，人民网，2021年12月23日，http://politics.people.com.cn/BIG5/n1/2021/1223/c1024-32314763.html。

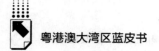
作为当前唯一与内地通关的境外城市，澳门对外宣传强调自身健康宜游的城市形象。在疫情阴霾下，内地旅客常到的旅游目的地，包括东南亚国家、中国香港、中国台湾等地都实施出入境限制措施，在此情况下，现时来澳旅游成为疫下新趋势，形成澳门旅游发展新机遇。

澳门特区政府从不同渠道向内地旅客推广本地安全宜游的城市形象，人流、物流互通能有效促进澳门旅游业稳健复苏，占澳门旅客客源六成的内地旅客正常来澳旅游，为本地旅游业界及中小企业带来商机，与特区政府推出的稳经济、保就业政策形成合力，目标是加快旅游业于疫情稳定后的恢复增长，从而推动本地经济稳步复苏，减轻疫情对本地经济的影响。

（二）精准引领规划部署，促进跨界协同效应

澳门旅游局于 2017 年发布《澳门旅游业发展总体规划》（以下简称《总体规划》），提出多项关键目标、策略规划建议及行动计划，为业界阐释了未来的发展方向。[①] 2021 年旅游局委托研究机构检视《总体规划》的执行情况，该报告建议未来通过丰富旅游产品及设施、推动优质旅游、优化精准营销、完善城市建设、善用智慧科技、拓展区域和国际合作等 6 个范畴的工作，更进一步完善《总体规划》的部署；在执行情况方面，短期行动计划达标率为 90%，而 22 个中长期行动计划亦按进度推进，显示旅游发展正按规划逐步实现。[②]

此外，澳门特区政府于 2021 年出台《澳门特别行政区经济和社会发展第二个五年规划（2021-2025 年）》（以下简称《二五规划》），内容包含未来澳门的发展蓝图，并提出推动"旅游+"融合发展策略，以"旅游+会展""旅游+电商""旅游+文创""旅游+体育"为主，创新驱动澳门优势及

---

① 《澳门旅游业发展总体规划》，澳门旅游局，https：//masterplan.macaotourism.gov.mo/2021/index2017_cn.html，2017 年 9 月。

② 《旅游局公布澳门旅游业发展总体规划首份检视研究结果》，澳门特别行政区政府入口网站，https：//www.gov.mo/zh-hans/news/569924/。

新兴产业与旅游产业融合发展。①"旅游+"策略促使旅游产业链延伸，加强旅游业与不同关联产业的互动，造成环环相扣、优势叠加、相互辉映的良好发展态势，进一步产生旅游协同效应。另外，特区政府划定了未来旅游发展区域，布局未来长远发展。过往旅游发展区域主要在路氹城、大三巴一带，相关区域的旅游发展接近饱和。《澳门特别行政区城市总体规划（2020—2040）》划定出新的旅游娱乐区，可设置酒店、旅游辅助设施等新项目，有助拓宽旅游业的发展空间。②

（三）鼓励企业升级发展，增强多元旅游体验

特色老店及中小微企业是旅游城市的重要旅游文化资产，近年来特区政府积极通过电商、直播宣传、智慧应用等一系列先进手段，支持企业善用科技、创新求变，提升相关企业的综合竞争力，同时为旅客带来更难忘的体验。《二五规划》提出多点企业升级发展规划内容。第一，按照各区发展特色，完善各社区的营商环境，提升中小企业竞争能力。第二，在"特色店计划"的基础上，深挖社区内人文历史底蕴，糅合热门景点及特色企业。第三，结合社区消费及旅游节庆活动，加强线上线下宣传，吸引旅客带动社区经济等。③《二五规划》的多点支持为社区企业奠定发展基础，对本地特色老店、特色技艺、特色文化的培育、传承及保护发挥了重要的指导作用。

近年来，特区政府推出多项旅游精品项目，包括"澳人食住游""无人机表演""艺文荟澳""关前荟"等经典案例。其中"关前荟"活动为近年来较大规模的科技旅游新项目，活动由澳门经济及科技发展局联同地区商会于2021年11月举办，有近2.6万人次参与了AR互动，通过活动向参与者发放了超过3.5万张商户优惠券。根据问卷数据，约有八成受访者表示因活

---

① 《澳门特别行政区经济和社会发展第二个五年规划（2021-2025年）》，澳门特别行政区政府，2021年12月16日，第22~23页。

② 《〈澳门特别行政区城市总体规划（2020-2040）〉公布》，澳门特别行政区政府网站，https：//www.gov.mo/zh-hant/news/869169/。

③ 《澳门特别行政区经济和社会发展第二个五年规划（2021-2025年）》，澳门特别行政区政府，2021年12月16日，第27~28页。

动延长了游览时间、增加了消费。活动有助于增加居民及游客在社区的停留时间，刺激其消费，对促进社区商户经营起到积极的作用。[①]

（四）夯实引客宣传工作，强化旅游激励措施

特区政府持续通过线上线下方式向潜在客群进行宣传，澳门旅游局持续于北京、杭州、南京、上海等多个重点城市举办"澳门周"旅游宣传活动，结合"旅游+"、路演、网上社交平台、酒店住宿、旅游消费券、安全宜游城市形象等元素吸引内地旅客访澳旅游。

酒店住宿及消费券的成效十分显著，根据旅游局的资料，2020 年 9 月至 2021 年 9 月共发放 254 万张酒店券，带动超过 50.2 万晚酒店住宿，订单总额 3.64 亿元人民币；线下消费券方面，共发放 466 万张，带动消费 11.21 亿元人民币，杠杆比率近 23 倍；机票优惠券方面，共发放"2 人成行 1 人免费"机票优惠券 498 万张，兑换机票 21.5 万张，带动订单金额 1.48 亿澳门元。[②] 各种宣传及旅游激励措施共同作用，成功吸引一批旅客来澳旅游。

（五）持续促进通关便利，加强澳琴旅游发展

强化通关基建设施及促进通关便利，有利于提高通关速度、增加旅客舒适度、扩大通关客流量，是城市门户工程，也给旅客带来良好的第一印象。近年来，澳门与珠海（包括横琴）先后开通数个新口岸，青茂口岸、港珠澳大桥口岸及横琴新口岸均使用"合作查验、一次放行"新通关模式，大大缩短旅客通关时间，便利旅客出行。

澳琴联合发展不止于通关协作，还包括产业联通、民生贯通、政策沟通等多方面的重点工作，种种因素叠加使得澳琴旅游联合发展大有可为。澳琴旅游联合发展存在功能分工、优势互补、互利共赢的发展关系。第一，横琴

---

① 《"关前荟"受欢迎推第二期　AR 互动元素和商户折扣优惠加码促社区经济》，澳门特别行政区政府网站，https：//www.gov.mo/zh-hant/news/877352/。
② 《电子消费优惠近 38 亿注入市场　保内需扩客源稳定经济迎接复苏》，澳门特别行政区政府网站，https：//www.gov.mo/zh-hant/news/813067/。

具有中医药大健康产业、滨海旅游、休闲旅游的发展优势，能叠加澳门旅游优势，形成一程多站旅游品牌。第二，横琴的土地资源补充了澳门空间匮乏的发展短板，横琴的主题乐园、自然生态景观等旅游资源弥补了澳门旅游配套设施的不足，满足亲子游、家庭游的需求。第三，澳门企业参与横琴发展，把握横琴合作区的发展机遇及政策优势，分享发展红利，有利于澳琴旅游衔接。

四 澳门旅游产业发展存在的问题

（一）疫情防控常态化下客源结构更趋单一

2019 年澳门入境旅客中内地旅客的占比为 70.9%，2021 年上升至 91.4%，表示在防疫常态化下澳门旅游市场对内地旅客的依赖性进一步增强。疫情初期，内地赴港澳自由行签注曾暂停办理，随着疫情防控常态化，内地已逐步解除民众赴澳门旅游的限制，但截至 2021 年底，内地旅客仍需到实体网点办理自由行签注，降低了旅客出行的意愿，且团体游仍未恢复。2019 年以参团方式来澳的旅客占入境澳门旅客的比重仅 21.1%，[①] 可见团体游的暂停对澳门旅游业造成一定影响。

然而，澳门作为中国境内关外、安全健康的旅游城市，可加快融入国家以"国内大循环为主体、国内国际双循环相互促进"的新发展格局，助力旅游业发展。虽然澳门政府近年来积极推动旅客来源的多元化，但相信在未来一段时期，内地旅客尤其是大湾区旅客仍是澳门的主要客源。因此，优化旅游产业结构、以先近后远的方式开拓客源，对澳门旅游业的复苏尤为重要。

---

① 《入境旅客统计（2019 年第 4 季）》，澳门统计暨普查局，https：//www.dsec.gov.mo/zh-MO/Statistic？id=402，2020 年 1 月。

（二）文旅设施与交通基建有待完善

截至 2020 年底，澳门的土地面积只有 32.9 平方公里，人口密度达到每平方公里约 2 万人，[①] 土地资源紧缺。澳门的大型休闲设施主要集中在路氹城的综合度假村内，随着路氹城的金光大道接近完成，近年来新推出的旅游设施开始减少。澳门市区内旅游景点普遍存在占地规模细小、配套设施不足、开发程度较低、分布地域零散等老问题，导致曾参观的旅客缺乏诱因再次造访。反观内地的一、二线城市，多有购物广场模式的文旅设施以吸引居民和旅客消费，如佛山的"岭南天地"及深圳的"欢乐海岸"等，澳门是大湾区西部唯一的中心城市，同时有自由港的优势，但澳门市区一直缺乏地标性的都市娱乐综合体。

此外，澳门缺乏完善的快速交通系统，现时澳门的轻轨系统只在氹仔运行，澳门半岛暂时没有轻轨系统覆盖。澳门国际机场规模不大，集中于短途航线。2019 年澳门国际机场有 34 家航空公司，提供航线遍布大陆、台湾地区及东南亚、东北亚等 59 个航点，其中内地、东南亚及东北亚航线的旅客各占整个机场旅客量的 40%。[②] 由此反映澳门的航班主要集中于短途航班，不利于吸引国际旅客。

（三）过度依赖博彩旅游业

澳门经济过度依赖博彩旅游业的脆弱性在疫情冲击下显得更为突出。现时大型博彩休闲企业的非博彩项目大部分以餐饮、购物、表演为主，虽然有助于推动澳门经济发展，但同时对社区内的旅游中小企业造成一定的竞争压力，这种趋势在疫情下更加明显。

[①] 《澳门资料（2021 年）》，澳门统计暨普查局，https：//www.dsec.gov.mo/zh-MO/Home/Publication/MacaoInFigures，2021 年 9 月。

[②] 《澳门国际机场专营股份有限公司活动报告（2019 年）》，澳门国际机场专营股份有限公司网站，https：//www.camacau.com/MIA_ CAM_ backend//documents/ActivityReports/report_ 14.pdf。

澳门除以博彩旅游业闻名于世外，亦是中国与西方文化交流最长久的地方，有超过四个半世纪的历史，沉淀了大量珍贵的文化旅游资源。澳门获得了多项国际知名的荣誉，例如"澳门历史城区"2005年入选联合国教科文组织编写的《世界遗产名录》，澳门2017年被联合国教科文组织评定为"创意城市美食之都"，但澳门作为文旅休闲目的地的国际知名度仍未"家喻户晓"，且尚未与大湾区其他城市形成有效协同。澳门定位是世界旅游休闲中心，旅游产品设计应从以澳门作为主目的地的思路出发，深度挖掘本地旅游资源，积极推动"旅游+"工作，发挥旅游业的产业化功能，形成旅游业与其他产业的叠加效应，并联同大湾区其他城市吸引优质长途客源。

（四）海上旅游的发展进度未如预期

《粤港澳大湾区文化和旅游发展规划》提出大力推进新兴海洋旅游与"海洋—海岛—海岸"跨岛游立体开发，加强海上旅游产品综合开发。澳门作为"海上丝绸之路"的重要节点，澳门的《二五规划》亦提出推动"澳门海上游"发展，进一步支持开拓澳门海上旅游产品。由于历史原因，澳门长期没有明确的法定海域，这导致海洋产业及海上旅游业的发展长期滞后。直至2015年，中央政府授权澳门特区管理85平方公里海域，成为澳门发展海上旅游业的契机。澳门的海上旅游业以游船服务和游艇旅游为主，目前有2间私营企业经营"澳门海上游"航线;① 游艇旅游方面，澳门是自由港，境外的游艇（包括内地游艇）进入澳门的行政手续相对便利。粤澳双方近年来积极推动"游艇自由行"，并于2014年7月正式签署了《关于游艇自由行的合作协议》，以中山作为首个游艇自由行的试点，并于2016年11月起试行。然而，受押金及保险金额较高，以及清关手续较繁复等因素影响，境外游艇进入内地的"游艇自由行"发展不

---

① 《澳门海上游》，澳门旅游局网站，https://www.macaotourism.gov.mo/zh-hant/shows-and-entertainment/macao-aquatic-trek。

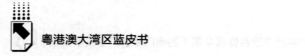

如预期。总的来说，澳门的海上旅游产品相对其他滨海旅游城市而言还未算成熟。

（五）澳门与大湾区其他城市尚未形成有效协同

澳门与大湾区其他城市在体制机制合作、基础设施联通、共建旅游目的地形象，以及联合开发旅游产品方面皆有提升空间。第一，体制机制合作方面，旅游市场监管机制各有差异、旅游从业人员（如导游等）的资格尚未互认，对经常往来大湾区人士的签证政策仍有进一步便捷化的空间。第二，基础设施联通方面，"合作查验、一次放行"的通关模式还未推广至各个口岸，在澳门国际机场接待能力与资源有限的情况下，澳门未能有效实现与邻近内地机场的无缝衔接。第三，共建旅游目的地形象方面，澳门与其他大湾区城市作为整体旅游目的地在国际上的认知度不高，现有的宣传仍以单个城市为主，具代表性、国际性的年度联合旅游推广活动及展会不多，没有统一的大湾区旅游整体品牌或主题等。第四，联合开发旅游产品方面，澳门在"旅游+会展""旅游+文创""旅游+体育""旅游+电商"等方面进行了积极尝试，但通过区域合作成功开发创新旅游产品的案例仍较少，澳门需进一步引入大湾区其他城市的优质旅游资源，促进澳门综合旅游业的发展。

（六）澳门与横琴的一体化发展需加快推进

澳门与横琴一水之隔、文化同源，文旅产业是两地共同的优势产业。澳门与横琴的旅游资源存在高度互补性。澳门具备世界一流的酒店休闲设施与国际知名的娱乐产业，以及美食之都、中西融合的文化旅游元素等，但受自然资源制约，澳门目前较少适宜家庭综合旅游的户外活动项目，横琴的旅游资源正好满足家庭、生态、体育旅游等的需求。

多年来，澳门与横琴虽然在旅游投资、口岸管理等多方面进行了不少合作，亦取得了一定的成效，然而，目前两地的旅游资源并没有明显的联动，基本处于各自发展的状态，也尚未形成统一的旅游品牌，两地旅游服务设施之间关联度亦不强。随着横琴建设总体方案的落地实施，澳琴的旅游合作需要粤澳两地主管部门以及市场主体，在共商共建共享的基础上，逐步打破行政壁垒，实现共建世界级旅游目的地的目标，并以文旅产业作为澳琴一体化发展的标杆。

五　促进澳门旅游产业可持续发展的建议

（一）构建大湾区一体化精准疫情防控机制

在疫情防控常态化背景下，澳门必须进一步提高疫苗接种率，并严格执行与内地一致的防疫工作，积极与内地协商在疫情防控上通力合作，使澳门旅游产业得以通过融入内地经济的大循环加快复苏。

建议短期内先以横琴合作区为试点，建立澳门与横琴一体化的精准疫情防控机制。加快落实合作区"分线管理"的部署，例如当珠澳两地疫情变化，但合作区未出现感染个案，而且珠澳两地能够动态掌握进入合作区人员的信息和健康状态的情况下，建议维持横琴口岸正常通关措施，做到"封区不封关"精准防疫。在筑牢疫情防控堡垒的前提下，建议逐步放宽内地旅行团前往澳门的限制，先试行恢复大湾区内地城市的旅行团，再逐步向更多内地省市拓展。

（二）加快完善文旅设施与交通基建

《澳门特别行政区城市总体规划（2020－2040）》把澳门半岛外港一带划定为"旅游娱乐区"，建议研究在该区域建设以海洋及湾区为主题的滨海旅游商业综合体，并可加入中葡文化与科技旅游元素，打造集旅游、商业、文创、科普教育于一身的澳门文旅休闲新地标，以补足澳门市区缺乏文旅设施的问题。

加快推进澳门轻轨延伸至横琴工程，以及横琴口岸至广珠城轨延长线快速换乘工程，实现珠澳区域公共交通快速衔接、互联互通，助力横琴与澳门融入粤港澳大湾区的"一小时旅游生活圈"。优化青茂口岸交通配套，并应及早启动由澳门半岛北部连接至氹仔的轻轨东线工程，把澳门重要的出入境口岸连接至内地便捷的轨道交通网络。以澳门国际机场完成扩建为契机，积极完善港珠澳大桥、澳门码头、轻轨及陆路口岸与机场之间的交通配套，同时加强与大湾区各主要机场的连接，提升旅客来往便利性，促进湾区内的客流互引。

（三）扩展"旅游+"丰富世界旅游休闲中心内涵

建议推动博彩旅游业朝丰富世界旅游休闲中心内涵的方向发展，鼓励博彩企业加大对非博彩业务的投入，如在专营合约期内举办一定数量非同质化的"旅游+"活动，同时考虑把特色活动延伸至社区举行，带动社区旅游经济发展。

强化"旅游+会展""旅游+文化"及"旅游+体育"等元素，协同创新旅游产品，延长旅客留澳时间。"旅游+会展"方面，建议加强会展业与其他产业的联动吸引商务旅客，如发展"会展+体育"，引进更多球迷会、车迷会等文体沙龙类型活动在澳门举行；如发展"会展+旅游、零售"，打造国际旅游消费中心，引进国外或内地知名品牌的首店或首发产品落户澳门。"旅游+文化"方面，建议明确澳门"以中华文化为主流、多元文化共存的交流合作基地"的定位，使"旅游+中西节庆文化体验"成为澳门旅游业的重要品牌；开发以"美食之都"为品牌的美食旅游产品，定期举行中西美食文化盛事活动。"旅游+体育"方面，建议举办更多具旅游经济效益的比赛活动，如"中国男子篮球职业联赛"（CBA）邀请赛、世界乒乓球职业大联盟（WTT）比赛等；鼓励大型企业邀请知名球队、体育明星、国家金牌运动员等来澳门作表演赛；建议利用澳门"中葡平台"优势，举办糅合中葡文化交流、拉丁文化、足球文化元素的节庆式文体盛事。

（四）依托大湾区开发创新海上旅游产品

建议美化澳门半岛妈阁至内港沿岸，建设与珠海十字门互相辉映的

"一河两岸"风景带,把"澳门海上游"打造成如"珠江游""黄浦江游"等类似的滨海旅游品牌项目,创造澳门旅游新名片。此外,随着来往澳门至珠海九洲港、深圳蛇口港、东莞虎门的航线日渐完善,可探索粤澳共同开发更多海上旅游线路,引导更多中高端长途旅客以澳门作为海上旅游中转站或目的地,将澳门发展成为珠江三角洲短途"一程多站"的核心城市,同时为国际旅客到访大湾区其他城市提供便利。

建议与内地争取加快完善相关基建、出入境及行政配套措施,以优化"游艇自由行",推动以珠海的万山群岛为发展"游艇自由行"的切入点,逐步探索与大湾区其他城市发展国际游艇旅游。

(五)共建粤港澳大湾区世界级旅游目的地

粤港澳在自然和文化上的内在差异性,造就了丰富多样、互补性强的旅游资源,为区域旅游市场的合作奠定了基础。建议澳门主动与佛山、江门等大湾区城市合作,如推广澳门—顺德"世界美食之旅"、澳门—江门"世界文化遗产之旅"的形象,共同打造具有国际认可度的区域旅游品牌。建议以粤港澳承办 2025 年全国运动会为契机,推动体育休闲旅游,研究与大湾区其他城市合办区域性或国际性赛事的可行性;按《粤港澳大湾区文化和旅游发展规划》落实粤港澳文旅合作,如研究澳门与广州及佛山等武术文化深厚的城市协同打造中国的国际武术中心,推出特色文旅项目;联同大湾区各城市业界共同举办更多专业性的国际会议,通过"一会两地"等方式,推动更多会展项目的会议展览部分和参观旅游部分分配至两个或更多的城市中进行;建议加快落实"澳车北上"具体措施,为来访澳门的旅客再经珠海到大湾区其他城市自驾旅游创设条件;建议提升港珠澳大桥的文旅价值,如研究在大桥人工岛建设国家级交通科技博物馆、打造连通粤港澳的海上国际马拉松品牌及海上户外经典音乐会品牌等。

(六)以文旅产业作为澳门与横琴一体化发展的标志

按照总体方案,推进澳门与横琴文旅会展商贸产业一体化发展,在高水

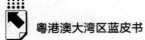
平建设横琴国际休闲旅游岛的同时，支持澳门世界旅游休闲中心建设。建议尽快制定出台澳琴文化旅游一体化发展的短中期行动计划。鼓励澳门的休闲旅游企业积极参与横琴的投资建设，发挥市场主体力量，共同把澳琴文旅市场的"蛋糕"做大，开发多元化旅游产品。随着澳门政府和北京协和医院合作营运的离岛医疗综合体即将建成，结合横琴粤澳合作中医药科技产业园以及澳琴两地优越的旅游休闲配套设施，建议面向东南亚及大湾区的中产客群，推出健康养生旅游精品线路和产品，共建大健康旅游产业链。建议澳琴研究共同建设"影视旅游城"，并配合横琴现有与影视有关的旅游娱乐项目如"狮门娱乐天地"及"丽新文创新天地"等协同发展。建议澳琴研究共同建设"青少年爱国主义文化教育基地"，以生动形式展示"一国两制"的成功实践。

在评估澳门与横琴的通关及签证措施等技术条件可行的前提下，以澳门内港客运码头、妈阁码头、路环码头及横琴码头等各个客运码头为联结点，串联澳门、横琴至万山群岛周边岛屿，结合澳门与横琴的旅游和生态资源，鼓励业界开发跨境游船航线。

建议善用横琴"一线放开、二线管住"的政策优势，结合澳门办会办展的成功经验，通过澳门的国际联系，把世界级的展会带到横琴及大湾区，如合办国际高质量消费博览会暨世界湾区论坛，把澳门与横琴打造成具有国际影响力的展会平台。建议尽快将总体方案中关于会展工作人员、专业参展人员在珠澳间便利往返的措施具体落地，并争取适用对象扩展至参加大型体育赛事或文化盛事活动的参与者、观众及工作人员等。

人文湾区篇

Humanistic GBA

B.16 粤港澳大湾区文化和旅游融合发展报告

刘　伟*

摘　要： 2021年，得益于国家推动人文湾区建设布局，克服了疫情冲击等不利因素，粤港澳大湾区文化和旅游融合发展的路径、形式、项目都有了重大突破，取得了显著成效，大大提高了湾区文化软实力与国际旅游市场竞争力。本文在阐述湾区文化和旅游融合发展态势的基础上，针对文旅融合发展过程中所面临的问题，分析其发展趋势并提出相应的对策建议，进一步赋能粤港澳大湾区文化与旅游产业融合发展机制。

关键词： 文旅融合　人文湾区　粤港澳大湾区

2021年，粤港澳大湾区各地政府和业界克服了疫情冲击带来的种种阻

* 刘伟，博士，广东省社会科学院国际问题研究所所长、研究员，主要研究方向为区域经济合作、产业经济、文旅融合。

碍，持续推进大湾区文化和旅游融合发展。在国家《粤港澳大湾区文化和旅游发展规划》（以下简称《规划》）推动下，在协同机制创新、文化遗产保护与利用、文化繁荣发展、青少年游学交流、对外文化交流、旅游市场拓展等方面取得了一些突破，成效显著。

一 大湾区文化和旅游融合发展态势

2021年3月，文化和旅游部会同国家发展改革委、国务院港澳办、广东省及香港、澳门特区政府相关部门在广州召开了《规划》实施推进会，粤港澳三地将推进湾区文化和旅游融合发展作为实现资源要素互联互通、共建人文湾区和休闲湾区、打造世界级旅游目的地的重要路径和工作重点。

（一）各地政府积极出台文旅融合促进政策

2021年，广东省以及粤港澳大湾区各城市在编制"十四五"文化和旅游领域发展规划过程中，均将国家2020年12月颁布的《规划》作为重要指导依据。《规划》的任务、专栏、项目被写入大湾区内地九市"十四五"规划以及香港和澳门特区政府的施政报告中（见表1），得到各级政府、文化和旅游相关部门的高度重视，各地还在相关规划行动中细化落实了《规划》的重大任务和专项，有诸多促进粤港澳大湾区文旅融合发展的创新举措。文化和旅游部港澳台办会同香港中联办宣文部、澳门中联办宣文部协助国家艺术基金管理中心开展政策落地实施工作调研，进行了政策研究与细化完善；在建党100周年的重要历史节点上，红色文化成为湾区文化和旅游深度融合发展的重要内容。

内地九市中，广深两大中心城市积极响应，采取许多有效措施推进文化基础设施与旅游信息化建设，尤其在构建高质量滨海与岭南特色文旅供给体系、推动中外文化的传播与交流互鉴等领域有新举措。不过惠州、肇庆等城市受限于经济条件，在文旅融合的基础设施建设方面进展较为迟缓。香港受

表 1　广东省、大湾区四大核心城市"十四五"文化和旅游规划
（港澳特区政府施政报告）中涉及《规划》的内容

地区	文件名称	涉及《规划》文旅融合的主要内容
广东省	《广东省文化和旅游发展"十四五"规划》	聚焦革命文物体系建设，提升文物保护利用水平；聚焦岭南技艺传承创新，提升非物质文化遗产系统性保护水平；聚焦精准化数字化发展，健全现代公共文化服务体系；聚焦新业态新消费模式培育，建设高质量现代文化产业体系；聚焦市场化、法治化、国际化营商环境营造，健全现代文化和旅游市场体系；聚焦中华文化现代传播，加强对外文化和旅游交流与推广；聚焦世界级旅游目的地建设，深化对港澳台交流合作；聚焦产业引领和城乡一体发展，优化文化和旅游发展布局
广州	《广州市文化和旅游发展"十四五"规划》	传承弘扬红色文化，扩大文化感召力；强化岭南文化中心地位，增强文化认同力；高质量建设现代公共文化服务体系，夯实服务支撑力；加快构建现代文化和旅游产业体系，增强产业竞争力；推进全域旅游创建，打造世界级旅游目的地吸引力；共建"人文湾区"与"休闲湾区"，增强湾区协同力
深圳	《深圳市文体旅游发展"十四五"规划》	建设一批文体旅游基础设施，构建十大文体旅游发展体系
香港	《2021年香港施政报告》	经济新动力：融入国家发展大局，建设宜居城市
澳门	《2021年澳门财政年度施政报告》	加快推动经济复苏振兴；促进经济适度多元发展；育才引才并举兴澳建澳；推进智慧宜居城市建设

因于新冠肺炎疫情防控需要未能实现与内地的正常通关，被迫取消了原定的全年与内地文旅交流和青少年实习项目计划，但不少项目仍以线上方式推进；澳门发挥"一中心、一平台、一基地"优势，利用疫情防控常态化平稳期组织多项青少年和文艺团体跨境交流，在文化遗产保育活化与利用、滨海旅游、文化创意产业方面有显著进展。

（二）"人文湾区"建设成效显著

粤港澳三地发挥粤港澳地域相近、文脉相亲的优势，共同推进中华优秀传统文化传承发展，增强大湾区文化软实力，大力塑造和丰富湾区人文精神。

1. 塑造湾区人文精神

一是文化遗产保护、开发和利用得到高度重视。岭南文化是粤港澳三地的"最大公约数"。《规划》落地过程中，三地非常重视文化遗产的保护开发，逐步探索文化遗产保护利用经验共享与互鉴，增强文化遗产的生命力，增强文化认同。粤港澳三地申报的"中式服装制作技艺""妈祖祭典""土生葡人美食烹饪技艺"等7个项目入选第五批国家级非物质文化遗产代表性项目名录。禅宗祖师传说、咏春拳等13个项目入选国家级非物质文化遗产代表性项目名录扩展项目名录。

二是一批重点文物保护单位得到建设、修缮。一年来，粤港澳大湾区文物保护单位不断加强交流合作，推动文物保护管理立法，探索建立文物建筑保护前沿技术及管理经验的沟通分享机制。以珠海市陈芳家宅、中共中山县八区抗日游击队驻地旧址、惠州市东坡祠、东坡纪念馆、葛洪博物馆、廖承志同志生平陈列室、陈炯明史料馆、肇庆市肇庆古城墙修缮保护工程遗址、郡岗炮台等为代表的一批代表性单位项目有序实施；澳门文化局持续推进《澳门历史城区保护及管理计划》行政法规立法工作，开展了澳门世界遗产监测中心建设工程；香港古物咨询委员会截至11月30日共确定1586幢建筑物的评级，法定古迹总数为1586项。

三是湾区非遗保护迈上新台阶。非遗是大湾区发展的重要一环，是粤港澳共建人文湾区的珍贵资源。各地通过巡展、专题展、演艺剧目等丰富形式展示和传播了湾区非遗项目的深厚文化内涵，全面提升非遗项目的可见度、美誉度和影响力，反映出湾区非遗的独特风貌。由广东省文化和旅游厅、香港特别行政区政府民政事务局、澳门特别行政区政府文化局共同主办的"三城记——明清时期的粤港澳湾区与丝绸外销"展览是粤港澳文化合作机制建立后三地文化交流合作的重大成果之一，是三地文博界继"东西汇流""海上瓷路""岭南印记"之后的第四个重要文物大展。深圳、东莞等地市与澳门互相推荐非遗团队和代表性项目，先后举办了"国际博物馆日""岭南二千年中心地——南越国宫署遗址考古成果图片展""从文献看澳门——澳门的铅活字印刷展"等活动。

四是推进粤港澳大湾区文化遗产游径建设。文化遗产游径成为文化遗产保护传承发展的新理念和新模式，为公众读懂岭南、读懂大湾区提供了新视角和新途径。广东省发布了第二批广东省粤港澳大湾区文化遗产游径，截至2021年末共发布八大主题43条粤港澳大湾区文化遗产游径；① 广东省古迹协会开展"南粤古驿道重大发现评选推介活动"，评选出15项"重大发现"。澳门文化局推出两条路线，一条串联文化局设于氹仔的展馆；另一条以文化局大楼为起点，串联以澳门博物馆周边的旧城区为核心的历史街区，讲述澳门的历史文化。

五是红色文化与建党精神正在内化为湾区人文精神的重要组成部分。各地结合建党100周年，积极挖掘红色文化内涵，在融合创新中规划了一批红色旅游线路、开展了一批建党百年主题活动、创作了一批红色文艺作品，回顾党领导人民进行革命、建设、改革的奋斗历程和辉煌成就，并持续对香港、澳门民众尤其是青少年产生积极影响。共青团广东省委、省青联策划"百年追梦·青春激荡"粤港澳青少年红色寻根之旅；中山市孙中山故里旅游区迎接国家5A级景区复评；东莞市依托林则徐销烟池和虎门炮台旧址探索打造"中国近代史开篇地"历史文化旅游品牌。

2. 推动文化繁荣发展

在《规划》的实施推动下，现代文化产业体系加快完善，粤港澳文化产业在影视、音乐、文创等方面的跨区域合作增多。三地以重点项目为突破口，积极探索文化娱乐领域的发展空间和机会，着力推动文化要素流通和资源配置结构优化。广东省文化和旅游厅全年开展线上线下涉港澳文化交流项目39批；广州市文广旅局与英皇娱乐（广东）有限公司签订了《合作备忘录》，香港英皇娱乐大湾区总部正式落户广州，双方将在数字音乐、文化创意、艺术人才培养等方面加强交流合作；香港凤凰卫视王牌节目《筑梦天下》摄制了《广州建筑故事之新中轴线》系列专题节目，展现广州城市魅

---

① 《广东省第二批粤港澳大湾区文化遗产游径公布》，广东省人民政府网站，http：//www.gd.gov.cn/gdywdt/zwzt/ygadwq/tpxw/content/post_ 3321748.html。

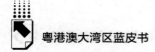
力；香港康文署推出 4 个线上节目与内地交换观摩，浏览次数超过 310 万，反响热烈；深圳市相关部门与澳门南光集团、澳门深圳经济文化促进会等澳门文创机构交流座谈，推动开展深澳文创交流项目。

粤港澳文化产业在影视、动漫、音乐等方面取得了亮眼的成绩，"文化+"模式不断丰富，数字化特征明显，经济社会效益稳步提升。各地以市场化方式促进产业集聚，推动区域文化产业带建设，着力培育了一批标杆性旅游消费集聚区、文旅融合示范区和文商旅综合体，进一步凸显了文化产业作为粤港澳大湾区重要新兴支柱产业的重要地位。一年来，广州、深圳、佛山等粤港澳大湾区核心城市文化产业园区质量和品牌建设显著提升，广东省龙岗数字创意产业走廊获第二批"国家级文化产业示范园区"创建资格；广州国际媒体港等 8 家园区被认定为广东"省级文化产业示范园区"。香港商务及经济发展局通过两个专项基金资助业界举办多个项目，培育人才初创公司，开拓市场，于社区营造创意氛围，特区政府在 5 月向"创意智优计划"再度注资 10 亿港元，持续推动创意产业发展。

同时，文化展会平台建设提速，品牌化趋势明显。以展览会、博览会等为代表的文化展会成为集中展现大湾区文化产业创新发展成果和湾区文化旅游形象的关键载体。粤港澳优质文化企业、创意设计企业和产品纷纷携手参展，海外参展国家地区及机构数量不断提升。第十七届中国（深圳）国际文化产业博览交易会首次以线上线下结合的方式举办，展出文化产品近 10万件，总参与人数 205.04 万人次；① 第 26 届秋季广州国际艺术博览会有近100 家艺术机构和 500 多名艺术家参与，展出超 1 万件原创艺术作品，现场观众数量达 2 万人次，线上直播、短视频浏览量超 5000 万人次；第十二届中国国际影视动漫版权保护和贸易博览会设置粤港澳大湾区动漫交流展区，宝可梦、阿童木、加菲猫等全球知名 IP 参展，集中呈现国际影视动漫行业优质原创内容和最新制作技术。

---

① 王纳：《第十七届文博会将首次以线下与线上互动结合方式亮相》，《广州日报》2021 年 9
月 22 日。

尤其，粤港澳三地共同创作推出文艺精品。粤港澳发挥地域相近、文脉相亲的优势，通过艺术创作的方式把三地共通的中华传统、岭南文化资源紧密联结，共同打造了一批厚植湾区人文精神、彰显湾区特色的文艺精品力作，推出了丰富多彩的文艺节目，艺术花朵竞相绽放。美高梅与广州歌舞剧院携手将醒狮、南拳、舞蹈和其他民间非遗传统文化元素相结合，在首部以"广东醒狮"为主题的大型民族舞剧《醒·狮》的基础上合力打造了《醒狮美高梅》，这是一次对大湾区文化表演经典之作进行的全新探索。深圳市文化广电旅游体育局联合香港康文署、澳门文化局共同举办首届"湾区云和声——深港澳阿卡贝拉菁英交流艺术周"系列活动，通过多种形式增进粤港澳大湾区和海峡两岸青少年文化认同与民心相通。由广东省文化和旅游厅主办的粤港澳大湾区艺术精品巡演集结了广东歌舞剧院、广东粤剧院等艺术院团，以在全国乃至国际上获得重要奖项的文艺精品为主体，面向"9+2城市群"巡演民族舞剧《沙湾往事》、杂技《化蝶》、粤剧选段《花好月圆》等节目，内容涵盖舞蹈、音乐、戏曲、杂技等艺术门类。文化和旅游部推动国家艺术基金面向港澳开放一般项目申报，会同香港中联办、澳门中联办配合国家艺术基金开展政策宣讲、申报辅导、受理审核、立项评审等一系列工作。港澳特区反响热烈，共有70家艺术机构和43位艺术工作者申报130多个项目。香港特区政府成立了跨部门艺术专责小组，协助业界推行与艺术科技有关的计划，各个相关政策局在其辖下不同的基金或计划预留了1亿元供有意推动艺术科技的人士申请。

公共文化服务水平得到显著提升。一年来，粤港澳从文化基础设施、公共文化活动、文化遗产申报等层面稳步推进文化公共服务建设，文化基础设施投入加大，以公共图书馆联盟为代表的合作组织发展壮大，湾区文化公共服务能力得到持续优化。在基础设施建设方面，广东美术馆、广东非物质文化遗产展示中心、广东文学馆"三馆合一"项目，深圳市"新时代十大文化设施"项目等工程有序推进。在公共文化活动方面，粤港澳大湾区公共图书馆联盟举办2021年"品读湾区"9+2城市阅读之旅系列活动；在4月23日"世界阅读日"当天，三地共同举办了粤港澳创作比赛、"共读半小时"等主题大型阅读推广活动。在公共文化内容建设方面，"粤读通"在"粤省事"平台正式上线，提供大湾区广东九市 10 家公共图书馆的图书借阅、电子资源浏览下载等服务。在文化遗产申报、研究和文献整理等方面，广东省立中山图书馆联合各地图书馆、博物馆和高校开展了粤港澳大湾区文献遗产申报、评审以及系列图书出版工作；澳门中央图书馆完成"馆藏珍贵中、西文古籍数码化计划"的选编工作，部分珍藏古籍发布于电子书平台供读者阅览。

3. 促进中外文化交流互鉴

具体而言，在打造国际性文化交流平台和品牌方面，一年来，粤港澳大湾区举办了多项具有国际影响力的文化活动，构建多元文化融合发展平台，着力培育特色鲜明的文化交流品牌。由广东省文化和旅游厅指导、广东美术馆主办的"交融的激流——广州影像三年展 2021"展出来自全球近 30 个国家和地区的近 60 位艺术家作品，影展经 10 余年的努力已成为粤港澳大湾区具有国际影响力的重要文化品牌。澳门文化局举办的第三十一届澳门艺术节推出 20 套涵盖戏剧、舞蹈、视觉艺术等领域的节目以及近百场演出，向大众展示澳门中西交融的本土文化。

4. 增进与共建"一带一路"国家和地区人文交流

各地持续开展疫情防控常态化下的对外旅游宣传工作，强化粤港澳大湾区中外文化交流合作协同机制，构筑国际文化交流合作网络，向世界讲述中国故事、湾区故事。"云推广"成为将粤港澳大湾区城市面貌推广到全球旅游业界的重要手段。广东省文化和旅游厅鼓励各级文化和旅游部门通过举办展览、人员互动等形式与法国、比利时、意大利等国驻穗总领馆加强协作，举办诗歌翻译大赛、主题展览等活动，并选取具有广东地方特色的舞蹈、粤剧艺术作品赴中国驻外领事馆、华人商会演出。

此外，香港致力于发展中外文化艺术交流中心，香港文化界反响强烈。国家"十四五"规划提出"支持香港发展成为中外文化艺术交流中心"，为香港明确了新的发展定位。在《2021 年香港施政报告》中，香港特区政府积极制定"发展中外文化艺术交流中心"策略，从建立世界级的文化设施和多元文化空间、致力于同海外著名文化机构建立紧密关系、持续推动香港与内地的文化交流、善用科技和培养人才等方面有序推进中外文化艺术交流中心建设。在建立世界级的文化设施和多元文化空间方面，香港正着力实施有史以来最大型的文化建设项目——西九文化区，并将其作为香港的文化新地标。

（三）"休闲湾区"打造取得新进展

粤港澳大湾区建设宜居宜业宜游优质生活圈，在构筑"休闲湾区"和塑造"健康湾区"方面具备了一定的物质基础及相关社会需求，优化了旅游市场供给，打造了一批具有粤港澳大湾区特色的旅游品牌项目。三地从开发特色旅游项目、丰富湾区特色文化旅游产品、创新滨海旅游业态、推进粤港澳大湾区世界级旅游目的地建设等层面深化区域合作，加快湾区文旅深度融合，擦亮旅游特色品牌。

1. 全域旅游建设

广东省启动第四批省级全域旅游示范区验收申报，给予 19 家单位共计 1650 万元的专项扶持资金；2021 年，有 7 家单位被评定为 4A 级旅游景区，丰富了优质旅游产品供给，各地滨海旅游发展投入大增。作为海上丝绸之路发祥地，粤港澳大湾区海岸线长度冠于全国，拥有丰厚的海丝、海防和海洋文化遗存。以海岛休闲旅游、邮轮游艇旅游、滨海主题公园、滨海文化旅游等为特色的旅游业态正成为世界级休闲湾区的有力支撑。广东 14 个沿海地级以上市文化广电旅游体育局联合签署了《广东滨海（海岛）旅游联盟章程》，推动沿海地市成立滨海（海岛）旅游联盟。香港于 7 月底重启供香港居民参与、不停靠香港以外港口的邮轮"公海游"，截至 11 月 17 日，两艘国际邮轮已开过 50 航次、服务约 74000 名本地乘客。澳门妈阁码头于 3 月投入使用后，粤通船务有限公司新增妈阁码头中途站，开办妈阁码头往返路环码头航线。在《广东省 2021 年重点建设项目计划》的所有文化和旅游项目中，8 个百亿级项目的前 4 位均为滨海文化和旅游项目。

总体来看，智慧文化和旅游业态逐步完善。粤港澳文化和旅游产业的数字化、智慧化融合转型提速，依托互联网、云计算、大数据、5G 及 VR 等技术的应用和发展，"云旅游""云观光"等新业态新模式不断涌现。香港旅游事务署于中环、深水埗、尖沙咀等共 28 个地点推出"城市景昔"项目，将香港历史全景图像和现场真实全景完美结合，让市民和旅客通过智能手机同时置身于过去和现在，享受丰富的视觉和听觉体验。澳门旅游局推出"《澳门满 Fun》智能行程规划"，通过智能行程规划应用为旅游、文创及餐饮业界开拓更多营销渠道。

2. 创新旅游推广体系

一是推动了旅游资源要素互通。粤港澳三地以横琴为载体探索提升"资源—产品—市场"、"政策—制度—管理"和"交通—设施—信息"三个领域的互联互通水平。广东省政府大力支持珠海横琴国际休闲旅游岛高起点打造以文化创意、康体养生、体育赛事等为主体的文化旅游综合体。粤港澳三地文旅部门共同支持港澳籍旅游从业人员经考核换证后在横琴新区执业，对港澳导游开展培训，完成横琴新区港澳导游管理系统的开发并投入使用，实现对港澳导游报名、培训、认证以及执业等环节的有效监管。

二是完善协同推广工作机制。粤港澳各地文化和旅游部门克服新冠肺炎疫情不利影响，着力探索文旅交流推广方式，在精准定位客源市场的基础上通过"互联网+"展开线上线下文化和旅游市场营销，搭建全球旅游推介平台。在粤港澳文旅合作推广方面，粤港澳旅游推广机构第 81 次会议以线上线下结合的形式召开，相关部门全年通过线上方式就疫情防控措施、文化交流活动等具体工作开展积极有效的沟通。[①] 在打造粤港澳大湾区统一旅游品牌形象、联合对外展示方面，广东省文化和旅游厅、香港旅游发展局、澳门旅游局互相支持举办第九届澳门国际旅游（产业）博览会、广东（国际）旅游产业博览会、2021 年香港国际旅游展等文化和旅游产业展会，设立粤港澳大湾区联合展台、展区；香港旅游发展局在中国国际进口博览会期间特

---

① 《粤港澳旅游推广机构第 81 次会议在穗召开》，南方 PLUS 广东省文化和旅游厅网站，https：//static. nfapp. southcn. com/content/202103/08/c4901213. html。

设数码互动装置，推广香港和大湾区城市"一程多站"旅游。

三是完善旅游市场发展环境，旅游产品和服务竞争力得到提升。三地以粤港澳大湾区"9+2"城市旅游市场联合监管协作体为基础，从政府、市场主体、行业组织等不同层面改进和加强旅游市场监管的体制机制，共同探索一批行之有效的监管模式、机制、方法，旅游市场联合监管逐渐形成合力，香港、澳门通过实施旅游服务行业认证等举措提升市场主体的服务质量。广东省文化和旅游厅召开粤港澳大湾区"9+2"城市旅游市场联合监管协作体联络员会议，协作体成员开展联合执法办案，整治大湾区旅游市场突出问题，探索推动监管手段创新，在为期一年的联合执法办案和监管中，增强了对市场问题的研判分析能力，形成打击违规行为的治理合力。香港旅游事务署、香港旅游业议会在大湾区逐步推动"优质诚信旅行社红名单"工作，遏制不合理低价、强迫购物等违法行为，规范湾区旅游市场秩序。澳门消费者委员会持续开展"星级旅游服务认可计划""诚信店优质标志计划"之推广合作，并持续通过为"诚信店"商户举办专题讲座来提升商户的服务素质。

二　2021年粤港澳大湾区文旅融合发展存在的问题

当前，粤港澳大湾区文化旅游融合发展仍存在一些问题。

首先，疫情对文旅事业造成冲击。疫情影响三地的业务协作。截至2021年11月底，广东举办对港澳双向文化交流活动尚不足2020年的60%，粤港澳大湾区城市旅游联合会年会、粤港澳文化合作第21次会议等协作会议因疫情原因被迫取消或延期召开。此外，文化和旅游行业同样遭受到较大冲击。受疫情影响，许多旅行社相关业务基本停滞，景区、民宿等市场主体经营困难，会展业市场萎缩，部分粤港澳游学基地难以为继，粤港澳"一程多站"受到疫情防控限制，演艺市场萎缩，港澳演艺机构内地后勤服务基地项目尚难启动。许多交流活动被迫延期、停办或取消。澳门与内地通关人数受限，香港则长期处于通关强制隔离令限制状态，导致许多游学项目、文艺创作巡演、文化创意展会等活动难以如期开展。港澳青少年内地游学总规模较往年锐减，2021 年港澳青少年内地游学活动的主要群体基本局限于在内地工作学习和生活的港澳同胞，香港、澳门地区青少年难以亲身前往内地。多数活动规模较疫情之前大幅缩减，影响了对港澳青少年文化认同感的培育进度。

其次，文化遗产的开发建设尚未平衡好历史价值和市场价值。当前文化遗产游径建设充分展示了大湾区人民共同的历史文化记忆和文化情感，内涵丰富、串联度高、关联性强，但外地游客对于参观游览湾区文化遗产游径的积极性和参与度还不足，文化遗产游径在文化交融性、互动体验性、市场吸引力等方面还有较大提升空间；非遗传承产品尚未探索出成熟的产业化、市场化路径，非遗传承人认定的层级、类别、规模需要拓展完善。

再次，粤港澳文旅产业深度融合还存在一些制约因素。一是粤港澳游艇自由行和一些文化与旅游新业态推进存在一定难度。粤港澳游艇自由行政策涉及的开放水域、人员出入境、游艇及货物关税、游艇及驾驶员证照互认、检验检疫等问题，均属于与口岸管理密切相关的中央事权，地方层面协调难度很大。新兴业态中，帆船、游艇邮轮、海上运动、低空飞行等市场需求旺盛，但外资企业如何获得经营权还有待明确。二是内地在知识产权与版权保护方面存在薄弱环节。内地的发明与创作主体对自身权益保护意识不强，加上违法成本低、维权成本高，导致知识产权侵权问题较为严重，盗版与山寨现象较为突出，抑制了港澳方面的内容创作合作意愿。三是人才引进培养体系有待进一步衔接。主要表现为内地的高层次人才政策和职称评定体系未充分考虑文化产业从业者在学历、年龄、收入等方面的特殊性，难以对引进的港澳人才实现有效覆盖。当前港澳高校在内地办学项目大多处于建设期，跨境人才培养、师资力量和课程体系以及文旅专业人才跨境实习、研修制度支持还有待形成。

最后，湾区文化和旅游"走出去"依旧存在不少瓶颈。譬如全国性的联合宣传推广项目较少：粤港澳三地探索出在大型文旅展会上设立联合展台、展区宣传推广粤港澳大湾区统一旅游形象的成功经验,但在宣传推广的深度、持久度、覆盖面上还稍显不足,民众对湾区文化旅游资源的认知还有待提升。文旅宣传形式较为单一:以在目标客源市场召开旅游推介会和大型旅游展会、在传统媒体上进行宣传为主,不足以构建起多层次的品牌营销体系。缺乏海外传播阵地和传媒战略合作伙伴:目前,粤港澳大湾区的海外传播阵地的数量少、力量单薄,尚未与具有全球影响力的传媒组织建立战略合作伙伴关系,文化旅游的国际传播策略与模式有待探索。

三　趋势与对策

粤港澳大湾区在下一步推进文旅融合过程中,应当高度关注以下趋势。一是广东省政府拟大力推进粤港澳大湾区世界级旅游目的地建设,出台《广东省推进粤港澳大湾区世界级旅游目的地建设行动方案》,将为文旅融合注入新动能;二是香港特区政府提出"北部都会区发展策略",将为文旅融合提供新空间,使其充分带动港澳与内地的文化与旅游融合发展项目;三是中央加速横琴、前海两个合作区建设,将为文旅产业大发展赋予新机遇。据此,相关对策建议如下。

首先,完善统筹联动机制,提升发展协同性。可以发挥国家艺术基金的统筹带动作用,以此激发港澳文艺创作活力,促进粤港澳文化艺术合作,携手打造和推广湾区精品力作,推动重点项目落实和重大活动开展。进一步加强大湾区文旅业界协同发展,大力扶持粤港澳三地文化旅游行业协会、联盟建设,鼓励联盟成员单位整合优质资源形成常态化合作机制,以协会、联盟为载体培植资源共享、优势互补、协同并进的湾区文旅融合发展新优势,重点打造若干国家级湾区文旅会展项目和具有广泛吸引力的文化遗产游径品牌。还应加快行业标准国际化进程。加强文旅行业的标准化研究,通过标准化试点单位建设推进服务、管理、技术、评价等标准与国际接轨进程,以标准制定、实施支撑湾区文化和旅游高质量融合发展。增强文化旅游公共服务能力,发挥湾区重大文旅节事向社区传播的纽带载体功能,打通文化供给

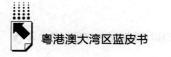

末梢。

　　其次，创新文化和旅游产业治理机制，加速资源要素流动。例如在人员流动领域，创新三地车牌的发放制度：基于内地赴香港、澳门游客年最高峰值达4000万和3000万人次的考虑，建议三地文旅部门加强与广东省公安厅交通管理局、香港交通运输处的沟通协调，遴选若干从事跨境旅游业务、具有良好知名度美誉度的龙头企业作为特许经营试点，鼓励其探索跨境组团自驾旅游业态模式。在物品流动领域，适度放宽对展览、演艺和艺术品等文化物资的政策限制。参照海关总署关于上海进博会对展品"三税"（进口关税、增值税和消费税）全免的"关税免征政策"，支持大湾区试点探索展品进口保税创新政策。由广东省代行演出的审批权，简化内地演艺剧目到港澳演出的设备通关流程；与海关合作完善相关物流支援体系，打造面向湾区和海内外市场的文化产品创作、生产、发行的集散基地。

　　再次，发挥自贸区平台优势，增强湾区文旅产业发展动能。一方面，依托广东自由贸易试验区和前海、横琴合作区建设粤港澳大湾区文化和旅游公共服务创新示范平台。引导粤港澳大湾区高端文化和旅游要素汇聚，搭建文化创意、工业设计、知识产权等公共服务平台，为粤港澳大湾区内文旅机构和企业提供专业化服务，推动文化和旅游产业深度融合发展。另一方面，充分发挥南沙作为大湾区"一程多站"枢纽集散地的区位功能。南沙拥有良好的邮轮母港优势，最高入境人数达5000人/日，并具有发展湾区滨海游和低空飞行的巨大潜力，可以此为试点拓展相关文化和旅游产业的产品供给创新。

　　最后，妥善应对疫情不利影响，提升抗风险能力。在创新优化支持文化旅游行业应对疫情的举措方面，联合财政、税务、市场等部门和金融机构，减轻各类文化和旅游市场主体的运营压力。对于受疫情影响遭受重大损失的企业和从业者给予税收优惠，降低要素成本，阶段性减免企业养老、失业、工伤保险单位缴费；对于经营困难的重点企业和从业者，适度安排补助资金；对于处于临时封控区、管控区内的实施项目和实施主体，及时沟通了解实际困难，评估调整进度方案，为文旅产业发展注入信心和动力。此外，还可以通过消费升级和消费回补激发文化和旅游消费市场活力。鉴于海外疫情短期内不可能完全消除，应引导市场主体聚焦新热点培育新业态、新精品，加快文旅业复苏繁荣。特别是推动夜间文旅消费提质扩容，构建立体多元化的夜间消费体系，做好夜经济文章。注重疫情后湾区形象塑造，拓展客源市场。坚持"走出去、引进来"，积极利用线上线下相结合的方式构建国内外文化和旅游市场营销推广体系，巩固提升传统客源市场，大力开拓新兴客源市场，由粤港澳三地文旅主管部门、行业协会共同携手推动疫情防控常态化背景下的大湾区世界旅游目的地形象重振工作，加大在境内外的联合推广力度，在国内重点省市开展联合推介，提升大湾区世界级旅游目的地知名度和影响力。

B.17
粤港澳大湾区港澳青少年研学交流发展报告

黎知明 *

摘 要: 2021 年,港澳青少年内地研学交流受到疫情较大影响,若干跨境交流计划暂停,整体规模化程度相比疫情发生前大幅缩小,而非跨境交流如在内地就学的港澳青少年参与的研学交流生机勃勃。未来,随着疫情平复和边境恢复正常通关,港澳青少年跨境研学交流将迎来"井喷"式增长。

关键词: 青少年交流 内地研学 粤港澳青少年

加强粤港澳青少年交流是"共建人文湾区"、促进港澳青年融入国家发展、参与国家建设的基础性工作。而研学是促进青少年交流的有效方式,港澳青年到内地研学交流是加强港澳青年国民教育的有效路径。2021年,港澳青少年内地研学交流受到疫情较大影响,若干跨境交流计划暂停,整体规模化程度相比疫情发生前大幅缩小,但也展现出一些新的面貌,非跨境交流如在内地就学的港澳青少年参与的研学交流生机勃勃,取得了一定成效。未来,随着疫情平复和边境恢复正常通关,港澳青少年跨境研学交流将迎来"井喷"式增长,对此宜未雨绸缪、早做准备。

---

* 黎知明,香港紫荆杂志社评论部执行主任、主任编辑,主要研究方向为港澳问题、粤港澳大湾区。

一 国家与港澳研学政策概述

（一）国家研学政策及基地建设

研学活动作为培育青少年价值观和素质教育的一种方式，受到国家的重视。近年来，中共中央、国务院及相关部门出台了一系列政策文件，推动青少年研学活动的开展，促进加强内地与港澳青少年相互交流。早在 2013 年 2 月，国务院办公厅发布的《国民旅游休闲纲要（2013—2020 年）》就提出要"稳步推进公共博物馆、纪念馆和爱国主义教育示范基地免费开放""逐步推行中小学生研学旅行"。2014 年 8 月印发的《国务院关于促进旅游业改革发展的若干意见》着眼素质教育、爱国主义教育，就"积极开展研学旅行"提出了较为具体的意见，明确要"将研学旅行、夏令营、冬令营等作为青少年爱国主义和革命传统教育、国情教育的重要载体，纳入中小学生日常德育、美育、体育教育范畴"，规定了"教育为本、安全第一"的原则，强调要根据不同学龄阶段建立有针对性的研学旅行体系。[①] 在国家层面，关于青少年学生研学旅游的首个专门性政策文件，是 2016 年 11 月教育部等 11 部门印发的《关于推进中小学生研学旅行的意见》，意见全面论述了中小学生研学的重要意义、工作目标、基本原则、主要任务、组织保障，明确"中小学研学旅行是学校教育和校外教育衔接的创新形式，是教育教学的重要内容，是综合实践育人的有效途径"。粤港澳大湾区的粤港澳三地青少年交流、青少年研学备受重视，相关的发展规划文件充分体现国家有关研学的政策文件精神，从《粤港澳大湾区发展规划纲要》（2019 年 2 月出台）和《粤港澳大湾区文化和旅游发展规划》（2020 年 12 月出台）相关内容可见一斑："共建研学旅游示范基地""加强青少年文化培育和交流。强

[①] 《国务院关于促进旅游业改革发展的若干意见》提出，建立小学阶段以乡土乡情研学为主、初中阶段以县情市情研学为主、高中阶段以省情国情研学为主的研学旅行体系。

化内地和港澳青少年爱国教育，加强宪法和基本法、国家历史、民族文化的教育宣传。丰富粤港澳大湾区青少年文化培育和交流计划"①。在研学政策引导下，我国内地各地以及粤港澳大湾区逐步建立起青少年研学交流机制，创建了游学联盟、研学基地等平台，加强港澳青少年在内地的研学交流。以内地游学联盟为例，2015 年 7 月，在国家旅游局指导下，由河南、江苏、福建、山东、湖北、广东和陕西等 7 省旅游部门共同发起成立"港澳青少年内地游学联盟"，② 截至 2021 年 11 月，该联盟成员单位已经达到 28 个。③"港澳青少年内地游学联盟"旨在以推动文化和旅游融合发展为主线，以"资源共享、品牌共创"为原则构建跨省跨区域合作平台，深化内地与港澳在文化、旅游等方面的交流与合作，联合打造游学产品，加强宣传推广，共同培育和拓展港澳青少年内地游学市场，增强港澳青少年对祖国的认知和中华民族的认同感，以港澳青少年内地游学助推入境游快速增长。该联盟目前已经考评认定了 68 家具有一定实力和特色的游学服务基地为"港澳青少年游学基地"，④ 发布了 2021 年度 26 个游学产品，包括 10 个"港澳青少年内地游学推荐产品"和 16 个"港澳青少年内地游学潜力产品"。⑤ 入选的游学产品涉及国内 19 个省（区、市），重点突出游与学、古与今的有机结合，展现了中华民族的悠久历史和优秀传统文化。多个产品融入红色元素，潜移默化地培育港澳青少年的国家意识和爱国精神。2020 年 7 月，广东省教育厅公布了广东省中小学生研学实践教育基地、营地名单，全省一共有 97 家单位为研学实践基地，6 家单位为研学实践营地，其中，位于粤港澳大湾区

① 《文化和旅游部　粤港澳大湾区建设领导小组办公室　广东省人民政府关于印发〈粤港澳大湾区文化和旅游发展规划〉的通知》（文旅港澳台发〔2020〕98 号），2020 年 12 月 24日。

② 李贵刚：《内地七省成立游学联盟　多重政策利好港澳青少年》，中新社，2015 年 7 月 23日电。

③ 黄高原：《2021 港澳青少年内地游学联盟工作会召开》，《中国旅游报》2021 年 11 月 24 日，第 2 版。

④ 程佳：《港澳青少年游学更受欢迎》，《中国文化报》2019 年 8 月 1 日，第 2 版。

⑤ 黄高原：《2021 港澳青少年内地游学联盟工作会召开》，《中国旅游报》2021 年 11 月 24 日，第 2 版。

内地城市的研学基地有 57 家、研学营地有 3 家。① 以广州市为例，2021 年广州市教育局认定了广州市第一批 42 个中小学生研学实践教育基地和 3 个营地，② 并从其中选取出涵盖全市 11 个区的博物馆、美术馆、文化馆、青少年活动中心、社会研学基地等在内的 15 个基地作为广州市首批港澳青少年研学实践教育基地。③ 粤港澳大湾区其他内地各市的港澳青少年研学基地、营地近年也在已有研学基地、营地的基础上纷纷选点挂牌，整个大湾区港澳青少年内地研学基地规模日益扩大。

（二）香港特区研学交流计划

香港中小学研学交流发展较早，20 世纪 70 年代便以校外活动的形式开展。80 年代后期，开始出现海外游学团。1997 年香港回归祖国后，香港与内地的交流交往逐渐增多，特区政府加强了香港青少年与内地的互动交流活动。1998 年，时任香港特区行政长官董建华在施政报告内提出"鼓励青年朋友多参加各种能够加深他们对内地认识的活动"，把内地交流定位为一般学习活动，实用性较强。④ 2007 年，时任香港特区行政长官曾荫权在施政报告中讲道，"特区政府会不遗余力推行国民教育，尤其要重视对青少年进行国民教育，使年轻一代都有爱国爱港的胸怀，有为国家、为民族争光和贡献力量的志气，并以身为中华人民共和国公民为荣"及"通过种种方法和渠道，包括……与内地青少年交流等，提升青少年对国家发展的了解和认识，

---

① 《广东省教育厅关于公布广东省中小学生研学实践教育基地、营地名单的通知》，广东省教育厅网站（2020 年 7 月 16 日），http：//edu. gd. gov. cn/zwgknew/gsgg/content/post _ 3429404. html，最后检索时间：2022 年 5 月 20 日。
② 《广州市教育局关于公布广州市第一批中小学生研学实践教育基地、营地名单的通知》，广州市教育局网站（2021 年 8 月 25 日），http：//jyj. gz. gov. cn/yw/tzgg/content/post _ 7740272. html，最后检索时间：2022 年 5 月 20 日。
③ 《广州公布首批 15 家港澳青少年研学实践教育基地名单》，《南方都市报》南方号（2021 年 11 月 1 日），http：//static. nfapp. southcn. com/content/202111/01/c5893447. html？ colID = 1275&firstColID = 1365，最后检索时间：2022 年 5 月 20 日。
④ 香港特别行政区行政长官董建华：《群策群力 转危为机——一九九八年施政报告》，1998 年 10 月 7 日，https：//www. policyaddress. gov. hk/pa98/chinese/indexc. htm，最后检索时间：2022 年 5 月 20 日。

对祖国山河大地和人民的认识，对中国历史与文化的认识，使青少年建立民胞物与的情怀、身为中国人的自豪感，以及对国民身份的认同"。① 自此，以国民教育为目的的内地游学研学交流计划便成为每年特区政府施政报告的必备内容，赴内地游学研学也开始规模化发展。而 2009 年香港进行新学制改革，研学活动被纳入香港学校课程体系，成为教学内容。10 余年来，尤其是党的十八大以来，在中央大力支持和协助下，两地各级政府、志愿团体和学校各方积极推动香港青少年内地研学交流，交流对象和交流地点不断增加，政策支持力度也在不断加大。现将当前香港特区主要研学交流计划介绍如下。

香港青少年赴内地研学交流计划主要由特区政府主办及资助，具体到不同的计划，则由教育局、民政事务局及其他政府资助（如优质教育基金）运作。其中，针对学生的内地研学计划，主要由教育局负责。教育局内地研学交流计划主要分为三种运作模式。

一是教育局托办：包括恒常内地交流计划，如"同根同心"及"同行万里"；主题式交流计划，如"薪火相传""粤港澳大湾区城市探索之旅"，对象分别针对高小及初中、高中、中小学学生及教师，资助费用为团费的70%。二是教育局资助学校自办：包括校本资助计划、高中学生交流活动资助计划、"赤子情 中国心"计划。前者针对高中学生及教师，后者则针对高小及初中学生及教师。资助比例为50%（在港活动）及70%（内地活动）。三是其他计划：如"姊妹学校计划"，该计划鼓励和资助香港中小学校及特殊学校，与内地学校结为姊妹学校，举办不同层面的交流活动。在专上（中学教育以上）学生内地交流方面，教育局通过"专上学生内地体验计划"以配对形式资助香港专上学生到内地参加短期实习或学习，包括参观、交流或义工服务等活动，以让学生通过计划认识国家当前的社会、经济和文化面貌。

---

① 香港特别行政区行政长官曾荫权：《香港新方向——二零零七至零八年施政报告》，2007 年10 月 10 日，https：//www.policyaddress.gov.hk/07－08/chi/p116.html，最后检索时间：2022 年 5 月 20 日。

至于学校以外，香港特区政府民政事务局通过资助非政府机构推行"青年内地交流资助计划""青年内地实习资助计划"。前者通过举办青年内地交流活动，推动社会参与，合力让青年人加深了解内地的文化历史、人民生活、国家发展等，以及加强与内地民众的交流。后者旨在增强香港青年对内地发展机遇、社会文化、职场环境等的认识，鼓励青年融入祖国发展、贡献青春力量。"青年内地实习资助计划"设有"粤港澳大湾区香港青年实习计划"，被列为粤港合作重点项目，目前该实习计划已覆盖粤港澳大湾区的9个内地城市。除了资助计划外，民政事务局亦分别与一些内地顶尖的科研文化单位以及香港的大型企业合作，实施"内地专题实习计划"及"企业内地与海外暑期实习计划"，提供有特色的实习岗位给不同背景、专长和兴趣的香港青年。

香港特区与内地研学交流规模化开展10余年来，随着两地交流日益扩大深化，特区政府资源投放逐年增加，以确保每个学生在小学和中学阶段至少各有一次到内地的机会。当前，在教育局举办的多项内地研学交流活动中，规模最大和最具代表性的是"同根同心"及"同行万里"交流活动，两项活动都获得最多的参与人数和最多的拨款支持。由2017/2018学年起，该两项活动每年提供逾10万名额，供香港学生在中学和小学阶段内最少各参加一次内地交流活动。参加有关计划的学生会获得资助团费的七成，学校可为每10名提名学生申请一名全额资助，为有经济需要的学生提供资助。自2021/2022学年起，教育局会为修读公民与社会发展科的中四级以上学生提供前往内地考察的机会。此外，自2018/2019学年起，特区政府为每所与内地学校缔结为姊妹学校的本地公营及直接资助计划学校（包括特殊学校），提供经常津贴及专业支援，2021/2022学年的津贴金额为每校约15.7万港元。① 同时，特区政府亦提供充足的资源供学校自行筹办内地交流活动，例如自2019/2020学年起，政府每年拨款约9亿港元，向公营学校及直

---

① 香港特区立法会教育事务委员会：《〈2021年施政报告〉教育局的政策措施》，香港特区立法会CB（4）1638/20-21（01）号文件，2021年10月18日。

接资助学校发放恒常的"全方位学习津贴"。但是在 2020 年初新冠肺炎疫情突袭而至，赴内地研学交流活动受到严重影响，所有赴内地的研学交流活动（包括两地姊妹学校的互访交流）已自 2020 年初便暂停或延后举行，至今已停滞 2 年。特区教育局计划疫情缓和及两地恢复通关后，尽快重启香港学生跨境研学交流，并为此安排 2022/2023 年度预算开支 1.15 亿港元，覆盖学生人数 10.9 万人，均超过疫情前的 2018/2019 年度（见表1）。青年交流方面，除了教育局开设的"专上学校内地体验计划"外，特区民政事务局亦通过实习计划，支持和鼓励香港青年不断扩大到内地的实习交流。特区政府民政事务局推行的"青年内地交流资助计划"则安排 2022/2023 年度预算开支 3500 万港元，覆盖人数 1.8 万人，比疫情前的 2019/2020 年度的 1.2 万人增加一半。"青年内地实习资助计划"预算为 7500 万港元，覆盖人数为 3700 人。①

表1 香港特区教育局托办及资助的内地交流学生人数及开支

学年	学生人数（万人）	开支（亿元，港币）
2018/2019	7.4	1.08
2019/2020	0.8	0.15
2020/2021	0	0
2021/2022（临时数字）	0	0
2022/2023（预算数字）	10.9	1.15

资料来源：香港特区教育局，2022 年 4 月。

二 2021年粤港澳大湾区港澳青少年研学交流

2021 年，因疫情尚未平复，粤港两地正常通关并未恢复，上述香港赴

---

① 香港特区立法会财务委员会：《审核二零二二至二三年度开支预算管制人员对立法会议员初步书面问题的答复 局长：民政事务局局长 第 10 节会议》，第 6 页，香港特区民政事务局网站，https://www.hab.gov.hk/chs/other_information/budget.htm，最后检索时间：2022 年 5 月 20 日。

内地研学交流计划处于暂停状态，港澳青少年内地研学以在内地就学人士为参加主体，参加计划为内地相关部门组织的内地研学计划。粤港澳大湾区范围内的青少年研学活动主要如下。

（一）2021年粤港澳青年文化之旅

"粤港澳青年文化之旅"是《粤港澳大湾区发展规划纲要》支持的重点项目，被文化和旅游部列为"内地与港澳文化和旅游交流重点项目"给予重点支持。在粤港澳三地相关机构①的联合推动下，该项目已经发展成为粤港澳大湾区重要文化交流品牌活动，为增进粤港澳青年相互了解与沟通、建立友谊、加深对中华文化的认同发挥重要作用。自2009年创办以来，已成功举办了13届，文化交流的深度与广度得到不断拓展，先后以广府文化、潮汕文化、客家文化、非物质文化遗产、文化创意等岭南文化、传统文化为主题，粤港澳三地青年学生共同领略传统文化，感受多元文化交融，见证创新发展，增进了三地青年对中华文化的认同。该活动每年举办一届，由学校推荐大学生参与，往年的行程均到访粤港澳三地，2020年因为疫情原因只安排内地行程，2021年活动地点为澳门、佛山，香港学生代表为在粤就读的港生。2021年7月26日，"岭南文化 佛山功夫——2021年粤港澳青年文化之旅"在广东澳门、佛山举行，在为期6天的活动中，共有70多名粤港澳三地大学生走访岭南文化古迹、展览，开展交流互动、品味文化，在澳门、佛山两地感受着源远流长的湾区文化。

（二）2021年穗港澳青少年文化交流季

"穗港澳青少年文化交流季"是2016年开始举办的穗港澳青少年交流品牌活动，活动已连续6年在广州举办，共计有超过10万名三地青少年现场参加活动、超过100万人次线上关注和参加活动。2021年活动开幕式主题是

---

① 粤港澳三地的联合举办机构分别为广东省文化和旅游厅、香港特区政府民政事务局和澳门特区政府教育及青年发展局。

"我把青春献给你——2021 穗港澳青少年文化交流季",闭幕式暨广府文化之夜则在广州图书馆举行,50 余名穗港澳青少年代表,与广东音乐、岭南古琴艺术表演嘉宾同台献艺。文化交流季有文艺汇演、故事大会、书画创意、青年湾区行、湾区少年行等,共吸引湾区青少年超过 3000 人次参与。①

(三)2021年"展翅计划"港澳台大学生实习专项行动

2020 年 12 月,广东团省委、广东省工商联、广东省青联、广东省学联等单位共同实施"展翅计划"港澳台大学生实习专项行动寒假实习活动,以"先摸清需求、后开发配岗"模式,整合 300 余家广东大企业、行业领先企业等机构,涉及金融、科技、医药等领域的 893 个优质实习岗位。"展翅计划"受到了内地高校港澳台学生的欢迎,370 名来自 20 所省内外高校共计 370 名港澳台学生参加寒假实习活动,其中的 172 名被确定在广州各大企事业单位参加实习。② 专项行动的暑期实习活动中,共募集了 700 余家 2972 个优质实习岗位,吸引了来自清华大学、北京大学、复旦大学等内地知名大学以及一些港澳暨海外大学共 60 余所高校的 1711 名港澳台籍学生参加,促成近 500 名港澳台生克服疫情上岗实习。实习期间,结合建党 100 周年重要契机,组织港澳台大学生开展多场次红色寻根活动,了解党的百年历史、体验国家发展成就。同时,发动港澳台青年参加"我的实习季之青春'视'界"短视频大赛,以实习期间的学习、工作、生活为切入,呈现港澳台青年融入湾区发展的精神面貌。③

---

① 《"同心向党 筑梦湾区"2021 穗港澳青少年文化交流季在穗启动》,https://www.163.com/dy/article/GJU9P17H0521KKM8.html,最后检索时间:2022 年 5 月 20 日。《同心向党 筑梦湾区 2021 穗港澳青少年文化交流季圆满收官》,https://www.163.com/dy/article/GORR4I4F0515M7Q7.html,最后检索时间:2022 年 5 月 20 日。

② 冯艳丹:《广州启动 2021 年"百企千人"短期实习计划》,转引自央广网,http://www.cnr.cn/gd/guangdongyaowen/20210405/t20210405_525454200.shtml(2021 年 4 月 5 日),最后检索时间:2022 年 5 月 20 日。

③ 《团省委统联部党支部扎实推进党史学习教育出新出彩》,广东共青团网站,https://www.gdcyl.org/Article/ShowArticle.asp?ArticleID=249161(2021 年 8 月 27 日),最后检索时间:2022 年 5 月 20 日。

（四）2021年"百企千人"港澳大学生实习计划

2021年广州市"百企千人"港澳大学生短期实习计划由共青团广州市委、广州市青年联合会主办，共征集港澳实习生1000多人，提供1000个符合港澳青年学生需求的优质实习岗位。

2021年港澳青年学生南沙"百企千人"实习计划由共青团广州市南沙区委员会、广州市南沙区青年联合会主办，南沙区政府部门、法定机构、金融机构、大型央企、港资企业、IAB企业等近100家实习单位大力支持"百企千人"实习计划，为港澳青年提供了超300个实习岗位。6周时间里，共计110余名港澳青年学生参加实习。自2015年"百企千人"实习计划启动以来，有2000多名港澳青年在南沙参加实习。继2020年首次促成9名港澳青年与区内企事业单位签订就业意向协议，2021年"百企千人"实习计划促成8名港澳青年与驻区央企、智能科技公司、港资企业、社会组织等单位签订劳动合同。①

（五）"北望神州·启航追梦"2021年香港青年实习计划

由广东省香江旅游公司和广州中医药大学共同主办的"北望神州·启航追梦"2021年香港青年实习计划于2021年7月4日晚在广州正式启动，这是文化和旅游部2021年度内地与港澳文化和旅游交流重点项目。活动通过广州中医药大学对香港青年学生的职业生涯规划，为参加者匹配专业实习岗位，以推动香港青年能在内地真正地工作下来、生活下来。活动采用"实习+实践"的动态模式，帮助香港青年参与各类社会实践活动。来自广州中医药大学的92名香港青年学生分别前往广州中医药大学第一附属医院、广州中医药大学第二附属医院（广东省中医院）、广州中医药大学第三附属医院、广州市荔湾区中医医院、广州市中医医院、广州中医药大学附属中山

---

① 方伟彬、王坚：《逾百名港澳青年暑假在广州实习 立足大湾区未来可期》，转引自澳门中联办网站，http://www.zlb.gov.cn/2021-08/30/c_1211350447.htm（2021年8月30日），最后检索时间：2022年5月20日。

中医院（中山市中医院）、广东祈福医院、广州中医药大学惠州医院等地开展实习。[①]

（六）粤港澳大湾区青年周系列活动

2021 年已是广州连续 3 年举办"粤港澳大湾区青年周"活动，3 年来线上线下参与人数累计超 177 万人次，进一步打通三地青年交流交往交融路径。2021 年青年周期间，共青团广州市委先后举办粤港澳大湾区青年合作发展论坛、穗港澳新兴青年中秋文艺展演、穗港澳青年志愿服务交流暨穗港澳青创中心开放日等一系列特色鲜明的穗港澳青少年主题交流活动，累计线上线下参与人数超 21 万人次。建成 61 家粤港澳青少年交流活动基地，打造"花城有爱同心筑梦"穗港澳青年交流主题系列活动等品牌项目，开展粤港澳青少年交流活动基地实践课程大赛，开设红色寻根之旅、广府文化之旅、创新创业之旅、公益志愿之旅等 4 条公益线路，帮助粤港澳青少年认识和了解大湾区文化。[②]

三 粤港澳大湾区内地研学交流的问题和不足

多年来，港澳赴内地尤其是粤港澳大湾区内地城市的研学交流日益扩大，成效明显，但也存在一些问题和不足，值得我们重视。

（一）两地政策协调不足，影响研学交流效果

中央一直大力支持和协助香港推动内地研学交流，对特区政府开展内地研学也会给出发展方向的指导甚至政策支持。尽管特区政府在某种程度上会做出相关政策及措施予以回应，但双方在执行上的协调不足，从而降低赴内地研学交流的效率，直接影响到交流效果。

---

① 叶青、许晓明：《"北望神州·启航追梦"2021 年香港青年实习计划在穗启动》，转引自中国科技网，http：//stdaily. com/index/kejixinwen/2021-07/07/content_ 1174903. shtml（2021 年 7 月 7 日），最后检索时间：2022 年 5 月 20 日。

② 马艺天：《助力创新创业，广州全力搭建大湾区青年筑梦舞台》，南方+，http：//static. nfapp. southcn. com/content/202110/22/c5862980. html？group_ id＝1（2021 年 10 月 22 日），最后检索时间：2022 年 5 月 20 日。

（二）内地研学尚在起步阶段，相关政策有待完善

相比香港，内地研学旅行活动尽管已经开展多年，但总体上处于起步阶段，仍然存在一些薄弱环节和方面。例如，相关的指导准则和理论支撑比较缺乏，国家宏观政策指导下，实施细则和具体的运行方案尚不完善，港澳学生内地研学、游学活动的成熟模式较少，有待进一步调查总结、形成成功经验进行复制推广，青少年研学、游学的企业发展不均衡，业态不成熟，研学产品的标准化、系统化探索需要加强推进。

（三）对国家与湾区主题沉浸有限

从制度初衷看，内地研学的目的在于增进交流。而现今多数内地研学交流模式老化，以走马观花式游览为主，缺少沉浸式体验式内容，流于形式，浮于表面，更难引起共鸣。而作为大湾区一分子的港人，即使是已在大湾区内地城市求学创业已久的港人，也会无意中说出"到大湾区发展"这样的话，浑然不觉港澳本身已属大湾区。

（四）研学交流项目重复度高，缺乏统筹升维

《粤港澳大湾区发展规划纲要》发布至今，港澳青少年内地研学交流项目急剧增加，但这些交流项目只不过是在经费、人数、目的地数量上简单扩大，交流内容与过去没有什么不同，甚至一些项目是易地翻版，量的堆积无法带来质的改变，反而造成特色抹杀、资源浪费。此外，总体而言，大湾区港澳青少年研学项目缺乏整体谋划和布局统筹，风光一阵便寂寂无声，始终限于低维吸引，对培养港澳青少年爱国主义精神作用有限。

四　加强港澳青少年内地研学交流的对策建议

2020 年 10 月 14 日，习近平总书记在深圳经济特区建立 40 周年庆祝大

会上的讲话中指出，要充分运用粤港澳这个合作平台，"吸引更多港澳青少年来内地学习、就业、生活，促进粤港澳青少年广泛交往、全面交流、深度交融，增强对祖国的向心力"。[①] 全国政协主席汪洋也强调，加强港澳青少年爱国主义教育，事关香港、澳门长治久安，是一项打基础、利长远的重要工作。[②] 为此，要特别重视开展港澳青少年内地研学交流工作，要把这项工作作为加强港澳青少年爱国主义教育的重要抓手，精准出力，务求实效。对此，我们建议如下。

（一）自上而下加强统筹协调

粤港澳大湾区建设是国家级战略规划，相关发展在必要时可以上升到国家层面做出规定，进行指导。可以成立教育部、文旅部、团中央牵头，大湾区内地九市青年、教育、文旅等政府机构，港澳特区教育局、民政局共同组成的大湾区研学领导小组，统一政策共识，制定统筹方案，以联席会议形式进行项目协调，具体研学方案由粤港澳三地共同制定，有利于最大化满足各方所需，最小化减少资源重置，同时还能避免出现贯彻中央政策精神的偏差，有助研学效果精准符合国家港澳工作的目标与方向。

（二）突出国家主题下的湾区认同

要建立以爱国主义为精神基础的大湾区统一研学基地。要把爱国主义教育贯穿到港澳青年到内地研学交流活动的全过程，增强港澳青少年的国家意识和爱国精神、创新思维。在国家认同的前提下，强化湾区共同体意识，进一步建构湾区身份。港澳与大湾区内地九市和而不同，共同的文化遗产很多，这是构筑共同湾区人文精神的基本保证。探索建立大湾区港澳居民国民实践基地，通过国民实践强化港澳同胞的国民认同，强化其对大湾区的自我

[①] 习近平：《在深圳经济特区建立 40 周年庆祝大会上的讲话》，新华社，2020 年 10 月 14 日电。

[②] 《全国政协召开双周协商座谈会 围绕"加强港澳青少年爱国主义教育"协商议政 汪洋主持》，新华社，2021 年 4 月 23 日电。

认同，在大湾区范围内，使国民身份与国民权利、国民责任充分结合，增强身份荣誉感与使命感。

（三）实施错位协同优势互补

港澳地区研学行业发展较早、制度齐备、标准健全，内地自 2016 年教育部将研学旅行纳入中小学教育教学计划以来，研学已成内地学生"刚需"。广东尤其是粤港澳大湾区内地九市毗邻港澳而人文相近，在研学发展上，可以借鉴港澳经验，建立自己的研学质量监控和标准体系，规范市场发展。此外，大湾区研学资源丰富，仅非物质文化遗产一种，就有国际级遗产88 项，涉及 11 个门类，大湾区各市完全可以优势互补、美美与共。

（四）未雨绸缪迎接研学"井喷"

香港与内地边境因疫情封关超过两年，作为研学交流的重要部分——跨境研学计划也按下了暂停键。随着"一国两制"在香港实践进入新阶段，香港青少年国情教育、国民教育、国安教育的需求激增，可以预见，一旦疫情平复，恢复两地正常通关后，港澳青少年内地研学将迎来"井喷"式增长。对此，两地相关政府部门、承办机构、学校要提前做好预案，查漏补缺，充分论证，早做准备，让每一场研学都能有效落地。

B.18
粤港澳大湾区智库发展报告

赵恒煜*

摘 要: 智库是现代国家治理体系中不可或缺的重要组成部分,世界一流
湾区建设离不开智库的智力支持。自粤港澳大湾区智库联盟成立
以来,粤港澳三地智库在研究成果、学术交流、跨地区合作、对
外传播等领域取得了卓有成效的进展,为粤港澳大湾区的高质量
发展提供了充沛的知识动能。本报告梳理了粤港澳大湾区智库建
设的现状、态势及特征,分析了其在国际学术话语权、国际传播
能力、深度区域协作、发展体制机制等方面存在的问题,并基于
全球智库发展趋势,从发展体系、发展道路、传播策略和人才建
设等角度提出对策建议。

关键词: 智库建设 知识生产 粤港澳大湾区

一 智库是湾区高质量发展的智力支持

智库作为国家软实力的重要组成部分和知识生产的关键载体,在现代国
家治理体系中发挥思想库、智囊团的关键作用。智库研究的支持也是国际湾
区崛起的重要经验之一。近年来,"湾区建设,智库先行"的观点越发为国
内学界所认同。综观"世界三大湾区",纽约湾区早在20世纪20年代就充
分发挥智库力量,对湾区经济、交通及公共空间建设状况展开调研,这些智

---

* 赵恒煜,博士,广东省社会科学院国际问题研究所助理研究员,主要研究方向为国际智库与
社会科学文献情报分析、新媒体技术、文化融合。

库参与了四次区域规划制定及调整；旧金山湾区内，以湾区委员会经济研究所为代表的智库林立，不断为公共和私营部门的领导人寻找解决旧金山湾区经济增长和地区治理问题的务实方案，① 确定了远至 2040 年的区域可持续发展战略；东京湾区则依靠日本开发构想研究所等第三方独立机构提供长期规划及研究服务，为东京湾区的高效运转提供精密规划，确保湾区建设的一致性和可持续性。②

从全球湾区实践看，智库的发展水平和研究实力一定程度上代表了地区的综合竞争力，并最终影响该地区的国际地位。建设"富有活力和国际竞争力的一流湾区"，代表中国参与全球竞争、创造中国智慧、发出中国声音是粤港澳大湾区的战略目标与愿景。随着粤港澳大湾区建设的不断向前推进，如何在"一个国家、两种制度、三个地区、三种语系"的交融碰撞中找准突破口和着力点，实现资源要素的有效整合、构建切实可行的协调机制、形成最广泛的文化认同与战略共识，需要三地智库形成强大合力展开深层次的"学术会诊"，并及时提出富有创新性、前瞻性、针对性、建设性和可操作性的建议方案。因此，粤港澳大湾区的规划、建设、发展和崛起，越来越离不开众多智库特别是高端新型智库的智力支持。同时，粤港澳大湾区的建设也为三地智库合作发展提供了巨大空间，智库的成熟、发展与壮大也有助于加快大湾区的崛起建成。加强湾区特色新型智库建设，既体现哲学社会科学应有的决策咨询价值，充分发挥"咨政、启智、制衡、聚才、强国"功能，也是促进原创性思想生产和智力市场构建、繁荣和发展中国哲学社会科学的重要举措，对推进国家治理体系和治理能力现代化、增强国家软实力具有重要意义。③

---

① 杨爱平、林振群：《世界三大湾区建设"湾区智库"的经验及启示》，《特区实践与理论》2020 年第 4 期。

② 李奇霖、张德礼：《东京湾区崛起的启示》，199IT，2019 年 9 月 30 日，http：//www. 199it. com/archives/945037. html。

③ 刘景松：《大湾区视野：粤澳智库建设探析》，《粤海风》2020 年第 5 期。

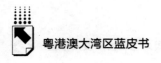

（一）广东智库发展现状

作为中国改革开放的先行地，广东得益于中央赋予的"特殊政策、灵活措施"和市场化改革的"洼地效应"，资金、技术、人才集聚，智库建设起步早、发展快，不仅对决策发挥了重要的"智囊团"和"思想库"作用，更长期对广东经济运行中的新情况、新问题跟踪研究，做出预警研判，提供对策建议。① 近年来，广东智库的发展势头进一步增强，总体上呈现智库数量不断增多、机构类型多样化、运作主体多元化、专业发展特色化等特点，为政府重大决策提供咨询以及为社会提供智力支持的能力显著提高，对广东的改革开放和经济社会发展做出了重要贡献，形成了党政智库（参事室、政策研究室、发展研究中心等）、社科院智库、高校智库、社会智库共同发展的智库体系（见表 1）。

表 1 广东特色新型智库类别及其代表机构

性质	主要机构
党政智库	广东省委政策研究室、中共广东省委党校（广东行政学院）、广东省人民政府发展研究中心、广东省人民政府参事室
社科院智库	广东省社会科学院、深圳市社会科学院、广州市社会科学院、东莞市社会科学院
高校智库	中山大学粤港澳发展研究院、中山大学地方治理与公共政策研究中心、中山大学自贸区综合研究院、广东省社会治理研究中心、华南理工大学政府绩效评价中心、华南师范大学广东党的建设研究院、广东外语外贸大学广东国际战略研究院、华南农业大学国家农业制度与发展研究院、广东工业大学广东制造业大数据创新研究中心、广东财经大学华南商业智库、广东金融学院华南创新金融研究院、深圳大学文化产业研究院
社会智库	中国（深圳）综合开发研究院、广东省省情调查研究中心、粤港澳大湾区研究院、广东亚太创新经济研究院、腾讯研究院、南方国际人才研究院、南方民间智库、深圳市现代创新发展研究院、海国图智研究院

资料来源：笔者自行整理。

其中，党政智库在广东智库阵营里占有举足轻重的位置，是服务党委政府决策的主体，研究力量雄厚、研究经费充足、具备多体制优势，从事研究

① 谢建超、张李源清：《广东：加快新型智库建设》，《中国经济时报》2015 年 7 月 22 日。

的专职人员知识储备丰富、专业素养较高，能力结构不断优化，其各项建言可以"直通车"方式直达各级党委、政府决策层，受地方或部门利益的局限较小，公信力较强。社科院智库和高校智库面向现实求发展，政策参与度不断增强，依靠自身学术资源、声誉承接政府课题，广泛参与政府实际政策制定过程，并通过内参呈送、举办学术交流活动、定期出版书刊等方式影响政策的制定。社会智库运作机制灵活，符合时代发展需要，具备较强的独立性和专业性，通过购买服务的方式开展政府部分应用性强的业务，从事的研究课题接地气、贴近现实，研究成果越来越受到认可。

（二）香港智库发展现状

1997 年香港回归前，关于香港的重大政策制定均由远在伦敦的英国政府和港督主导，设在香港的港英政府只是决策的执行机构，几乎没有政策研究的需求，从而导致智库组织在香港匮乏生长与发展的土壤。回归祖国后，随着"一国两制"下"港人治港"和高度自治的伟大实践、香港社会民主化进程的加快、公众参政议政程度的提升以及特区政府增强治理效能的现实需要，智库终于在香港兴起并快速发展，无论是数量还是质量都逐年提升。国家"一带一路"倡议和粤港澳大湾区建设等为香港发展带来新机遇，同时在政治、经济、社会、民生等领域面临着前所未有的新问题，要更好地向前发展，就需要有更加高超的智慧和更灵活务实的做法。新时代为香港智库的"大发展、大繁荣"开辟出更为广阔的天地。

据不完全统计，香港 30~40 家智库[①]按照性质分类，有政府主导型、大学附属型、民间综合型三种。不同智库的任务、使命和目标各有侧重，包括推广公民教育，提升民智，开展与政治、经济和社会有关的政策研究等，主要探讨香港长远竞争力、经济发展和社会民生等关键问题。部分智库还通过相关政策研究及时事评论，剖析影响香港整体和长远发展的主要因素及环境，发起有利于促进香港发展的讨论和建议。

---

① 《香港智库年报 2018》，明汇智库，2018。

当前，香港智库处于快速成长期，在理论创新、咨政建言、舆论引导和社会服务等方面的作用日益凸显。一是在构建与落实"一国两制"方面发挥了重大作用，无论是中央政府的政治主导过程，还是特区政府的政策治理当中，香港智库的意见与建议都发挥了积极的引导与参考功能，受到了中央与特区政府的重视；二是积极引导社会舆论，广泛开展调查研究，努力对外发声，贡献对策，帮助表达和传递社会诉求，受到香港社会的关注与重视；三是发挥了增进香港与内地、香港与两岸关系、香港与国际社会密切互动的联络功能，为香港当好"超级联络人"、拓展国际人文交往网络献计献策。

（三）澳门智库建设现状

与香港相类似，澳门在回归前也缺乏智库发展的土壤。得益于澳门特区政府及社会各界的高度重视，澳门智库在回归后实现了快速发展，如果仅以城市规模、辖域面积、人口数量为基数推算，现时澳门人均智库拥有量与密度已居世界前列。[1] 澳门智库界充分发挥自身独特优势，务实进取、破解难题，协助特区政府把握机遇，迅速摆脱回归前经济不振、治安不靖、人心不稳局面，推动澳门建设成为世界上经济增速最快、治安最为良好的地区之一。[2] 目前，澳门已经形成政府智库、高校智库、民间智库均衡布局的局面。[3] 其中，政府智库以澳门特区政府政策研究室（政策研究和区域发展局）、可持续发展策略研究中心和澳门基金会澳门研究所为代表，在丰富和发展澳门"一国两制"实践，提高特区治理能力建设，促进澳门与内地的经贸、文化、教育等领域交流合作等方面开展了大量的决策研究；高校智库以澳门大学、澳门城市大学、澳门科技大学、澳门理工学院下设的研究所、中心为代表，由于特殊的历史渊源，澳门与世界葡语国家有着天然联系，一些机构展开了对葡语国家的历史、政治、经济、社会、法律、外交等领域的系统梳理工作，推动区域与国别研究朝着更为深入、专业以及跨学科的方向

---

[1] 刘景松：《大湾区视野：粤澳智库建设探析》，《粤海风》2020 年第 5 期。

[2] 叶桂平：《智库为澳门繁荣发展贡献智慧》，《中国社会科学报》2017 年 4 月 6 日。

[3] 注：有关数据显示，澳门有近 9000 个社团，不少社团具备智库属性。

不断发展，并大力建设葡语国家研究数据库。① 除了政府智库、高校智库外，澳门特区政府还鼓励发展民间智库，它们多冠以协会、学会、研究会、促进会、研究中心等名称，表现活跃，为推进澳门经贸往来、对外合作、人文交往发挥积极的桥梁中介作用。

如今，澳门智库已与澳门特区政府形成良好的互动，构建出"学术团队—专家学者—政府相关部门—政策研究室—当局（行政长官）"的咨政路径，从跨学科、多领域、全方位的综合视角为政府提出政策建议和方案。② 智库间交流互动频繁，政府研究机构和高校、民间研究机构的互动合作，是特区政府在建立和完善专家咨询制度过程中最为显著的特征，智库间所形成的合力为澳门稳定繁荣贡献了诸多智慧。

二 粤港澳大湾区智库发展特征及态势

自 2019 年粤港澳大湾区智库联盟成立以来，粤港澳的智库合作逐步深化，国家和省级重点智库的引领示范作用显现，众多智库齐头并进，同时，还陆续成立了一批以广州粤港澳大湾区研究院为代表的新智库。三地智库在研究成果、学术交流、跨地区合作、对外传播等领域取得了卓有成效的进展，为粤港澳大湾区的高质量发展提供了充沛的知识动能。

（一）重大研究成果

2021 年度，有多部图书对粤港澳大湾区进行了专门研究。广东省社会科学院编制的《粤港澳大湾区建设报告（2020～2021）》由社会科学文献出版社出版，从新发展格局、深圳经济特区成立 40 周年、新冠肺炎疫情影响、"十四五"规划等视角出发，分基础设施、经济贸易、科技创新、人文

---

① 陈朋亲：《澳门高校智库深化区域与国别研究》，中国社会科学网，（2021 年 5 月 20 日），http：//news. cssn. cn/zx/bwyc/202105/t20210520_ 5334698. shtml.

② 鄞益奋、陈庆云：《科学决策及其制度依托——澳门特别行政区的启示》，《中国行政管理》2010 年第 9 期。

湾区和制度创新 5 个篇章主题对大湾区重点建设领域进行了分析，对未来发展趋势做出预测。广州市粤港澳（南沙）改革创新研究院会同广东省区域发展蓝皮书研究会、广州大学广州发展研究院等共同研创的《中国粤港澳大湾区改革创新报告（2021）》由社会科学文献出版社出版，从总体状况、体制融合、产业协同、区域发展、科技创新、文化生态圈、金融七个部分汇集了粤港澳大湾区研究专家团队的最新研究成果。中山大学粤港澳发展研究院撰写的《粤港澳大湾区发展研究报告（2019~2020）》由中山大学出版社出版，针对大湾区建设的一些专题领域开展调查分析，提出一批观点和政策建议，并首次向社会推出了"粤港澳大湾区社会融入心态与社会协同指数"。澳门科技大学社会和文化研究所组织内地及港澳 20 多位学者编制的《粤港澳大湾区发展报告（2019~2020）》由南方出版传媒、广东人民出版社出版，重点评价和预测珠澳合作开发横琴、城市创新能力、宜居城市建设、澳门建设"以中华文化为主流，多元文化并存的交流合作基地"等领域的进展与趋势，并围绕新冠肺炎疫情防控，分析和建言湾区城市公共卫生应急管理合作机制建设。

以广东省人民政府发展研究中心、广东省人民政府参事室（文史研究馆）为代表的政府智库围绕广东全省全局性、战略性、综合性、长期性问题以及热点、难点问题进行研究，向省委、省政府提供决策参考和政策建议。2021 年，广东省人民政府发展研究中心编写《领导参阅》36 份、《研究报告》28 份、《调查研究》12 份，内容涉及对外贸易、公共服务、元宇宙、碳关税、乡村振兴、近岸海域、"双十"产业集群、知识产权、电商平台、文化旅游、生物医药、工业互联网等领域。广东省人民政府参事室（文史研究馆）以"广东打造新发展格局战略支点的对策建议"为主题，开展了现代物流体系建设、推进共同富裕、粤港澳大湾区文化产业融合发展、合理配置教育公共服务资源、横琴前海两个合作区建设等 16 个课题的专题调查研究，并在广东省参事决策咨询会上提出了一系列富有价值的意见建议。

以广东省社会科学院为代表的社科院智库积极发挥广东省委、省政府思想库、智囊团的作用，持续开展对广东重大现实问题的专题研究，在建党百年之际推出《中国共产党百年理论武装研究》《使命型政党塑造的有效国家》《广东经济社会形势分析与预测（2021）》《广东城乡融合发展报告（2021）》等多部重要著作，《国家能力支撑下的市场孵化——中国道路与广东实践》《中国特色社会主义先行示范区建设的路径选择》获得广东省哲学社会科学优秀成果奖；"明清至民国南海海疆经略与治理体系研究"获得国家社科基金重大项目立项。

围绕港澳治理与粤港澳合作发展领域，以中山大学粤港澳发展研究院、中国（深圳）综合开发研究院为代表的国家高端智库试点单位，形成了许多一流的决策研究成果。除《粤港澳大湾区发展研究报告（2019~2020）》外，中山大学粤港澳发展研究院还先后出版《澳门的治理、政制与法治建设》《澳门立法会选举的理论、制度和实践》《香港特别行政区司法权与终审权问题的研究》《香港特别行政区司法审查制度研究》《粤港澳大湾区高等教育研究丛书》《澳门基本法实施二十年回顾与述评》等重要论著，并依托《粤港澳研究专报》《港澳社情舆情动态》《粤港澳研究观点摘报》《全球湾区动态》等渠道不断将成果呈送港澳主管部门参阅。中国（深圳）综合开发研究院与英国智库Z/Yen集团共同编制发布"全球金融中心指数"，《综研快参》《开放导报》等成为各级政府决策部门、大学和研究机构及各类企业的重要内部参考资料。

澳门智库充分发挥澳门学和区域国别研究专长，形成了一批优秀成果。澳门大学澳门研究中心出版《澳门回归大事编年（1999—2019）》及《澳门回归历程口述史——变革前线》两部重要著作，前者梳理了澳门两个年代的政治、经济、社会、文化等方面的大事，收录超过3000个条目，为研究澳门提供最基础的阶段性史料；后者以口述史的访谈形式重构澳门回归历程中各个阶段的历史场景，同时透过人物的记忆，补充历史叙述的"血肉"。澳门城市大学葡语国家研究院出版《中国和葡语小岛屿发展中国家：从零星的双边交流到全面的多边平台》，聚焦葡语小岛屿发展中国家——佛得角、圣多美和普林西比及东帝汶，对中国与这三个国家之间的关系进行了探讨。澳门城市大学葡语国家研究院出版《百年历程之中共与葡共发展比较研究报告》，立足中国共产党、葡萄牙共产党建党百年历史新起点，对比探讨两者在建构路径、民主建设以及对外交往与传播等领域的同质性与特殊性，加强对葡语国家政党、社会团体组织的认识与研究。澳门发展策略研究中心先后出版《新冠肺炎疫情对澳门社会影响与政策评估》《澳门建设中国与葡语国家商贸合作服务平台研究》，前者通过建立计量经济模型的方式评估澳门社会在疫情发展下所受到的冲击及影响，对澳门未来发展进行初步讨论，并提供对策；后者就澳门建设中葡平台的缘起与发展、重大机遇、基本策略进行总体分析，并针对各个重点平台载体提出相应的政策建议。

香港智库立足本地区所面临的各种复杂现实问题展开调查分析与专题研究。如香港中文大学亚太研究所出版《抗疫路上：香港市民眼中的新冠疫情冲击与应变研究》等重要成果，透过长期追踪的民意调查数据整理出抗疫过程民意民情的变化与趋势。香港"一国两制"研究中心发表《香港：面向未来的国际金融中心》等一批重要研究报告，对香港强化人民币业务枢纽建设、增强香港旅游业吸引力和竞争力等问题提出了诸多创见观点。

（二）重要交流活动

通过举办学术论坛、专题研讨会以及实地走访调研等渠道载体，粤港澳大湾区智库间的交流互动趋于密切，一些交流平台已经向常态化、品牌化方向发展。

由国务院参事室、中央文史研究馆和广东省委统战部指导，广东省人民政府文史研究馆与南方报业传媒集团联合主办的"粤港澳大湾区（广东）文史论坛"已成为湾区文史学界的高水平品牌论坛，来自国务院参事室、中央文史研究馆、广东省人民政府参事室（文史研究馆）以及粤港澳大湾区相关文化研究机构的高水平专家学者共同交流探讨岭南文化历史挖掘、研究与创新利用等议题，对促进粤港澳三地文史研究的交流与合作、推动大湾区文化建设产生重要的积极影响。广东省社会科学界联合会、广东省社会科学院等单位联合举办的"中国南方智库论坛",已成为粤港澳大湾区乃至南中国智库、社科研究机构最具社会传播力的思想交流互鉴平台,至今已成功举办十届,历次论坛分别围绕"乡村振兴与农业农村现代化""疫情防控与社会治理现代化""广东改革开放四十周年的经验与启示""中国现代化道路的实践与启示"等议题展开研讨,为高起点谋划推进改革开放、推进社会主义现代化建设、推进"一国两制"伟大实践提供理论支撑和智力支持。由广东省社会科学界联合会主办的"广东社会科学学术年会"是广东全省性的大型学术活动和哲学社会科学重要学术平台,2021 年年会设置了"智库推进粤港澳大湾区高质量新发展"论坛,邀请了中山大学粤港澳发展研究院、广东外语外贸大学粤港澳大湾区研究院、广东省社会科学院、广州市社会科学院等各类智库和高校专家学者 80 余人,围绕粤港澳大湾区高质量发展、区域协同、社会治理、智慧城市建设等议题展开研讨交流。由广东省社会科学界联合会、香港大公文汇传媒集团及澳门社会科学学会自 2020 年开始联合主办的"粤港澳大湾区学术研讨会"也逐渐办成粤港澳大湾区学术合作交流的新平台,2021 年,研讨会共吸引了粤港澳三地和北京、江苏、四川等省市的上百名研究学者参会,聚焦"'双区''双平台'建设研究""粤港澳大湾区专家及青年学者研究""大湾区其他热点问题研究"等专题献计献策。

　　近年来,三地智库机构还举办了一些颇具影响力的专业性、专题性学术活动,不断扩大湾区乃至全球的学术"朋友圈"。如深圳市委宣传部、深圳市社会科学联合会指导深圳大学中国经济特区研究中心、"一带一路"国际合作发展(深圳)研究院联合主办的"2021 世界经济特区(深圳)论坛",以"经济特区与中国共产党改革智慧"为主题,邀请国内外专家和驻华领事共同探讨了新时代的改革创新及国际合作模式,为更高水平推进经济特区建设提供了借鉴;澳门大学澳门研究中心参与协办的第三届亚太传播论坛吸引近百位来自海内外的传播学领域专家学者以及高校在读硕士研究生和博士研究生参与研讨,成为新冠肺炎疫情以来澳门主办的最重要的国际传播会议

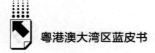

之一；澳门学者同盟主办，澳门社会经济发展研究中心、思路智库等 14 个智库团体联办的"'爱国者治澳'现状与思考研讨会"为澳门特区的"一国两制"实践行稳致远贡献澳门理论界的力量；澳门科技大学社会和文化研究所举办"横琴粤澳深度合作区建设学术座谈会"，围绕法制、税制、医药、大健康、规划、文化、旅游休闲各领域对《总体方案》进行了解读与分析；香港国安法生效后，由中联办举办、团结香港基金协办的集思会召集了全港十多所权威智库专家学者就"探索良政善治之路"建言献策；国家"十四五"规划纲要发布后，全国港澳研究会、香港再出发大联盟和"一国两制"研究中心联合主办"'十四五'的战略规划与香港机遇"研讨会，10余位嘉宾就香港积极融入"十四五"发展蓝图展开充分讨论。

（三）关键合作进展

依托粤港澳大湾区智库联盟的纽带功能，湾区智库在学术研究、人才培养、媒体传播等领域不断深化合作，协力开展知识生产，共同促进智库繁荣，为大湾区建设贡献智慧力量。

在学术研究与人才培养合作方面，广州行政学院市情研究所与澳门科技大学社会和文化研究所签订合作协议，联合开展专题培训，推动教研资源共建共享，互相派出研究人员成立课题组进行有关粤港澳大湾区建设（穗澳合作）科研项目联合攻关，定期研制和出版专题发展报告，并以挂职学习、参访交流、博士定向委培等方式培养人才，共同推动形成具有创新性、实用性和影响力的研究成果。广东省社会科学院历史与孙中山研究所（海洋史研究中心）与中国历史研究院澳门历史研究中心签署合作框架协议，在中国历史研究院统筹指导下共同开展澳门历史文化研究、教育和传承合作，促进澳门历史学学科建设与发展。广东外语外贸大学与澳门城市大学商议开展商学、外语、区域国别研究三个方向的合作，共同建设湾区校园、建立硕博人才联合培养项目。

在媒体传播方面，澳门大学澳门研究中心与南方新闻网签订《共建粤港澳大湾区（澳门）经济与社会数据研究联合实验室暨签署战略合作框架协议》，按照"优势互补、共谋发展"的原则，共建粤港澳合作专题资料库，开展粤港澳合作重大课题研究，推动粤港澳大湾区宣传推介，建立资料新闻教学实习基地，校媒携手打造粤港澳大湾区建设的高标准、高质量资讯及学术活动合作平台，合力加强粤澳两地人才、信息、技术等创新要素跨境流动和区域融通。

（四）对外传播格局

近年来，粤港澳大湾区智库在传播内容、传播阵地、扩大全球声誉等方面均有所进展和突破，持续探索对外传播的方式与路径。

在传播内容生产方面，一些智库对外发布了重要成果，如澳门城市大学葡语国家研究院、澳门"一带一路"研究中心、"一带一路"葡语国家信息与国情研究中心与莫桑比克若阿金·希萨诺大学（Joaquim Chissano University）合办"2021年中国与非洲葡语国家研究国际学术研讨会暨新书发布会"，发布了《几内亚比绍国情报告》等最新学术论著。一些智库指导媒体生产制作了具有国际传播力的原创内容，如广东省人民政府参事室指导羊城晚报·羊城派推出"又见十三行"系列报道，为推动粤港澳大湾区人文建设、书写21世纪海上丝绸之路新篇章、共同唤醒"世界记忆"注入活力。

在传播阵地建设方面，一些智库主办的刊物已具有较强的国际影响力和学术权威性，如澳门大学澳门研究中心主办的SSCI期刊《当代亚洲》（*Journal of Contemporary Asia*，*JCA*）在2021年发布的影响因子为3.261，成为全球亚洲研究领域中最为重要刊物之一。此外，一些智库的网络传播平台建设卓有成效，如中国（深圳）综合开发研究院运营的政务平台"综合开发研究院"自2018年起连续四年获得澎湃新闻政务指数榜"最佳政务传播奖"，积极传播湾区智库思想，体现作为高端智库的独立思考性与社会责任感。

在扩大全球声誉方面，一些代表性专家学者通过国际主流媒体分享个人见解，面向全球公众传递湾区智库声音。如英国《银行家》杂志亚洲记者金柏莉·隆采访中国（深圳）综合开发研究院金融与现代产业研究所副所长余凌曲，围绕中国经济发展现状及趋势，包括去杠杆、整治"影子银行"、加强金融监管等方面展开访谈；澳门城市大学葡语国家研究院助理院长 Francisco B. S. José Leandro 接受 CGTN（原中央电视台英语频道）《微观世界》节目组邀请，分享关于中国澳门、中国与葡语国家之间的专业意见。此外，有的智库还以其代表性建设经验被国际知名机构选为优秀案例供海外智库所借鉴，如团结香港基金会入选美国宾夕法尼亚大学"智库研究项目 TTSCP"发布的《智库与疫情政策建议（2020-2021）》，与美国布鲁金斯学会等世界顶级智库一同向世界展示智库在疫情期间如何影响、推动及引导政府政策。

三　粤港澳大湾区智库发展的主要问题

当前，尽管粤港澳三地政府、学界、业界和民间关于智库建设的重要性与迫切性都有较为深刻的认识，对智库建设的投入力度越来越大，智库建设迎来了最佳发展期，但在国际权威机构编制的全球智库评价指数，如美国宾夕法尼亚大学智库与公民社会研究项目（TTCSP）发布的 *Global Go To Think Tanks Index Report* 中，粤港澳三地智库鲜有上榜者，反映出粤港澳大湾区智库的发展还未能为"建设世界一流湾区"提供强劲的决策驱动力，在综合战略规划能力、前瞻性储备性研究、杰出领军人物、互动协作机制、国际学术话语权、全球传播能力等方面仍存在较为明显的短板，未来有较大的提升和完善空间。

广东智库在粤港澳三地智库中发展起步最早、数量最多，相比港澳智库，广东智库的布局结构更为齐备，运作也更为成熟，但是，在管理体制机制、协同攻关、成果转化和均衡发展等方面还有一些不足。[①]　一是在体制机

---

① 贾海薇：《发展"大社科"研究系统　建设"强智库"战略工程——从广东智库现状谈智库发展》，《行政管理改革》2016 年第 3 期。

制上，科研信息和成果公开程度不高，智库与党政部门之间的常规性沟通联络较少，决策研究的评估和监测体系尚未建立，智库考核评定与激励机制有待完善。二是各个智库间缺乏人才流动和智力共享，较少开展跨机构的联合研究，研究资源重复投入，合力效应弱。三是智库研究成果产出质量不一，转化率低、传播链短，大部分智库成果被上级部门参阅后即束之高阁，没有被市场充分吸收，在学科建设、人才培养、舆论引导、公共外交等领域的重要功能有待进一步发挥。四是智库机构发展均衡性存在一定局限，党政智库偏重于政策性、对策性研究，社科院智库相对缺乏决策信息优势和政府有效沟通渠道，党政智库偏重于干部教育，高校智库侧重于理论分析，对策建议针对性和可操作性稍显不足，社会智库和企业智库虽然灵活性、独立性、专业性强，但与政府决策存在一定距离，缺乏系统性和权威性。

香港智库起步较晚，尽管进入快速发展期，智库数量快速增长，但规模普遍不大、资源不多、人才稀缺、政策影响力不足，缺乏全面性，尚未完全进入成熟期。具体而言，香港智库现阶段的发展体现为四个"不足"。[①] 一是商界普遍抱有"智库无用论"的传统观念，较少考虑成立智库或资助智库，民间智库缺少经费支持，而那些带有政治目的或商业目的的捐款则导致智库难以做出独立、科学、客观的研究。二是香港学术制度下，政策研究不被认可为学术研究，没有事业阶梯，高学历人才觉得在智库工作难以提升行业地位，也无法进入政府或政党从政，导致他们基本被大财团、银行、公营机构挖走，智库的人才吸引力弱，长期缺乏富有经验和实力的专业研究人员，形成恶性循环。三是香港智库实力和影响力有限，普遍存在社团化倾向，导致智库与"智"脱节，"研究"的性质不强，未能紧扣香港实际情况，难以达到影响政府政策制定的层次。四是传统政务官决策时大多依从过往惯例和经验，对智库作用的认识有限，政府在推行重大政策时，还是习惯于请顾问公司研究，与智库互动不足，较少采纳智库意见。此外，香港智库界尚未能形成协作合力，存在重复投入和资源浪费情况，与国际智库、内地智库的合

---

① 《香港智库年报2018》，明汇智库，2018。

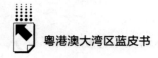

作较少，关联性不够，没有被纳入国家和湾区智库发展的范畴和整体建设格局之中。

澳门智库各具特色、数量众多，但囿于资源有限，单个智库的规模普遍较小，研究力量偏弱，人才紧缺，长期处于发展相对不均衡的状况，还难以充分满足政府及公众的期望与需求。① 各个智库切入澳门问题的深度还有待检验，包括智库对于公共政策实施与民众期待之间的差距如何弥合，智库成果是否真正反映民众最基本的诉求，研究者能否兼顾各方利益达成最广泛的共识等。立足澳门"一中心、一平台、一基地"的战略定位，澳门智库在发挥本地区综合优势、推动澳门与葡语系国家共建"一带一路"合作取得新成效方面肩负着重要使命。从长远来看，处于起步发展期的澳门各类智库还需要持续探索特色发展路径和智库网络体系，进一步提升整体研究能力与水平。

四　粤港澳大湾区智库发展趋势及建议

打造国际一流湾区和世界级城市群，既离不开政府的顶层设计、科学规划，也离不开智库的群策群力、建言献策。得益于世界级城市群发展和多元化、开放性的湾区人文精神积淀，粤港澳大湾区智库已经进入研究成果丰硕、学术交流频繁、合作领域加深、对外传播初起的发展快车道，具备了强耦合性特征。未来，应当准确把握全球智库发展中"组织全球化""研究超前化""竞争激烈化""多学科化""推广手段泛化"五大趋势，以全球化视野和国际化思维破解智库建设面临的各种瓶颈问题，推动湾区智库真正成为担当大湾区建设使命、谋划大湾区发展之道的"思想引擎"。

（一）探索建立新型湾区智库发展体系

一是优化智库发展宏观规划与布局。加强顶层设计，统一规划、合理布

---

① 卜乐：《澳门：迈向一流智库，谁人之觞？》，《澳门月刊》2015 年第 6 期。

局，明确党政智库、高校智库、企业智库、社会智库、媒体智库等不同类型智库的定位、优势、功能及建设方向，将粤港澳大湾区智库建设工程作为重要任务纳入三地政府规划和年度工作计划中贯彻落实，重点整合提升一批优势互补的高端智库，综合带动各类型智库的协同发展。[①]

二是建立开放的研究合作机制。在粤港澳大湾区智库联盟的基础上，丰富不同专业细分领域的智库联盟建设，在科研攻关、人才培养、整合传播等领域构建开放的政府与智库、智库与智库间的合作机制，发展富有可操作性和行动力的合作模式，加快智力共享，广泛开展国际学术交流和科研协同，借鉴国内外高水平智库的成功经验，推动三地智库高质量发展。

三是建立粤港澳大湾区智库评价标准和评价机制，形成基于决策影响力、学术影响力、社会影响力、国际影响力和智库协作力"五位一体"的评价指标体系，定期发布粤港澳大湾区智库评价指数，以评促建，优化调整湾区智库发展策略，根据不同智库特点挖掘比较优势形成差异化发展态势，提升整体行业水平。

四是推动形成智库决策咨询市场体系。发挥市场作用，建立健全以"按需委托、公开择优、清晰透明、以质定费、依规管理"为原则的决策咨询服务制度体系，以公平良性竞争的智力市场取代传统"任务式"的运作模式，不断拓宽智库决策建议和研究成果的呈报渠道。适时设立"粤港澳大湾区智库发展基金"和合作项目资助制度，构建覆盖粤港澳三地的智库支持网络，完善智库管理的体制机制。

（二）开拓湾区特色智库创新发展道路

一是按照特色化、专业化、精细化、定制化的智库发展趋势要求，支持国家级、省级重点智库对标全球顶级智库"扩容提质"，按学科多元化要求综合发展，立足于理论和政策研究的既有优势，丰富智库的舆论引导、政策

---

① 林志鹏、孙海燕：《粤港澳大湾区智库建设的定位与路径》，《决策探索（上）》2019 年第 3 期。

实践乃至助推产业化等多种服务功能，代表粤港澳大湾区智库参与全球思想交流，进一步提升在全球智库界的综合影响力。

二是结合地方实际，针对粤港澳大湾区和"一带一路"建设一批彰显湾区特色、价值独特、研究难度较大、实用性兼备的"小而精"型智库，支持这些智库开展如共建"一带一路"国家国别史、岭南民族宗教、非物质文化遗产、古文献史料等学科领域的专题研究，形成湾区特色的智库学科体系、学术体系、话语体系。

三是香港、澳门智库应深度对接国家重大发展战略，关注港澳同胞福祉，积极研究大湾区中的"香港角色""澳门角色"及其参与路径，为特区政府和业界提出深度对接国家战略的举措及可行方案。同时，发挥智库的舆论引导功能，在大是大非的政治问题以及社会民生议题上及时精准做出解释，增进港澳民众对大湾区建设战略意图和发展趋势的认知与理解，引导形成正确的价值取向，培育爱国爱港爱澳的共识和凝聚力。

（三）提升湾区智库全球传播力和影响力

一是依托湾区国际传播战略，加大针对媒介生态系统、对外传播平台、智库成果转化、智库大数据信息化平台等专题研究的投入力度，寻找大湾区智库和媒体资源有机融合的模式与路径。

二是发挥智库和媒体的各自优势，建立"智库+媒体"的新型智库协作关系。与国内主流媒体、海外知名媒体合作，增强智库的议题设置与创新扩散功能，通过自建、自办网站、刊物、平台等形式，拓展智库产品的传播空间，以研究专业性赢取国际话语权；支持媒体智库化发展，建立一批"智库型媒体"，以数据新闻、行业评价、民意调查、舆情监测等产品形态参与政府决策和社会治理。

三是重点建设统一的粤港澳大湾区研究成果发布平台与资讯传播平台，提升研究成果社会化传播的普及性、生动性、互动性，搭建好公共政策与社情民意之间的连接桥梁。打造联系海内外的学术论坛、圆桌会议、成果发布会、工作交流会等湾区智库的常态化交流活动品牌，搭建更多合作、交流、协调与共享载体，实现湾区智库从学科、资源到人才、成果的互联互通。

（四）加快引进培育复合型智库人才

一是整合广东、港澳及其他国家和地区学术力量，依托粤港澳大湾区优秀的高等教育资源，不断挖掘、培养、引进跨学科、复合型的学术研究人才、科研管理人才、知识营销人才，扩大充实智库队伍，建立相对稳定、基础扎实、兼具学术声望和社会影响力、具备一定社会活动能力的智库人才队伍。

二是三地共同试点探索"旋转门"机制，通过互访学习、交换挂职等形式，鼓励智库人才的自由流动转换，逐步消解智库界和政界的认知藩篱，吸纳政府离任官员担任"研究顾问"，构筑智库高级人才"蓄水池"和"引力场"，实现公共政策"行动者"和"思想者"的良性互动。

三是建立粤港澳大湾区智库专家库。打造可查询、可共享、可展示的智库专家成果信息数据库，汇聚粤港澳三地高层次人才资源，为各级政府部门决策提供可选择的专家人选，以专家库建设为基础，建立高层次人才引进、管理和评价体系，提升粤港澳大湾区智库专家的管理服务水平。

B.19

广州国际友好城市交往
与国际传播发展报告

金芃伊　陈郑予*

摘　要： 面对世界百年未有之大变局，增强对外话语主动权，提升国际
传播能力，讲好中国故事，展现真实、立体、全面的中国在当
今尤为必要。近两年，面对愈加纷繁复杂的国际局面、突袭而
至的疫情以及增长乏力的世界经济，一座城市的国际友城工作
及其国际传播力对于其能否在激烈的全球化竞争中占据优势地
位具有重要意义。广州坚持实施"走出去""请进来"发展战
略，强化国际传播构建能力，持续提升城市形象的国际影响
力。本文以多元视角，阐述了2021年广州开展友城交往的成
效、动因以及国际传播的特点，探讨了未来广州国际友城建设
的发展路径与前景，为广州前瞻一个具有鲜明时代特色与核心
国际竞争力的城市形象。

关键词： 城市交往　广州外交　国际传播

习近平总书记指出，要大力开展中国国际友好城市工作，促进中外地方
政府交流，推动实现资源共享、优势互补、合作共赢。① 广州作为中国对外

＊　金芃伊，博士，广东省社会科学院国际问题研究所助理研究员，主要研究方向为国际传播；
陈郑予，暨南大学博士生，主要研究方向为文化传播。
①　《习近平在中国国际友好大会暨中国人民对外友好协会成立60周年纪念活动上的讲话》，
共产党员网，https：//news. 12371. cn/2014/05/15/ARTI1400156750474758. shtml。

文化交流门户与人文湾区核心城市，正在积极推动国际友城工作高质量发展，以优化布局做大、有的放矢做强、精耕细作做优、统筹协调做好广州国际"朋友圈"。截至 2021 年底，广州已与 66 个国家的 100 个城市建立了友好关系，标志着广州达成友城"百城计划"目标，彰显了对外交流与合作的人文优势。面向未来，要抓住机遇，打造开放新形象，讲好广州故事，让世界"读懂广州""读懂中国"。

一　2021年度广州与世界各友好城市互动与国际传播情况

广东省是中国改革开放的前沿阵地，40 余年来，广东致力于构建多元化、多层次、全方位的开放格局，通过与各国各地区的友好交流合作，极大地增进了与各国各地区人民的友好情谊。友好城市是国际城市间的联谊关系，中国的友城工作从 1973 年开始。在改革开放政策的推动下，与其他国家相应城市建立友好关系，成为广东省对外交往的方向。作为省会城市以及我国对外文化交流的中心城市之一，广州的友城交往为增进当地市民与世界人民的了解和友谊、促进广州的经济建设和社会发展、扩大广州对外宣传、提升广州的国际知名度做出了积极贡献。友城已经成为广州对外交流的重要渠道，也是广州城市国际化的重要标志之一。

（一）广州与世界各友好城市互动情况

2020 年，当全球面临新冠肺炎疫情、经济大幅衰退等多重考验时，中国统筹推进疫情防控与经济社会发展，取得了重大战略成果，走在世界前列，并在全球主要经济体中唯一实现经济正增长[①]。广州作为开放型大都会

[①] 《焦点访谈｜聚焦两会　开好局　起好步》，国际在线（2021 年 3 月 10 日），https：//baijiahao. baidu. com/s？id=1693782844476271558&wfr=spider&for=pc。

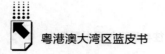

区，虽然首当其冲受到疫情全球大流行的不利影响，但也呈现较强的抗风险能力。广州积极应对疫情对经济和社会生活的影响，稳步推进城市国际化，持续完善营商环境、不断汇聚创新资源、加快经济转型升级、积极开展人文交往，城市的国际地位及其影响力不断提升。近两年，广州始终坚持推进国际友城拓展战略，对外友好交往网络持续扩大，与友城之间加强各领域交流合作。广州的友城数量不断增加，截至 2021 年 11 月，广州已与 66 个国家的 100 个城市建立了友好关系。

广州一直积极融入全球城市伙伴关系网络，全面拓展对外友好交往。早在 1979 年 5 月，广州市就与日本福冈市签署友城结好协议，成为华南地区首对国际友好城市，拉开了广州开展国际友城工作的序幕，广州从此不断拓展国际"朋友圈"。广州还组织安排为期两个月福冈"大熊猫展"，那是广州唯一一次"外派"大熊猫。1979~1996 年，广州结交国际友城只有 9 个。这一时期，广州的友城工作拓宽了对外交流领域，友城分布于亚、欧、北美、大洋洲等四大洲。1981 年 5 月，广州结交了第二座，也是北美洲第一座友城美国洛杉矶市。1982 年，洛杉矶—广州友好城市协会主席阿曼森夫人率团访穗，赠送广州市"友谊长存"基石。为优化对外交往格局，夯实友城交流基础，1997 年起，广州大力推进"友城拓展战略"，拓展国际城市交流合作。1997~2012 年，广州结交国际友城 13个、国际友好合作交流城市 12 个。2012 年至今，广州朋友圈快速扩大。第一座与广州结交的欧洲城市是意大利巴里市。2021 年 11 月，广州举办全球市场论坛全体大会时，巴里市市长安东尼奥在线上发言，特地对广州的"抗疫担当"表示感谢："我永远不会忘记 2020 年 3 月广州市向巴里市提供的口罩、防护设施和疫情防控经验。"至 2021 年 11 月，广州已达成友城"百城计划"目标（见图 1）。

广州有系统性的"择友标准"，一是服从服务于国家总体外交，又服务于广州经济社会发展和国际交往的需求；二是友城与广州总体上具有相似性、可比性和互补性；三是与广州有一定友好交往历史；四是考虑拓展地域布局，做到每个大洲都有友好城市。在 2021 年 11 月 24 日，广州市与

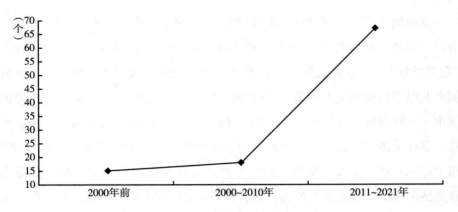

图1 广州国际友好城市结交年份

资料来源：广州市外事办公室官网。

匈牙利佩斯州结为国际友好合作交流城市，2021年广州友城签署达13个（见表1）。

表1 2021年广州缔结友好城市

城市	所属国家	签署日期
都灵	意大利	2月8日
达喀尔	塞内加尔	3月12日
普拉亚	佛得角	4月21日
萨拉戈萨	西班牙	7月13日
占碑	印尼	7月26日
伍珀塔尔	德国	7月30日
马尔都	爱沙尼亚	8月30日
蒂瓦特	黑山	9月14日
明斯克	白俄罗斯	9月28日
新西伯利亚	俄罗斯	9月28日
赫尔松	乌克兰	10月12日
拉合尔	巴基斯坦	11月1日
佩斯州	匈牙利	11月24日

资料来源：广州市外事办公室官网。

友城框架下，广州对外合作深度与广度持续增强，广州大力推进城区、港口、学校、医院等部门与友城相关部门缔结"友好城区""友好港口""友好学校""友好医院"等对口交流关系。当前，与广州缔结友好关系的城市及组织机构等遍布世界六个大洲，形成了"友好城市—友好合作交流城市—友好城区—友好单位"四位一体的布局以及政府相关部门、企业单位、事业单位与各行各业共同参与的工作格局。①"广州—奥克兰—洛杉矶"与"广州—法兰克福—里昂"的三城多边合作机制取得一定成就，加强了联盟城市间的互动交流与务实合作，成功树立国际友城合作的典范。广州也探索友城合作平台化、交流机制化、发展项目化、交往常态化的"四化"路子，通过开展经贸、文化、体育、教育等多个领域的合作与交流，服务广州的经济社会发展，成效显著。

（二）广州国际传播情况

2021年，广州对外传播立足两个大局，推动高质量发展。作为国家中心城市、国际商贸中心和改革开放先行地，广州对外开放绵延2000多年，在我国对外交往合作中发挥突出作用。为发展国际传播工作、增强对外传播能力、加强外宣联动，广州市借助多项国际会议等重大外事平台，讲好中国故事、中国共产党故事，并精心培育广州奖、亚洲青年领袖论坛等平台，打造"小而美""雅而秀"的外交外事活动场地，邀请国际组织驻华机构代表、外国驻华媒体记者代表走进广州、了解广州，讲好中国故事、广州故事。

通过这些重大外事平台，世界看到了广州作为老牌国际贸易中心的号召力和吸引力。近年来，广州外事功能发生了变化——从服务国家经贸到展示国家形象，与此同时，广州的全球城市定位也随之发生改变——从国际贸易中心晋升为世界一线城市。根据科尔尼管理咨询公司

---

① 《广州国际友好关系城市网络拓展 国际朋友圈越来越大》，广州文明网（2019年11月1日），http://gdgz.wenming.cn/gzjj/201911/t20191101_6129330.html。

（A. T. Kearney）发布的《2021 年全球城市指数报告》，广州在"全球城市综合排名"中又上升两位，列第 61 名。这是继 2019 年从第 71 名跃升到第 63 名以来，广州在该榜单排名又一次提升。这一结果反映的是广州近年产业结构变化和国际分工中的地位提升。据最新统计数据，2021 年前三季度，广州市智能与新能源汽车等新兴产业占全市地区生产总值的比重已高达 30.7%。

这一变化已经得到了海外媒体的关注。根据北京修远经济与社会研究基金会与清华大学国家形象传播研究中心联合发布的《广东省广州市城市品牌网络传播定位策略报告》，2019 年 11 月至 2020 年 11 月的 Factiva 全球新闻数据库中，外媒对广州的报道有 88105 篇。其中英文媒体主要关注广州的企业、科学、人文研究成果，以及卫生医药进展。英文媒体提及广州最多的是美国的科技新闻媒体 NewsRx 科技新闻，有 9820 篇，报道最多的内容是广州的新能源汽车和广州车展。不过，这些报道只是停留在向外界显示广州经济结构转型的动向，还不足以重塑城市形象。相较于北京和上海，广州的国际曝光度还不够，主要是因为过去在全球产业分工中广州处于低端位置，"中国南方沿海的制造业大城市""中国出口之都"成为国际社会对广州根深蒂固的印象。可见，广州的国际知名度与其国际经济实力地位变化之间还有较大落差，这就提出了如何主动设置议题、向世界展示广州的命题。

2021 年，广州对外传播重点落脚在三个方面。

首先，广州是世界"读懂中国"的重要窗口。2021 年 12 月 1 日，以"从哪里来，到哪里去——世界百年变局与中国和中国共产党"为主题的"读懂中国"国际会议在广州举行，向世界讲述中国与中国共产党的故事，探寻引领世界大变局的共赢方案。广州正在中华民族迈向伟大复兴新征程上、在通向构建人类命运共同体的康庄大道上，迈出坚定步伐、写下广州答案。

其次，涉外高端会议活动频繁。国际盛事是广州开启对外交流、链接世界资源的重要平台，有助于提升国际显示度和曝光度，推动国际交往中心建设。12月5日，"2021从都国际论坛"在广州开幕，国家主席习近平向论坛开幕式发表视频致辞。[①] 东道主前台搭建交流桥梁，为四方宾朋共商合作发展大计提供贴心服务，幕后展现广州形象，以一个个生动的广州故事、湾区故事，向世界讲好中国故事。加快国际交往中心建设，就要广州会展业实现高质量发展，不断提升服务保障能力和水平。一方面要"精耕细作"，不断办好高端国际会议交流活动，持续放大"广州奖"系列活动影响力；另一方面要"开疆拓土"，强化与会展行业国际组织合作，争取引入更多极具全球影响力的国际论坛与会议，建构一个完善的金字塔式国际论坛与会议体系。如今，广州已初步建成了具有较强国际影响力的城市交往中心，并向着"独具特色、文化鲜明的国际一流城市"迈进。与此同时，广州也发挥着世界观察中国的"城市窗口"作用，将充满活力的发展成就、高水平的治理效能和底蕴深厚的文化，寓于一个个生动的广州故事、湾区故事和中国故事中，向世界展示可信、可爱、可敬的中国。

最后，积极推进友城之间的市民交流。新时期友城工作更多地从官方走向民间，服务市民和企业日益增长的对外交往需求。广州组织了首批市民代表团赴德国法兰克福和法国里昂进行"友城之旅"。为对外推介，广州还把友城市民"请"进家，开展"相约广州"系列活动，让友城更加了解广州，让市民更多了解友城。

广州市"十四五"规划提出，要扩大高水平对外开放，加快国际交往中心建设。未来要充分用好高端国际会议等平台，不断拓展"朋友圈"。改革开放以来，友城交往为增进广州市民与世界人民的了解和友谊、促进城市经济建设和社会发展、扩大对外宣传、提升广州国际知名度做出了积极贡献。

---

① 《习近平向"2021从都国际论坛"开幕式发表视频致辞》，光明网（2021年12月6日），https：//m.gmw.cn/baijia/2021-12/06/35360233.html。

二 广州开展友城交往与国际传播的 成效及基础条件

广州开放历经三个阶段：从第一次鸦片战争前的"一口通商"，到改革开放，再到推进粤港澳大湾区建设的新时代。广州在对外交往与国际化发展过程中需具备全球视野与战略思维，以及独特与全面的创新意识，不断推动广州这座城市进行多边外交工作，以期突出广州独具特色的城市特征与对外交往工作成效。广州城市品牌在国内具有悠久的历史和传统，城市基础设施与交通等硬件属于世界级水准，具有高科技创新企业布局全面、"可持续发展指数"（房价、空气、城市绿化指数等）相对较高、文化古迹与自然风景具有世界级吸引力等优点，是一座集商贸、美食、旅行、购物等多样化休闲娱乐方式于一体的综合性旅游目的地城市。

（一）广州开展友城交往与国际传播的成效

一是广州对外交往范围越来越广，发展速度越来越快。一方面，2012~2019 年，广州 8 年结交了国际友城 16 个及国际友好合作交流城市 32 个；2020 年新冠肺炎疫情发生以来，广州积极开展国际抗疫合作，向受疫情影响严重的国际友城、国际组织等援助抗疫物资，受邀参加联合国、世界大都市协会等组织的国际疫情防控经验在线研讨会，与世界各地分享广州抗疫经验，受到国际社会广泛赞誉。在此期间，广州迅速结交了新国际"朋友"，与 18 个城市结为国际友好合作交流城市，并达成了广州的友城"百城计划"，彰显了"广州速度"。另一方面，广州积极推进国际城市间交流合作，扩大友好网络格局。随着"百城计划"的稳步推进，国际友城文化艺术团、国际友城大学联盟、国际友城足球交流活动、中外友人运动会等活动形成品牌。在穗国际机构网络不断拓展，外国驻穗总领事馆已达 66 家，创造各国与穗合作发展机遇。

二是国际交往层级不断提升，全球合作领域更加宽广。伴随广州与国际组织、与民间友好组织合作的推进，城市间的国际交往层级不断提升，全球合作领域更加广阔，涵盖了各个方面。近些年，广州的城市国际话语权不断增强，成功竞选世界城地组织亚太区妇女委员会主席，当选世界大都市协会主席城市，连任了世界城地组织世界理事会和执行局城市，争取了世界大都市协会亚太区办公室落户广州。除此之外，广州还加入了 C40 城市气候领导联盟、世界城市文化论坛等多个国际组织，代表我国参与、推动了全球城市治理工作。创设全球市长论坛，"广州奖"已成功举办四届，汇聚形成上千个城市创新案例的全球独有数据库，被纳入联合国人居署城市最佳实践数据库。①

三是城市交往渠道愈加多样，全球影响力持续提高。广州历经数十年的对外交往与发展，与国际城市交往形式逐渐多元化。随着广州的城市国际"朋友圈"持续扩展，广交会、海丝博览会等一些具有国际性质的展会汇聚了全球各地客商。广州不仅需要"引进来"，更要"走出去"。广州支持本土企业参加了 58 场境外展览，内容涵盖时尚、汽车、游戏等领域，帮助企业开拓多元国际市场。近年来，广州在推动联合国《2030 年可持续发展议程》上践行创新、协调、绿色、开放、共享的新发展理念，先后参与了联合国粮农组织"绿色城市倡议"，与世界银行合作开展"中国可持续发展城市降温"试点，并成功当选世界大都市协会主席城市。同时，广州成为首个向联合国提交可持续发展目标地方自愿陈述报告的中国城市，以数据、措施和案例等方式展现了广州积极落实联合国可持续发展目标的进展。② 这成为广州扩大高水平对外开放、打造国际交往中心、将"引进来"与"走出去"相结合的一个缩影。

（二）广州开展友城交往与国际传播的动因

广州拓展国际交往有不少历史与当代的优势。开放包容的城市基因，铸

---

① 《广州建设国际交往中心的现实路径》，中国经济网（2021 年 9 月 13 日），http：// views. ce. cn/view/ent/202109/13/t20210913_ 36905929. shtml。

② 《打造国际交往中心，看看广州如何建起国际"朋友圈"》，南方+（2021 年 8 月 27 日），https：//static. nfapp. southcn. com/content/202108/26/c5678515. html。

就了广州的魄力与魅力、品格与性格。

首先，广州是"富商机"的城市。广州素有"千年商都"美誉，广交会已经成为具有全球影响力的中国名片，与此同时，外商投资是广州经济发展和产业结构优化的重要支撑之一。营商环境持续优化，让这里成为全球普遍看好的投资热土和财富天堂。广州通过组团出国开展靶向招商、经贸合作交流、贸易促进、招商推介会议和参加各类展览或会议（或活动）等多种方式增强国际显示度，对主要投资国家或地区的吸引力进一步增强，世界 500 强企业纷至沓来。如今外商投资企业贡献了近六成的全市规模以上工业总产值、增加值以及近 1/2 的全市进出口总额，成为广州经济发展和产业结构优化中极为重要的一环。优化国际化营商环境，这不仅是广州城市发展的内在需求，同时促使广州逐渐形成一个全面开放的全新格局。广州正大力优化国际营商环境，并加大招商引资力度，持续提高对外开放水平，加快国际交往步伐，为实现成为国际交往中心提供了强有力的支撑。

其次，广州是一座"全球通"的城市。白云国际机场网络覆盖全球 230 多个航点，2020 年旅客吞吐量 4376.8 万人次，全国第一①。根据 CADAS（民航资源网旗下的民航数据分析系统）发布了《2021 中国民航年度统计报告——机场排名》，2021 年白云国际机场排名第一，旅客吞吐量 4023.1 万人次。此外，广州南站客流量居全国铁路枢纽站场第一；地铁运营总里程 522 公里，里程全国第三、世界前十；广州港 2021 年货物、集装箱吞吐量分别由全球第六、第七位提升到第四、第五位……"顶流"广州不仅是数据，更是实实在在的人气和活力。广州作为我国综合交通枢纽之一，拥有着国内一流的海港、空港与铁路港等。根据中国社会科学院发布的"国家中心城市指数"，广州的国家交通中心指数位居我国第一。可以说，构建国际交通枢纽系统、提升世界交通网络的连接性，是提升广州作为国际大都市综

---

① 《可喜！广州白云机场 2020 年旅客吞吐量全球第一》，光明网（2021 年 1 月 26 日），https：//m. gmw. cn/baijia/2021-01-26/1302072546. html。

合实力的重要内容。展望未来，广州还须以搭建链接全球的国际交通网络为核心，促进多式交通协同、区域交通协同、交通产业空间协同、智能绿色交通协同，构建现代化国际化综合交通运输体系，加快推动综合交通枢纽发展成为全球市场的综合交通枢纽，更好支撑广州向着国际大都市迈进。

最后，最根本因素还在于广州"友城多"。近些年，广州持续实施友城拓展战略，与百个国际城市建立友好城市关系，缔结友好港口近60个，外国驻穗总领馆达60余家，"朋友圈"覆盖全球六大洲，广州广发"英雄帖"，邀请各国精英共探发展之道。从早年的友好城市到如今兴起的多边城市组织，再到越来越频繁的国际交流活动，广州的地方外事告别简单的迎来送往，逐渐上升为"大外事"。友城搭台，经贸唱戏，广州以友好城市及友好合作交流城市为载体，通过双边的经贸交流活动，积极开拓友城周边及更广大地区的市场，创立可持续发展的多边交流平台，强化国际化人才的培养，推动双边及多边的经济共同发展。2014年，广州—奥克兰—洛杉矶三城经济联盟正式成立，开启了国际友城交流合作新模式，实现友城从双边合作到多边合作的新突破。三城经济联盟以经济合作为核心，合作力度不断加强，合作机制不断成熟，取得丰富成果，是我国地方外事工作的模式创新。国际性会议的召开，也成为广州推进多边交流的重要举措。2009年11月13日，2009年世界理事会议暨广州国际友城大会在穗开幕，堪称全球市长的盛大聚会。2019年11月1日，纪念广州开展国际友好城市工作40周年大会在广州举行。来自26个国家35个城市的代表齐聚广州共叙友谊。在2021年结束的全球市长论坛系列活动中，来自全球126个城市、9个国际组织逾800位中外嘉宾"云"集广州，论道城市创新治理经验。广州向世界发出善意的同时，也收获了许多来自远方的情谊回馈，一批批友城人民见证了双方的友谊。

从2020年起，广州开展一系列"云外事"活动，召开联合国、世界城地组织、世界大都市协会、C40等组织的国际疫情防控经验在线研讨会，与世界各地分享抗疫经验，向受疫情影响严重的国际友城、国际组织等援助抗疫物资。

三 广州开展国际友城互动及国际传播存在的瓶颈

长久以来，广州对于国际城市的多边交流与合作一直十分重视，将国际组织作为重要的合作交流平台，建构了日益完备的国际合作交流体系。作为城市外交的重要方式，在新形势下，广州与国际友城互动以及国际传播的发展还存在以下瓶颈。

一是广州议题设置能力与建构话语体系能力有待进一步提高。一些官方传播渠道未能与受众进行良好互动。如今媒体更倾向于建设双向传播平台，传播者与传播受众之间进行双向传播互动，在内容提供者拥有较多话语权的同时，让运营者有更多机会传播个性化内容。因此，广州还需利用好媒介传播这一重要渠道，将更为轻松有趣的信息内容向目标受众进行精准分发和传播。

二是广州城市形象塑造过程中的媒体国际化进程较慢，传播方式较为滞后，发声路径不够顺畅，危机公关的应对能力有待提升。对外传播应致力于构建良好的国家形象，但在具体操作过程中，部分媒体产生了一些片面理解，受多元因素影响，不仅仅是广州，放眼全国，其海外发声渠道不多，信息落地能力弱，网络自媒体建构进程较慢，一定程度上"受制于人"。譬如，由于广州在国际上缺乏具有广泛影响力的自有社交媒体平台，因此只能依靠 Facebook、Twitter 等海外社交媒体。近年来，特别是自 2021 年以来，海外社交媒体平台不断牵制我国海外传播活动，审查传播内容、宣传推广受限、封停账号等，致使广州的国际传播进程陷入被动局面。另外，媒体面对城市发展过程中遇到的问题、矛盾呈现三缄其口、未积极应对的局面。2021年，广州市在实施"道路绿化品质提升""城市公园改造提升"等工程中迁移、砍伐大（古）榕树较多，甚至有一些大树老树，广州的城市治理体系和治理能力还不能完全适应新形势新要求。但是，从此次事件后续处理方式可见，广州民间自媒体与政府、市民形成了良性互动循环，媒体在公共事件中更好发挥了正面影响力，充分反映出广州人民深厚的生态文明意识，将这一负面事件转化为宣传广州国际交往中人文形象的良机。目前在广州，政府及其相关部门的危机公关能力虽持续提升，但是在危机信息处理、部门协调能力、舆情导向与善后修复等能力上仍然有一定的不足，今后还须从树立危机公关意识、建设相应的专业人才队伍、完善与发展相关法律体系、构建高效协调的组织机制、熟悉政府危机公关操作流程等方面提高政府危机公关能力，以此塑造良好城市形象。

三是民间资源尚未有效运用，新媒体潜力有待挖掘。近年来，广州不断加大对外传播力度，引发一些国际城市的"警惕"，原因之一是城市的国际传播主力依然为官方媒体，官方色彩比较浓厚。怎样吸引新兴自媒体以及其他非官方媒介参与到国际传播过程之中，是当前广州市对外传播亟须思考与谋划的关键问题。此外，国际传播中的新媒体与网络自媒体的建设能力仍然不高，在全媒体时代，广州的国际交往互动与国际化传播还无法将多样化的传播渠道有效地进行整合与使用，在进行城市对外交流及相关的传播活动时，传播渠道分散，从而导致传播资源的浪费。例如广州已开通了英文版微博号 Guangzhou-China，以及在脸书和推特这些海外社交媒体上也开设了相关账号，且经常更新，但是上述账号的粉丝活跃度不高，评论、转发数量时常为 0。究其原因在于未能与广州其他国际友城的传播活动的联动。作为重要的国际化传播平台，海外社交媒介账号需及时进行宣传与报道，树立与打造广州城市国际化形象，提升广州城市国际形象的传播效果。目前，由于传播渠道与城市活动联动不足，传播效果大幅度削减。

广州与国际友城互动以及国际传播是持续性的动态发展过程。随着城市不断发展、传播手段的更新、国际环境的变化，今后依然需根据广州市具体情况，提出更为符合时代要求的传播互动方式与路径，以便更好地指导及推动广州的国际化传播与友城互动。要以做中国故事的书写者、中国故事的讲述者、国际传播渠道的运用者、中国传播平台的打造者、"外脑外嘴"的引导者为目标，广州定能打造城市品牌和符号，更有力地推动国际传播，提升国际知名度，更好地讲好、书写好中国故事。

四 广州未来国际友城建设与国际传播战略前瞻

城市形象是一个城市最有价值的无形资产和城市品牌，也是城市重要的软实力。城市形象对内具有整合作用，市民的认同感及自豪感，都形成了一座城市的内在活力；对外则可以大幅提升受众关注度，继而形成情感认同，最终提高城市的全球吸引力与竞争力。未来，广州应致力于全面提升广州城市形象，完善城市对外传播机制，增强城市形象亲和力；挖掘城市文化内涵，提升文化产品影响力；彰显城市个性魅力，打造城市活动传播力。可从以下几方面着手。

（一）加强对国际友城互动的传播对象的研究，提高对外传播水平，展现立体的广州形象

广州是一个务实、开放的城市，有着出色的人文底蕴和文化活力，通过文化赋能让广州的城市文明不仅体现在市容市貌、环境秩序等更新升级上，更充盈于人文精神内涵的全面升华中。目前，广州与国际友城互动以及国际传播活动时，媒体往往习惯于沿用传统模式，面临着受众范围广、数量多、类型杂的问题，并且其受众针对性不明显，难以达到理想的效果。广州的对外传播政务平台目前无法体现对于某一类受众的偏向，譬如游客或前来出差的国外人士。在此背景之下，将受众进行细分，并对其精准传播就显得尤为重要。此外，就城市形象进行对外传播需了解当地群众的喜好，清楚其风格偏好，才能达到精准传播与高效传播的良好效果。

因此，面对庞杂的海外受众，提升针对性成为增强传播效果必不可少的一环。一是加强广州市对外传播能力的建设，向世人展示更加丰富多彩、更加生动立体的广州形象。二是以文载道，以文传声，以文化人，向世界阐释推荐更多具有广州特色、体现羊城精神、蕴含广州智慧的优秀文化，广州创新传播方式需面对地域风俗与传统、文化与语言及意识形态等不同的障碍与挑战，在融通中外上下功夫，在多元文明之间架起沟通的桥梁，通过城市形

象宣传片打开全球交流对话窗口。譬如从 2017 年《花开广州盛放世界》、2019 年《花开广州汇聚全球》，到 2021 年新版宣传片《花开广州幸福绽放》，诠释广州从走向世界到拥抱世界，再到践行人类命运共同体的城市升华。三是充分利用本地媒体资源，同时创造更多渠道进一步拓展对外人文交流。

广州需依托国际友好城市和遍布全球的粤籍华人华侨推动岭南文化、广府文化的海外传播，鼓励符合国家政策的各类文化企业在境外开展文化领域的投资合作，加强对外文化学术交流合作，深化与国际主流媒体以及海外华文媒体的合作。以期构建国际一流传播矩阵，抢占国际话语权制高点。

（二）培育高水准、国际化、标志性品牌活动，加强文化交流

一方面，发挥广州本地高校与相关科研机构的优势，促使海外留学生前来广州留学，为广州提供更多与海外沟通交流的契机，对于广州这座城市的国际传播力将大有裨益。所以，高校需利用、规划好相关部门的宣传经费，汇总整合有发展潜力的优势专业及学科，发挥与利用好广州高校多、人才强的优势，以期争取更多的国际学术会议在广州举办。另一方面，广州还可以规划多样化的具有广州城市特色的文体宣传活动，国际性会议、世界级体育赛事、文艺展览等活动形式的传播涉及面较为广泛，传播媒介较集中，对于宣传广州国际形象具有良好优势。广州计划举办更多的高端体育赛事活动，大力发展体育产业，提升广州的城市软实力及其国际影响力，推动创建体育名城工作更上一层楼。除此之外，还可以依托广州这座城市独有的地理与人文优势，举办具有国际影响力的大型活动，提升岭南文化的传播力与影响力。

（三）面向未来，塑造良好的国际城市形象，打造国际城市品牌

广州两千多年以来的商都历史首先要进一步全方位有所体现；其次要体现时代内涵；最后要面向未来，体现城市对未来的引领力。

广州的国际形象要从历史、时代、未来融合中树立。在中短期内，可以

通过一系列大型活动的组织与运作，在国际目标受众中增加广州城市品牌的曝光率和认知度，如申办世界杯等知名度高的体育赛事。还可以拓展广交会，形成各具特色又互为关联协作的会展平台体系，加快会展服务专业化、品牌化和信息化发展；塑造城市品牌形象，通过"广州奖"，探索并构建与全球连接的国际城市创新体系，完善城市国际化交往的运作模式。要打造国际商贸中心，通过城市多边外交，积极推介广州商贸、文化等特色优势，让其成为一张国际性城市名片。除此之外，友城友谊不能仅停留在政府层面，更要让市民看得见、听得着，体会得到国际友谊的真切。新时期的广州友城工作，也更多地从官方走向民间，从政府走向市民。

城市是全球化发展的重要载体和强大引擎，广州乃全球化发展的"网络节点"之一，与世界城市紧密联结，不断拓展城市多边交往，成为国际体系中的积极行动者和竞争者，促进城市国际化发展水平不断提升。广州市应坚持胸怀天下，以世界眼光谋划友城工作，持续优化友城布局，以更加开放的姿态拥抱经济全球化，推动形成全面对外开放新格局。希望与友城加强友好往来，共享发展机遇，完善合作机制，深化务实合作，共同推动国际友城事业发展，开创世界更加美好未来。

法治湾区篇

The Rule of Law of GBA

B.20

粤港澳大湾区规则衔接实践报告

李 娟[*]

摘　要： 规则衔接是粤港澳大湾区建设法治化的重要抓手与核心关键。
2021年，虽处在全球疫情蔓延的困难时期，但粤港澳大湾区建
设从"一国两制、三法域、三个单独关税区"现实出发，围绕
"合作区"建设、"湾区通"工程、"数字化"发展、"优质生活
圈"共建等方面开展改革试点工作，不断推进粤港澳大湾区规
则衔接，取得显著实践成效。本报告主要考察了大湾区在互联互
通、金融服务、科技创新、数字建设、人才交流、创业就业、文
化教育、医疗健康、社会保障等领域规则衔接实践以及取得的成
效，探讨以中央主导、地方主体的规则衔接路径，为粤港澳大湾
区融合发展提供良好的法治保障，对进一步完善粤港澳大湾区规
则衔接提出展望。

---

* 李娟，广东省社会科学院法学研究所研究员，主要研究方向为犯罪学、刑事政策学。

关键词: 规则衔接 制度创新 粤港澳大湾区

2021 年是国家"十四五"规划开局之年,也是推进粤港澳大湾区健康发展的关键年。《中华人民共和国国民经济和社会发展第十四个五年规划和2035 年远景目标纲要》提出,要高质量建设粤港澳大湾区,深化粤港澳合作、泛珠三角区域合作,推进深圳前海、珠海横琴等粤港澳重大合作平台建设,加强内地与港澳各领域交流合作,完善便利港澳居民在内地发展和生活居住的政策措施。① 2021 年《广东省政府工作报告》提出,要深入实施"湾区通"工程,促进各类要素高效便捷流动。可见,粤港澳大湾区规则衔接是促进各要素融合发展的制度保障。本报告从"一国两制、三法域、三个单独关税区"现实出发,聚焦 2021 年中央政府及三地政府为推进"合作区"建设、"湾区通"工程、"数字化"发展、"优质生活圈"共建等所进行的制度创新和改革实践,并对未来进一步促进粤港澳大湾区规则衔接和机制对接提出展望。

一 推进"合作区"建设,引领湾区深层次规则衔接与国际接轨

广东省人民政府印发的《中国(广东)自由贸易试验区发展"十四五"规划》明确提出,"十四五"时期重点建设粤港澳大湾区统一大市场,支持前海深港现代服务业合作区、横琴粤澳深度合作区积极建立与港澳衔接、国际接轨的规范制度和监管标准。这标志着两个"合作区"的建设进入制度创新扩容、规则衔接推进的新阶段。

---

① 参见《中华人民共和国国民经济和社会发展第十四个五年规划和 2035 年远景目标纲要》
(2021 年 3 月 30 日)。

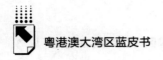

（一）深圳：前海深港现代服务业合作区

全面深化前海深港现代服务合作区的改革开放、构建与国际接轨的规则体系、建立健全更高层次的开放型经济新体制，对粤港澳大湾区发展的引领作用日益彰显。在国家政策层面，2021 年 5 月，国家开发银行制定《国家开发银行支持粤港澳大湾区发展暨深圳先行示范区建设 2021 年工作要点》，在支持国际科技创新中心建设、服务构建具有国际竞争力的现代产业体系、支持基础设施互联互通建设等方面，进一步助力深圳完善贸易便利化和通关便利化规则衔接，完善金融开放窗口功能的规则衔接。2021 年 9 月，中共中央、国务院印发《全面深化前海深港现代服务业合作区改革开放方案》，对前海深港现代服务业合作区进行了明确定位，即"打造粤港澳大湾区全面深化改革创新试验平台，建设高水平对外开放门户枢纽"，要在重点领域加强与港澳标准和规则的衔接。

在深圳地方政策层面，打造市场化法治化国际化营商环境，主动对接国际标准和先进规则。加快推进综合改革试点，持续推动放宽市场准入，围绕核心技术攻关、产业集聚发展、产城融合示范和体制机制创新，2021 年 3 月，深圳市人民政府印发《关于支持深圳国家高新区坪山园区建设世界一流高科技产业园区的意见》，作为深圳国家高新区扩区方案的"两核"之一，坪山高新区侧重探索构建接轨国际的先进制度体系。支持坪山保税区复制推广河套、前海等区域的改革创新经验和先行政策，着力提升创新资源的全球配置能力，在生物医药、集成电路、智能网联等新经济领域开展改革试探，探索与自身发展相适应的监管制度。同时要建立国际化、市场化的人才发展政策，率先探索形成创新链、产业链、人才链、政策链、资金链深度融合的发展路径。2021 年 6 月，深圳发改委发布《深圳市国民经济和社会发展第十四个五年规划和 2035 年远景目标纲要》，对市场化、法治化、国际化的营商环境政策不断优化。2021 年 7 月，国家发展改革委印发《关于推广借鉴深圳经济特区创新举措和经验做法的通知》，对"构建以规则机制衔接为重点的制度型开放新格局"总结出多方面经验：一是形成最严格的知识产权保护体系；二是推进"互联网+"通关服务陆路口岸通关一体化；三是促进财政科研资金跨境便利流动机制与港澳规则衔接；四是探索创新大湾区标准化协同机制，促进大湾区三地标准互联互通等。2021年，深圳各部门在前海试点制度创新成果75项，其中65项在全国复制推广，累计达685项。[①] 截至2021年，新兴产业注册企业累计达3.15万家，中国（深圳）知识产权保护中心搭建快速预审平台，成功推动300余件高质量科技专利申请走向海外。[②]

积极推动港澳青年创新创业、产教研同步发展。2020年12月，教育部、广东省人民政府联合印发《关于推进深圳职业教育高端发展 争创世界一流的实施意见》，推进粤港澳职教联动发展，推动建立深港澳职业教育定期会商制度，推动粤港澳高等专科学历互认试点工作。[③] 2021年3月，中共深圳市委办公厅、深圳市人民政府办公厅出台《关于进一步便利港澳居民在深发展的若干措施》，从便利港澳居民在深学习、就业、创业、生活四方面提出了具体措施。2021年11月，深圳市人力资源和社会保障局印发《关于推动港澳青年创新创业基地高质量发展实施意见》，对规范基地授牌管理、加大资金资助力度、完善配套制度、实施创业启动资助、对接港澳资源、完善生活配套服务等方面提出具体举措。2021年，前海在地企业数增长110%，其中在地港资企业数同比增长160%；37位港籍知名医生获得由深圳市人力资源和社会保障局颁发的正高级职称证书，[④] 进一步拓宽了深港人才交流合作。2021年1~10月，前海合作区实际使用港资39.9亿美元，占深圳近50%；注册资本1000万美元以上的港企累计达2456家。累计实现14类港澳人才仅需备案即可执业，382名港澳专业人士完成执业登记备案。[⑤]

---

① 周倩：《横琴、前海强势驱动粤港澳深度融合发展，大湾区迎来两个"特区中的特区"》，《华夏时报》2021年12月31日。

② 范宏韬：《前海"四大领域"改革成果丰硕》，《深圳商报》2022年4月2日。

③ 参见《教育部、广东省人民政府关于推进深圳职业教育高端发展 争创世界一流的实施意见》，《广东省人民政府公报》2021年2月15日。

④ 庄瑞玉、罗莉琼、曾烨：《规则"软联通"带来跨境执业大便利》，《深圳特区报》2021年8月6日。

⑤ 苑伟斌：《大前海：四大领域更向前》，《深圳商报》2021年12月8日。

（二）珠海：横琴粤澳深度合作区

横琴粤澳深度合作区毗邻港澳，对于打造趋同港澳的国际化法治化营商环境有着明显优势，是广东打造新发展格局战略支点的重要支撑。在国家省级政策层面，2021年9月，中共中央、国务院印发《横琴粤澳深度合作区建设总体方案》，横琴粤澳深度合作区管理机构揭牌成立，[①] 加强与澳门公共服务和社会保障规则衔接。2021年3月，中共广东省委、广东省人民政府印发《关于支持珠海建设新时代中国特色社会主义现代化国际化经济特区的意见》，在重点领域推动与港澳规则衔接，以制度创新为核心，在健全科研资金和成果以及高层次人才跨境流动机制、提升贸易和投资的自由化便利化水平、推进知识产权保护制度化和法治化等方面对接国际规则，进行先行先试。自横琴自贸片区2015年成立6年来，累计形成622项改革创新经验，其中4项改革创新案例入选全国自贸试验区最佳实践案例，近20项在全国范围内推广，88项在省、市复制推广。[②]

在珠海地方政策层面，积极推动全面深化改革向纵深发展。2021年1月，横琴新区印发实施《横琴新区社会投资建设项目审批制度深化改革工作方案（试行）》，全面优化横琴新区营商环境规则衔接，推动社会投资项目实施，使工程建设项目审批改革进入新阶段。2021年4月出台的《珠海市全面深化改革2021年工作要点》，在60项重要领域和关键环节全面推进改革。[③] 2021年8月，珠海市人民政府印发《关于在横琴自贸试验片区第五批可在全市复制推广的改革创新措施的通知》，落实横琴自贸试验片区第五批（共12项）较为成熟的改革创新措施向全市复制推广。2021年9月，广东省人大通过了《关于横琴粤澳深度合作区有关管理体制的决定》，粤澳双

---

① 陈新年：《产业体系不断完善 科创走廊加快建设》，《珠海特区报》2022年3月25日。

② 汪晓东、李刚、吴姗、马原：《积极作为深入推进粤港澳大湾区建设》，《人民日报》2021年10月22日。

③ 靳碧海、莫海晖：《珠海坚决扛起全面深化改革开放使命担当》，《珠海特区报》2021年6月24日。

方联合组建合作区管理委员会，并制定《横琴粤澳深度合作区管理委员会工作规则（试行）》《横琴粤澳深度合作区执行委员会工作规则（试行）》，进一步健全粤澳共商共建共管共享的新体制。[①] 率先推行商事制度改革，设立企业开办"一站式"服务大厅；首创不动产登记"一证一码"创新服务；在全国首创跨境人民币全程电子缴税，率先推动港澳专业人士跨境便利执业，开创行政审批服务网上"跨境通办"。[②] 2021 年 10 月 19 日，"跨境理财通"在珠海正式上线，珠海地区 18 家试点银行共有 152 家网点受理"跨境理财通"业务。[③] 2021 年珠海外贸进出口总值 3320 亿元人民币，同比增长 21.5%，新设外商投资企业超 2500 家，实际吸收外资 27 亿美元。[④] 截至 2021 年 12 月，横琴粤澳深度合作区实有企业 54431 家，港澳资企业 6822 家，其中澳资企业 4723 家，注册资本 1436.69 亿元，已经成为内地澳资企业最集中的区域。[⑤]

二 深化"湾区通"工程，探索各类要素高效便捷流动规则对接

2021 年的《广东省政府工作报告》明确提出，深入实施"湾区通"工程，促进各类要素高效便捷流动。实施"湾区通"工程，通过推进"跨境通""人才通""社保通""资金通"的具体措施，促进人员、货物、资金、技术、信息等要素高效便捷流动，进一步推动三地经济运行的规则衔接和机制对接，提升市场一体化水平。

[①] 参见中共中央、国务院印发的《横琴粤澳深度合作区建设总体方案》，新华网（2021 年 9 月 5 日），http://www.news.cn/2021-09/05/c_1127830256.htm。

[②] 靳碧海、莫海晖：《珠海坚决扛起全面深化改革开放使命担当》，《珠海特区报》2021 年 6 月 24 日。

[③] 耿晓筠：《"跨境理财通"在珠海正式上线 18 家银行进入试点名单》，《珠海特区报》2021 年 10 月 20 日。

[④] 陈新年：《产业体系不断完善 科创走廊加快建设》，《珠海特区报》2022 年 3 月 25 日。

[⑤] 《突破！横琴口岸通关旅客破千万、实有企业超 5.4 万家……》，《珠海特区报》2021 年 12 月 29 日。

（一）推进"跨境通"，互联互通规则衔接日益完善

实行更加便利的通关模式，探索"一事三地""一策三地""一规三地"创新举措。深入推进贸易通关自由化便利化改革，采用"合作查验、一次放行"的新型通关查验模式，推进国际贸易"单一窗口"应用主要项目全覆盖。2021年2月，中共中央、国务院印发《国家综合立体交通网规划纲要》，提出优化国家综合立体交通布局，促进不同运输方式法律制度的有效衔接。2021年9月，国家口岸管理办公室印发《国家"十四五"口岸发展规划》，充分发挥国务院口岸工作部际联席会议制度作用，积极推进口岸查验机制创新。实行广深港高铁西九龙站"一地两检"、港珠澳大桥珠海口岸"合作查验、一次放行"及客货车"一站式"通关，积极开展深港科技创新合作区跨境专用口岸和新横琴口岸建设及通关制度创新。2021年12月，广东省市场监督管理局出台《关于服务粤港澳大湾区建设的行动方案》，推动大湾区标准体系建设，探索建立大湾区标准确认机制，推进大湾区标准互认。夯实大湾区质量基础，推进三地质量基础设施互联互通。

推进口岸、海关、民航资质互认工作。进一步完善和扩展口岸功能，加强内地与港澳口岸部门协作，推进粤港澳口岸监管部门间"信息互换、监管互认、执法互助"，在粤港、粤澳口岸实施更加便利的通关模式。推动研究制定港澳与内地车辆通行政策和配套交通管理措施，完善粤港、粤澳两地牌机动车管理政策措施，研究允许两地牌机动车通过多个口岸出入境。大力推动大湾区内海关AEO（经认证的经营者）制度互认交流和宣传推广。[①] 截至2021年10月，广州关区有35家外贸综合服务企业，已培育为AEO的企业达20家，高信用企业占比超57%。这些外贸综合服务企业2021年上半年

---

① AEO制度，即经认证的经营者（Authorized Economic Operator），是世界海关组织的一项重要制度，是海关对信用状况、守法程度和安全管理良好的企业实施认证认可，对通过认证的企业给予优惠通关便利的制度。互认安排实施后，两国AEO企业将享受双方给予的降低单证审核和货物查验率、加快通关速度、实施优先查验、通过设立联络员沟通解决企业通关中遇到的问题等多项便利措施。

共服务承接 1.8 万余家中小微外贸企业出口业务，总出口货值达 102.4 亿元人民币，同比增长 50%。① 2021 年 11 月，中国民航局、香港民航处、澳门民航局在深圳签署全面《联合维修管理合作安排》，实现了维修单位与维修培训机构互认和航空器维修人员执照互认，简化了互认方式、流程，进一步促进三地维修行业的融合发展。

（二）实施"人才通"，人才自由流动机制逐步形成

创新港澳涉税专业人士跨境从事涉税专业服务制度。为进一步放宽港澳涉税专业人士跨境从事税务服务限制，促进深圳与香港特别行政区、澳门特别行政区建立更紧密涉税专业服务贸易，2021 年 1 月，国家税务总局深圳市税务局关于发布《港澳涉税专业人士在中国（广东）自由贸易试验区深圳前海蛇口片区执业管理暂行办法》，对港澳涉税专业人士跨境从事涉税专业服务在执业登记条件、资格确定、可从事的涉税服务范围、发起设立税务师事务所条件以及行业监管等方面进行规范。3 月，"前海港澳涉税专业人士政务服务中心"在前海税务局挂牌成立。截至 2021 年 10 月，已有 64 位港澳涉税专业人士在前海完成跨境执业登记办理，有 3 家合资税务师事务所完成行政登记。11 月 4 日，全国首家深港澳联营税务师事务所落户深圳前海。②

创新粤港专业机构、专业人员资质资格及信用评价管理。2021 年 1 月，广州市人民政府办公厅印发《广州市全面深化服务贸易创新发展试点实施方案》，简化港澳医师转内地医师资格认证手续，开展与港澳专业服务资质互认试点。放宽港澳专业人才执业资质，推广粤港澳专业资格"一试三证"评价模式，③ 推行粤港澳大湾区区域内外籍人才流动资质互认。2021 年 8

① 蔡岩红：《构建以信用为基础的新型海关监管机制 我国与 46 个国家或地区签署 AEO 数量居世界首位》，《法制日报》2021 年 10 月 15 日。

② 张玮：《港澳涉税专业人士免考即可跨境执业 前海改革进行时》，《南方 Plus》2021 年 11 月 12 日。

③ "一试三证"评价模式，即一次考试可获得国家职业资格认证、港澳认证、国际认证，港澳专业人士在港澳从业经历可视同内地从业经历，为粤港澳大湾区引进外籍高端人才提供签证、停居留及永久居留便利。

月，广东省人民政府办公厅印发《广东省促进建筑业高质量发展若干措施》，进一步加快形成符合国际通行规则的工程建设管理制度，推进粤港建筑业资质资格及信用评价管理的规则衔接。2021年9月，广东省自然资源厅发布《关于港澳地区城市规划专业企业在广东省执业备案管理的通告》，为港澳地区城市规划专业企业在广东省内执业备案提供了政策支持和实施路径。通告明确规定了港澳地区城市规划专业企业在广东省执业备案的适用范围、执业范围、备案条件、备案程序、权利义务等内容。2021年11月，南沙区人力资源和社会保障局牵头制定《广州市南沙区建筑和交通工程专业港澳人才职称评价管理办法（试行）》，该办法是国内首部关于港澳专业人才在内地申报职称的规范性文件，为港澳人才参与内地职称评价提供行动指南，对推动港澳人才在粤港澳大湾区内地便利执业、实现粤港澳大湾区创新人才资源深度融合具有指导意义。截至2021年12月，港澳医师获得内地医师资格证共计402名，港澳律师参加大湾区律师执业考试共计707名，有效推动律师、金融、税务等16个领域的港澳专业人才享受跨境执业便利。①

　　创新融通港澳、接轨国际的高端人才发展制度。围绕建设融通港澳、接轨国际的人才发展环境，不断完善高层次人才居留便利制度。2021年2月，广东省推进粤港澳大湾区建设领导小组印发《广州南沙新区创建国际化人才特区实施方案》，着力深化人才管理体制机制改革，实施具有国际竞争力的人才开放政策，优化人才要素跨境跨区域配置，为粤港澳大湾区建设提供人才支撑。7月20日，在广州南沙国际人才港正式成立"大湾区（广东）国际人才驿站"，为各类人才在南沙创新、创业、生活提供全链条、全方位的"一站式"服务。2021年5月，广州市人社局出台《关于充分发挥人社部门职能作用提供优质高效人才服务的若干措施》，加快广州人才大数据平台建设，设立面向粤港澳大湾区提供服务的区域性人才大数据中心（粤港澳大湾区人才大数据中心），实现人才服务数智化。加强与国家信息中心战

---

① 戚耀琪：《2021年粤港澳大湾区6个产业集群入选"国家队"》，《羊城晚报》2022年2月19日。

略合作，推动粤港澳大湾区（广州）人才大数据平台建设纳入全国一体化国家大数据中心建设体系。

（三）健全"社保通"，湾区社会保障制度不断完善

推进社会保障规则衔接，使港澳青年就业创业更加便利。2020年12月，人力资源和社会保障部与广东省人民政府签署了《深化人力资源社会保障合作　推进粤港澳大湾区建设战略合作协议》的补充协议，对港澳人士全面取消在粤就业许可，实施粤港澳大湾区"社保通"工程，同时，还允许港澳居民同等申领各项就业创业补贴，港澳居民来粤就业创业更加便利，粤港澳三地规则衔接取得实质性进展，粤港澳青年联合创业创新平台不断增多，进一步完善了港澳居民在粤参保政策。截至2021年，港澳居民有27.92万人次在粤参加失业、工伤、养老等保险。[①] 12月2日，广东省人社厅在广州启动"湾区社保通"，在"粤省事"和广东政务服务网两个平台上线了"湾区社保通"，服务范围包括参保记录查询打印、待遇申报、资格认证等高频社保服务事项。[②] 截至2021年10月底，港澳居民在粤参保27万人次，享受待遇2.6万人。港澳居民在粤参保和享受待遇人数分别比上年底增长了46%和18%，有效发挥了社会保险保障民生、服务港澳的作用。[③]

（四）推动"资金通"，跨境金融市场改革不断深化

粤港澳大湾区作为我国开放程度最高、经济活力最强的区域之一，[④]

---

① 麦婉诗：《粤港澳大湾区（广东）人才港正式开港》，《新快报》2022年3月31日。

② 刘春林：《"湾区社保通"上线，港澳居民在粤参保可在线办理》，《广州日报》2021年12月3日。

③ 程小妹：《港澳居民在粤参保近30万人次　湾区社保通服务专区上线》，《南方都市报》2021年12月3日。

④ 截至2021年，粤港澳大湾区人口约占全国的5%，GDP占比则高达12%，拥有600万元人民币以上的高净值家庭超过45万户，占全国的25%，累计可投资资产总额至少达2.7万亿元，粤港澳大湾区是中国经济最活跃的地区之一，也是中国最富裕的城市群之一。

"资金通"包括从账户相通，到跨境理财投资相通，到跨境贷款信贷相通，再到跨境金融合作制度相通，都需要跨境资金融通业务落地及规则创新与国际化对接。2021 年 1 月，中国人民银行、国家发展改革委、商务部、国资委、银保监会、外汇局联合发布《关于进一步优化跨境人民币政策　支持稳外贸稳外资的通知》，持续优化人民币跨境使用政策。2021 年 9 月，中国人民银行发布《关于开展内地与香港债券市场互联互通南向合作的通知》，人民银行广州分行、人民银行深圳市中心支行，广东、深圳银保监局，广东、深圳证监局联合印发《粤港澳大湾区"跨境理财通"业务试点实施细则》，按照投资主体身份分为"南向通"和"北向通"，"跨境理财通"业务试点支持大湾区内地及港澳居民个人跨境投资对方银行销售的合资格投资产品。①截至 2021 年 12 月，"跨境理财通"共发生业务 5855 笔，总金额4.86 亿元。②

三　加快"数字化"发展，推进数字技术
各领域规则融合与衔接

数字经济时代，"数字化"发展是粤港澳大湾区创新探索的重点。粤港澳大湾区的人流、物流、资金流和信息流等资源要素加速流动，在粤港澳大湾区经济技术、科技金融、营商环境、监管服务等方面不断加强规则衔接和机制对接，用数字化创新手段推动各领域融合与创新取得显著成效。

（一）在经济技术方面

粤港澳大湾区数字经济发展已经具备了良好的产业基础，在数字经济合作方面可以充分做到优势互补、协同发展。规模庞大的传统制造业转型升级

---

① 吕沁兰、李宏懿、刘宝：《"跨境理财通"推动粤港澳大湾区金融市场互联互通》，《中国经济导报》2021 年 9 月 16 日。

② 戚耀琪：《2021 年粤港澳大湾区 6 个产业集群入选"国家队"》，《羊城晚报》2022 年 2 月19 日。

释放巨大需求潜力，为数字产业发展、数字技术进步创造了巨大的市场动力；同时，粤港澳大湾区加速建立一体化的数字商业、数字产业、数字基础设施、数字社会、数字政府和数字科创体系，具有丰富的数字经济综合应用场景，进一步推动产业数字化和数字产业化发展。为推动构建数据要素流通顺畅的数字大湾区，2021 年 5 月、6 月，先后出台《广东省人民政府关于加快数字化发展的意见》《广东省制造业数字化转型实施方案及若干政策措施》，进一步推进数字技术在粤港澳三地规则衔接、机制对接上的应用，促进数据资源在大湾区充分汇聚、顺畅流动和深度应用。[①] 加强与港澳交流合作，推动软件与信息服务产业集群赋能制造业数字化转型。为推动粤港澳大湾区数据有序流通，2021 年 7 月，广东省人民政府印发《广东省数据要素市场化配置改革行动方案》，作为全国首份数据要素市场化配置改革文件，其中多项创新举措付诸行动，如推动深圳先行示范区数据要素市场化配置改革试点、支持深圳建设粤港澳大湾区数据平台、支持深圳数据立法；建设粤港澳大湾区大数据中心、推进数据权益资产化与监管试点、设立数据交易市场或依托现有交易场所开展数据交易、探索建立"数据海关"、开展跨境数据流通的审查评估监管等工作，[②] 并在全国率先启动首席数据官制度试点。2021 年 9 月 1 日实施的《广东省数字经济促进条例》，为扩大数字经济领域开放、推进数字经济规则衔接、数字基础设施共建共享、数字产业协同发展等提供了法律保障。

（二）在科技金融方面

把粤港澳大湾区建设成为全球领先的科技金融中心，需要大力推动大湾区的科技金融互联互通规则衔接，形成以广州、深圳、香港为联动核心的区域科技金融创新体系。

---

① 参见《广东省人民政府关于加快数字化发展的意见》，《广东省人民政府公报》2021 年 5 月 25 日。

② 参见《广东省人民政府关于印发〈广东省数据要素市场化配置改革行动方案〉的通知》，《广东省人民政府公报》2021 年 7 月 25 日。

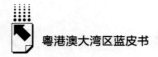

在科技创新方面，2021 年，粤港澳大湾区跨城市科技创新产学研一体化发展，在政策层面获得了高度支持，科技创新规则衔接日益紧密。2021 年 4 月，国家发展改革委印发《粤港澳大湾区建设、长江三角洲区域一体化发展中央预算内投资专项管理办法》，以直接投资安排方式支持粤港澳大湾区地方政府投资项目，优先支持河套深港科技创新合作区、横琴粤澳深度合作区。为促进制度创新、优化政策环境，2021 年 7 月 1 日实施《广州市科技创新条例》，推动广州、深圳、香港、澳门科技创新走廊建设。2021 年 10 月，广东省人民政府发布《广东省科技创新"十四五"规划》，发挥港澳开放创新优势和广东产业创新优势，围绕建设更高水平的科技创新强省，推动粤港澳在科技金融、产业发展、成果转化等领域实现"一体化"发展。2021 年 12 月，广东省市场监督管理局出台《关于服务粤港澳大湾区建设的行动方案》，促进建立"广深科技创新走廊"知识产权运营机制，打造知识产权国际化专业服务集聚发展区。

在金融服务方面，2021 年 3 月，广州市推进粤港澳大湾区建设领导小组印发的《广州市关于推进共建粤港澳大湾区国际金融枢纽实施意见》《广州市关于推进共建粤港澳大湾区国际金融枢纽三年行动计划（2021—2023 年）》提出，构建广州金融支持大湾区国际金融枢纽建设的政策体系，在监管协调、金融机构互设、金融产品互认等规则对接领域进行重点突破，推动粤港澳三地资本市场和金融要素交易市场交易规则对接。2021 年 8 月，广东省人民政府印发《广东省金融改革发展"十四五"规划》，明确广东金融改革发展的战略导向，在推动更高水平金融开放方面，以粤港澳双向金融开放为核心，构建省际、国际多圈层金融合作开放新格局。重点完善区域金融发展布局，健全现代金融体系，推动金融数字化智能化转型，推进金融高水平制度型开放，构建防范化解金融风险长效机制。2021 年 9 月，广东省人民政府发布《广东省深入推进资本要素市场化配置改革行动方案》，进一步推进建设现代金融体系、深化资本市场改革、深化跨境金融改革，搭建境内外资金跨境流通桥梁。2021 年底，由广州市商务局、广州高新区和胡润百富共同发布的《2021 全球独角兽榜》中，占中国 17%（51 家）的"独角兽"企业总部设在粤港澳大湾区。① 2021 年中国科技金融论坛发布的《中国城市科技金融生态指数》，对全国 31 个重点城市的科技金融生态进行综合评价和排名，深圳和广州分别排第二和第五名。其中，全国性的金融中心是上海、北京和深圳。2021 年世界知识产权组织（WIPO）发布的《2021 年全球创新指数报告》显示，在全球"最佳科技集群"排名中，深圳—香港—广州地区列第二位。其中，广深港科技创新走廊、广珠澳科技创新走廊、深港河套创新极点、粤澳横琴创新极点成为大湾区国际科技创新中心的重要支撑。

（三）在营商环境方面

打造与港澳接轨的营商环境的关键是对标国际商贸规则。2021 年 1 月，中共中央办公厅、国务院办公厅印发《建设高标准市场体系行动方案》，制定放宽市场准入试点特别措施，施行"全国一张清单"管理模式。2021 年 6 月，广东省人民政府办公厅印发《广东省"一照通行"涉企审批服务改革试点实施方案》，推进商事登记确认制改革。2021 年 12 月，广东省人民政府办公厅印发《广东省市场监管现代化"十四五"规划》，以优化营商环境为重点、以规则标准衔接为主线，携手港澳建立高标准市场监管规则和标准。聚焦市场监管重点领域，积极探索以点带面推动三地规则衔接。12 月，广东省市场监督管理局出台《关于服务粤港澳大湾区建设的行动方案》，在营商环境方面，加快推进粤港澳大湾区商事登记确认制改革试点，稳步推进在准入准营退出领域相关规则的有效衔接，率先建立以告知承诺制为主的市场准营监管制度，拓展粤港澳商事登记"银政通"服务。2021 年，粤港澳三地营商环境规则对接取得新突破，在 CEPA 框架下基本实现与港澳服务贸易自由化，依托"数字政府"平台，实现港澳企业在粤商事登记"一网通办"。近 3 年，广东新引进港澳资企业 5 万余家，利用港澳资金 3400 多亿元。②

---

① "独角兽"企业：是指投资界对于 10 亿美元以上估值，并且创办时间相对较短的公司的称谓，以神话动物来代表成功企业。
② 吴哲、骆骁骅：《粤港澳大湾区建设破浪前行》，《南方日报》2021 年 10 月 22 日。

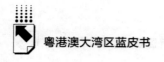

四 共建湾区"优质生活圈"，完善宜居宜业宜游制度保障体系

共建宜居宜业宜游的湾区"优质生活圈"，在粤港澳三地政策协调和规则衔接方面不断完善，陆续制定了一系列符合粤港澳大湾区文化和旅游发展的具体政策和措施，加强就业创业、教育培训、医疗健康、文化旅游等领域的合作。

（一）促进港澳青年到粤港澳大湾区就业创业

为促进港澳青年来粤创业就业，2021年3月，广东省人力资源和社会保障厅陆续出台《关于推动港澳青年创新创业基地高质量发展的意见》《粤港澳大湾区（内地）事业单位公开招聘港澳居民管理办法》等政策文件，提高港澳青年创新创业基地运营管理服务专业化、精准化、科学化水平，全方位、深层次发挥港澳青年创新创业基地功能优势，进一步拓展港澳青年就业创业空间、优化港澳青年来粤创新创业环境。2021年6月，广东省人力资源和社会保障厅、广东省财政厅关于印发《广东省就业创业补贴申请办理指导清单（2021年修订版）》，对全省就业创业补贴项目的条件、标准、程序作了进一步的统一规范，其中特别对大湾区青年就业计划生活补助进行具体规定。2021年7月，广东省委组织部、广东省人力资源和社会保障厅印发《广东省事业单位2021年集中公开招聘高校应届毕业生公告》，符合试行办法规定的港澳应届毕业生可报考广州、深圳、珠海、佛山、惠州、东莞、中山、江门、肇庆及省直驻上述各地事业单位岗位。2021年10月，人力资源和社会保障部、财政部、国家税务总局、国务院港澳事务办公室联合印发《关于支持港澳青年在粤港澳大湾区就业创业的实施意见》，优化港澳青年在粤港澳大湾区就业创业支持体系和便利举措。截至2021年，已建成以粤港澳大湾区（广东）创新创业孵化基地为龙头、12家重点基地为骨干、珠三角 57 家特色基地为基础的"1+12+N"港澳青年创新创业孵化基地体系。① 2021 年初，在广东省政府支持下，香港特区政府也先后推出了"大湾区青年就业计划""大湾区青年创业资助计划"，共汇集近 3500 个职位，求职的申请超过 2 万份。② 为了让港澳青年更顺利融入湾区发展，广州、深圳、珠海等地纷纷出台措施，广东省还建设了 38 家"粤港澳大湾区青年家园"，助力港澳台青年创业就业。

（二）推动粤港澳大湾区教育合作机制的创新

强化粤港澳高等教育互联互通的体制机制创新。在粤港澳大湾区教育链、人才培养链与产业链、创新链有效衔接方面不断完善，使粤港澳大湾区高等教育结构布局进一步调整优化。2020 年 12 月至 2021 年 1 月，教育部、广东省人民政府先后出台《推进粤港澳大湾区高等教育合作发展规划》《关于推进深圳职业教育高端发展争创世界一流的实施意见》，广东省发展改革委等公布《广东省产教融合建设试点实施方案》，加快探索"学校+"办学模式的体制机制改革，探索建立粤港澳大湾区高等教育协同发展体系。在深圳率先建立深港澳职业教育定期会商制度，推动粤港澳高等专科学历互认试点工作，粤港澳大湾区高等教育合作稳步推进，③ 并逐步实现职业资格、学历学位、专业技术、职业技能等级互通，实现粤港澳产教融合连接。2021 年 11 月，广东省人民政府印发《广东省教育发展"十四五"规划》，推动粤港澳大湾区教育交流与合作。截至 2021 年，已设立中外、内地与港澳合作办学机构 15 个，本科层次以上中外合作办学项目 38 个。支持粤港澳高校联盟等 40 余个教育交流合作平台建设发展。安排专项博士、硕士研究生招生计划，支持内地高校与港澳高校开展研究生联合培养。④

---

① 谢伟东、何静文：《粤港澳大湾区释放改革发展新势能》，《南方日报》2022 年 2 月 17 日。
② 董小迪：《香港特区政府："大湾区青年就业计划"收到超 2 万份求职申请》，中国新闻网（2021 年 9 月 10 日），http://news.china.com.cn/2021-09/10/content_77745022.html。
③ 参见《广东省教育发展"十四五"规划》，《广东教育》（综合版）2021 年 11 月 5 日。
④ 教育部：《广东省推进粤港澳大湾区国际教育示范区建设　服务经济社会发展主战场——2022 年全国教育工作会议经验交流之三》，《教育部简报》2022 年第 3 期。

（三）完善医疗器械监管和医疗服务跨境衔接

建设粤港澳大湾区内地与港澳地区药品医疗器械研发、生产、流通和使用的互联机制，将内地药品监管体制与港澳监管体制进行有效对接。完善粤港澳大湾区药品医疗器械监管制度。2021年6月，广东省人民政府办公厅发布《关于建立广东省推进粤港澳大湾区药品医疗器械监管创新发展工作联席会议制度的通知》，① 统筹推进粤港澳大湾区药品医疗器械监管创新发展工作。同时，在香港大学深圳医院开展使用港澳药品和医疗器械的试点工作，2021年8月，"港澳药械通"大湾区医疗跨境合作试点启动并扩展至大湾区内地9市实施，创新了粤港澳大湾区医疗服务跨境衔接机制。2021年7月，广东省人大制定颁布《广东省中医药条例》，深化中医药科技创新合作，支持省内科研机构与香港、澳门共建国际认可的中医药产品质量标准，推进中医药标准化、国际化。② 2021年8月，广东省药品监督管理局发布《关于简化在港澳已上市传统外用中成药注册审批的公告》，进一步推动粤港澳大湾区中医药融合发展，促进粤港澳三地中成药上市流通标准对接。通过调整审批事权、精简申报材料、简化审批流程、压缩审批时间、优化审批服务，推动粤港澳大湾区中药产业融合发展，促进粤港澳大湾区药品监管创新发展。2021年11月，广东省人民政府办公厅印发《广东省全面加强药品监管能力建设若干措施》，推进粤港澳大湾区药械监管创新，对标国际通行规则，建立健全药品监管体系。

（四）探索文化和旅游跨区域合作的体制机制

粤港澳大湾区在旅游合作、区域协同、城乡融合等领域具备多重政策优势。在国家政策层面，2020年12月，文化和旅游部、粤港澳大湾区建设领导小组办公室、广东省人民政府联合编制的《粤港澳大湾区文化和旅游发

---

① 参见《广东省人民政府办公厅关于建立广东省推进粤港澳大湾区药品医疗器械监管创新发展工作联席会议制度的通知》，《广东省人民政府公报》2021年6月25日。
② 钟哲、姚瑶：《支持港澳已上市传统外用中成药在粤注册》，《南方日报》2021年10月1日。

展规划》发布，逐步建立粤港澳大湾区文化遗产数字信息共享平台，共同推进海上丝绸之路保护和联合申遗工作，丰富粤港澳大湾区青少年文化培育和交流计划。2021 年 7 月，国家艺术基金管理中心发布《关于受理港澳特区艺术机构和艺术工作者申请资助项目的公告》，通过对港澳特区艺术机构和艺术工作者的资助，促进港澳特区文化艺术事业繁荣发展，支持香港发展中外文化艺术交流中心，澳门打造以中华文化为主流、多元文化共存的交流合作基地。[①] 在地方政策层面，2021 年 3 月，广州市推进粤港澳大湾区建设领导小组办公室印发《粤港澳大湾区北部生态文化旅游合作区建设方案》，探索跨区域合作体制机制，通过整合"五区一县"[②] 的生态、文化、旅游资源，推动跨区域联合发展。2021 年 4 月，广州市人民政府办公厅出台《广州构建世界级旅游目的地三年行动计划（2021—2023 年）》，在全国率先提出城市旅游品牌建设内容，对标世界一流旅游名城，打造传统文化与现代文明交相辉映、"宜游"与"宜居宜业"融合的高品质世界级旅游目的地，并提出实现旅游业年接待游客超过 2.7 亿人次，旅游业年收入超过 5000 亿元。

五 对未来进一步推进粤港澳大湾区规则衔接的展望

粤港澳大湾区的规则衔接实践，涉及粤港澳三地，需要从"一国两制、三法域、三个单独关税区"现实出发，进一步围绕"合作区"建设、"湾区通"工程、"数字化"发展、"优质生活圈"共建等方面开展改革试点工作，持续推进粤港澳大湾区规则衔接，进一步完善中央主导、地方主体的规则衔接路径，对相关规则衔接进行更多的创新探索。

[①] 欣文：《港澳申报项目列入国家艺术基金资助项目名单》，《中国文化报》2022 年 3 月 3 日。

[②] 粤港澳大湾区北部生态文化旅游合作区：范围涉及广州、清远两市，包括花都区、从化区、增城区、清新区、清城区、佛冈县，即"五区一县"。发展定位为：国家级生态型旅游经济先行探索区、国家城乡产业协同发展先行区、粤港澳大湾区世界级休闲旅游目的地、文商旅产业融合发展创新试验区、广清一体化文旅发展新平台。

（一）进一步探索两个"合作区"与国际接轨的规则衔接

发挥深圳建设中国特色社会主义先行示范区、横琴粤澳深度合作区、前海深港现代服务业合作区示范引领作用，在更多领域、更深层次推进并扩大与国际接轨的试点改革，重点围绕金融、交通、健康、医疗等领域做好国际规则衔接。在前海深港现代服务业合作区，进一步探索市场准入承诺即入制和"极简审批"改革，建立高度便利的市场准入制度，放宽和优化先进技术应用和产业发展领域市场准入、完善金融投资领域准入方式、创新医药健康领域市场准入机制、放宽教育文化领域准入限制、推动交通运输领域准入放宽和环境优化等方面做出具体规定。推进出台优化前海合作区管理体制机制的实施方案，制定前海合作区投资者保护条例，进一步完善深圳市高层次人才奖励补贴发放政策。在横琴粤澳深度合作区，加紧编制"横琴粤澳深度总体发展规划"，制定横琴粤澳深度合作区条例，推动出台市场准入、金融开放、所得税优惠等重点政策。① 推动在横琴口岸客货车通道采用"联合一站式"查验模式。

（二）进一步深化"湾区通"要素高效便捷流动规则对接

深入实施"湾区通"工程。推进"跨境通"，进一步创新口岸通关监管方式，提升区域通关便利化水平。加快推进商事登记确认制特区立法，推动"银政通"商事登记服务向港澳地区拓展。推动与港澳建立"跨境通办"合作机制，推进粤港澳三地企业登记信息共享、资质互认，稳步推进跨境金融市场双向开放和金融市场监管，探索建设大湾区跨境理财和资管中心，扩大"理财通"试点规模。推进"社保通"，探索推进大湾区"保险通""征信通"，研究建立粤澳养老保险衔接机制，建设"港澳保险售后服务中心"，推动跨境车险"等效先认"落地实施。推进"人才通"，制定推进粤港澳大湾区建设高水平人才高地的方案，建立境内外高端人才和紧缺人才、港澳居

---

① 陈雁南：《高水平推进横琴粤澳深度合作区建设》，《珠海特区报》2022 年 3 月 16 日。

民个人所得税优惠政策落实协同机制，做好个人所得税优惠政策与人才清单管理办法的衔接，切实推动合作区个人所得税优惠政策落地落实。完善知识产权合作机制，推动跨区域知识产权政策协调，在知识产权获权、保护、运用、服务、金融等方面创新制度。

（三）进一步加快"数字化"在各领域的规则融合与衔接

加快推进数据要素流通顺畅的"数字湾区"建设。积极推进数字技术在粤港澳大湾区规则衔接和机制对接上的应用，深入参与在跨境数据流动领域的国际规则制定，在国家安全视域下开展数据跨境传输安全管理试点，建立数据安全保护能力评估认证、数据流通备份审查、跨境数据流通和交易风险评估等数据安全管理机制，探索建立数据要素交易领域相关标准体系。放宽和优化先进技术应用和产业发展领域市场准入，放宽数据要素交易和跨境数据业务等相关领域市场准入。加强数字金融新兴业态风险管控，探索建立沙盒监管制度。积极参与构建数字化国际规则体系。推动建设大湾区全球贸易数字化领航区，出台粤港澳大湾区全球贸易数字化领航区建设方案。探索建设离岸数据交易平台，汇聚国际数据资源，完善相关管理机制。鼓励粤港澳大湾区龙头企业参与制定市场行业世界先进标准，以适应国家战略在全球数字化治理体系中的变革。

（四）进一步完善大湾区"优质生活圈"的制度保障体系

进一步完善大湾区宜居宜业宜游"优质生活圈"的制度保障体系，为港澳同胞在粤创业就业、教育发展、卫生健康、文化旅游等方面提供更加便利条件。构建粤港澳大湾区青年创业就业工作跨域协同机制。加快制定大湾区青年创业就业顶层协同政策，推进制定大湾区青年创业就业工作跨域协同行动框架协议和实施细则。继续探索建立粤港澳大湾区高等教育协同发展体系，产研学合作、科研转化应用、联合办学等教育资源和发展优势得到充分发挥，探索政策法律衔接协同，探索引才用才福利保障，探索教育职业合作联盟，建立全面规范的粤港澳青年群体大数据库和协作平台。推动粤港澳大湾区医疗规则衔接，在放宽港澳医疗机构准入限制、便利进口医疗器械、药品通关等方面加强规则衔接。建立粤港澳大湾区医疗健康共同体，在医疗产学研协同、医疗科技平台协同、医疗资源协同供给、医疗卫生体制机制等方面进一步改革创新。推动与国际接轨的医院评审认证制度、医疗技术准入等规则对接。持续推进中药审评审批制度和监督体制机制改革，建设粤港澳大湾区（广东）中医药产业协同创新联盟。大力推进大湾区文旅深度融合，积极打造大湾区世界级旅游目的地，培育壮大一批旅游龙头企业，支持中小型旅游企业特色化和专业化发展，促进旅游企业在国外设立分支机构。

B.21

粤港澳大湾区律师行业发展报告

李健男　刘作珍[*]

摘　要： 2021 年是粤港澳律师服务行业具有里程碑意义的一年。粤港澳
大湾区律师执业考试首次开考，为港澳律师打开内地执业大门，
对纵深推动粤港澳大湾区法治化进程具有重大意义。粤港澳各城
市律师行业的发展规模和发展水平与当地的经济发展水平一致，
香港的律师服务国际化程度最高，法律服务水平卓越，众多优秀
的国际法律专业人才在香港执业，而以广州、深圳为代表的内地
城市律师行业发展迅速，律师队伍逐渐扩大，服务水平稳步提
升。在大湾区建设背景下，港澳律师进入内地执业门槛逐步降
低、方式更加多元化，粤港澳律师合作交流进一步增强，粤港澳
法律服务市场走向融合发展。当下，受多重因素影响，大湾区律
师行业的发展遇到了新情况，传统的法律服务形式面临挑战，也
蕴含机遇，政府可以从政策支持、开拓新兴市场、人才培养等方
面促进粤港澳大湾区律师服务业高质量发展。

关键词： 律师服务　法治　联营律师事务所　粤港澳大湾区

在全面建设法治中国的进程中，律师发挥着重要的作用。律师肩负着
维护社会公平正义的使命，是依法治国的重要力量。在建设营商环境上，

---

[*] 李健男，博士，暨南大学法学院教授，主要研究方向为国际私法、国际经济法；刘作珍，博
士，广东省社会科学院港澳台研究中心副研究员，主要研究方向为港澳基本法、国际法、文
化遗产法。

律师是法治化营商环境的重要参与者和感知者；在国家的对外经济交往中，律师服务也发挥为企业"走出去"保驾护航的作用。《粤港澳大湾区发展规划纲要》指出，要充分认识和发挥"一国两制"制度优势、广东改革开放先行先试优势和港澳在法律争议解决方面国际化专业服务优势，不断深化粤港澳专业服务界建立联系机制，加强交流与合作，携手共建"一带一路"。

一　粤港澳大湾区各城市律师服务业发展情况

（一）香港

香港致力于发展成为国际法律及争议解决中心。《粤港澳大湾区发展规划纲要》及"十四五"规划，将香港定位为亚太区国际法律及解决争议服务中心。近年来，香港律政司不遗余力推动香港成为亚太地区主要法律及争议解决服务中心，积极争取国际争议解决机构落户香港，以应对因"一带一路"和大湾区发展而增加的法律及争议解决服务需求。发展法律服务业符合香港利益，有利于香港融入国家发展大局。香港的法律服务水平卓越，吸引了众多优秀的国际法律专业人才在港执业。律师服务业是香港法律服务业的重要组成部分。[①] 根据香港律师会的统计，截至 2022 年 4 月 30 日，香港共有 942 家本地律师事务所，其中独资经营的占比 47%，2~5 名合伙人的律师行占 42%，53 家为按照《法律执业者条例》组成的有限法律责任律师行。持有执业证书的律师有 10996 名，其中 7933 人为私人执业，占比 72%。近年来，香港执业律师的数量稳步提升，职业群体规模逐渐增大，2011 年香港仅有 7149 名律师，而到 2020 年已经增长至 10790 人，十年间增幅达到 51%（见图 1）。来自全球 33 个司法辖区 1473 名外地律师在香港注册执业。

[①] 香港律师主要有私人执业律师、政府律师、公司律师三类，其中私人执业律师分为事务律师和大律师。

另有 83 家外地律师事务所在香港设有办事处，包括超过半数的全球百大律师事务所。①

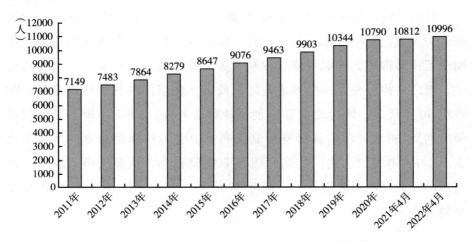

图 1　2011~2022 年香港持有执业证书律师数量

资料来源：香港律师会官网。

香港特别行政区政府统计处 2022 年 2 月 28 日发布的《2020 年香港服务贸易统计》显示，2020 年香港的法律服务输出为 36.34 亿港元，较上一年度上升 9.5%，法律服务输出净额达到 25.76 亿港元。②

表 1　2018~2020 年香港法律服务输出、输入及输出净额

单位：百万港元，%

年份	法律服务输出		法律服务输入		服务输出净额
	数量	同比增幅	数量	同比增幅	数量
2018	3025	4.0	1018	−19.2	2007
2019	3320	9.8	1070	5.1	2250
2020	3634	9.5	1058	−1.1	2576

资料来源：《2020 年香港服务贸易统计》。

① 香港律师会：《律师行业之概况》，https://www.hklawsoc.org.hk/zh-CN/About-the-Society/Profile-of-the-Profession，2022 年 6 月 6 日。
② 香港特别行政区政府统计处：《2020 年香港服务贸易统计》，2022。

（二）澳门

目前，澳门特区的律师制度主要由特区政府颁布的《澳门律师通则》以及澳门特区律师公会颁布的一系列规章制度和行为守则组成，全面规范律师群体的任职资格、权利义务、业务范围、执业形式。在历史上，澳门法律服务业一度被葡萄牙人或出生在澳门的葡萄牙裔垄断。20世纪80年代后，澳门政府开始规范律师服务业，1991年颁布《澳门律师通则》，首次就澳门律师资格确认和执业管理等律师管理制度做出规定。① 与香港相比，澳门的律师服务业规模较小，从业人员也较少。澳门律师公会提供的数据显示，截至2022年5月24日，澳门注册的执业律师共有460人。②

（三）内地九市

由于深圳经济特区的发展，民事、经济法律服务市场需求急增，1983年7月15日，全国首家律师事务所——深圳蛇口区律师事务所成立，标志着广东律师事务行业发展正式起步。经过近40年发展，珠三角地区律师队伍逐渐扩大，广州市律师执业人数已突破2万人（见表2）。

表2 粤港澳大湾区内地九市的律师及律所数（截至2022年3月31日）

单位：人，所

城市	律师人数	律所数量
广州	20642	843
深圳	18827	1104
东莞	4331	314
佛山	4559	400

① 李可：《GATS框架下粤港澳法律服务自由化问题浅析》，《澳门法学》2014年第7期。
② 澳门律师公会：《大律师》，https://aam.org.mo/zh-hant/our-lawyers/lawyers/page/46/，2022年6月6日。

城市	律师人数	律所数量
惠州	1855	119
珠海	1742	112
中山	1684	132
江门	1258	109
肇庆	613	86

资料来源：粤港澳大湾区内地九市律师协会统计资料。

1. 广州

广州市着力打造法治城市标杆，律师行业发展良好。根据广州市律师协会统计，截至 2022 年 3 月 31 日，广州市有执业律师 20642 人，其中专职律师有 17410 人，有律师事务所 843 家，其中合伙所 654 家，个人所 189 家。[①]广州近年律师人数年平均增长 10% 以上，在全国城市稳居京沪之后列第三位。在业务收入方面，广州律师事务所 2021 年业务收费 96 亿元，较 2020年增长 15%。[②] 2021 年广州市律师代理的各类法律业务数量激增，全市律师办理诉讼案件数量 376133 件，包括民事诉讼代理 236542 件、刑事辩护代理 32656 件、行政诉讼代理 5666 件、代理申诉 412 件，仲裁相关法律服务 13066 件，咨询和代书 10475 件，非诉讼案件数量 77316 件。[③]

在传统的刑事、民商事、行政法等传统领域广州律师具备较好的基础和优势，海事海商、知识产权等法律业务走在全国前列。近年来，广州律师法律服务能力不断增强，业务类型不断拓展，逐步由传统诉讼业务向知识产权、金融、房地产、企业改制、并购重组、国（境）外上市等非诉讼业务

---

① 广州市律师协会：《信息查询》，http：//www. gzlawyer. org/，2022 年 3 月 31 日。
② 广州市律师协会：《2021 年度广州市律师行业大数据报告》，https：//new. qq. com/omn/20220510/20220510A04RL000. html，2022 年 5 月 31 日。
③ 广州市律师协会：《2021 年度广州市律师行业大数据报告》，https：//new. qq. com/omn/20220510/20220510A04RL000. html，2022 年 5 月 31 日。

延伸，法律服务覆盖经济社会发展的各个领域。①

在涉外律师服务方面，广州的法律服务市场在中国加入 WTO 后开始全面对外开放。广州成为知名国际律师事务所进入中国市场的首选地，广州律师事务所也积极走出广州。截至 2020 年 10 月，广州有 167 家律师事务所开展涉外业务，涉外律师 648 人，其中 23 人入选全国涉外律师领军人才库，61 人入选司法部千名涉外律师人才拟入选名单。② 近年来，广州举办了一系列国际性律师行业重要活动。2019 年 12 月，举办世界律师大会，成立"一带一路"律师联盟；2020 年 12 月，举行"一带一路"律师联盟发展研讨会及理事会第二次会议。这些国际性活动的举办，彰显了广州在国际法律服务市场日益发展成为重要力量。③

2. 深圳

深圳市的律师队伍已成为促进深圳经济发展、法治建设的重要力量。近年来，在深圳市发展高端服务业的政策及依法治国的背景下，深圳律师规模保持高速增长势头。截至 2022 年 3 月 31 日，深圳有律师 18827 名，其中专职律师 18667 名，该数据尚不包括兼职律师、公职律师、公司律师人数。律师事务所共 1104 家，其中合伙所 856 家，个人所 248 家。④ 从深圳市律师协会 2022 年 4 月发布的《深圳律师行业发展报告（2021）》来看，深圳律师法律服务能力不断提速增强，代理的各类法律业务总数逐年稳步增长，2021 年度深圳律师办理诉讼案件数量 469385 件，包括民事诉讼代理 233350 件、刑事辩护代理 23820 件、行政案件代理 7409 件、代理申诉 677 件，仲裁相关法律服务 13996 件，咨询和代书 19052 件，非诉讼案件数量 171081 件。⑤

---

① 广州市律师协会：《2021 年度广州市律师行业大数据报告》，https://new.qq.com/omn/20220510/20220510A04RL000.html，2022 年 5 月 31 日。

② 广东司法行政：《一个阵地、三个平台、六大支柱！广州涉外法律服务跑出"加速度"》，https://m.thepaper.cn/baijiahao_10315173，2022 年 5 月 31 日。

③ 章宁旦：《勇立潮头书写四十载辉煌——广东律师领行业发展之先与改革相伴随法治共兴》，《法治日报》2021 年 12 月 10 日。

④ 深圳市律师协会：《信息查询》，http://www.szlawyers.com/，2022 年 3 月 31 日。

⑤ 深圳市律师协会：《深圳律师行业发展报告（2021）》，https://xw.qq.com/amphtml/20220509A04JYS00，2022 年 6 月 6 日。

2021 年度深圳律师行业总营收较 2020 年增加 19.33 亿元，达到了 113.64 亿元，同比增长 20.5%，行业总营收逆势而上（见图 2）。①

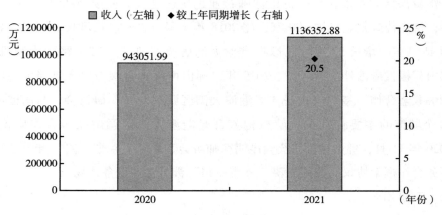

图 2　2020 年、2021 年深圳市律师事务所业务总收入

资料来源：《深圳律师行业发展报告（2021）》。

3. 东莞

从改革开放开始，为了促进经济发展，东莞律师行业快速发展，逐步实现对本地常规法律服务的基本覆盖。1984 年，东莞成立了全国第一家乡镇律师事务所——石龙律师事务所。② 中国加入 WTO 后，东莞律师整体提质升档，服务实现从基本覆盖到有效覆盖的跨越。③ 东莞律师队伍不断壮大，1992 年律师人数不足 30 人，到 2022 年 3 月 31 日，执业律师人数达到4331 人，有 314 家律师事务所，执业律师人数仅次于广州、深圳④。除了少数高端服务领域和个别细分服务领域外，在东莞都可以找到合适的本地律师。⑤

①　深圳市律师协会：《深圳律师行业发展报告（2021）》，https：//xw. qq. com/amphtml/20220509A04JYS00，2022 年 6 月 6 日。
②　李金健：《筚路蓝缕启山林　砥砺前行再出发》，《东莞日报》2021 年 6 月 2 日。
③　李金健：《筚路蓝缕启山林　砥砺前行再出发》，《东莞日报》2021 年 6 月 2 日。
④　东莞律师：《协会简介》，http：//www. dglawyer. cn/cn，2022 年 3 月 31 日。
⑤　李金健：《筚路蓝缕启山林　砥砺前行再出发》，《东莞日报》2021 年 6 月 2 日。

4. 佛山

作为制造业大市，共建"一带一路"和粤港澳大湾区建设为佛山实体经济带来新的发展机遇，佛山律师行业也快速增长。截至 2022 年 3 月 31 日，佛山律师执业机构 400 家，比 2018 年 1 月（293 家）增长 36.5%，律师 4559 名，增长 53.4%。① 以粤港澳大湾区及共建"一带一路"为契机，佛山积极发展涉外法律服务。2019 年，佛山律师协会参与"粤港澳大湾区调解联盟合作"签约仪式暨"粤港澳大湾区调解发展"研讨会，与湾区内 10 个城市的主要仲裁及调解机构签订粤港澳大湾区调解联盟合作协议；2020 年 11 月，佛山律师协会与昆明律师协会签署了"一带一路"涉外法律服务合作框架协议，共同深耕"一带一路"涉外法律服务市场。②

5. 惠州

截至 2022 年 3 月 31 日，惠州有律师事务所 119 家，执业律师 1855 人，其中社会律师 1499 人。③ 近年来，惠州律师积极参与法院调解工作。2019 年 9 月 26 日，惠城区法院与 9 家惠州律师事务所签订诉调对接合作协议，在 9 家律所挂牌成立律师调解工作室。根据合作协议，立案庭导诉窗口将案件"分诊"到合作的律师事务所调解工作室后，当事人可直接申请到律师调解工作室进行诉前调解，调解成功后，双方达成的协议经司法确认后一样具备法律效力。④

6. 珠海

截至 2022 年 3 月 31 日，珠海共有 1742 名执业律师。⑤ 随着涉港澳的法律服务需求逐年增加，珠海市积极推进涉外法律服务业发展。目前，珠

① 佛山市律师协会：《佛山执业律师已达 4167 名，四年来办理各类业务 37 万件》，https：//gd. news. 163. com/foshan/21/1231/14/GSI74FKO04179HUN. html，2022 年 6 月 6 日。
② 广东律师之家：《三个关键词，带你了解涉外法律服务"佛山品牌"》，https：//mp. weixin. qq. com/s/K-VAM_ HXgsaaPM-GjHjAug，2022 年 6 月 6 日。
③ 惠州市律师协会：《惠州市律师协会简介》，http：//www. hzlawyers. cn/list-2-1. html，2022 年 6 月 6 日。
④ 张菊梅：《法院推行多元调解机制的实践探索——以惠城区法院为例》，《惠州学院学报》2020 年第 4 期。
⑤ 珠海市律师协会：《历史沿革》，http：//www. zhlawyers. cn/，2022 年 6 月 6 日。

海市有外资企业 1.6 万家，全市赴澳务工人员高达 11.2 万人。① 2020 年 7 月，珠海市律师协会组建珠海市涉外法律服务联盟；2020 年 12 月 20 日，珠海市律师协会主办首届"珠澳法治论坛"，聚焦于"粤港澳大湾区深度合作法律机制"；2021 年 12 月 2 日，珠海市涉外公共法律服务中心揭牌，致力于成为撬动大湾区法治建设的有力杠杆、大湾区涉外法律服务要素资源的集聚地。此外，为更好满足港澳企业在横琴新区的发展，横琴新区在 2020 年出台了珠海首个支持律师行业发展的扶持政策——《横琴新区关于支持律师行业发展的暂行办法》，该政策鼓励在珠海的律师事务所向规模所发展，重视发展粤港澳"两地"或"三地"联营律师事务所。②

7. 中山

"十三五"期间，中山市律师业保持稳步发展态势，律师队伍进一步壮大，律师素质进一步提升。截至 2022 年 3 月 31 日，中山市有律师 1684 名。2016 年中山市仅有 971 名律师，五年期间律师人数增长率达到 73.4%。③ 此外，中山市的律师业务量和收入也实现了较快增长：刑事辩护及代理业务增长近 80%，民事诉讼业务量增长 93%，经济诉讼业务量增长 17%，行政诉讼业务量增长 148%，非诉讼法律事务增长 50%。④ 中山律师费收入 6.21 亿元，相比 2016 年增长了 122%；专职律师人均创收 43 万元，相比 2016 年增长了 50.3%；律师事务所平均营业收入 457 万元，相比 2016 年增长了 65%。⑤

---

① 魏蒙：《珠海面向大湾区成立涉外公共法律服务中心》，https：//baijiahao. baidu. com/s？id=1718041344738604589&wfr=spider&for=pc，2022 年 6 月 6 日。

② 钱瑜：《加大律师行业保障力度！横琴新区出台珠海首个律师行业扶持政策》，《羊城晚报》2020 年 9 月 19 日。

③ 中山市人民政府办公室：《中山市律师行业发展规划（2021-2025 年）》，http：//www. zs. gov. cn/sfj/zcgw/qtwj/content/post_ 1986114. html，2022 年 6 月 6 日。

④ 中山市人民政府办公室：《中山市律师行业发展规划（2021-2025 年）》，http：//www. zs. gov. cn/sfj/zcgw/qtwj/content/post_ 1986114. html，2022 年 6 月 6 日。

⑤ 中山市人民政府办公室：《中山市律师行业发展规划（2021-2025 年）》，http：//www. zs. gov. cn/sfj/zcgw/qtwj/content/post_ 1986114. html，2022 年 6 月 6 日。

8. 江门

截至 2022 年 3 月 31 日，江门市有律师事务所 109 家，律师 1258 人。① 为做大做强律师行业，江门在 2021 年 4 月 9 日举办首届律师行业发展论坛，共议江门律师行业的发展、律师事务所的管理模式创新。② 2020 年，江门市司法局联合外事办等 10 个单位印发了《关于发展涉外法律服务业的实施意见》，为发展涉外法律服务业提出了五方面发展措施，包括加快建设涉外法律服务机构、搭建涉外法律合作交流平台、发展壮大涉外法律服务队伍等。③

9. 肇庆

截至 2022 年 3 月 31 日，肇庆市有 613 名律师，86 家律师事务所。④ 2019 年 5 月，肇庆市律师协会与香港律师会在香港签署《交流协议书》，标志着肇庆与香港律师行业在粤港澳大湾区建设法律事务交流合作进程中迈出了关键一步，根据协议，双方将定期互通资讯、不定期开展交流活动，为肇庆、香港两地律师提供平台，指引本地律师或律师事务所协助对方办理涉本地的相关法律服务。⑤

二 粤港澳大湾区法律服务市场一体化发展

国家商务部与香港、澳门特区政府代表分别在 2019 年 11 月签订《〈内地与香港/澳门关于建立更紧密经贸关系的安排〉服务贸易协议》的修订协议（《CEPA 修订协议》），达成了进一步开放服务业市场和更

---

① 江门市律师协会：《江门市律师协会简介》，http：//www. jmlawyer. org. cn/lxgf/xhjj/202110/t381123. html，2022 年 6 月 6 日。

② 林立竣：《我市举办首届律师行业发展论坛》，《江门日报》2021 年 4 月 14 日。

③ 江门市司法局、江门市律师协会：《江门市出台发展涉外法律服务业的实施意见 助推经济社会发展》，https：//www. sohu. com/a/391684323_ 670590，2022 年 5 月 31 日。

④ 肇庆市律师协会：《肇庆市律师协会简介》，http：//www. zqlawyers. net/ArtDetail. aspx？id ＝ 968，2022 年 5 月 31 日。

⑤ 《我市律师协会与香港律师会签订交流协议书》，https：//www. sohu. com/a/315416622_ 257362，2022 年 5 月 31 日。

新关于便利服务贸易的承诺，降低了港澳企业和专业人士进入内地市场的门槛。

（一）粤港澳大湾区律师执业考试

从 2004 年起，港澳居民可以参加国家司法考试，但由于内地与港澳法律体系及法律教育存在差异，且因港澳地区使用繁体字和内地司法考试难度较高，港澳律师通过司法考试进入内地的法律服务市场非常困难。历年的数据显示，港澳居民司法考试的通过率为 10% 左右。[①]

为了促进大湾区法律服务业的发展及回应港澳法律业界的诉求，内地在 2019 年 11 月与香港、澳门分别签署《CEPA 修订协议》，允许香港/澳门法律执业者通过特定考试取得大湾区执业资质，从事一定范围内的内地法律事务。为落实该修订协议，2020 年 10 月 22 日，国务院印发《香港法律执业者和澳门执业律师在粤港澳大湾区内地九市取得内地执业资质和从事律师职业试点办法》，允许累计具有五年执业经历的香港法律执业者和澳门执业律师通过特设考试获得从事内地法律特定范围的执业资格；特定范围是指位于大湾区内地九市的高级、中级、基层人民法院和有关专门法院受理的民商事案件和满足条件的非诉讼案件。[②] 大湾区特设律师执业考试旨在打破粤港澳三地律师行业交流合作的障碍，深化三地在法律领域的联系合作，推动粤港澳大湾区高端法律服务业的发展，提升湾区律师的整体国际竞争力。

大湾区特设律师执业考试受到港澳法律服务业界的欢迎。2021 年 7 月

[①] 据司法部的统计数据，在 2004 年到 2018 年，有香港居民 5164 人次报名参加考试，澳门居民 601 人次报名参加考试，共有香港居民 541 人、澳门居民 42 人被授予法律职业资格，平均通过率仅为 8%。《司法部为港澳台居民举行法律职业资格证书颁发仪式》，新华社官方账号，https://baijiahao.baidu.com/s? id = 1632072394922687250&wfr = spider&for = pc，2022 年 5 月 31 日。

[②] 中华人民共和国中央人民政府：《国务院办公厅印发〈香港法律执业者和澳门执业律师在粤港澳大湾区内地九市取得内地执业资质和从事律师职业试点办法〉》，http://www.gov.cn/xinwen/2020-10/22/content_ 5553378.htm，2022 年 5 月 31 日。

31 日，首次粤港澳大湾区律师执业考试正式开考。在香港，有 655 位香港律师及大律师报名参加考试，香港律政司司长郑若骅表示，该措施落实会吸引更多香港法律执业者参与，取得内地执业资质为向大湾区投资的企业服务，增加香港法律服务界服务范围，有助拓展香港的专业法服务，同时，企业可以聘用取得大湾区执业资质的香港法律界人士在大湾区为其提供内地和香港的法律意见，为投资确定稳妥的法律保障，继而让大湾区吸引更多投资。①

通过考试的港澳律师经广东省律师协会集中培训并考核合格后，可以向广东省司法厅申请粤港澳大湾区律师执业，由广东省司法厅颁发律师执业证书。截至 2022 年 3 月，有 204 名港澳居民经批准成为内地执业律师。② 广东省司法厅在 2021 年 9 月 28 日发布《广东省司法厅关于香港法律执业者和澳门执业律师在粤港澳大湾区内地九市执业管理试行办法（征求意见稿）》，对港澳律师来大湾区内地九市执业的条件和办理程序、业务范围、权利义务、监督管理做出初步规定。

（二）联营律师事务所：门槛逐步降低，联营地域范围扩大

2003 年 11 月，司法部通过《香港特别行政区和澳门特别行政区律师事务所与内地律师事务所联营管理办法》（以下简称《管理办法》），自 2004 年 1 月 1 日起实施后，司法部于 2005 年、2009 年、2012 年对《管理办法》进行了三次修订。根据现行规定，"联营，是由已在内地设立代表机构的香港、澳门律师事务所与一至三家内地律师事务所，按照协议约定的权利和义务，在内地进行联合经营，向委托人分别提供香港、澳门和内地法律服务"，"不得采取合伙型联营和法人型联营。香港、澳门律师事务所与内地

① 《郑若骅：把握大湾区机遇 拓法律专业服务》，政府新闻网（2020 年 10 月 26 日），https://sc. news. gov. hk/TuniS/www. news. gov. hk/chi/2020/10/20201026/20201026_ 145929_ 008. html。

② 广东省人民政府：《广东已批准合伙联营律所 15 家 204 名港澳居民成为内地执业律师》，http://www. gd. gov. cn/gdywdt/zwzt/ygadwq/mtjj/content/post_ 3847857. html，2022 年 5 月 31 日。

律师事务所在联营期间,双方的法律地位、名称和财务应当保持独立,各自独立承担民事责任"。

内地与港澳律师事务所合伙联营的意义主要体现在为客户提供一站式的跨境法律服务,免除客户在港澳来回找律师的不便,实现了内地对港澳在法律服务上的进一步开放,有利于内地与港澳的经贸深度合作。此外,内地与港澳律所联营对探索不同法系、跨境法律规则的衔接也大有裨益。

2014 年 8 月 4 日,广东省司法厅颁布了《广东省司法厅关于香港特别行政区和澳门特别行政区律师所与内地律师事务所在广东省实行合伙联营的试行办法》(以下简称《试行办法》),在 2016 年、2018 年、2019 年先后三次修订。根据 2019 年最新修订的《试行办法》,粤港联营律师事务所采用特殊普通合伙形式设立。"特殊普通合伙",是指依据我国《合伙企业法》第 57 条的规定承担责任的普通合伙企业。① 修订后的《试行办法》放宽合伙联营律师事务所的设立条件、管理和经营范围,比如 2016 年规定港澳方出资比例为 30%～49%,联营所不可以自己的名义聘用律师,只能接受派驻律师,联营所不得受理、承办涉及内地法律适用行政诉讼法律事务;2019 年修订的《试行办法》删除了港澳方出资比例 30% 的下限,允许联营所聘用律师,允许联营所受理、承办涉及内地法律适用行政诉讼法律事务。

2018 年 5 月,国务院印发《关于做好自由贸易试验区第四批改革试点经验复制推广工作的通知》,将"扩大内地与港澳合伙型联营律师事务所设立范围"列为在全国范围内复制推广的改革事项。2020 年 6 月 1 日生效的《CEPA 修订协议》将内地与港澳合伙型联营律师事务所的设立范围扩大到全国,并取消了港澳所的出资比例下限,并明确规定在广东的联营律师事务所可以本所的名义直接聘用内地及香港律师,内地律师可以受理和承办涉及

---

① "特殊"主要体现在只在一种情况下减轻了合伙人的责任,就是当一个合伙人或者多个合伙人在执业过程当中因为故意或者重大失造成合伙企业债务的,其他合伙人以其在合伙企业中的财产份额为限承担有限责任,只有在这种情况下才把其他合伙人的责任从无限责任转变为一种有限责任,这是特殊的普通合伙的特别之处所在。

内地法律适用的行政诉讼法律事务。

在大湾区内，联营律师主要集中在深圳、广州、珠海、东莞四个城市，深圳、广州、珠海这三个城市也是最先开展内地与港澳合伙联营试点的城市。截至 2022 年 3 月，广东省已经批准了 15 家合伙联营律师事务所，共有 108 名港澳律师被派驻到合伙联营所。① 深圳的华商林李黎（前海）律师事务所是第一家香港与内地合伙联营，也是规模最大的联营律师事务所，华商林李黎（前海）律师事务所已推动成立全球华语律师联盟，并将推出中国第一家民间调解中心——前海国际调解中心。探索联营律所，是中国律师走向国际化、中国法治创新进步的成果，也是前海社会主义法治示范区法治建设的一大重要成果。②

三 大湾区律师服务业发展遇到的挑战

（一）新冠肺炎疫情给律师服务行业带来冲击

新冠肺炎疫情给粤港澳大湾区的法律服务行业带来了较大冲击。总的来说，疫情给律师服务业带来的挑战主要体现在两方面。首先，疫情冲击了传统的律师服务模式，防疫措施大幅度减少了当事人到访，且司法服务供应链受到了冲击，当事人对案件处理的预期下降，传统的案件类型呈现下降趋势；③ 其次，受疫情影响，当事人支付意愿与能力下降，很多企业破产倒闭导致不愿再支付律师费用或无力委托律师，而法律服务作为轻资产、智识性行业，维持固定成本的压力不断加大。④ 以香港为例，在疫情冲击下，香港

---

① 吴晓娴：《广东已批准合伙联营律所 15 家，204 名港澳居民成为内地执业律师》，http：//www. gd. cn/gdywdt/zwzt/ygadwq/mtjj/content/post_ 3847857. html，2022 年 5 月 31 日。
② 华商林李黎律师：《关于我们》，http：//hs-lll. cn/index. php，2022 年 6 月 6 日。
③ 高岩、马骠、张静：《新冠肺炎疫情对法律服务行业的影响研究》，《青岛科技大学学报》（社会科学版）2020 年第 2 期。
④ 高岩、马骠、张静：《新冠肺炎疫情对法律服务行业的影响研究》，《青岛科技大学学报》（社会科学版）2020 年第 2 期。

经济发展面临下滑压力，而租金、人力资源和人才保留的成本相当昂贵。从香港律师行业的数据来看，2021 年 4 月底的统计数据显示，香港有 948 家本地律师事务所，外地律师行有 85 家，注册的外国律师有 1530 名。[①] 从 2021 年 4 月底到 2022 年 2 月 28 日这 10 个月的时间内，香港的本地律师事务所的数量比上一年度减少了 7 家，外地律师事务所减少 2 家，在香港登记执业的外地律师减少 57 人。[②] 可见，香港的律师行业，尤其在香港执业的外地律师和律师行在疫情冲击下，规模有小幅收缩。

（二）内地法律服务的国际竞争力仍有待提升

尽管以广州、深圳为代表的内地九市法律服务业发展迅速、规模不断增大，但与香港、北京、上海三地相比，大湾区内地九市法律服务业的国际竞争力仍有待提升。

高端律师服务领域业务竞争力不足，部分高端业务市场份额主要由京沪法律服务机构占据。珠三角城市涉外法律服务的竞争力、影响力还不够高，在部分高端及细分专业法律服务，如证券金融、知识产权、海外并购重组、反倾销反垄断等方面与京沪差距明显。高端法律服务业产值不高、辐射力不强。据统计，2018 年京沪律师行业总创收均超 230 亿元、合计超过 470 亿元，占全国律师行业创收一半，而广州为 57.2 亿元。[③] 在一年一度的 Global 200 律所排名中，尚未有珠三角地区的本土所入榜。省会城市广州的高端法律服务的业务集成度不高，产业集聚规模散、弱、小，与其他专业服务业的整合不足，对实体经济和周边地区的辐射力仍较弱，体现为开拓东莞、佛

---

① 潘焯匡：《香港法律服务业概况》，https：//research.hktdc.com/tc/article/MzEzODc5NTk5，2022 年 5 月 31 日。

② 香港律师会：《律师行业之概况》，https：//www.hklawsoc.org.hk/zh-CN/About-the-Society/Profile-of-the-Profession，2022 年 6 月 6 日。

③ 周正、董宇洲：《京沪律师行业大数据对比：谁更胜一筹？》，https：//www.sohu.com/a/306466092_120032，2022 年 6 月 6 日；广东司法行政：《打造"广州品牌"！广州法律服务业高质快速发展》http：//static.nfapp.southcn.com/content/201901/30/c1889861.html，2022 年 6 月 6 日。

山、中山等制造业集聚区业务的能力不强，带动本土企业"走出去"的能力不强。

高端法律服务人才整体水平仍有待提升。有 98 名广东律师入选全国千名涉外律师人才库，人数虽居全国第三，但远逊于北京的 170 名。[①] 以广州为例，广州具有海外学习或工作背景的律师占比不到 10%，在具体专业领域具有明显专长的律师不到 30%。[②] 绝大多数律师学历教育中学习的都是法律专业，懂经济、科技、外语的跨学科、跨专业复合型人才较少。

（三）联营律师事务所的业务发展、合作模式仍有待创新

联营律所仍然面临如何在深度上和广度上拓展业务范围的挑战。传统的律师服务地域属性明显，粤港与内地开办联营律师事务所旨在加强粤港澳三地之间的法律服务合作，促进粤港澳三地的经济一体化、服务贸易自由化。在政策层面，粤港澳合伙联营律师事务所的门槛在降低，政策利好，但是在实际经营中，部分在大湾区经营的联营律师事务所在业务合作发展上遇到了一定的困难，存在"联营"有名无实的情况。据了解，大部分联营所的港澳派驻律师并不常驻内地，一般在有业务的时候才会到访联营所，仅有内地的律师常驻联营所，这就导致内地与港澳方的律师在发生业务合作的时候才会有联系，平时相互联系的机会不多，在疫情期间，通关障碍使内地与港澳律师的见面、合作更为困难。在现在的联营方式下，港澳律师与内地律师的联系与松散型的合作协议无本质差异，合作的效率并不高，这种松散型的合作方式并未将联营所的优势充分发挥出来，联营所的市场拓展、合作模式仍有待进一步开拓。

---

① 董柳：《司法部公布全国千名涉外律师人才名单 广东 98 人入选》，https：//news. ycwb. com/2019-03/25/content_ 30225622. htm，2022 年 6 月 6 日。
② 黄祖健：《广州 2020 年律师将达 1.5 万人 具有明显专业特长的占 30%》，http：//www. gzlawyer. org/info/d66a4315d6504c0da78469888dc1fbe9，2022 年 6 月 6 日。

四　大湾区律师服务业发展的前景及建议

（一）发展前景及机遇

首先，"一带一路"建设将为大湾区涉外法律服务创造广阔的市场前景。"一带一路"建设将提供大量商业拓展的机会，而高效的商业拓展离不开优质的涉外法律服务。"一带一路"涉及大型跨境基建项目、商事合同的制定，往往涉及多个司法辖区，需要国际水平的法律专业服务、对跨境法律争端解决也有需求，香港律师在银行、金融、航运、建筑、知识产权、资讯科技等领域拥有丰富的法律知识，"一带一路"建设将为粤港澳高端法律服务市场带来商机。2018 年 6 月，中共中央办公厅、国务院办公厅印发《关于建立"一带一路"国际商事争端解决机制和机构的意见》，指出要注重培养和储备国际化人才，建立共建"一带一路"参与国际法律人才库，鼓励精通国际法、国际商贸规则以及运用外语的国内外法律专家参与到争端解决中来。[①]

其次，《香港联合交易所主板上市规则》的变革给香港律师服务业带来新机会。尽管全球经济受疫情影响，香港金融市场仍然展现出强大的韧性和活力，亚洲领先的国际金融中心的竞争力和吸引力不断提升。2021 年 12 月 21 日，香港交易所发布 2021 年回顾，数据显示，香港再度成为全球最活跃的新股集资市场之一。截至 2021 年 12 月 17 日，有 92 只新股在港交所上市，首次融资额达 3189 亿港元，其中 54 家新经济公司，包括 32 家医疗保健及生物科技公司，占期内香港首次公开招股集资额的 86.6%。[②] 香港新股市场的活跃得益于 2018 年上市制度的改革成功。2018 年 4 月 30 日，香港交

---

① 中华人民共和国中央人民政府：《中共中央办公厅、国务院办公厅印发〈关于建立"一带一路"国际商事争端解决机制和机构的意见〉》，http://www.gov.cn/zhengce/2018-06/27/content_5301657.htm? trs=1，2022 年 6 月 6 日。

② 香港交易所：《香港交易所 2021 年回顾》，2021 年 12 月 21 日。

易所新的《香港联合交易所主板上市规则》生效，其中新增三个章节，首次允许未有收入的生物科技公司、采用不同投票权架构的新经济公司及符合资格的海外上市公司来香港上市。新的《上市规则》带来了一系列的市场变化，大批量中国科技和生物科技公司在香港上市。此外，香港交易所在2021年底还宣布推出"特殊目的收购公司"（SPAC）上市制度，新机制2022年1月1日起生效，该制度的引入将为市场提供传统的IPO以外的上市渠道，吸引更多公司来港上市，有利于推动有潜力的企业发展。① 内地公司赴港上市涉及复杂的法律问题，须有内地及香港的公司律师、券商律师提供架构重组、尽调、内控的制定与审核、出具中国法律意见、参与招股书的制作与审定等方面的法律服务。因此，大量内地新经济公司到香港上市给香港的律师服务行业带来了一系列新的机会。

最后，内地与香港跨境破产协助机制将给破产法律业务带来市场机遇。在疫情、经济下行叠加影响下，同时伴随着国家产业政策的调整，粤港澳大湾区的经济发展面临阵痛。企业也面临这一转型、升级的过程，破产重整业务是典型的逆经济周期的法律服务。破产重整市场快速增长，为破产法律服务行业提供了很大的动力，各地纷纷设立破产法庭和破产管理人协会。个人破产立法、地方预重整指引、营商环境政策、市场主体信用恢复制度、管理人履职保障等政策，都给破产重整法律服务市场带来深远影响。② 2021年5月14日，最高人民法院与香港律政司签署《关于内地与香港特别行政区法院相互认可和协助破产程序的会谈纪要》，当天下午最高人民法院发布了《关于开展认可和协助香港特别行政区破产程序试点工作的意见》，指定上海市、厦门市、深圳市人民法院开展认可和协助香港破产程序的试点工作。③ 内地与香港建立跨境破产协助机制将进一步提升投资者的信心，稳定市场交易预期，完善两地的营商环境。2022年1月25日，深圳市中级人民

① 香港交易所：《香港交易所2021年回顾》，2021年12月21日。
② 智合：《"破产重整热"，究竟热在哪儿？》，https://weibo.com/ttarticle/p/show?id=2309404687261336993878，2022年6月6日。
③ 徐阳光：《中国破产立法和司法年度观察》，《民主与法制》2022年第4期。

法院做出全国首例申请认可和协助香港破产程序案的裁定：认可森信洋纸有限公司在香港的破产程序，认可其香港清盘人身份。在深圳市中级人民法院的协助下，香港清盘人有权作为森信洋纸公司的代表在内地开展破产清算的各项工作。[①]

（二）发展建议

1. 配套支持港澳律师在大湾区执业

特设大湾区律师执业考试，拓展了港澳律师在内地发展的空间，有利于港澳律师更好地融入大湾区建设，港澳律师的国际化视野、专业优质的法律服务也有利于大湾区国际化、法治化营商环境的建设，对大湾区规则衔接、协同发展也大有裨益。特设大湾区律师执业考试仅仅是打开了大湾区法律服务市场的大门，港澳律师在获得执业资格后在内地执业仍面临着市场开拓及法律文化、律师管理制度的适应问题。以律师管理制度为例，香港在收费模式、风险代理、执业保险、广告宣传等方面的规定与内地存在诸多差异，港澳律师刚进入内地执业可能面临较大的律师文化冲突。广东的律师行业管理部门及律师协会应积极帮助港澳律师了解内地法治文化，适应不同的管理制度，切实帮助解决港澳律师在内地执业遇到的困难，使港澳律师能更好地融入大湾区法律事务市场。

2. 积极与新兴市场建立合作伙伴关系，开拓涉外法律服务发展空间

广东是改革开放的前沿，具有发展外向型经济的特色与优势，除了欧美发达国家，要重点推动开拓新兴市场。东盟已成为我国最大的贸易伙伴。随着 RCEP 正式生效，中国与东盟的经济联系将进一步加强，企业开拓国际市场将有更多的机遇。东盟也是广东的第一大贸易伙伴，2021 年的进出口额达到 1.24 万亿元。[②] 货物贸易的增长也带动服务贸易的需求。然而，大湾区对东盟等新兴市场的法律服务尚处于开拓探索阶段。全球的疫情给企业跨

---

① 解树森：《深圳中院裁定全国首例申请认可和协助香港破产程序案》，《深圳特区报》2022年1月25日。

② 林琳：《2021年广东外贸进出口首次突破8万亿元》，《广州日报》2021年1月17日。

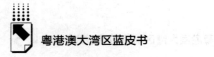

境商务活动造成极大的不便，如何建立、加强大湾区的律师群体与新兴市场的联系是要研究的问题。一方面，可以依托原籍广东海外华人众多的优势，以亲缘为纽带开发东南亚、拉美等国家和地区的市场；另一方面，要探索防疫措施下企业关注的营商便利问题，如跨境法律服务机构可推出代办业务，解决当事人不能出境办理业务的困境。①

3. 加强涉外高端法律人才培养与储备

内地九市应完善对从事金融、证券、公司并购、国际贸易、知识产权、海事海商、互联网等专业前沿业务和涉外业务律师的培养计划，建立包括短期进修培训、外派实习交流等多种有效形式在内的人才培养机制。应支持内地律所聘请港澳律师担任法律顾问，积极向省、国家有关部门争取政策，简化邀请外籍律师到广州讲学、举办培训的外事程序。可加强与境外行业主管部门和律师业界的联系，积极为内地律师创造外派到香港及国外律所、"一带一路"重点方向有关律所实习交流的机会。通过适当方式为本土律所、律师向高端发展提升提供资金支持，如设立由第三方运营管理的专项引导基金、设立民间奖项和奖金等。

4. 深化粤港澳律师行业合作与融合，推进粤港澳联营律师事务所的业务开拓、合作模式创新

进一步加大对联营律所的支持力度，如研究解决联营律所参与法律服务招投标的资质问题；支持联营律所进入各类法律服务机构名录、库；支持联营律师事务所合作模式的创新；鼓励、支持联营律师事务所在内地培养团队，实现跨境法律服务团队的一体化运作。

---

① 明大军、陈家宝：《泰国知名律师史大佗：疫情期间跨国法律服务尤为重要》，https：//t. ynet. cn/baijia/29549577. html，2020 年 9 月 6 日。

B.22
粤港澳大湾区个人信息跨境
合规治理对策研究

蔡川子*

摘　要： 粤港澳三地个人信息保护法律的差异，体现在个人信息保护法律框架现状和域外管辖机制方面，导致区域内相关跨境数据规制至今尚未形成区际内部司法互信、有机衔接的数据信息保护法律框架。为此，企业个人隐私保护政策应遵循合法性及严谨性原则，细化并厘清企业信息保护的义务。同时，建立个人信息分级评估方案和侵权救济机制，减少大型跨境数据平台隐私保护方面的政策漏洞。此外，信息保护政策应被纳入出境场景下的管辖权考量，解决粤港澳三地针对跨境个人信息保护问题所面临的立法及司法困境。

关键词： 个人信息　企业合规　信息保护治理　粤港澳大湾区

习近平总书记在党的十九届中央政治局第三十五次集体学习时指出，加快数字经济、互联网金融、人工智能、大数据、云计算等领域立法步伐，努力健全国家治理急需、必备的法律制度。[①] 同时，《中华人民共和国国民经济和社会发展第十四个五年规划和 2035 年远景目标纲要》中提出

---

* 蔡川子，博士，华南理工大学法学院/知识产权学院副教授，主要研究方向为数据法、知识产权不正当竞争。本文系粤港澳大湾区发展广州智库 2021 年度课题（2021GGBT16）阶段性成果。
① 《习近平在十九届中央政治局第三十五次集体学习的讲话》，2021 年 12 月。

"加快数字化发展"的战略规划,建立数据资源产权、交易流通、跨境传输和安全保护等基础制度与标准规范,建设国家数据统一共享开放平台。① 然而,广东、香港和澳门在保护个人信息的法律制度上存在重大差异。伴随着数字鸿沟的形成,确保跨境流动中个人信息的安全,已成为一个迫切需要解决的问题。

一　大湾区个人信息跨境治理框架现状

数字经济时代,数据已成为平台竞争的主要生产力和核心竞争力,数据企业及平台收集分析、可利用的数据越多,其竞争优势地位将更易于巩固。② 同时,如何基于此产出更具特色的数据服务产品,是当前数据资源配置的核心考量。③ 同时,粤港澳在保障个人资料的法律制度上有相当大的差异,难以在基本层面上衔接,以至于难以对个人资料进行跨境管理。因此,本文尝试对三地社会经济发展趋势及产业结构加以比较,以长三角发展趋势作为参照系,在综合考量三地经济社会发展、法律基本框架、跨区际企业信息保护义务等差异的基础上整合出具有高度包容性的个人资料跨境管理合作机制。

(一)粤港澳三地个人信息跨境法律保护的基本情况

在个人信息具体法律保护方面,香港有独立的立法、执法和司法机关,且从 1996 年起开始实施《个人隐私条例》,是亚洲首个就个人资料保障制定法例的司法管辖区。其数据跨境流通规则框架,主要以《个人资料(私隐)条例》《跨境资料转移条例》为基础。该框架针对收集目的及方式,数据内容准确性、数据储存及保留方式,使用方式及限制,

---

① 《中共中央关于制定国民经济和社会发展第十四个五年规划和二〇三五年远景目标的建议》(2020 年 11 月 3 日),http://www. xinhuanet. com/politics/2020-11/03/c_ 1126693293. htm。
② 蔡川子:《数据抓取行为的竞争法规制》,《比较法研究》2021 年第 4 期。
③ 蔡川子:《数据抓取行为的竞争法规制》,《比较法研究》2021 年第 4 期。

安全保护，数据公开透明度和查阅及更正六个方面对数据处理相关行为进行了规制。同时，与上述条例相配套的还有《跨境资料转移指引》。不同于上述条例，该《指引》的增设目的是建立涵盖合规、问责及监督的机制。

澳门数据跨境保护的基本法律主要为《澳门个人资料保护法》（个资法）。首先，澳门在个人信息跨境规制上遵循"严格限制"原则，规定澳门个人信息传输到澳门以外的地区，接收转移信息当地的法律体系应当能提供适当保护程度（第19条第1款）。[①] 其中，判断当地法律体系是否能提供适当保护的决定主体是"个人资料保护办公室"（第3款），其根据信息转移的整体，考量出境数据及相关信息的法律性质、跨境目的及处理后的使用方式、跨境数据输出地和输入地等相关现行法律和专业规则。

2016年11月，我国正式通过了《网络安全法》，随后，《个人信息和重要数据出境安全评估办法》（2019）和《信息安全技术　数据出境安全评估指南》也相继出台，进一步明确了数据出境安全评估管理要求，规范启动条件、评估内容、实施流程、结果判定等具体内容。[②] 其中，数据跨境安全评估的流程和方案指出应重点评估数据出境目的（不具有合法性、正当性和必要性的不得出境），并在此基础上进一步评估数据出境安全风险，包括出境及再转移后被泄露、损毁、篡改、滥用等。

（二）大湾区个人信息跨境流动的特殊性与数据监管的迫切需求

目前，欧盟和美国在现行数据监管和信息跨境流动规则中起着主导作用，但它们的制度体系有很大的不同。欧盟规则体系建立得更完善、更严格；美国的监管体系相对自由，由其主导的许多贸易协定均宣传和形成了数据自由流动的概念。我国关注并制定跨境数据流动规则起步较晚。近年来通过的《网络安全法》和《数据安全法》也尚处于探索阶段。随着数据要素

---

① 杨翱宇：《个人信息保护的特别机制研究——以澳门个人资料保护法为考察样本》，《图书馆》2018年第3期。

② 全国信息安全标准化技术委员会：《信息安全技术数据出境安全评估指南（草案）》，2017。

对于提高生产力的作用逐步提高，作为"一国两制"枢纽的粤港澳地区，可以也应成为我国跨境个人数据流动监管的先行者。

自"海上丝绸之路"以来，湾区经历了产业和服务经济市场融合的两个大阶段。三地通过在贸易、投资等领域的纵深合作，逐步在个人信息监管系统和充分利用数据要素方面实现了总体目标的一致性。因此，"一国两制三法域"的大湾区可尝试推行跨境数据流动计划。首先，大湾区是国内外进行个人信息和资料交流的中心枢纽，香港、澳门地区与境外的数据流动性较高；同时，珠三角与内地其他地区、香港和澳门进行广泛的个人数据交换。因此，大湾区这一重要个人信息中转枢纽，是我国开展跨境数据流动研究的重要前提。其次，大湾区有着数据法律监管的迫切需求。粤港澳地区的数字基础设施和数字产业极速发展，该地区有大量企业需要数据共享和传播，如华为、中兴、腾讯、比亚迪等，其对于供给端和需求端的个人数据需求量极大。因此，构建有效的管理机制以确保更强大的流动性迫在眉睫。然而，现时大湾区缺乏准确有效的个人资料交换和管理机制，现行的地区性跨境个人资料流动条例和制度，亦不能有效地促进大湾区形成真正跨境的数据流动格局。

（三）大湾区数据跨境流动的技术基础与合规治理的实施可能性

数字经济时代，数据资源已成为互联网竞争与经营的生产要素和核心竞争力，获取数据资源并基于此产出具有服务特色的数据产品，已成为重要的资源配置。[①] 当前，湾区产业结构整体已呈现多阶段、混合型的经济特征，为电子科技、资讯及通信科技、人工智能科技等以数据为本的新兴行业的高速发展奠定稳固的基础。同时，珠三角已实现一般制造业向先进与高技术制造业转移，且大湾区产业高度集中在计算机、通信和其他电子设备制造业，电气机械和器材制造业，汽车制造业，占比近一半（见表1）。

---

① 蔡川子：《数据抓取行为的竞争法规制》，《比较法研究》2021年第4期。

表 1　2019 年粤港澳大湾区规模以上工业前十大行业营业收入占比

单位：%

粤港澳大湾区		江苏浙江两省	
行业	占比	行业	占比
合计	75.6	合计	66.0
计算机、通信和其他电子设备制造业	31.3	计算机、通信和其他电子设备制造业	11.0
电气机械和器材制造业	11.7	电气机械和器材制造业	10.3
汽车制造业	6.5	化学原料和化学制品制造业	7.9
金属制品业	4.5	通用设备制造业	6.4
电力、热力生产和供应业	4.3	汽车制造业	6.2
化学原料和化学制品制造业	4.0	黑色金属冶炼和压延加工业	5.8
橡胶和塑料制品业	3.8	电力、热力生产和供应业	5.6
通用设备制造业	3.5	纺织业	4.6
非金属矿物制品业	3.2	金属制品业	4.4
专用设备制造业	2.8	非金属矿物制品业	3.8

资料来源：国家统计局，2019 年。

而在数字化技术基础方面，粤港澳大湾区数字经济规模均居全国首位；平台数字经济带动共享经济规模不断扩大，产生巨大的市场价值。目前，大湾区发明专利总量居世界首位，数据处理、信息传输等类别均是大湾区发明专利数量中的创新支柱行业。此外，香港人工智能领域研究项目数量较多，其中该领域科研主力军主要为香港中文大学与香港科技大学相关实验室及基地（见图 1）。

二　粤港澳大湾区个人信息保护法律框架存在的问题

关于个人信息保护中的人格权、数据信息产业结构形成和政府公共管理职能的实现三者的优先权问题，一直是学者们从公法和私法等不同角度进行讨论的焦点。[①] 大湾区个人信息保护问题存在特殊性——跨区际法律制度间差异不能完全套用欧盟等跨境问题的处理框架。也正是由于此种特性，湾区个人信息跨境保护的制度框架存在短板。

---

① 时明涛：《大数据时代个人信息保护的困境与出路——基于当前研究现状的评论与反思》，《科技与法律》2020 年第 5 期，第 66~74 页。

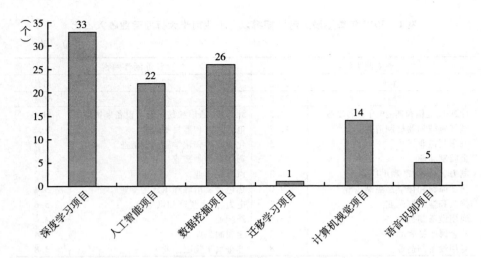

图1 2019～2020年香港人工智能领域项目数量统计

资料来源：香港特区政府统计处，2019。

（一）大湾区个人信息跨境合规与保护的准据法问题亟待解决

个人信息"出境"指个人资料通过不同技术和方法，包括再次出境相同的个人资料，在广东、香港和澳门（地理界线）之间流动。此类出境个人信息已超越了私法和公法，涵盖国际公法和私法（法律冲突）所关注的领域，其因在适用法律方面超越了领土管辖权、触发了多个不确定的连结点，而很难准确适用准据法。

大湾区跨境合规问题存在一定特殊性——粤港澳三地同属中国的一部分，其个人信息流动并不涉及国家主权，这与主权国家之间的跨境个人信息问题有质的不同。目前适用于区域组织的个人数据流通法律和条例或双边协议主要包括《欧洲联盟委员会数字市场（报价）法》、《欧盟数据保护总条例》（GDPR）、OECD《关于保护隐私和个人数据跨境流动的准则》。①

大湾区个人信息跨境研究的意义在于，跨境合规问题涉及区内及区外的

---

① 叶湘：《阿里云在大湾区的个人信息跨境合规：管辖权竞合视角》，《中国流通经济》2021年第7期。

司法冲突管辖。大湾区短期内难以建立统一的地区性个人资料保护协调机制。但从企业合规和管辖权竞合的制度角度出发，以此为契机考究跨境信息治理可适用的法律，相关探讨在政策层面和立法层面目前仍较为欠缺。

（二）个人信息保护体系的区际差异影响跨境企业的信息保护价值预设

大湾区个人信息主体以综合体为特征的产业为主，涵盖金融、工业和制造型企业。与东京工业湾区、纽约金融湾区和三藩科技湾区不同，粤港澳大湾区同时结合了东京、纽约和旧金山三大湾区的行业综合特征，具有其自身混合特性及优势。当前，数据已成为平台经济产业内最重要的竞争资源与生产要素。数据的利用价值不在于类似知识产权一样的创造性或新颖性，而在于其所蕴涵的通过分析、挖掘才能发现的潜在价值。[①] 同时，数据天生具有的流动性使得法律对数据的保护力度较弱。除了法律规制，市场机制也已对数据竞争行为和个人信息保护不当问题做出了反应：一些大型互联网平台正在成为创新的阻碍者——其试图通过设置技术手段，破坏新进入者和潜在竞争者的商业模式，以此巩固和维持其市场地位。[②]

平台数据市场的自发性应对机制，反映了数据保护立法规范的宏观布局与企业个人信息保护微观对标之间的错位问题。在个人信息保护方面，如果数据企业在设置数据保护目的和价值时出现定义错误，将直接导致其在制定企业数据保护个别条款时，无视消费者隐私权和相关数据利益而只关注自身企业经济利益。[③] 当前，大湾区个人信息保护框架需要用义务遏制平台的信息扩张冲动，细化、厘清其信息规制义务。

---

① 梅夏英：《数据的法律属性及其民法定位》，《中国社会科学》2016 年第 9 期，第 178 页。

② OECD, Data‑Driven Innovation, 2020；Coscelli Andrea, Competition in the Digital Age: Reflecting on Digital Merger Investigations, in A Speech to the 2019 OECD/G7 Conference on Competition and the Digital Economy.

③ 莫林：《共享平台的信息规制义务》，《科技与法律》2019 年第 5 期，第 68~75 页。

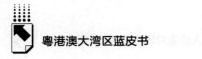
（三）须构建大湾区个人信息分级评估机制及对应的法律救济机制

打击侵犯公民个人信息行为的合理方式应是从民事、行政、刑事三方面建立集预防和处罚于一体的整体框架。[①] 目前，粤港澳三地在体制结构和完整性上存在显著差异。个人信息获取行为可能涉及民事违法、行政违法，或构成刑事犯罪。结合个人数据保护的具体领域探讨法律框架的构建，首先应建立划清个人数据获取与处理行为的民事违法与刑事犯罪的界限、恰当实现对跨区际个人信息保护的法律规制。

我国在 2015～2016 年陆续出现诸多不当使用技术手段非法获取个人信息和企业数据案件，大多通过民事侵权及不正当竞争诉讼理由予以结案。[②] 直到 2017 年才在司法裁判案例中确认了通过技术手段非法获取个人信息行为的刑事违法性。[③] 这体现了针对个人信息获取行为的法律规制从民法到刑法的递进，从而也体现了针对该问题司法裁判以及相关研究的不确定性。换句话说，针对企业非法获取和处理个人信息的具体行为应当属于民事侵权还是构成刑事犯罪，判断标准尚模糊。在大湾区建立针对个人信息保护较为全面的民事、行政、刑事相结合的法律体系，应当在立法上确立形式判断和实质判断两个决定性要素——除了确定行为的合法性和正当性之外，还应从实质上确定是否存在授权许可，对"以其他方式评估公民非法获取个人信息"中的"非法"要素进行实质性考量。同时应注意到，即使在形式上"非法"，也仍需将不应处罚的获取个人信息行为排除在刑事犯罪之外。由此通过形式判断与实质判断、形式入罪与实质出罪双重机制，合理规制网络爬虫行为。

---

① 汪东升：《个人信息的刑法保护》，法律出版社，2019，第54～72页。
② 参见北京市海淀区人民法院〔2015〕海民（知）初字第 12602 号民事判决书，北京市海淀区人民法院〔2017〕京 0108 民初 18684 号民事判决书。
③ 北京市海淀区人民法院〔2017〕京 0108 刑初 2384 号刑事判决书。

三 构建粤港澳大湾区个人信息保护制度框架的对策与建议

数字经济在新冠肺炎疫情期间高速发展，个人信息处理处于高频模式。但同时，区域间个人资料保护法律框架相对松散。在疫情防控常态化背景下，保障个人信息的法治化将逐步加强，结合"十四五"规划和针对 2035 年制定的前瞻性任务，其已从宏观层面提供策略性指引，要求在粤港澳大湾区建立个人资料保护及管理系统，以保障大湾区跨境数据流动中的个人资料安全。基于此，大湾区将进一步实现构建区域跨境个人信息传输法律规范、建立湾区跨境个人信息治理体系的主要目标。

（一）大湾区个人信息跨境合规方案与立法配置

在跨境个人信息治理方面，湾区策略已在宏观上有了较为清晰的目标布局，但存在一定行政色彩。目前，大湾区规划的"两翼"主要存在两个方面的治理目标，一是旨在实现粤港澳司法系统的互联互通和综合管理，合理解决三地司法管辖权分配问题，降低司法不力和企业缺乏统一问题解决框架的风险；二是关于平衡企业数据流动与数据权的制度仍处于萌芽期，特别是涉及企业内部的个人信息保护政策。目前大部分企业针对数据跨境所应体现的（数据输出地和输入地）对等保护问题及就对应政策的关注极为匮乏，也不符合当前数据跨境传输的国际规范以及跨国公司较为成熟的个人资料保护章程。因此，制定湾区个人信息出境政策，应主要针对立法、司法及管理方面的创新，并放宽行政管制。

监管个人信息流动的法律和地区法规不一致，将进一步导致数据交流成本上升、阻碍企业商业联系扩大。按照欧盟 GDPR 理念，在大湾区制定统一保护标准、建立统一数据市场规范以规制跨境个人资料流动，应属较为切合粤港澳实际情况的框架思路。深圳是互联网数据企业"硅谷"，香港是亚洲金融数据服务中心，大湾区不仅因此成为数据服务引擎，更是数据消费市场。不同于此，美国作为数据服务主要提供方，在立法上鼓励数据自由跨境流动；而欧洲联盟作为主要数据消费市场，其制度框架以《欧洲联盟基本权利宪章》第8条为基础，规定个人数据受保护，并基于此限制个人信息数据的输出，且将立法规制重点放在本地存储上。综上，湾区具有独特的"引擎+市场"双重属性，其个人跨境信息规制在逻辑上应着眼于维护国家安全，同时强调人格权（数据服务消费）及协调跨境数据商业关系的治理思路。

（二）管辖权竞合的解决进路与企业的信息保护价值预设

早在2019年，国务院已在《粤港大湾区发展规划纲要》中强调并要求加强对大湾区区域一体化建设提高应有的重视，利用大湾区作为制造业、金融及创新行业的市场优势，为创新型立法创造优势条件。同时推动数据企业提高针对个人信息及数据保护问题的法律认知并建立相关内部政策，探索三地针对个人信息跨境传输的管辖权分配相关规制思路，实现创造市场化、国际化法律经营环境的目标。

采用制度设计，尽量避免数据企业的数据处理合规问题案件同时牵涉区域间司法管辖权竞合情形。同一问题由广东、香港和澳门的不同法律管辖或规定时，应同时考虑并参照相关国际条约或协议来进行制度设计。[1] 具体来说，当不同法域对同一争端同时具有管辖权时，应采用"当事方明示管辖权的方式"为争端解决程序提供明确依据。[2] 综上，在大湾区针对出境个人信息确立明示管辖权和专属管辖权，是解决管辖权冲突的有效途径。

在微观层面，涉及跨境数据交流业务的企业应重新审视并积极调整内部不符合数据规范原则的个人信息保护条款，提高针对跨境数据保护法律意识，将个人信息保护和规制的法律理念融入企业客户条款表述中并切实履

---

[1] 叶湘：《阿里云在大湾区的个人信息跨境合规：管辖权竞合视角》，《中国流通经济》2021年第7期。

[2] 《涂子沛：建设粤港澳大湾区应建立统一数据标准》，泛珠三角合作信息网（2020年6月11日），http：//www.pprd.org.cn/fzzk/202006/t20200611_520097.htm。

行。具体来说，湾区的个人信息保障政策可从企业义务和用户权利两个方面，对个人信息保护价值进行重塑和调整。在企业基础规范领域，Corning公司在现代制造业中制定的《全球数据保护政策》具有一定参考价值。该企业基于国际数据传输企业约束规则（Binding Corporation Rules）中的强制性规则，不仅针对公司义务建立了框架，明确阐述了企业内部处理个人信息的原则，还将个人信息分为企业内部信息及外部传输，以便在个人信息跨境流动时参考具体《通用数据保护条例》（GDPR）的管辖条例。针对《全球数据保护政策》中对于企业数据流动过度限制或保护的相关内容，三地数据企业可同时调整其措辞，参考亚马逊公司的《数据保护政策》，主要围绕信息处理原则进行表述的调整。

（三）建立个人信息分级评估与明确的权责体系

结合我国《个人信息保护法》及中央关于加大力度参与个人信息保护国际规则制定的要求，借此契机，大湾区可与欧盟类比，建立统一的数据市场管制制度，加强国家主权与数据安全的紧密联系，巩固香港与澳门作为不同的域外司法管辖区但又同属于我国主权范围这一政策基础，从防范个人信息风险的角度对个人信息进行区分和监管。具体来说，增强共建"一带一路"国家数据商业交往机会及其数据服务作用，在"东盟+3（中国、日本、韩国）"框架内强化我国在该区域内部的数据保护立法及执法影响力，最终在制定和完善大湾区数字技术治理规则方面发挥主导作用。在此基础上，加深大湾区在该地区跨境个人数据交流及保护方面的国际合作，同时推动区域内部的个人信息传输规则的框架搭建及标准互认。

首先是主体的划分。湾区企业首先要区分信息处理社会主体和市场主体，根据不同要求对其处理个人数据的行为进行区分和规范。市场主体处理信息主要为维护其自身经济利益，而社会主体处理信息则从公共利益角度出发，因此针对其信息处理行为的规制要求相对市场主体会低。同时，从加强互联网信息产业自律理念入手，通过规则制定增加市场主体信息侵权成本，借此规范其信息处理行为及保护他人数据信息的企业责任。此外，将技术和

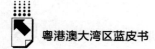

商业化利益结合起来的同时应明确，只有在制定规范时注重划定保护权利和行为自由的界限、辅以增加侵犯个人信息的成本，才能促进全行业认识到保护个人信息的重要性，逐步推行行业自我规制和自我监管。

其次是体系的构建。建立以我国《个人信息保护法》为基础的个人信息保护制度，针对可能侵犯个人敏感信息的行为制定更严厉的处罚规范。[①] 在综合治理大湾区跨境数据传输的过程中，亦有必要规定相应的各国企业维权规则体系和境外申诉机制，保障其在海外的利益，协调推进法治和市场规则，填补跨境个人信息规制的空白。大湾区三地数据领域法治水平的均衡发展，将有助于三地数据市场规则的衔接，建立科学化、可持续的商业法律架构，减少湾区内部制度障碍。[②] 从具体制度设计来说，对出境个人信息处理行为的评估重点应落实在《信息安全技术　数据出境安全评估指南（征求意见稿）》第5条第2款第2项"个人信息属性评估要点"以及《个人信息出境安全评估办法（征求意见稿）》第6条、第13条和第15条之中，包括依据信息的类型、范围、敏感程度评估网络运营者与信息主体之间的合同条款是否能够保障个人信息合法权益，以及依据信息出境的目的和保存时限等评估信息接收者对于信息的删除义务和保存要求。

最后是个人信息权益的救济。大湾区个人信息保护规制体系以民事机制为基础、行政措施及刑事制裁为补充，通过私法规定如侵权责任等，补偿个人信息被侵犯之人所蒙受的损失。[③] 同时，个人信息保护制度及规范应充分平衡自然人信息权、信息自由流动与社会公共利益之间的关系，研究其特点（绝对性或主导性）、内容（特定权利或子权利）及权利边界相关问题，同时兼顾侵权责任的归责原则和损害赔偿等一系列制度细节，为粤港澳大湾区个人信息的民法保护模式发展奠定基础。

---

① 王森：《数字经济发展的法律规制——研讨会专家观点综述》，《中国流通经济》2020年第12期，第114~124页。

② 石佑启、陈可翔：《粤港澳大湾区治理创新的法治进路》，《中国社会科学》2019年第11期，第64~85页。

③ 王成：《个人信息民法保护的模式选择》，《中国社会科学》2019年第6期，第207页。

附　　录
Appendices

打造国际一流湾区，继续担当改革开放排头兵

刘英奎[*]

近年来，百年未有之大变局渐露端倪，地缘政治冲突加剧，区域竞争日趋激烈，东升西降趋势明显，但西强东弱仍占主流。面对复杂多变的国内外形势，粤港澳大湾区如何加快转型升级步伐、高质量发展打造国际一流湾区，如何引领国内国际双循环新格局，不仅大湾区人民，而且全国人民都充满期待。

继往开来，大湾区继续引领全国乃至全球经贸发展，有责任、有优势，义不容辞！

一是深化改革开放，耕好制度创新试验田。改革开放以来，珠三角地区先行先试、敢闯敢干，为体制机制转型中的中国探索了道路、方向，积累了经验、模式，让世界见证了东南边陲小渔村深圳蝶变国际化大都市及珠三角

---

* 刘英奎，中国贸促会研究院副院长、研究员。

迅速崛起成为全球加工制造基地的奇迹，发挥了先行者、引领者、示范者的作用。新时代，基于"一国两制三地"的鲜明特色与独特优势，大湾区继续担当国家制度创新试验田的角色定位当仁不让。无论是服务领域对外开放，还是区域内部公共服务互联互通；无论是跨区域产业协作，还是要素自由流动，都有待大湾区大胆探索创新，再为其他地区打造模板。

二是加大投入力度，构筑科技创新策源地。从改革开放初期对国外先进技术的学习模仿、消化吸收，到目前的自主研发创新，大湾区涌现出一批诸如华为、比亚迪、大疆等世界级高新技术企业。尤其是华为，2021年在极其艰难严峻形势下，研发投入占比高达22.4%，在国内企业中独占鳌头。瞄准世界前沿科技关键环节，针对产业卡脖子短板堵点，加大投入力度，打造国际一流的科技创新湾区，是祖国赋予大湾区的光荣使命！三地联袂打造一流大学和研究机构，合力开展科技攻关；继续发挥香港国际金融中心作用，为高科技产业融资；充分发挥澳门葡语国家资源优势，促进国际交流合作……湾区可有若干非凡选择。

三是率先打造国际一流营商环境。打造国际一流营商环境是党中央、国务院提出的重要战略目标，除硬环境互联互通外，优化软环境的要义在于实现法治化、市场化和国际化。所谓法治化，其一，应具备完善的法律法规体系；其二，要实现法律法规的统一实施；其三，利益受损者能够得到有效救济。所谓市场化，即市场在资源配置中发挥基础性作用：生产要素自由流动；市场主体公平竞争，无论国内国外、民营国企、大小规模市场主体，都应无歧视、一视同仁；市场规则公开、透明、可预期，具有稳定性；市场监管有序有效，政府这只"看不见的手"能及时弥补市场缺陷，发挥"守夜人"作用。所谓国际化，首先，应多元包容，具有开放思维；其次，应对标国际规则、一流标准；最后，"引进来、走出去"，实现国内国际双循环。从世界银行评价看，中国营商环境日益优化，从十年前的世界排名约第90位已跃升至第30位左右，其实，大湾区内部就有一个营商环境排名世界前三的经济体——香港，对标香港，简便易行。

四是引领区域经济一体化、世界经济发展。大湾区处于全球经济最具活

力的东亚地区，不仅发挥着带动珠三角经济发展的龙头作用，也肩负着引领
RCEP 区域产业链供应链优化、区域经济一体化发展重任。同时，大湾区也
是世界的湾区，在主要经济体经济失速甚至面临危机的当下，实现转型升级
高质量发展，打造国际一流湾区，提振信心并引领世界经济走出低迷，是时
代赋予大湾区的历史责任。

畅通双循环，做强大湾区

王　珺*

《粤港澳大湾区发展规划纲要》发布三年了。三年来，粤港澳大湾区建
设取得了阶段性成效。一方面，"硬联通"进展显著。广深港高铁、港珠澳
大桥等大型跨境基础设施相继开通，深中通道、广中珠澳高铁等项目有序建
设，大湾区城际铁路建设全面铺开，东西两岸城市的连通性不断增强，莲
塘/香园围口岸、新横琴口岸、青茂口岸相继开通，港口、高铁、城际轨道
和高速公路等织成的综合立体交通网络基本形成了一小时生活圈，"一站式
通关""合作查验、一次放行"等便利通关模式，使口岸通关效率大幅提
升，三地往来更加快捷。另一方面，标准衔接、资格互认等"软联通"取
得了实质性成效。到目前为止，在医师、建筑、导游、律师、教师等 8 个专
业领域资格实现单边认可或双向互认，3000 多名港澳专业人士取得内地注
册执业资格。制定首批"湾区标准"清单，涵盖食品、粤菜等 23 个领域 70
项标准。广东全面取消港澳人员在粤就业许可限制，港澳居民可同等享受就
业创业扶持政策和服务。目前，在粤纳入就业登记管理的港澳居民超过
8.51 万人，港澳居民在粤参加养老、失业、工伤保险累计达 27.92 万人次。
值得一提的是，持续优化的营商环境加快了粤港澳大湾区开放型经济新体制
建设步伐。国家发改委最新公布的 2021 年中国营商环境评价结果显示，深
圳、广州、东莞、珠海均成为全国标杆城市，整体水平位于全国前列。在省

---

* 王珺，广东省社会科学院原院长，教授。

级政府一体化政务服务能力指数评估中，广东连续 3 年得分居全国第一。这极大地推进了两地资源与要素流动便利化。例如，港澳企业商事登记实现"一网通办"，使企业开办时间压缩到 1 个工作日内。"深港通"、债券"南向通"、"跨境理财通"以及银联港澳版"云闪付"App、微信和支付宝香港电子钱包等移动支付应用等措施落地实施，提升了跨境贸易投融资便利化，人民币成为粤港澳跨境收支第一大结算货币。① 在这种软硬件互联互通的推进下，三地深度融合的粤港澳大湾区正成为新时期创新创业、跨国企业投资以及人口净流入热土。2021 年，世界 500 强中有 25 家来自大湾区。广东省现有高新技术企业超 6 万家，其中绝大部分都在粤港澳大湾。每千人拥有的企业超过了 70 家，与 2010 年的人口六普相比，2020 年大湾区人口增长了 35.13%，是我国净流入人口增长最快的地区。在粤的外国人才约占全国的 1/5。2021 年人口占全国总人口 6.1% 的粤港澳大湾区创造了占全国11% 以上的经济总量，人均 GDP 高于全国平均水平的 80.5%。

经过 40 多年的改革开放和快速发展，我国面临的外内环境都发生了变化。从内部看，人们已从温饱阶段转向追求生活质量阶段。相对于日益增长的购买力需求来说，任何一国的资源都是稀缺的，没有一个国家能生产出人们所需要的所有产品与服务。通过外贸外资可以极大地增大多样性，弥补本国不足。收入水平越高的国家，越需要扩大开放以满足人们对高品质生活的需求。随着我国逐渐进入高收入国家行列，高水平开放是必不可少的。从外部看，一是随着我国的快速发展，综合实力跃升为全球第二，许多国家对我国的预期和要求也发生了变化，以美国为首的西方国家不再将我国视为发展中国家，进而加大了对我国进口关键技术设备的限制。二是以数字生产、低碳制造、生物与健康为导向的全球新一轮科技革命与产业变革方兴未艾，蓬勃发展。三是自 2022 年 1 月 1 日起作为世界最大的自由贸易区，区域全面经济合作伙伴协定（RCEP）正式生效，这将进一步促进全球经济重心向亚

---

① 《高质量建设粤港澳大湾区取得阶段性成效》，华声在线官方账号，https：//baijiahao.baidu.com/s？id=1733042860947991735&wfr=spider&for=pc，2022 年 5 月 17 日。

洲转移。根据世界银行数据，近 20 年，亚太地区 GDP 在全球经济总量中的占比由 24%增至 32%；货物进出口总额占世界贸易总额的比重由 24.4%增至 33.4%。面对这种国际政治经济形势和格局变化以及科技革命带来的重大战略机遇，我国不可能我行我素，关起门来搞建设。必须要扩大开放，与世界各国合作共赢。正如习近平总书记在多个场合重申，"中国的发展离不开世界，世界繁荣也需要中国"，"我们改革的脚步不会停滞，开放的大门只会越开越大"。我国"十四五"规划和 2035 年远景目标纲要提出，坚持实施更大范围、更宽领域、更深层次对外开放。

作为国家区域重大战略地之一的粤港澳大湾区，是我国对外开放最前沿、国际化水平最高的地区，在内外环境的巨大变化中，既要深化改革，率先对接国际高标准市场规则体系，在畅通双外循环中，发挥示范引领作用，加快形成粤港澳大湾区市场一体化；又要积极抓住科技革命和产业变革的重大机遇，提升创新能力，促进产业梯度转移和区域合作，在新发展格局构建中起到战略支点的作用；还要更好地规避日益复杂的外部环境所带来的不确定风险。具体来说，就是要进一步对接港澳，做强湾区，联通世界。对接港澳就是如何在涉及"一国两制、三个关税区、三种货币"的不同制度环境下加快推进区域市场一体化进程，这既是丰富"一国两制"理论内涵的发展要求，也是在不同制度下探索市场一体化的实践需要。比如说，在新发展阶段，粤港澳大湾区如何以横琴方案和前海方案的落实为突破口，发挥港澳优势，在放宽市场准入限制、优化市场准入环境、破除市场准入壁垒，打造公平透明、可预期的国际一流营商环境等方面先行先试，从而以点带面，将粤港澳大湾区市场一体化发展中可复制的经验做法尽快向其他地区推广。做强湾区就是如何形成可持续的激励制度，吸引全球创新资源，提升投资合作平台，诸如在新能源汽车、数字制造和医疗健康等领域寻求同欧洲国家的合作；进一步扩大与共建"一带一路"国家和地区的经济合作，RCEP 将促进轻纺业调整布局，在稳定供应链的同时提升全球配置资源能力；推动跨境电商、市场采购、离岸贸易等新业态发展，用好跨境电商综合试验区、境外经贸合作区等平台。联通世界就是要积极探索对接国际高标准市场规则体系，诸如世界贸易组织中包括降低、逐渐取消关税和非关税壁垒的"自由贸易"原则，包括最惠国待遇、国民待遇、反倾销、反补贴、保护知识产权的"公平竞争"原则等，在以对等互利为原则的开放合作上率先试验，在增强区域发展竞争力中，以新产业、新技术和适应时代需要与遵守国际高标准规则体系来对冲日益复杂的国际环境所带来的不确定性，增强应对外部风险的主动性。

这三个方面的目标是先行探索的湾区使命。近三年取得的阶段性成效是向这个目标靠近的重要步骤。同时，我们也看到，实现这三个方面的目标不是一蹴而就的，而是一个发展的过程。这个过程提出了许多重大的理论与实践问题。对于政策制定者、执行者和理论工作者来说，这既是挑战，更是机遇。广东省社科院编撰的《粤港澳大湾区建设报告（2022）》不仅记录了2021年大湾区各行各业的发展成效，也梳理了近一年来关于粤港澳大湾区的研究进展、实践问题以及内外部环境变化带来的挑战与机遇，特别是理论工作者持续关注大湾区发展中的理论思考与建议等。这些思考和建议无疑对政策制定和实践探索都具有重要的参考价值。

"强核扩圈"，构建粤港澳大湾区空间发展新格局

陈鸿宇[*]

一 粤港澳大湾区空间布局正在发生积极变化

建设粤港澳大湾区是习近平总书记亲自谋划、亲自部署、亲自推动的国家重大战略。《粤港澳大湾区发展规划纲要》提出，大湾区的空间布局要建设好港深、广佛、澳珠"三极"，重点依托香港、澳门、广州、深圳4个核心城市和珠三角内地9个重要节点城市，发展特色城镇，完善大湾区世界级城市群和城镇发展体系，形成辐射带动周边地区的区域圈层结构。

---

* 陈鸿宇，中共广东省委党校原副校长、教授。

2018 年以来习近平总书记两次视察广东，对大湾区建设和广东的区域城乡协调发展做出一系列重要指示。按照习近平总书记关于"要加快形成区域协调发展新格局，做优做强珠三角核心区，加快珠海、汕头两个经济特区发展，把汕头、湛江作为重要发展极，打造现代化沿海经济带"的指示精神，国家和广东省、香港、澳门各方，努力推进大湾区的区域发展新格局建设，"强核扩圈、内聚外联"的一系列重大举措相继推出。从 2017 年 3 月中央提出建设粤港澳大湾区以来，2019 年，公布了粤港澳大湾区《规划纲要》、支持深圳建设中国特色社会主义先行示范区、以同等力度支持广州实现老城市新活力和"四个出新出彩"、提出广深"双核联动，比翼齐飞"。2020 年，提出构建"广州—湛江""深圳—汕头""核—副中心"深度合作机制。发布深圳综合改革试点方案。2021 年，提出建设"一核（珠三角）五圈（广州、深圳、珠西、汕潮揭、湛茂）"，出台支持珠海、汕头、湛江建设省域副中心城市的意见。最值得关注的是，2021 年 9 月中共中央、国务院相继印发《横琴粤澳深度合作区建设总体方案》和《全面深化前海深港现代服务业合作区改革开放方案》；1 个月后，香港特区政府提出将建设香港北部都会；粤港澳大湾区的"港深组团""澳珠组团"和各核心城市的建设将取得重大进展，大湾区的空间布局正在发生变化。

二 "强核扩圈、内聚外联"新格局的实践逻辑

习近平总书记指出："构建新发展格局的关键在于经济循环的畅通无阻。"粤港澳大湾区一系列"强核扩圈、内聚外联"的重大举措，就是以努力淡化行政边界、做实主体功能区为取向，以加快促进各类资源要素在大湾区和"核—带—圈"内外的流转为抓手，增强中心城市和城市群的经济辐射带动能力，构筑全省高质量发展的动力系统。

"强核扩圈、内聚外联"的主要内涵包括：（1）贯彻国家区域总体战略，把广东和大湾区建设成为国家新发展格局的战略支点和区域发展的新动力源。（2）全面、完整落实"一国两制"方针，将香港、澳门的发展纳入

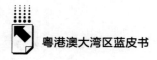

国家发展大局。（3）努力实现建设粤港澳大湾区战略与广东省"一核一带一区"区域发展格局对接。（4）做实"港深"、"澳珠""广佛"三组团，做强港澳广深四核心城市。（5）按照"（广深）双核联动"—、"（广深）双圈联动"—"（广深）双核+（湛汕）双副中心"联动—"（广州、深圳、珠西、汕潮揭、湛茂）五圈联动"的梯度推进，畅通全省内循环。

建立"双核+双副中心"联动机制，是畅通全省内循环的正确选择，也是实现大湾区建设和广东"一核一带一区"格局有机融合的关键。建立"双核+双副中心"联动机制的意义在于，一是为深圳建设中国特色社会主义先行示范区和广州实现老城市新活力与"四个出新出彩"拓展了发展空间，放大了广深两座超大城市的溢出效应；二是将构建全省区域发展新格局作为广深"双城联动、比翼双飞"的重要内容，"双城联动"必然推动广州、深圳两个都市圈的"双圈联动"，进而通过"双核+双副中心"机制，促进广州、深圳两个都市圈与汕潮揭、湛茂阳都市圈的合作，有助于形成全省城乡区域发展新格局。

三 广州、深圳是"强核扩圈、内聚外联"的核心引擎

（一）准确把握广州、深圳的"核心引擎"定位

广州、深圳是粤港澳大湾区和广东、华南"强核扩圈、内聚外联"的"锚"，两个核心城市在大湾区、广东、华南地区所具有的枢纽、连通、平衡、决策、指令的"综合功能"，是其他任何城市都不可能齐备的。为此，一要树立"锚"思维，广州、深圳要自觉想大事、积极谋大事、勇于担大事；二要确立"锚"格局，要着眼于广州、深圳自身及与外部的双重"强核""扩圈""内聚""外扩"，协调好"硬与软""密与疏""远与近""产与城"四对关系。

在考虑广深联动发展的内容和路径时，要找到双方共同利益的最大公约数，只能双赢，不能单赢，更不能互挖墙脚。必须拓宽广深联动的空间视

域，向外看，向外走。要立足"双核"，放眼广深"双圈"，放眼全省"五大都市圈"，谋求交通、能源、基础设施建设的"强强共赢"。在港口、机场、轨道交通、高铁、高速公路网、数据网建设要和产业体系、供应链、产业链等方面对接，建立全方位开放的创新链、资本链。

（二）由"双圈"联动和"双核+双副中心"机制走向"四联动"

第一，积极推动广深汕湛四个港口的整合。建立以股权为纽带、以招商局和广州港务局为主体的广东沿海港口协同发展格局。积极推动广深潮湛四个机场的整合；在进一步加强广州白云机场的国际航空枢纽地位、提升深圳宝安机场国际化程度的基础上，争取国家和省的支持，加大潮汕、湛江机场往来广州、深圳机场的航班密度。

第二，四地政府共同设立数字产业委员会，帮助汕头、湛江复制广州、深圳运用智慧化、数字化手段治理城市、服务群众的做法和经验。引导广州、深圳的信息企业到汕头、湛江从事软硬件服务。四地联手共同在广州南沙新区、广州知识城、深圳光明新区设立产业园或高技术企业孵化器。

第三，广深共同参与湛江雷州、徐闻对接海南的制造业基地、农海产品加工基地和物流基地建设；共同投资参加湛江大西南通道的交通、能源、数字网络建设。

第四，鼓励广州、深圳的产业资源、教育资源、科创资源到汕头发展智能制造、玩具创意、华文教育和影视产业。支持汕头联手湛江拓展与北部湾和东盟经济、文化联系，做好"侨文章"。

澳门积极参与和推动粤港澳大湾区建设

林志军*

中共中央、国务院 2019 年 2 月 18 日印发《粤港澳大湾区发展规划纲

* 林志军，澳门创新发展研究会会长，澳门科技大学副校长、教授。

要》（以下简称《规划纲要》），对大湾区建设做出总体规划和战略定位，并且提出在科技创新、基础设施、共同参与"一带一路"建设等多个方面具体规划，旨在将粤港澳大湾区打造成为：（1）充满活力的世界级城市群；（2）具有全球影响力的国际科技创新中心；（3）"一带一路"建设的重要支撑；（4）内地与港澳深度合作示范区；（5）宜居宜业宜游的优质生活圈，构建加大国家对外开放和增进国际合作的新高地。

《规划纲要》明确提出，将以广州、深圳、香港、澳门四大中心城市作为区域发展的核心引擎，共同带动大湾区发展战略的实施。显而易见，参与大湾区建设，为澳门带来了重大的发展机遇，有助于澳门深化区域合作，拓展更广阔的发展空间。地域面积狭窄、产业结构单一、市场规模细小一直是阻碍澳门经济发展的主要原因。《规划纲要》的目的是要促进粤港澳一体化发展，澳门可借此机遇，通过与内地合作来延长产业链条，共享大湾区资源和市场，结合自身优势和"一中心一平台一基地"的发展定位，加快发展大旅游、大健康、中医药、文化创意、现代金融等新产业，促进经济适度多元化。

作为地处大湾区的一个特别行政区，澳门拥有对外高度开放及低税制等优势，同时又密切联系着大湾区9个内地城市。对比起香港、深圳、广州其他三个核心城市，独特的历史背景以及和谐的社会文化底蕴，让澳门在大湾区城市群内，可以充分发挥特定的平台作用，做好内地与葡语国家经贸活动供需对接，并与共建"一带一路"国家相连，形成相对的优势。澳门可以充分发挥中葡平台作用，带动共建"一带一路"国家与地区经贸活动，推动共建"一带一路"规划的实施。

澳门特区政府和社会各界高度重视大湾区建设的战略意义，并且采取一系列具体行动积极参与。特区政府在2020年专门成立了高层次的"融入国家发展工作委员会"，统筹参与大湾区建设的政策和措施制定。在认真做好抗疫防疫工作、加快推动经济复苏和新产业发展、优化民生建设工作及深入进行公共行政改革的同时，推出一系列举措，推动澳门社会各界参与大湾区建设。例如，根据澳门经济适度多元发展策略，特区政府近几年修订《金融体系法律制度》、陆续起草和制定《租赁法》《基金法》《信托法》等金融法律法规，为推动澳门金融产业创新、拓展特色金融产品和服务、转型现代金融产业提供条件。同时，特区政府完善与中医药相关的法律制度和政策，出台《中药药事活动及中成药注册法》，推动更多中药产品在澳门注册。2021年新设立药物监督管理局，负责药物的审批、注册和管理，进一步加强与内地相关部门的对口合作，健全中医药审批体系，对澳门研制符合规定的新药实施优先审评。鼓励澳门高校和内地的中医药企业加强合作，促进产学研成果转化，在横琴设立"中医药科技产业园"以及到其他湾区城市落地生产。此外，在巩固提升综合旅游休闲业及发展文旅会展商贸产业能力同时，提升会展商贸对旅游业的拉动效应。特区政府支持澳门高校发起"粤港澳大湾区旅游职业教育联盟"，利用澳门高端旅游服务资源为其他湾区城市提供旅游业界人士培训和来澳学生专项奖学金，促进大湾区内现代旅游服务水平提升。

为了加快澳门参与大湾区科技创新走廊建设，澳门特区政府加大对本地高校四个国家重点实验室的资金投入和支持，于2020年创立了"研发成果产业化专责小组"，通过设立科技发展基金，鼓励高校、科研机构和企业联合申报科技创新项目，并且和广东省及其他湾区城市共同资助一批科技创新研究应用项目，提升大湾区的整体科研和创新能力。

为推动澳门融入国家发展，同时满足澳门居民到大湾区内地九市就业和生活需求，特区政府和珠海政府签订"澳门新家园"建设项目协议，预计面积约19万平方米、住房4000套。2021年已开始施工建设，预期2023年落成。同时，特区政府加快完善澳门与湾区内地的交通设施，除港珠澳大桥及其口岸于2019年投入使用外，在最近两年，还增加建设及先后开通横琴口岸和青茂口岸，实行"一站检验、快速通关"新模式，极大便利澳门和湾区城市的人员来往及货资流动。此外，特区政府已通过氹仔轻轨延伸至横琴的建设规划，目前进入设计时间，将尽快施工，以便将澳门和大湾区的城际运输与内地高铁网络对接，大大提升澳门融入国家发展的能力。

在大湾区建设总体部署下，中共中央、国务院于2021年9月5日又印发《横琴粤澳深度合作区建设总体方案》（以下简称《总体方案》），打造促进澳门经济适度多元发展的新平台、拓展便利澳门居民生活就业的新空间、丰富"一国两制"实践的新示范，以及推动粤港澳大湾区建设的新高地。深度合作区将分阶段建设，最终于 2035 年完成发展目标。届时，澳门的"一国两制"强大生命力和优越性将全面彰显，合作区的经济实力和科技竞争力大幅提升，公共服务和社会保障体系高效运转，琴澳一体化发展体制机制更加完善，将基本实现促进澳门经济适度多元发展的目标。

澳门和广东省都非常重视加强合作落实《总体方案》。在国务院副总理韩正见证下，横琴粤澳深度合作区管理机关于 2021 年 9 月 17 日正式挂牌。在原横琴新区管理委员会基础上组建了新的"横琴粤澳深度合作区管理委员会"，由广东省政府省长和澳门特区行政长官出任主任，下辖执行委员会和秘书处（合署办公），由双方共同管理。为体现《总体方案》要求的澳门主导，澳门特区政府行政法务司司长担任深度合作区管委会常务副主任，并由澳门特区政府经济财政司司长兼任深度合作区执行委员会主任。执行委员会下设的职能主管局，亦由广东省和澳门特区共同委任主管人员，从 2021 年 10 月进行重组和开展有关职能部门权利和义务工作。

按照《总体方案》规划，横琴粤澳深度合作区将对物资流动实行"分线管理"。"二线"海关监督作业场所已于 2021 年 12 月 6 日正式开工。届时横琴全岛将实施封关运行，货物在琴澳之间可自由进出，提高深度合作区对接澳门和国际市场的能力。

澳门特区政府高度重视琴澳深度合作区的规划和建设，希望以此为抓手，加快参与大湾区建设，助力国家战略发展。特区政府对澳门业界和市民进行大力宣讲，明确深度合作区建设的重要意义和发展机遇，并在《澳门特别行政区经济和社会发展第二个五年规划（2021—2025 年）》中设立专节解说和确定发展指针，在政府层面成立了"深合区工作小组"，组织协调跨部门力量，跟进深度合作区建设项目的推动和落实，更好融入国家发展大局。

在 2021 年，特区政府组团赴京与多个国家部委就深度合作区相关政策进行沟通，结合参与粤港澳大湾区建设，设立"研发成果产业化专责小组"，加强科技创新发展，积极参与科技创新走廊合作，推动"一带一路"建设、进一步拓展中葡平台功能等，重点建设深度合作区，务实推进高质量的大湾区建设。目前，"横琴粤澳深度合作区澳门办事处"已投入服务，首阶段主要向投资者提供深合区的投资信息、商事登记便利服务，以及安排与深合区相关部门进行在线事项咨询等，为办理手续和咨询提供便利，并将持续不断优化服务。

虽然澳门特区近年来依据中央的战略部署，以横琴深度合作区建设为抓手，积极参与大湾区建设，加快融入国家发展大局，筹划开局初见成效，但是在具体推动过程中仍然面临许多挑战，还应加大力度，尽快落实《总体方案》的建设规划与具体任务。其中，下列几个方面值得重点发展。

第一，琴澳深度合作区建设是全新的制度创新，共商共建共管共享机制的有效运作需要广东省、珠海市和澳门特区政府紧密合作和有效沟通，打破常规模式，创造性探索和实践，建立和完善深度合作新模式、新机制，提高管理效率，真正实现互利共赢，推动琴澳深合区高速度和高质量建设。

第二，琴澳一体化体制需要有完整的法律体系保障。虽然在《总体方案》中明确澳门大学和横琴口岸区由澳门管理，适用澳门法律，但深度合作区的其他区域的立法司法权限尚未明确。这需要全国人大或广东省人大给予必要授权，允许深度合作区结合发展需要，借鉴澳门和其他国际通行法律法规，制定适用于自身特点的法律和司法体系，打造具有中国特色、彰显"两制"优势的区域开发示范，加快实现与澳门一体化发展，更好地连接国际市场，方可真正发挥琴澳深度合作区的优势。

第三，深合区建设目标是打造促进澳门经济适度多元发展的新平台。如何对接好横琴和澳门的产业基础，充分整合两地的资源禀赋，实现资源共享、优势互补，值得两地政府和业界共同探讨，避免资源分配重复以及最大限度发挥整合效用，大力拓展现代化和国际化的新技术、新产业、新业态、新模式，推动澳门长期繁荣稳定和可持续发展。

第四，深合区建设需要构建高效率的琴澳共同市场，实现要素（资金、

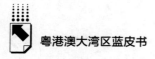

技术、人员、数据等）的全面自由及有序流动。目前这些要素的跨境流动仍然存在一定的阻力，例如，资金跨境流动涉及外汇管制，资本监管、反洗钱、税务申报等问题尚未有具体配套措施，全要素实际流动仍不顺畅。特别是，资金和数据的跨境流动和监管措施尚未到位，影响一体化市场和跨境交易顺利进行。由于内地和澳门不同体制存在差异，因此必须要有明显的创新和改革加以解决。

第五，新产业发展需要人才。无论横琴还是澳门，既定的四大产业基础相对薄弱，亟须引进产业的龙头企业和行业专业人才，带动新兴产业发展。琴澳深度合作区必须建立一套有竞争性和吸引力的招商引才政策，加大力度从海内外招揽，并给予其拓展业务和便利生活居留的配套政策，使引进的人才安心落户，促进深度合作区的建设发展。

B.24
粤港澳大湾区建设大事记

陈梦桑　全玲艳*

2021年1月2日　广东省推进粤港澳大湾区建设领导小组第六次全体会议在广州召开，审议有关文件，研究部署2021年工作。广东省委书记、省推进粤港澳大湾区建设领导小组组长李希主持会议。

2021年1月6日　广州市港澳青年创新创业服务中心正式运营，中心由广州市青年就业创业服务中心创办，是全国首家由共青团指导管理的公益性港澳青年创新创业孵化基地。

2021年1月15日　时任广东省省长马兴瑞主持召开省政府常务会议，研究支持珠海建设新时代中国特色社会主义现代化国际化经济特区的意见，强调珠海要着力提升开放合作水平，推动全市全域加强与澳门合作，打造粤港澳大湾区高质量发展新引擎。同年3月29日，广东省委、省政府正式公布《关于支持珠海建设新时代中国特色社会主义现代化国际化经济特区的意见》。

2021年1月24~26日　广东省第十三届人民代表大会第四次会议听取和审议了时任广东省省长马兴瑞代表省人民政府所作的工作报告，报告强调要深入推进粤港澳大湾区和深圳先行示范区建设，强化广州、深圳"双城"联动，打造高质量发展动力源。

2021年2月5日　中国人民银行、中国银行保险监督管理委员会、中国证券监督管理委员会、国家外汇管理局、中国香港金融管理局、香港证券及期货事务监察委员会、中国澳门金融管理局负责人签署《关于在粤港澳

---

*　陈梦桑，广东省社会科学院助理研究员，主要研究方向为区域经济、战略人力资源管理；全玲艳，广东省社会科学院港澳台研究中心资料员，主要研究方向为粤港澳合作、文化融合。

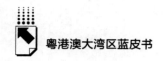

大湾区开展"跨境理财通"业务试点的谅解备忘录》。各方同意在各自职责范围内对粤港澳大湾区"跨境理财通"业务试点进行监管并相互配合。

2021 年 2 月 19 日 广东省自然资源厅发布《关于港澳籍注册城市规划专业人士在广东省执业备案有关事项的通知》,《通知》明确,经备案登记的港澳注册城市规划师,可在广东省内提供规划专业服务。

2021 年 2 月 20 日 深圳市召开推进粤港澳大湾区建设领导小组会议,审议通过了《深圳市推进粤港澳大湾区建设 2021 年工作要点》。

2021 年 2 月 21 日 广州市召开推进粤港澳大湾区建设领导小组第七次全体会议,会议强调要突出抓好战略谋划、平台建设、穗港澳合作、"双城"联动、沟通对接,举全市之力推动粤港澳大湾区建设向纵深发展。

2021 年 2 月 23 日 深圳市召开推进大湾区综合性国家科学中心建设领导小组会议,审议通过了《国家科学中心先行启动区实施方案(2020—2022 年)》等事项,明确 2021 年 54 项重点工作,力推重大设施平台尽快进入科研状态,迅速提升科学中心科研集中度和显示度。

2021 年 2 月 28 日 广东省人民政府印发《广东省进一步推动竞争政策在粤港澳大湾区先行落地的实施方案》,着眼提升粤港澳大湾区市场一体化水平,明确组建广东省粤港澳大湾区竞争政策委员会、支持深圳开展竞争执法先行试点等十项实施内容以及四项保障机制。

2021 年 3 月 5 日 第十三届全国人民代表大会第四次会议在京开幕。国务院总理李克强作政府工作报告时指出,"十四五"时期,要优化区域经济布局,促进区域协调发展,扎实推动粤港澳大湾区建设。要支持港澳发展经济、改善民生,保持香港、澳门长期繁荣稳定。

2021 年 3 月 12 日 《中华人民共和国国民经济和社会发展第十四个五年规划和 2035 年远景目标纲要》发布,提出加强粤港澳产学研协同发展,完善"两廊两点"科技创新架构体系[①],推进综合性国家科学中心建设,便利创新要素跨境流动;加快城际铁路建设,统筹港口和机场功能布局,优化

---

① 两廊,指广深港、广珠澳科技创新走廊;两点,指深港河套、粤澳横琴科技创新极点。

航运和航空资源配置；深化通关模式改革，促进人员、货物、车辆便捷高效流动；扩大内地与港澳专业资格互认范围，深入推进重点领域规则衔接、机制对接；便利港澳青年到大湾区内地城市就学就业创业，打造粤港澳青少年交流精品品牌。同年 4 月 25 日，《广东省国民经济和社会发展第十四个五年规划和 2035 年远景目标纲要》发布，为"十四五"时期广东推进粤港澳大湾区建设制定了"路线图"。

2021 年 3 月 15 日 广东省传达贯彻习近平总书记重要讲话精神暨全国两会精神干部大会在广州召开，会议强调要深入推进"双区"和横琴、前海两个合作区建设，深化实施"湾区通"工程，加快推进"数字湾区""轨道上的湾区"建设，持续释放强大的"双区驱动效应"。

2021 年 3 月 18 日 《粤港澳大湾区文化和旅游发展规划》实施推进会在广州举行。国家有关部委办、广东省及香港、澳门特区政府相关部门、中央政府驻香港联络办、中央政府驻澳门联络办等方面代表，珠三角九市文化旅游主管部门负责人等参加会议。为推进落实《粤港澳大湾区发展规划纲要》，深化粤港澳大湾区在文化和旅游领域合作，共建人文湾区和休闲湾区，2020 年 12 月 24 日，文化和旅游部、粤港澳大湾区建设领导小组办公室、广东省人民政府联合印发《粤港澳大湾区文化和旅游发展规划》。本次会议是该《规划》出台后的首次实施推进会。

2021 年 3 月 19 日 2021 年广东省全省大湾区办工作会议在广州召开。会议传达广东推进粤港澳大湾区建设领导小组第六次全体会议精神，通报2020 年广东推进粤港澳大湾区建设有关情况，听取有关地市和部门推进大湾区建设工作进展情况汇报，研究部署重点工作。

2021 年 3 月 25 日 2021 年粤港澳贸促合作交流会在澳门举行。粤港澳三地政府有关部门、重点协会及工商企业界代表围绕疫情防控常态化背景下进一步加强合作、服务大湾区经济发展和企业转型升级、推动粤港澳贸促合作迈上新台阶等主题进行研讨交流。

2021 年 3 月 29 日 广东省推进粤港澳大湾区建设领导小组办公室和广东省人力资源和社会保障厅联合推出《港澳青年创新创业基地导览》电子

手册。

2021 年 3 月 31 日 时任广东省省长马兴瑞主持召开省政府常务会议，围绕加快粤港澳大湾区建设、推动科技创新、保障和改善民生，研究部署推进粤港澳合作、抓好知识产权保护、加强食品药品安全管理和改革完善社会救助制度等工作。

2021 年 4 月 15 日 粤港澳大湾区机场共享国际货运中心暨白云机场南沙自贸区空运中心在南沙综保区启用。

2021 年 4 月 16 日 国家生态环境部与广东省人民政府在广州签署《共建国际一流美丽湾区合作框架协议》，《协议》明确，双方将在打造大气污染防治先行区、水生态环境治理修复样板区、一流美丽海湾、共建粤港澳生态环境科学中心等 9 个方面开展合作。

2021 年 4 月 19 日 广州期货交易所举行揭牌仪式。该交易所是我国第一家混合所有制的交易所，也是在广州设立的第一家国家级金融交易所，对于粤港澳大湾区建设国际金融枢纽具有重要的意义。

2021 年 4 月 22 日 中共中央政治局常委、国务院副总理、粤港澳大湾区建设领导小组组长韩正在广州主持召开粤港澳大湾区建设领导小组会议，深入学习贯彻习近平总书记重要讲话精神，研究部署粤港澳重大合作平台建设有关政策落实等工作。

2021 年 4 月 22 日 国家科学技术部、广东省人民政府 2021 年部省工作会商会议在广州举行。会后，举行粤港澳大湾区国家技术创新中心揭牌仪式。粤港澳大湾区国家技术创新中心是国家重点布局建设的三个综合类国家技术创新中心之一。

2021 年 4 月 24 日 粤港澳大湾区国际仲裁中心交流合作平台暨中国（深圳）知识产权仲裁中心签约挂牌仪式在河套深港科技创新合作区举行。

2021 年 5 月 6 日 时任广东省省长马兴瑞主持召开省政府常务会议。会议强调要紧扣国家战略，突出广东特色，做好"一带一路"建设与粤港澳大湾区战略对接，稳步推进综合交通体系、国际产能合作项目、对外交流平台等建设。

2021 年 5 月 13 日 广东省人民政府发布《广东省人民政府关于加快数字化发展的意见》，提出要构建数据要素流通顺畅的"数字大湾区"。

2021 年 5 月 13 日 国家重点研发计划"宽带通信与新型网络应用示范"项目在深圳启动。项目计划在粤港澳大湾区打造世界距离最长、容量最大的空分复用光通信"超级高速公路"。

2021 年 5 月 13 日 全国首个粤港澳大湾区劳动争议研究机构——粤港澳大湾区劳动争议（广州）创新研究院在广州市黄埔区揭牌成立。研究院将先行先试开展涉港澳劳动关系前沿理论研究和争议调处。

2021 年 5 月 25 日 首趟粤港澳大湾区至东盟国际班列从广州东部公铁联运枢纽驶出。粤港澳大湾区至东盟国际班列的顺利开行，既有效提升了广州的综合门户枢纽功能，也是落实广州东部枢纽——国家级生产服务型物流产业枢纽示范区定位的关键举措。

2021 年 6 月 10 日 香港贸发局"湾区经贸通"一站式平台（GoGBA）启动仪式暨香港贸发局大湾区服务中心揭牌仪式，分别在深圳和香港会场以视频连线的方式举行。香港特别行政区行政长官林郑月娥、深圳市市长覃伟中分别在两地会场出席并致辞，共同见证香港贸发局与省大湾区办、深圳市贸促委、福田区政府等战略合作伙伴签署合作备忘录。

2021 年 6 月 15 日 2021 年粤澳合作联席会议以视频连线方式举行。时任广东省省长马兴瑞和澳门特别行政区行政长官贺一诚共同主持会议并作主题发言。本次会议主题是"以横琴为主阵地深化粤澳合作，支持澳门经济适度多元发展"。

2021 年 6 月 30 日 大湾区共同家园青年公益基金、中国银行（香港）、广东省青年联合会、香港青年联会、澳门青年联合会联合推出"大湾区青年卡"。该卡融合了青年服务、求助咨询、银行服务、保险保障、交通辅助和通信优惠等实用功能，可以为香港青年在粤港澳大湾区的工作、学习、生活等提供支援。

2021 年 7 月 7 日 广东省庆祝中国共产党成立 100 周年座谈会在广州召开。会议强调要落实"新发展阶段、新发展理念、新发展格局"重要要求，大力推动粤港澳大湾区、深圳先行示范区建设，支持深圳实施综合改革试点，加快推进横琴粤澳深度合作区建设，全面深化前海深港现代服务业合作区改革开放。

2021 年 7 月 14 日　中国人民银行广州分行举行新闻发布会，公布大湾区 13 家金融机构环境信息披露报告挂网的消息，这是国内首个由区域统一组织、集中公开展示的金融机构环境信息披露模式。时年初，中国人民银行广州分行正式启动大湾区金融机构环境信息披露试点工作，首批试点对象涵盖大湾区内地 8 市 13 家法人银行机构，旨在通过试点为全省金融机构开展环境信息披露探索路径和积累经验。

2021 年 7 月 20 日　"大湾区（广东）国际人才驿站"挂牌仪式在广州南沙国际人才港举办，这是全省首个冠名"大湾区（广东）"的人才驿站。

2021 年 8 月 25 日　广东省药监局等 10 部门联合印发《广东省粤港澳大湾区内地临床急需进口港澳药品医疗器械管理暂行规定》。

2021 年 9 月 5 日　中共中央、国务院印发《横琴粤澳深度合作区建设总体方案》，《方案》包含总体要求、发展促进澳门经济适度多元的新产业、建设便利澳门居民生活就业的新家园、构建与澳门一体化高水平开放的新体系、健全粤澳共商共建共管共享的新体制、保障措施六大部分共二十九小点，为横琴粤澳深度合作区发展勾勒蓝图。

2021 年 9 月 6 日　中共中央、国务院印发的《全面深化前海深港现代服务业合作区改革开放方案》对外发布，《方案》包含总体要求、实施范围、打造全面深化改革创新试验平台、建设高水平对外开放门户枢纽、保障措施五大部分共十四小点，为前海的改革开放再出发勾勒出崭新图景。

2021 年 9 月 10 日　粤港澳三地同时发布了《粤港澳大湾区"跨境理财通"业务试点实施细则》，"跨境理财通"业务试点正式启动。

2021 年 9 月 14 日　时任广东省省长马兴瑞主持召开省政府常务会议。会议强调要加快粤港澳大湾区标准化研究中心建设，健全粤港澳三地标准化工作合作机制，培养复合型国际标准化人才，多渠道建立科学先进的湾区标准体系，加快实现"一个湾区，一个标准，一次检测，一次认证，湾区通行"。

2021年9月16日 《国家"十四五"口岸发展规划》发布，《规划》明确了海运口岸布局中五大口岸集群的定位，并列明了主要口岸和区域性口岸。粤港澳大湾区作为五大口岸集群之一，其定位为"主要服务于华南、西南部分地区，加强广东省和内陆地区与港澳地区交流"，主要口岸为广州、深圳、珠海、汕头，区域性口岸为汕尾、惠州、虎门、茂名。

2021年9月25日 第四届粤港澳生态环境高端论坛在广州举行。论坛以"碳市场建设与碳中和"为主题，围绕碳排放权交易市场打造、碳金融市场建设、碳中和技术创新等议题进行交流探讨。该高端论坛由暨南大学、中国民主促进会广东省委员会联合主办，从2018年开始，至今已经举办四届。

2021年9月29日 《广东省综合交通运输体系"十四五"发展规划》发布，明确要加快形成以粤港澳大湾区为中心，汕头、湛江、韶关为极点的"一中心三极点"战略枢纽布局和"三横四纵两联"综合运输通道布局。

2021年10月1日 国家人社部、财政部、国家税务总局、国务院港澳办等四部门联合印发《关于支持港澳青年在粤港澳大湾区就业创业的实施意见》。

2021年10月9日 国务院总理李克强主持召开国务院常务会议，决定在粤港澳大湾区部分地方推广实行国际航运相关税收优惠政策，推动更高水平对外开放。

2021年10月9日 在广东省大湾区办的指导下，由南方新闻网建设及运营的粤港澳大湾区政策通升级改版推出2.0版。

2021年10月12日 2021年粤港澳生态环境青年论坛在江门市举行，论坛由民进中央青年工作委员会、江门市人民政府、民进广东省委员会、广东省铁路建设投资集团联合主办，主题为"轨道上的大湾区"。

2021年10月24日 广州粤港澳大湾区研究院成立仪式暨"高质量发展引领共同富裕：广州在大湾区建设中的功能和作用"论坛在广州举行。

2021年10月29日 《广东省生态文明建设"十四五"规划》印发实

施，将推动粤港澳大湾区碳市场建设。

2021 年 11 月 3 日　《广东省自然资源保护与开发"十四五"规划》印发实施，明确要推动建设大湾区海洋经济合作示范区。

2021 年 11 月 10 日　广东省商务厅、香港特别行政区政府投资推广署和澳门贸易投资促进局共同主办的 2021 粤港澳大湾区推介会在上海举行。

2021 年 11 月 12 日　珠海发布《便利港澳居民在珠海发展 60 项措施》，为港澳居民在珠海发展提供了一套覆盖面全、针对性强、实用性强、可操作性强的办事指引。

2021 年 11 月 15 日　位于深圳蛇口港的妈湾智慧港正式开港，该港大量应用现代信息技术，为粤港澳大湾区首个 5G 智慧港口。

2021 年 11 月 17 日　粤港澳大湾区职称和职业资格业务一站式服务平台在广州南沙启用。该平台涵盖粤港澳三地专业人才职称评价和职业资格考试、认可业务等事项，可提供相关业务咨询及受理服务，方便港澳专业人才在南沙从业执业。

2021 年 11 月 23 日　《广东省全面加强药品监管能力建设若干措施》印发实施，提出支持港澳中成药在内地注册上市。

2021 年 12 月 1 日　珠海发布《珠澳社会救助改革创新试点工作方案》，创新举措加强珠澳社会民生合作。《方案》旨在推动珠海、澳门、横琴粤澳深度合作区社会救助信息互联共享和区域救助政策统筹衔接，完善便利澳门居民在珠海生活和工作的社会救助服务机制，构建制度衔接、资源统筹、部门联动、社会参与、信息共享的珠澳合作社会救助新格局。

2021 年 12 月 12 日　2021 年大湾区科学论坛在广州举行。广东省委书记李希出席开幕式，宣读习近平主席贺信。全国政协副主席梁振英出席开幕式并致辞。香港特别行政区行政长官林郑月娥、澳门特别行政区行政长官贺一诚、科技部部长王志刚发表视频致辞。论坛聚焦"探索未来，共享科学"主题，来自全球各地超过 100 位院士专家以线上线下方式交流研讨。

2021 年 12 月 30 日　横琴粤澳深度合作区执行委员会正式印发《横琴粤澳深度合作区支持企业赴澳门发行公司债券专项扶持办法（暂行）》。

Abstract

Following the good social response of the "Report on the Construction of the Guangdong-Hong Kong-Macao Greater Bay Area (2018)", "The Report on the Construction of the Guangdong-Hong Kong-Macao Greater Bay Area (2019)" and the "Report on the Construction of the Guangdong-Hong Kong-Macao Greater Bay Area (2020-2021)", Guangdong Academy of Social Sciences (GDASS) has once again organized relevant experts and scholars to compile the "Report on the Construction of the Guangdong-Hong Kong-Macao Greater Bay Area (2022)". This book comprehensively reviews the construction achievements in several major areas from 2021 to the second quarter of 2022, analyzes and interprets several hot issues, and attempts to make reasonable predictions on the future development trend based on this. The book consists of one general report, five chapters, expert opinions and memorabilia. Centering on the theme of the Guangdong-Hong Kong-Macao Greater Bay Area moving from all-round synergy to in-depth integration, the report comprehensively and dialectically discusses and discusses the opportunities and strategies for the in-depth integration of the Guangdong-Hong Kong-Macao Greater Bay Area. The infrastructure section presents the achievements, shortcomings and prospects of infrastructure construction in the Greater Bay Area in recent years, especially since 2021, from the aspects of transportation network, information technology facilities, quality infrastructure and scientific and technological infrastructure. Public service chapter analyzes hot issues in the public sector that have attracted public attention from four aspects: green and low-carbon, public cultural facilities, talent reserve and epidemic prevention and control. The economic and trade section comprehensively shows the development of manufacturing, foreign trade, scientific

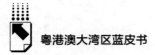

innovation and service industry in the Greater Bay Area. The major Platform focuses on Hengqin and Qianhai, and discusses the hot spots and pain points in the construction and development of the two cooperation zones. The Humanistic Bay Area section selected themes such as cultural and tourism integration, youth research, think tank development, and sister cities to highlight the vivid picture of the construction of the Humanistic Bay Area. The rule of law construction includes both general research reports that continue to discuss the compatibility of rules in the Greater Bay Area, and research reports that focus on the medium and micro fields such as lawyers and personal information protection, showing the new progress of the rule of law construction in the Greater Bay Area from different perspectives. In 2021, the construction to a new level, including institution compatibility, economic cooperation, people's livelihood, competition strength, hard and soft environment, industrialization, important cooperation platform, facilitating flows of factors. In the 14th Five-year Plan period, Hengqind, Qianhai, Nansha bear the important mission of the deeper integration, will respond to these new requirements and new development opportunities through the practice which is about mechanism design for efficient flow of factors, cultural exchange and mutual learning for humanistic cultivation, stable and transparent environment and institution exploration for compatibility.

Keywords: Collaborative Development; Deep Integration; Two Cooperation Zones; Guangdong-Hong Kong-Macao Greater Bay Area

Contents

I General Report

Abstract: In 2021, the Construction of the Guangdong-Hong Kong-Macao Greater Bay Area will reach a new level, with commendable transport network, rules and mechanisms, social livelihood, technological competition and cooperation platform. Standing at the historical crossroad of the "Two Centenary Goals" and facing better development opportunities and higher development demands, the Greater Bay Area should continue to deepen Mechanism design, institution exploration, image building and humanistic cultivation

Keywords: Compatibility of Rules; Business Environment; Guangdong-Hong Kong-Macao Greater Bay Area

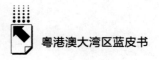
II   Infrastructual Construction

B.2   Report on the Construction of International Integrated
Transportation Hub Clusters in the Guangdong-Hong
Kong-Macao Greater Bay Area   *Yang Haishen* / 038

Abstract: The construction of the Guangdong-Hong Kong-Macao Greater
Bay Area (GBA) into an international integrated transportation hub cluster facing
the world is a new mission entrusted by the Party and the State, and is also an
important support for the GBA to anchor the five strategic positioning to achieve
development goals. In 2021, the construction of the integrated transportation hub
cluster in the GBA has leaped to a new level, which is not only manifested in the
new progress in the "hard connectivity" of infrastructure, such as the "The GBA
on the Track", the Pearl River estuary cross-river channel group, the world-class
airport clusters and the port clusters, but also highlighted by the overall promotion of
the construction of "soft connectivity", such as transportation services and
management digitalization. In the meantime, the traffic layout planning has also been
continuously optimized and improved. Looking forward to the future, the GBA
should accelerate the establishment of a coordinated development mechanism for urban
agglomeration transportation, systematically optimize the layout of integrated
transportation hub clusters, and improve the level of "direct connection" of
transportation infrastructure and intelligent operation and management of transportation.

Keywords: Integrated Transportation Hub Cluster; Building National
Strength in Transportation; Guangdong-Hong Kong-Macao Greater Bay Area

B.3 Report on the Development of Digital New Infrastructure in the Guangdong-Hong Kong-Macao Greater Bay Area

Fu Yongshou, Liu Guoxiong / 053

Abstract: The construction of information communication networks, computing power infrastructure and Converged infrastructure in the Guangdong-Hong Kong-Macao Greater Bay Area has continued to advance. New generation of information communication network has been Comprehensive construction, with 5G base stations accounting for about one eighth of the country. The world-class broadband urban agglomeration has been completed as scheduled, and the construction of new Internet switching centers and super optical networks has been deepened. The data infrastructure system has been gradually improved, the Guangzhou Shenzhen Supercomputing Center is driven by dual cores, the layout of computing power nodes is optimized. Intelligent computing resources have formed clusters. The smart project promotes the continuous emergence of integrated infrastructure. Industrial Internet has realized large-scale and scenario based applications. Explore and establish a support system for general technical capabilities of artificial intelligence and blockchain. Facing the 14th Five-Year Plan Period, Guangdong-Hong Kong-Macao Greater Bay Area urgently needs to describe a new vision, build new support, develop new applications, and constantly promote the new development of digital infrastructure.

Keywords: Digital Infrastructure; Next Generation Information Infrastructure; Guangdong-Hong Kong-Macao Greater Bay Area

B.4 Report on the Construction of Quality Infrastructure in the Guangdong-Hong Kong-Macao Greater Bay Area

Liang Yumin, Zhao Yingji / 067

Abstract: Quality infrastructure construction is so important that it can build

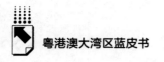

China's strength in quality. Under the unique institutional background of "one country, two systems and three customs zones", there are certain obstacles to the free flow of factors in the Guangdong-Hong Kong-Macao Greater Bay Area. Through the unification of the standard system, quality infrastructure construction can promote the flow of factors within the region, optimize the allocation of resources, and promote the process of regional integration. The quality infrastructure construction in Guangdong-Hong Kong-Macao Greater Bay Area has achieved certain results, but there are still institutional barriers in Guangdong, Hong Kong and Macao in terms of standard unification and rule compatibility in some key areas. The Greater Bay Area should promote the construction of quality infrastructure, establish unified standards in various fields, accelerate the compatibility of trade rules, and provide a demonstration for closer cooperation between the Mainland and Hong Kong and Macao.

Keywords: Guality Infrastructure; Factor Flow; Rules compatibility; Guangdong-Hong Kong-Macao Greater Bay Area

B.5　Report on The Construction of Grand

　　　Scientific Installations in the Guangdong-Hong

　　　Kong-Macao Greater Bay Area　　　　　*Chen Xi* / 080

Abstract: From 2006, the Daya Bay Reactor Neutrino Experimental Station project in Shenzhen was approved to the end of April 2022, 25 grand Scientific Installations (including pre-research projects) have been built in the Guangdong-Hong Kong-Macao Greater Bay Area, some of which have achieved international leading scientific research achievements. The construction and operation of the grand scientific installations are characterized by diversified investors and object, concentrated regional layout, differentiated functions, and closer cooperation between Hong Kong and Macao. However, there are also problems such as large uncertainty, high threshold of industrialization, and low degree of internationalization. Therefore, the construction of grand scientific installations in the Greater Bay Area should respect the laws of nature, science and economy, and strengthen top-level design. We should draw on mature experience from abroad and attach great importance to international cooperation. It is necessary to make full use of the advantages of the system and tailor corresponding policy for grand scientific installations.

Keywords: Grand Science Installation; "Four Orientations"; Comprehensive National Science Center; Guangdong-Hong Kong-Macao Greater Bay Area

Ⅲ Public Services

B.6 Report on the Development of Green and Low-Carbon
in the Guangdong-Hong Kong-Macao Greater Bay Area

Wu Dalei, Wang Lijuan / 093

Abstract: Continuously improving the quality of the ecological environment and promoting green and low-carbon development are important elements in building a beautiful bay area. The Guangdong-Hong Kong-Macao Greater Bay Area continued to promote the construction of the ecological environment, adhered to systematic governance, and gradually strengthened the ecological protection barriers. The Guangdong-Hong Kong-Macao Greater Bay Area adheres to both the symptoms and root causes, the structural drive and the Co-governance. The quality of the ecological environment has moved to a new level, the pace of industrial and energy structure adjustment has been accelerated, the green and low-carbon development mode has been deepened; and the ecological environment governance system has been continuously improved. In the future, the Guangdong-Hong Kong-Macao Greater Bay Area still needs to promote the quality of the ecological environment to a world-class level in strengthening collaborative governance, including establishing and improving the overall coordination mechanism for green and low-carbon development, co-insurance and sharing

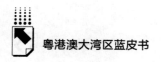

mechanism, market incentive mechanism, social participation mechanism and dynamic evaluation mechanism.

Keywords: Ecological environment; Green and low-carbon; Co-governance; Guangdong-Hong Kong-Macao Greater Bay Area

B.7 Report on The Development of Public Cultural Services in the Greater Bay area of Guangdong, Hong Kong and Macao

Yan Ruogu / 112

Abstract: 2021 is the first year of the 14th five-year plan, and it is also a key year for the construction of Guangdong Hong Kong Macao Greater Bay area at a new historical starting point. The construction of public cultural services in the Greater Bay area of Guangdong, Hong Kong and Macao has achieved remarkable results in many aspects, such as the integration of public cultural service layout, the specialization of public cultural service level, the diversification of public cultural service supply methods, and the digitalization and intellectualization of public cultural service products. An open and diversified public cultural service supply system in the Greater Bay area of Guangdong, Hong Kong and Macao has been initially formed to meet people's cultural needs and enhance people's spiritual strength. The development pattern of public cultural services led by central cities and coordinated by regions has been formed within the world-class urban agglomeration of Guangdong Hong Kong Macao Greater Bay area. Looking forward to the future, we should deeply grasp the new characteristics and requirements of the construction of public cultural services in the Greater Bay area of Guangdong, Hong Kong and Macao, focus on the construction of public cultural services, cultivate and promote cultural consumption, improve the cultural participation and creativity of the people, condense the consensus of the bay area, revitalize the bay area culture, and display the image of the bay area. There is still a long way to go.

Abstract: Since the implementation of the outline of building plan for the Guangdong-Hong Kong-Macao Great Bay Area, Guangdong-Hong Kong-Macao Greater Bay District focuses on releasing the advantages of "one country, two systems" and promoting the coordinated governance and integrated development of talents, seizing the building opportunities of "two zones" and two cooperation zones, strengthening the connection of regulations and platform construction, promoting innovation and starting an Undertaking, and pushing the building of talent highland into a new critical period of development. In the new era, Guangdong-Hong Kong-Macao Greater Bay area should actively undertake the mission of the times, apply a problem-oriented and demand-oriented approach, take advantage of the situation, highlight the key points, systematically promote, pool the strength of all parties, accelerate the construction of a high-level talent highland, better serve the country's strategic layout of building a world important talent center and innovation highland, and provide solid talent support for the high quality of Guangdong-Hong Kong-Macao Greater Bay area.

Keywords: Talent Highland; Building; High-quality Development; Guangdong-Hong Kong-Macao Greater Bay Area

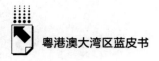

Ⅳ Economy and Trade

B.9 Report on the Development of Manufacturing Industry in
the Guangdong–Hong Kong–Macao Greater Bay Area

Long Jianhui / 146

Abstract: "Enhancing the core competitiveness of the manufacturing industry" is not only an important content of the planning outline for Guangdong–Hong Kong–Macao Bay Area (hereinafter referred to as "Planning Outline"), but also an important concern of the central economic work conference in December 2021 and the Government Work Report in 2022. At present, digital transformation, service-oriented transformation and localization transformation are becoming an important development trend of Bay Area's manufacturing industry. Although Bay Area's manufacturing industry has achieved initial results in scale effect, structural optimization, overall coordination and agglomeration, there are still problems such as weak quantity chain, lack of core and few core, hard and soft imbalance and hardness but not tenacity. In the future, it is necessary to promote high-quality construction in terms of removing barriers, strengthening infrastructure, forging tenacity, self-improvement and focusing on high-end.

Keywords: Manufacturing Industry; Coordinated Development; Guangdong–Hong Kong–Macao Greater Bay Area

B.10 Report on Foreign Ttrade Development in the
Guangdong–Hong Kong–Macao Greater Bay Area

Guo Chu, Li Yongming / 160

Abstract: In 2021, in face of global change in one hundred and the outbreak of severe impact, Guangdong seriously implement the decisions and arrangements of Xi Jinping, General Secretary of the CPC Central Committee and the schedule of Guangdong Provincial party committee, provincial government, to promote foreign trade development in high quality, continue to deepen and trade and economic cooperation of countries along the " (Belt and Road Initiative) ", Guangdong foreign trade development for the whole year hits a record high, Foreign trade got off to a good start in during the 14th Five-Year Plan period. The growth rate of foreign trade import and export in Guangdong nine city is higher than the overall level of the country, accounting for more than 95% of guangdong's total foreign trade import and export, and the total foreign trade of Hong Kong and Macao has also hit a record high. The rapid development of foreign trade in the Guangdong-Hong Kong-Macao Greater Bay area has laid a solid foundation for accelerating the construction of a new double-cycle development pattern. Looking to the future, Guangdong keeps the mission in mind that xijinping general secretary gives to guangdong in the construction of modern socialist country in the new journey on the top, creating new glorious mission, to deeply implement trade "top ten project" quality development, grasp the opportunity of the regional comprehensive economic partnership agreements, construct a global trade digital pilot zone of a large bay area of Guangdong , strive to build a number of globally competitive trade enterprise clusters, strive to create a new pattern of foreign trade development in the Greater Bay Area in the new era.

Keywords: Guangdong-Hong Kong-Macao Greater Bay Area Trade; High-quality Development; Trade Digital Pilot Zone

B.11　Report on the Construction of Scientific and Technological

　　　　Innovation in the Guangdong Hong Kong Macao

　　　　Greater Bay Area　　　　　　　　*Chen Shidong*, *Yao Yixi* / 189

Abstract: International center for technology and innovation is one of the national strategic positioning for Guangdong Hong Kong Macao Great Bay area. in

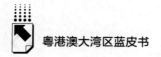

2021, the overall scientific and technological innovation cost (R&D) of Guangdong Hong Kong Macao Great Bay area exceeded 360 billion yuan, accounting for 12.90% of China's total social R & D investment (2.79 trillion), accounting for more than 3.7% of GDP, far higher than the national level of 2.44%. Among them, Shenzhen accounted for 41.78% of the Great Bay area as a whole, ranking first in which and second in the country, accounting for 5.46% of DGP. Guangzhou, Dongguan and Foshan accounted for 22.19%, 9.59% and 8.23% of the Great Bay area respectively, These four cities accounted for 82.39% in total. The authorized amount of patent technology reached 783700, accounting for 17.03% of the country, with Shenzhen accounting for 35.62%, Guangzhou for 24.18%, Foshan and Dongguan for 12.31% and 12.07% respectively, accounting for 84.18% in total; The four major cities lead the technological innovation. There are 57000 national high-tech enterprises in the Pearl River Delta area. The construction of the comprehensive national science center's first start-up area has been accelerated, and the Guangzhou Shenzhen Hong Kong Macao scientific and technological innovation corridor has been continuously upgraded. Guangdong Hong Kong Macao Greater Bay area has entered the top 10 of the global scientific and technological innovation clusters, and the "Shenzhen Hong Kong Guangzhou" scientific and technological innovation cluster has ranked second in the world for two consecutive years. However, it still faces problems such as weak basic research level, lacking of innovative industrial clusters with global competitiveness, and inconvenient comprehensive ecology. In order to build a world-class scientific and technological innovation Bay area, China should speed up the construction of innovation clusters, break through key technologies, strengthen the role of enterprises, cultivate emerging industries, and optimize the innovation ecosystem.

Keywords: Scientific and Technological Innovation Capability; Innovation Cluster; Collaborative Innovation; Guangdong Hong Kong Macao Greater Bay area

Contents

B . 12   The Effectiveness and Prospect of Financial

Support Services for the High-quality Development of the

Real Economy in the Guangdong-Hong Kong-Macao

Greater Bay Area   *Ou Xia*, *Long Xianglin* / 207

Abstract: In 2021, China's economic development is facing triple pressures of shrinking demand, supply shock and weakening expectations. The financial development in the Guangdong-Hong Kong-Macao Greater Bay Area District bucked the trend and stabilized for the better. The nine cities in Guangdong still showed strong development toughness and vitality under the multi-point spread of the epidemic. The main financial indicators continue to lead the country, and the financial added value accounts for 90% of the total value of Guangdong. The construction of Hengqin Guangdong Macao deep cooperation zone and Qianhai Shenzhen Hong Kong Modern Service Industry Cooperation Zone started steadily, Hong Kong and Macao continue to give full play to the advantages of free trade ports, closely integrate with the mainland finance, and promote the new pattern of international and domestic double circulation, which plays a key role in enhancing the resilience of economic development and improving the quality of service to the real economy. Looking forward to the future, Dawan district will continue to play a leading role, fully implement the new development concept, adhere to the principle of stability, seek progress in stability, continue to increase financial support for the real economy, and strive to create a new situation of financial development in Guangdong in an innovative era.

Keywords: Financial; Entity Economy; The Guangdong-Hong Kong-Macao Greater Bay Area

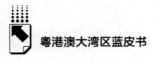
V Cooperation Platform

B.13 Construction Report of Guangdong-Macao In-Depth
Cooperation Zone in Hengqin Programme Group of
Hong Kong, Macao and Taiwan Research Center

Programme group of Hong Kong,

Macao and Taiwan Research Center（GDASS）/ 223

Abstract：Since 2021, the construction of Guangdong-Macao In-Depth
Cooperation Zone in Hengqin has been comprehensively accelerated. The resource
elements of the development of the four leading industries have accelerated the
agglomeration. The momentum to promote the moderate diversification of Macao's
economy continues to accumulate. Unprecedented efforts have been made to build
new homes to facilitate the life and employment of Macao residents, with high-level
construction of livelihood projects such as housing, education and medical
treatment, and effective construction of employment and entrepreneurship service
carriers. Work together with Macao to establish a new system framework for
comprehensive opening-up. Policies such as line management, convenient personnel
access and cross-border financial management were introduced. Looking forward to
the future, Guangdong-Macao In-Depth Cooperation Zone in Hengqin is entering
the gestation period of Customs, and all aspects of work will be carried out in an all-
round way. It is suggested that in view of the problems and challenges faced by the
construction and development of the cooperation zone, we should speed up the
introduction of various support policies, focus on four strategic positioning and four
key tasks, build and improve the policy system, improve the concentration of
industrial elements and resources and the integration of Guangdong and Macao
elements, and innovate and implement the operation and management mechanism.

Keywords：Integration of Hengqin and Macao；Diversified development of
Macao industry；Guangdong-Macao In-Depth Cooperation Zone in Hengqin

B.14 Report on The Development of Shenzhen-Hong Kong
Modern Service Industry Cooperation Zone in Qianhai
Zhu Dijian , Liu Yuelei / 239

Abstract: Themed on "The Development of Shenzhen-Hong Kong Modern Service Industry Cooperation Zone in Qianhai (Qianhai for short) ", this report narrates and summarizes the institutional innovation, economic development, and Shenzhen-Hong Kong Cooperation in Qianhai. Based on detailed investigations and surveys, this report renders in-depth analysis on the opportunities and challenges brought by both the expansion of the Cooperation Zone and the implementation of Regional Comprehensive Economic Partnership (RCEP) in regard of Qianhai. Besides, this report also reveals the problems Qianhai confronted with in deepening the reform and opening-up policy and facilitating the convergence of local and global rules and standards. Finally, this report concludes with the suggestions on building the platform for comprehensively deepening reform and opening-up by highlighting institutional innovations, building the high-level opening-up hub and gateway by focusing on opening-up and broad cooperation and promoting the overall competitiveness of Qianhai in global market.

Keywords: System Innovation; Shenzhen-Hong Kong cooperation; Expansion of the Cooperation Zone; RCEP; Shenzhen Qianhai

B.15 Report on Development of Macao's Tourism Industry under
Hengqin Deep Cooperation Zone
Deng Zhuohui , Liang Jiahao and Zeng Mali / 257

Abstract: Over the past two years since the outbreak of COVID-19, Macao's tourism industry has recovered with ups and downs and gradually hit a low point. Under the coordinated efforts of the Macau SAR government in epidemic

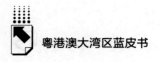

prevention and economic recovery, Macao's tourism industry is expected to maintain a steady recovery trend in 2022. The experience of Macao includes: Macao always implements the national epidemic prevention policy, establishes the image of healthy and safe city, precisely leads the development planning, promotes cross-border synergies, and enhances diversified tourism experience. Indeed, due to the epidemic, Macau's tourist structure has become more monotonous, lacking world-class large-scale cultural and tourism facilities, and the tourist experience is excessively concentrated on gambling elements. Macao's tourism resources have not yet formed effective coordination with other cities in the Greater Bay Area, especially Guangdong-Macao In-Depth Cooperation Zone in Hengqin. With the support of the national policy to benefit Macao, this paper suggests Macao to carry out governance work in the following aspects in the future: first, build an integrated and targeted epidemic prevention and control mechanism in the Greater Bay Area; Second, improve cultural and tourism facilities and transportation infrastructure; Thirdly, expand "tourism+" and extend Macao's tourism industry chain; Fourth, tourism products should be extended from land to sea, and innovation in maritime tourism products should be accelerated. Fifthly, with the cultural and tourism industry as the entry point, Macao and Hengqin should deepen the integrated development of Macao and Hengqin with the policy innovation of facilitating tourist visa between Macao and Hengqin. And so on.

Keywords: Macao World Tourism and Leisure Center; Tourism +; Hengqin Deep Cooperation Zone

Ⅵ　Humanistic GBA

B.16　Report on the Integrated Development of Culture and

Tourism in the Guangdong-Hong Kong-Macao

Greater Bay Area　　　　　　　　　　　*Liu Wei* / 275

Abstract: In 2021, benefiting from the country's promotion of the construction of the Humanities Bay Area and overcoming the impact of the epidemic and other unfavorable factors, major breakthroughs have been made in the paths, forms and projects of the integrated development of culture and tourism in the Guangdong-Hong Kong-Macao Greater Bay Area, and remarkable results have been achieved. At the same time, it has greatly improved the cultural soft power of the Bay Area and the competitiveness of the international tourism market. Based on the description of the development trend of cultural and tourism integration in the Bay Area, this paper analyzes the development trend and puts forward corresponding countermeasures and suggestions for the problems faced in the process of cultural and tourism integration development. On this basis, the article enriches the integrated development mechanism of the cultural and tourism industries in the Guangdong-Hong Kong-Macao Greater Bay Area.

Keywords: Tourism Integration; Humanities Bay Area; Cultural; Guangdong-Hong Kong-Macao Greater Bay Area

B.17 Report on the Study Tour and Exchange for Hong Kong and Macao Youth in the Guangdong-Hong Kong-Macao Greater Bay Area *Li Zhiming* / 290

Abstract: In 2021, as the COVID-19 epidemic had not yet subsided, most of programs of the study tour and exchange for Hong Kong and Macao youth in the Guangdong-Hong Kong-Macao Greater Bay Area were suspended. The overall scale of these programs were significantly reduced compared to before the outbreak. At the same time, the exchanges in which Hong Kong and Macao youth who already studied in mainland participated were vigorous. In the future, as the epidemic and the border return to normal, the overall scale of exchange will usher in a "blowout" growth.

Keywords: Youth Exchange; Mainland Study Tour; Guangdong-Hong Kong-Macao Youth

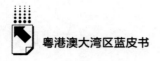

粤港澳大湾区蓝皮书

B . 18　Report on the Development of Think Tanks in the

Guangdong-Hong Kong-Macao Greater Bay Area

Zhao Hengyu / 304

Abstract: Think tanks are an indispensable part of the modern national governance system. The construction of a world-class Bay area requires intellectual support from think tanks. Since the establishment of the Guangdong-Hong Kong-Macao Greater Bay think tank alliance, think tanks in Guangdong, Hong Kong and Macao have made fruitful progress in the fields of research achievements, academic exchanges, cross regional cooperation, external communication, providing sufficient knowledge momentum for the high-quality development of the Guangdong-Hong Kong-Macao Greater Bay area. This report combs the current situation, trends and characteristics of think tank construction in Guangdong-Hong Kong-Macao Greater Bay, analyzes its problems in international academic discourse, international communication capacity, deep regional cooperation, development system and mechanism. Based on the development trend of global think tanks, this report puts forward suggestions on the development system, development path, communication strategy and talent construction.

Keywords: Think Tank Construction; Knowledge Production; Guangdong-Hong Kong-Macao Greater Bay Area

B . 19　Report on Urban Communication and International

Communication of Guangzhou　*Jin Pengyi*, *Chen Zhengyu* / 322

Abstract: In the face of profound changes unseen in a century, it is particularly necessary to take the initiative in foreign discourse, enhance international communication capabilities, tell China's stories well, and present a true, three-dimensional, and comprehensive China. In the past two years, in the face of the increasingly complicated international situation, the sudden outbreak of

430

COVID-19 and the sluggish global economic situation, a city's international sister city work and its international communication ability determine whether it can take an advantageous position in the fierce global competition. Therefore, Guangzhou insists on implementing the development strategy of "going out" and "inviting in" to strengthen the ability of international communication construction, so as to enhance the international influence of the city image. From multiple perspectives, this paper expounds the effect, motivation and characteristics of international communication of carrying out sister city exchanges in Guangzhou in 2021, and discusses the development path and prospect of guangzhou international sister city construction in the future, so as to forecast a city image with distinctive characteristics of The Times and core international competitiveness for Guangzhou.

Keywords: Urban Communication; Guangzhou Diplomacy; International Communication

Ⅶ   The Rule of Law of GBA

B.20   Practice Report on the Compatibility of Rules in the
Guangdong-Hong Kong-Macao Greater Bay Area

Abstract: The compatibility of rules is an important starting point and the core of the construction of the rule of law in the Guangdong-Hong Kong-Macao Greater Bay Area. This report mainly analyze the compatibility in connectivity, financial services, science and technology innovation, digital construction, talent exchange, employment, culture and education, health care, social security and other fields, and discuss the way of compatibility involving the relationship between central and local. It also puts forward prospects for further improving the compatibility of rules in the Guangdong-Hong Kong-Macao Greater Bay Area.

Keywords: Compatibility of Rules; Institutional Innovation; Guangdong-Hong Kong-Macao Greater Bay Area

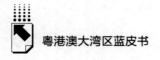

B.21　Report on Legal Services in the Guangdong-Hong
Kong-Macao Greater Bay Area

Li Jiannan, *Liu Zuozhen* / 359

Abstract：2021 is a landmark year for legal services in the Guangdong-Hong Kong-Macao greater Bay Area. In 2021, the first Guangdong-Hong Kong-Macao Bay Area Bar Examination was successfully held, which is a liberalisation measure under the CEPA. This exam offers more opportunities to legal practitioners from Hong Kong and Macao. The development scale and level of the legal services in various cities in the Greater Bay Area are consistent with the local economic development level. Hong Kong is the international legal service capital of Asia, attracting most excellent legal profesionals and law firms all over the world to Hong Kong. The team of lawyers in cities of Guangdong has gradually expands, presented by Guangzhou and Shenzhen, and the service level has steadily improved. Under the Greater Bay background, it is becoming easier for Hong Kong and Macao legal professionals to practice in the Mainland, and the cross-border cooperation among legal professionals in the Area is strengthened. At present, the development of the legal services in the Greater Bay Area has encountered certain challenges, as the COVID-19 epidemic has impacted the traditional form of legal services. However, there are also new opportunities in the challenges. It is suggested that the government can promote the high-quality development of legal services industry in the Greater Bay Area by opening up emerging markets, talent training, and other mesuares.

Keywords：Lawyer Services; The Rule of Law; Associate Law Firm; Guangdong-Hong Kong-Macao Greater Bay Area

Abstract: The differences in personal information protection laws among the
three areas are reflected in their current legal frameworks and jurisdiction
mechanisms. Due to such differences, a well-established cross-border data regulation
in this Greater Bay Area have not yet formed. Therefore, from the perspective of
corporates, the internal privacy protection policies should follow the principles of
legality and rigor. Meanwhile, corporates should refine and clarify their obligations
in protecting personal information. From the perspective of public policy, the
governments should establish a grading assessment plan and a legal relief mechanism
to deal with personal information infringements. This will help reduce policy
loopholes of large cross-border data platforms. Finally, the policy should also include
the conflicts of jurisdiction issues regarding cross-border data, so as to solve the
legislative and judicial dilemmas faced by Greater Bay Area personal information
mechanism.

Keywords: Personal Information; Corporate Compliance; Regulation of
Information protection; Guangdong-Hong Kong-Macao Greater Bay Area

Ⅷ   Appendices

皮书

智库成果出版与传播平台

✤ 皮书定义 ✤

皮书是对中国与世界发展状况和热点问题进行年度监测，以专业的角度、专家的视野和实证研究方法，针对某一领域或区域现状与发展态势展开分析和预测，具备前沿性、原创性、实证性、连续性、时效性等特点的公开出版物，由一系列权威研究报告组成。

✤ 皮书作者 ✤

皮书系列报告作者以国内外一流研究机构、知名高校等重点智库的研究人员为主，多为相关领域一流专家学者，他们的观点代表了当下学界对中国与世界的现实和未来最高水平的解读与分析。截至2022年底，皮书研创机构逾千家，报告作者累计超过10万人。

✤ 皮书荣誉 ✤

皮书作为中国社会科学院基础理论研究与应用对策研究融合发展的代表性成果，不仅是哲学社会科学工作者服务中国特色社会主义现代化建设的重要成果，更是助力中国特色新型智库建设、构建中国特色哲学社会科学"三大体系"的重要平台。皮书系列先后被列入"十二五""十三五""十四五"时期国家重点出版物出版专项规划项目；2013~2023年，重点皮书列入中国社会科学院国家哲学社会科学创新工程项目。

皮书网

（网址：www.pishu.cn）

发布皮书研创资讯，传播皮书精彩内容
引领皮书出版潮流，打造皮书服务平台

栏目设置

◆关于皮书

何谓皮书、皮书分类、皮书大事记、
皮书荣誉、皮书出版第一人、皮书编辑部

◆最新资讯

通知公告、新闻动态、媒体聚焦、
网站专题、视频直播、下载专区

◆皮书研创

皮书规范、皮书选题、皮书出版、
皮书研究、研创团队

◆皮书评奖评价

指标体系、皮书评价、皮书评奖

◆皮书研究院理事会

理事会章程、理事单位、个人理事、高级
研究员、理事会秘书处、入会指南

所获荣誉

◆2008年、2011年、2014年，皮书网均
在全国新闻出版业网站荣誉评选中获得
"最具商业价值网站"称号；
◆2012年，获得"出版业网站百强"称号。

网库合一

2014年，皮书网与皮书数据库端口合
一，实现资源共享，搭建智库成果融合创
新平台。

皮书网

"皮书说"
微信公众号

皮书微博

权威报告·连续出版·独家资源

皮书数据库
ANNUAL REPORT(YEARBOOK) DATABASE

分析解读当下中国发展变迁的高端智库平台

所获荣誉

- 2020年，入选全国新闻出版深度融合发展创新案例
- 2019年，入选国家新闻出版署数字出版精品遴选推荐计划
- 2016年，入选"十三五"国家重点电子出版物出版规划骨干工程
- 2013年，荣获"中国出版政府奖·网络出版物奖"提名奖
- 连续多年荣获中国数字出版博览会"数字出版·优秀品牌"奖

皮书数据库

"社科数托邦"
微信公众号

成为用户

登录网址www.pishu.com.cn访问皮书数据库网站或下载皮书数据库APP，通过手机号码验证或邮箱验证即可成为皮书数据库用户。

用户福利

- 已注册用户购书后可免费获赠100元皮书数据库充值卡。刮开充值卡涂层获取充值密码，登录并进入"会员中心"—"在线充值"—"充值卡充值"，充值成功即可购买和查看数据库内容。
- 用户福利最终解释权归社会科学文献出版社所有。

社会科学文献出版社 皮书系列
SOCIAL SCIENCES ACADEMIC PRESS (CHINA)

卡号：131928115545
密码：

数据库服务热线：400-008-6695
数据库服务QQ：2475522410
数据库服务邮箱：database@ssap.cn
图书销售热线：010-59367070/7028
图书服务QQ：1265056568
图书服务邮箱：duzhe@ssap.cn

S 基本子库
SUB DATABASE

中国社会发展数据库（下设 12 个专题子库）

紧扣人口、政治、外交、法律、教育、医疗卫生、资源环境等 12 个社会发展领域的前沿和热点，全面整合专业著作、智库报告、学术资讯、调研数据等类型资源，帮助用户追踪中国社会发展动态、研究社会发展战略与政策、了解社会热点问题、分析社会发展趋势。

中国经济发展数据库（下设 12 专题子库）

内容涵盖宏观经济、产业经济、工业经济、农业经济、财政金融、房地产经济、城市经济、商业贸易等 12 个重点经济领域，为把握经济运行态势、洞察经济发展规律、研判经济发展趋势、进行经济调控决策提供参考和依据。

中国行业发展数据库（下设 17 个专题子库）

以中国国民经济行业分类为依据，覆盖金融业、旅游业、交通运输业、能源矿产业、制造业等 100 多个行业，跟踪分析国民经济相关行业市场运行状况和政策导向，汇集行业发展前沿资讯，为投资、从业及各种经济决策提供理论支撑和实践指导。

中国区域发展数据库（下设 4 个专题子库）

对中国特定区域内的经济、社会、文化等领域现状与发展情况进行深度分析和预测，涉及省级行政区、城市群、城市、农村等不同维度，研究层级至县及县以下行政区，为学者研究地方经济社会宏观态势、经验模式、发展案例提供支撑，为地方政府决策提供参考。

中国文化传媒数据库（下设 18 个专题子库）

内容覆盖文化产业、新闻传播、电影娱乐、文学艺术、群众文化、图书情报等 18 个重点研究领域，聚焦文化传媒领域发展前沿、热点话题、行业实践，服务用户的教学科研、文化投资、企业规划等需要。

世界经济与国际关系数据库（下设 6 个专题子库）

整合世界经济、国际政治、世界文化与科技、全球性问题、国际组织与国际法、区域研究 6 大领域研究成果，对世界经济形势、国际形势进行连续性深度分析，对年度热点问题进行专题解读，为研判全球发展趋势提供事实和数据支持。

法律声明

"皮书系列"（含蓝皮书、绿皮书、黄皮书）之品牌由社会科学文献出版社最早使用并持续至今，现已被中国图书行业所熟知。"皮书系列"的相关商标已在国家商标管理部门商标局注册，包括但不限于LOGO（▨）、皮书、Pishu、经济蓝皮书、社会蓝皮书等。"皮书系列"图书的注册商标专用权及封面设计、版式设计的著作权均为社会科学文献出版社所有。未经社会科学文献出版社书面授权许可，任何使用与"皮书系列"图书注册商标、封面设计、版式设计相同或者近似的文字、图形或其组合的行为均系侵权行为。

经作者授权，本书的专有出版权及信息网络传播权等为社会科学文献出版社享有。未经社会科学文献出版社书面授权许可，任何就本书内容的复制、发行或以数字形式进行网络传播的行为均系侵权行为。

社会科学文献出版社将通过法律途径追究上述侵权行为的法律责任，维护自身合法权益。

欢迎社会各界人士对侵犯社会科学文献出版社上述权利的侵权行为进行举报。电话：010-59367121，电子邮箱：fawubu@ssap.cn。

社会科学文献出版社